Dreiseitige Vereinbarungen

Bonner Schriften zum deutschen und europäischen Recht der Arbeit und der Sozialen Sicherheit

Herausgegeben von Gregor Thüsing und Raimund Waltermann

Band 7

PETER LANG
Frankfurt am Main · Berlin · Bern · Bruxelles · New York · Oxford · Wien

Kristina Ruch

Dreiseitige Vereinbarungen

Vereinbarungen zwischen Arbeitgeber, Gewerkschaft und Betriebsrat

PETER LANG
Internationaler Verlag der Wissenschaften

Bibliografische Information der Deutschen Nationalbibliothek
Die Deutsche Nationalbibliothek verzeichnet diese Publikation in der Deutschen Nationalbibliografie; detaillierte bibliografische Daten sind im Internet über http://dnb.d-nb.de abrufbar.

Zugl.: Bonn, Univ., Diss., 2009

Umschlaggestaltung:
Olaf Glöckler, Atelier Platen, Friedberg

D 5
ISSN 1865-617X
ISBN 978-3-631-60096-2

www.peterlang.de

Meinen Eltern

Danksagung

Ich möchte mich an dieser Stelle recht herzlich bei all jenen bedanken, die mir bei meiner Arbeit mit Rat und Tat zur Seite gestanden haben. Allen voran danke ich meinem verehrten Doktorvater Herrn Prof. Dr. *Gregor Thüsing*, LL.M. (Harvard) für die Anregung des spannenden Themas, seine stete Diskussionsbereitschaft und wertvollen Ratschläge.

Herrn Prof. Dr. *Raimund Waltermann* danke ich für die Erstellung des Zweitgutachtens. Herzlich bedanken möchte ich mich auch bei Frau Prof. Dr. *Nina Dethloff*, LL.M. für die Aufnahme in das Programm zur Förderung von Promotionen der Absolventinnen des rechtswissenschaftlichen Studiums an der Universität Bonn.

Meinen Kollegen am Institut für Arbeitsrecht bin ich für ihre Hilfs- und Gesprächsbereitschaft sowie die angenehme Arbeitsatmosphäre verbunden. Dr. *Gerrit Forst* und *Thomas Granetzny* danke ich für das Korrekturlesen dieser Arbeit. *Julia Bietmann* danke ich darüber hinaus für viele lustige Stunden und zahlreiche Aufmunterungen.

Ganz besonders möchte ich mich bei meinem Freund *Hauke Arzberger* bedanken, der mich durch alle Höhen und Tiefen geduldig begleitet und auf seine Art zum Gelingen dieser Arbeit beigetragen hat.

Meiner Großmutter danke ich dafür, dass sie mir die Welt der Bücher nahe gebracht hat. Den größten Dank aber schulde ich meinen Eltern, die immer für mich da waren und ohne deren Liebe und Unterstützung Studium und Doktorarbeit niemals möglich gewesen wären.

Die vorliegende Arbeit wurde im Sommersemester 2009 von der Juristischen Fakultät der Rheinischen Friedrich-Wilhelms-Universität Bonn als Dissertation angenommen. Sie befindet sich auf dem Stand der Rechtsprechung und Wissenschaft von Januar 2010.

Bonn, im Januar 2010

Inhaltsverzeichnis

1. Teil: Einleitung

A) Problemaufriss

In unserer marktwirtschaftlich geprägten Wirtschaftsordnung kommt es vermehrt zu Betriebsschließungen und Standortverlagerungen. Für die Arbeitnehmer der betroffenen Betriebe bedeutet das im schlimmsten Fall den Verlust ihrer Arbeitsplätze aufgrund betriebsbedingter Kündigungen, zumindest aber Entgeltkürzungen, die Verlängerung der Wochenarbeitszeit bei gleich bleibender Entlohnung oder die Streichung sonstiger Zulagen. Gewerkschaften und Betriebsräte versuchen im Rahmen von Betriebsänderungen oder bereits im Vorfeld mit aller Macht betriebsbedingte Kündigungen zu verhindern bzw. zumindest die Kündigungsfolgen für die betroffenen Arbeitnehmer abzuschwächen und Beschäftigungsgarantien zu Gunsten der verbleibenden Belegschaft zu erreichen. Sie verlangen beispielsweise vom Arbeitgeber neben dem zeitweiligen Erhalt des Standortes den längerfristigen Ausschluss betriebsbedingter Kündigungen, hohe Abfindungszahlungen und die Finanzierung von Qualifizierungsmaßnahmen.[1] Dies alles ist zwar politisch höchst brisant und in der Bundesrepublik Deutschland immer oder immer wieder aktuell, aber nicht neu. Neu ist jedoch die Art und Weise, mit der diese Ziele erreicht werden sollen. Da das Bundesarbeitsgericht betriebliche Abreden zwischen Arbeitgeber und Betriebsrat, die das Ziel verfolgen, normativ geltende Tarifbestimmungen zu verdrängen, den betroffenen Arbeitnehmern aber Beschäftigungssicherung oder den Erhalt des Standortes gewährleisten, für nichtig erklärt hat[2], gehen die Beteiligten einen anderen Weg. In der jüngeren Vergangenheit kam es insbesondere im Zusammenhang mit (geplanten) Betriebsänderungen zu Vereinbarungen, die gemeinsam von Arbeitgeber, Gewerkschaft und Betriebsrat abgeschlossen wurden.[3] Die zustän-

---

1 Vgl. die Forderungen der IG Metall bei BAG v. 24.04.2007 – 1 AZR 252/06, DB 2007, 1924.

2 Siehe BAG v. 20.04.1999 – 1 ABR 72/98, AP Nr. 89 zu Art. 9 GG (sog. „Burda-Entscheidung").

3 Möglich ist auch die Beteiligung von vier Parteien – dem Arbeitgeber, der Gewerkschaft, dem Betriebsrat und dem Gesamtbetriebsrat. Aus Gründen der Einfachheit und Übersichtlichkeit wird im Folgenden nur von drei Beteiligten ausgegangen. Für die rechtliche Behandlung der Problematik hat dies keine Auswirkungen, da der Gesamtbetriebsrat nach § 47 BetrVG zu errichten ist, wenn in einem Unternehmen mehrere Betriebsräte bestehen. Er ist den einzelnen Betriebsräten nicht übergeordnet,

dige Gewerkschaft bzw. der Betriebsrat werden also „mit ins Boot" geholt, um die bestehenden Konflikte im Konsensverfahren zu lösen. Für den Arbeitgeber birgt dieses Vorgehen Vor- und Nachteile. Bei dem Abschluss dreiseitiger Vereinbarungen sieht er sich gleich zwei Verhandlungspartnern gegenüber, die zu Gunsten der Arbeitnehmer agieren. Der Arbeitgeber wird von zwei Seiten „in die Zange genommen", von denen eine zur Durchführung von Arbeitskämpfen berechtigt ist.[4] Andererseits liegt der Reiz dreigliedriger Vereinbarungen darin, dass sie im Einvernehmen geschlossen werden und der Arbeitgeber sich nicht jeweils mit der zuständigen Gewerkschaft und dem Betriebsrat auseinandersetzen muss. Die Entscheidung des Bundesarbeitsgerichts, dass Tarifverträge, die die wirtschaftlichen Nachteile einer Betriebsänderung ausgleichen oder mildern sollen, erstreikbar sind[5], führt für den Arbeitgeber zu einer Pluralität der Verhandlungspartner. Er muss zweigleisig denken und unter Umständen neben dem betrieblichen auch das tarifliche Verfahren durchführen.[6] Eine dreiseitige Vereinbarung würde dem Arbeitgeber die Situation ein wenig erleichtern, da er auf diese Weise nicht getrennte Verhandlungen führen muss, sondern gemeinsam mit Betriebsrat und Gewerkschaft nach Lösungen suchen kann. Auch wenn das konsensuale Zustandekommen dreiseitiger Vereinbarungen kein Garant ist, besteht die Chance, dass ein für alle Beteiligten akzeptabler Kompromiss gefunden wird. Ein weiterer Vorzug dreiseitiger Vereinbarungen ist, dass durch die Einbeziehung sämtlicher Kompetenzträger etwaige Unklarheiten über die „Zuständigkeit" der Gewerkschaft oder des Betriebsrats für bestimmte Materien obsolet werden.[7]

Bei einem Zusammenwirken von Arbeitgeber, Gewerkschaft und Betriebsrat ist danach zu unterscheiden, ob die Beteiligung lediglich in Form von Beratung erfolgt oder ob die getroffene Vereinbarung von allen Parteien abgeschlossen und unterzeichnet wird.[8] Rechtlich problematisch ist allein letztere Konstellation, da das gegebene Recht diese Dreier-Konstellation nicht vorsieht. *Thüsing*[9] bezeichnet dreigliedrige Vereinbarungen als „Chimäre zwischen Tarifvertrag und Be-

---

sondern zuständig, wenn eine Angelegenheit das gesamte Unternehmen oder mehrere Betriebe betrifft und nicht durch die einzelnen Betriebsräte innerhalb ihrer Betriebe geregelt werden kann, vgl. § 50 BetrVG. – Zu Vereinbarungen zwischen Kommunen, Gewerkschaft und Gesamtpersonalrat, vgl. Kempen/Zachert/*Zachert*, § 1 TVG Rn. 752; *Endebrock*, PersR 2005, 305.

4 Zur Möglichkeit des Arbeitskampfes bei dreiseitigen Vereinbarungen siehe 3.Teil.D.

5 BAG v. 24.04.2007 – 1 AZR 252/06, DB 2007, 1924.

6 *Lipinski/Ferme*, DB 2007, 1250.

7 *Gravenhorst*, FA 2008, 330; *Grau/Döring*, NZA 2008, 1335.

8 Kempen/Zachert/*Zachert*, § 1 TVG Rn. 752.

9 Wiedemann/*Thüsing*, § 1 TVG Rn. 305; *Thüsing*, NZA 2008, 201.

triebsvereinbarung“, während *Däubler*[10] und *Zachert*[11] sie als „hybride Gebilde“ charakterisieren. Alles in allem hat das Schrifttum das gemeinsame Vorgehen der Kollektivvertragsparteien bisher eher stiefmütterlich behandelt.[12] Die arbeitsgerichtliche Rechtsprechung hatte sich bereits mit dreiseitigen Vereinbarungen auseinanderzusetzen. Die Ansichten über die Rechtsnatur solcher Abreden divergieren jedoch.[13] Da der Abschluss von Kollektivvereinbarungen durch Arbeitgeber, Gewerkschaft und Betriebsrat von den üblichen, gesetzlich geregelten Wegen abweicht, werden neben der grundsätzlichen Problematik der Rechtsnatur, weitere ungeklärte Fragen aufgeworfen. Die dogmatische Einordnung und die rechtlichen Folgen dreiseitiger Vereinbarungen sind Gegenstand der vorliegenden wissenschaftlichen Arbeit.

B) Gang der Untersuchung

In einem ersten Schritt wird der Rechtsnatur dreiseitiger Vereinbarungen nachgegangen (2. Teil). Handelt es sich bei derartigen Kollektivvereinbarungen um Vereinbarungen sui generis oder sind sie nichts anderes als ungewöhnlich zustande gekommene Tarifverträge bzw. Betriebsvereinbarungen? Nicht ausgeschlossen ist ferner eine Kombination aus beiden gesetzlich vorgesehenen Regelungsinstrumenten. Im Anschluss an die rechtliche Qualifizierung werden die Rechtsfolgen dreiseitiger Vereinbarungen untersucht (3. Teil). Unter diesem Punkt ist zu diskutieren, ob die Unwirksamkeit einzelner Bestandteile dreigliedriger Vereinbarungen zur Gesamtnichtigkeit der Vereinbarungen führt. Auch mögliche Beendigungstatbestände dreiseitiger Vereinbarungen sind darzulegen. Einzugehen ist ebenso auf Sanktionen, die ein Verstoß des Arbeitgebers gegen dreiseitige Vereinbarungen nach sich ziehen kann und auf die Zulässigkeit von Arbeitskämpfen

---

10 Däubler/*Däubler*, TVG Einleitung Rn. 852.

11 Kempen/Zachert/*Zachert*, § 1 TVG Rn. 735.

12 Vgl. *Bayreuther*, NZA 2007, 1017 (1020), der dreiseitige Vereinbarungen als eine in rechtsdogmatischer Hinsicht äußerst interessante Vereinbarung bezeichnet, deren Rechtsnatur noch zu klären sei.

13 Für eine Einordnung als Betriebsvereinbarung: LAG Düsseldorf v. 02.12.1999 – 5 Sa 992/99, DB 2000, 431; v. 27.01.2000 – 5 (6) Sa 1259/99, nv.; ArbG Solingen v. 21.04.1999 – 3 CA 158/99, www.justiz.nrw.de. Für eine Qualifizierung als (Firmen) Tarifvertrag: BAG v. 07.11.2000 – 1 AZR 175/00, AP Nr. 14 zu § 77 BetrVG 1972 Tarifvorbehalt; v. 15.04.2008 – 9 AZR 159/07, AP Nr. 38 zu § 1 TVG Altersteilzeit; LAG München v. 08.02.2006 – 10 Sa 465/05, nv. (juris); ArbG Solingen v. 20.07.1999 – 5 Ca 1119/99, www.justiz.nrw.de. Für eine Kombination aus Tarifvertrag und Betriebsvereinbarung bzw. Sozialplan: BAG v. 24.11.1993 – 4 AZR 225/93, AP Nr. 116 zu § 1 TVG Tarifverträge Metallindustrie; v. 23.01.2008 – 4 AZR 602/06, AP Nr. 63 zu § 1 TVG Bezugnahme auf Tarifvertrag; v. 15.04.2008 – 1 AZR 86/07, ZIP 2008, 1544.

um solche Vereinbarungen. Abschließend werden die wichtigsten Thesen und Ergebnisse zusammengefasst (4. Teil).

2. Teil: Rechtsnatur der dreigliedrigen Vereinbarung

Wirksamkeit und Rechtsnatur dreigliedriger Vereinbarungen sind problematisch, da ein Zusammenwirken von Tarifvertragsparteien und Betriebspartnern in einer dreigliedrigen Vereinbarung gesetzlich nicht vorgesehen ist.

Das Tarifvertragsgesetz beinhaltet als Regelungsinstrument der Tarifvertragsparteien den Tarifvertrag, der die Rechte und Pflichten der Parteien regelt und Rechtsnormen enthält, die den Inhalt, den Abschluss und die Beendigung von Arbeitsverhältnissen sowie betriebliche und betriebsverfassungsrechtliche Fragen ordnen können (vgl. § 1 Abs. 1 TVG). Tarifvertragsparteien sind gemäß § 2 Abs. 1 TVG ausschließlich Gewerkschaften, einzelne Arbeitgeber sowie Vereinigungen von Arbeitgebern. Nach § 2 Abs. 2 TVG können auch Zusammenschlüsse von Gewerkschaften und Vereinigungen von Arbeitgebern im Namen der ihnen angeschlossenen Verbände Tarifverträge abschließen, wenn sie eine entsprechende Vollmacht haben. Gehört der Abschluss von Tarifverträgen zu ihren satzungsmäßigen Aufgaben, können nach § 2 Abs. 3 TVG Spitzenorganisationen selbst Parteien eines Tarifvertrags sein. Der Gesetzgeber erlaubt folglich nur diesen in § 2 TVG Genannten den durch Art. 9 Abs. 3 GG garantierten Abschluss von Tarifverträgen.[14] Der Betriebsrat ist dazu nicht befugt. Er kann jedoch als Repräsentant der Belegschaft[15] mit dem Arbeitgeber gemäß § 77 BetrVG Vereinbarungen abschließen, die wie betriebliche Gesetze für alle Betriebsangehörigen mit normativer Wirkung einheitliche Arbeitsbedingungen schaffen. Die Betriebsvereinbarung ist ein Gestaltungsmittel des Betriebsrats; die Tarifvertragsparteien können sie nicht wirksam abschließen.[16]

Aus dem Umstand, dass weder das Tarifvertragsgesetz noch das Betriebsverfassungsgesetz dreigliedrige Vereinbarungen vorsehen, lässt sich der Schluss ziehen, dass Vereinbarungen, die gemeinsam von Arbeitgeber, Gewerkschaft und Betriebsrat unterzeichnet werden, generell unwirksam sind. Sieht man dreiseitige Vereinbarungen dagegen als wirksam an, ist es denkbar, sie als Vereinbarungen

---

14 Wiedemann/*Thüsing*, § 1 TVG Rn. 174; ErfK-*Franzen*, § 1 TVG Rn. 21; *Löwisch/Rieble*, § 1 TVG Rn. 468 ff.; Kempen/Zachert/*Kempen*, § 2 TVG Rn. 1.

15 Richardi/*Richardi*, BetrVG Einleitung Rn. 101; GK-*Kraft/Franzen*, § 1 BetrVG Rn. 64; H/S/W/G/N-*Rose*, BetrVG Einleitung Rn. 92.

16 BAG v. 17.11.2000 – 1 AZR 175/00, AP Nr. 14 zu § 77 BetrVG Tarifvorbehalt; Richardi/*Richardi*, § 77 BetrVG Rn. 18 ff.; GK-*Kreutz*, § 77 BetrVG Rn. 38; H/S/W/G/N-*Worzalla*, § 77 BetrVG Rn. 7; HaKo-BetrVG/*Lorenz*, § 77 BetrVG Rn. 6 ff.

sui generis zu qualifizieren. Trotz fehlender gesetzlicher Regelung kommt zudem eine Einordnung in das Gerüst von Tarifvertragsgesetz und Betriebsverfassungsgesetz in Betracht. Dabei besteht zum einen die Möglichkeit, dass es sich bei dreiseitigen Vereinbarungen um reine Tarifverträge oder um reine Betriebsvereinbarungen handelt. Zum anderen ist eine Kombination aus Tarifvertrag und Betriebsvereinbarung nicht auszuschließen. Die Auseinandersetzung mit der Rechtsnatur dreigliedriger Vereinbarungen ist erforderlich, da zwischen den Regelungsinstrumenten deutliche Unterschiede bestehen. Im Gegensatz zu Tarifverträgen und Betriebsvereinbarungen haben sonstige Kollektivvereinbarungen in der Regel rein schuldrechtliche Wirkung oder bloßen Empfehlungscharakter.[17] Tarifverträge und Betriebsvereinbarungen unterscheiden sich z.B. hinsichtlich ihrer Geltungsbereiche, der Zulässigkeit der Teilkündigung, dem Schicksal bei Betriebsübergängen, dem Maßstab der gerichtlichen Überprüfung sowie der Möglichkeit der Durchsetzung mittels Arbeitskampfes.[18]

A) Vereinbarung sui generis

Da dreiseitige Vereinbarungen gesetzlich nicht vorgesehen sind und aufgrund der Beteiligung einer dritten Partei auf den ersten Blick nicht in das übliche Bild eines Tarifvertrags bzw. einer Betriebsvereinbarung passen, liegt die Überlegung nahe, sie als dreiseitige Kollektivverträge sui generis (sonstige Kollektivvereinbarungen) anzusehen.

I. Allgemeines zu sonstigen Kollektivvereinbarungen

Im Bereich des kollektiven Arbeitsrechts gibt es neben Tarifverträgen und Betriebsvereinbarungen auch so genannte sonstige Kollektivvereinbarungen.[19] Nichttariffähigen Koalitionen ist die Möglichkeit, Tarifverträge abzuschließen, verwehrt, da die Tariffähigkeit Voraussetzung für den wirksamen Abschluss eines Tarifvertrags ist.[20] Somit stellen sonstige Kollektivvereinbarungen für

---

17 BAG v. 28.09.1983 – 4 AZR 200/83, AP Nr. 2 zu § 1 TVG Tarifverträge Seniorität; ausführlich zu sonstigen Kollektivvereinbarungen siehe 2.Teil.A.I.

18 Vgl. die beispielhafte Aufzählung bei BAG v. 15.04.2008 – 1 AZR 86/07, ZIP 2008, 1544.

19 Die Bezeichnung ist uneinheitlich: Neben „sonstigen Kollektivvereinbarungen“ wird von „Koalitionsverträgen“, „(außertariflichen) Sozialpartnervereinbarungen“ oder „soft agreements“ gesprochen.

20 ErfK-*Franzen*, § 2 TVG Rn. 5; HWK-*Henssler*, § 2 TVG Rn. 3; Jacobs/Krause/Oetker-*Oetker*, § 2 Rn. 6; *Preis*, Arbeitsrecht II, S. 70; *Hromadka/Maschmann*, Arbeitsrecht II, § 13 Rn. 60.

nichttariffähige Parteien das Mittel zur Regelung der Arbeits- und Wirtschaftsbedingungen dar.[21] Aber auch die Tarifvertragsparteien können aufgrund der ihnen zuerkannten umfassenden Gestaltungsfunktion außertarifliche Übereinkünfte abschließen. Die rechtliche Zulässigkeit sonstiger Kollektivvereinbarungen ist von Rechtsprechung und Literatur anerkannt.[22] Beinhaltet die Vereinbarung Regelungen zu den Arbeits- und Wirtschaftsbedingungen im Sinne des Art. 9 Abs. 3 GG, ist diese Norm die maßgebliche Legitimationsgrundlage. Wird dieser Bereich inhaltlich verlassen, entfällt Art. 9 Abs. 3 GG als Rechtsgrundlage. Den Tarifvertragsparteien steht es im Rahmen der allgemeinen Vertragsfreiheit nach Art. 2 Abs. 1 GG aber frei, schuldrechtliche Verträge abzuschließen.[23] Der Betriebsrat besitzt keine eigene Rechtspersönlichkeit; er ist nur soweit rechts- und vermögensfähig wie er aus dem Betriebsverfassungsgesetz berechtigt und verpflichtet ist.[24] Neben den normativ wirkenden Betriebsvereinbarungen kann er so genannte Regelungsabreden abschließen, die ein betriebsverfassungsrechtliches Schuldverhältnis sui generis begründen, doch auch diese müssen in den Bereich der funktionellen Zuständigkeit des Betriebsrats fallen.[25] Zum Abschluss von Vereinbarungen auf der Grundlage der allgemeinen Vertragsfreiheit, Art. 2 Abs. 1 GG, ist er anders als die Tarifvertragsparteien nicht befugt.

Sonstige Kollektivvereinbarungen unterliegen nicht dem Schriftformerfordernis des § 1 Abs. 2 TVG, da sie keine Tarifverträge sind und im bürgerlichen Recht grundsätzlich kein Schriftformzwang herrscht.[26] Ihre Rechtswirkungen sind unterschiedlich: Manche Abkommen haben rein schuldrechtliche Wirkung

---

21 *Löwisch/Rieble*, TVG Grundlagen Rn. 67; *Gamillscheg*, Kollektives Arbeitsrecht I, S. 509; Däubler/*Däubler*, TVG Einleitung Rn. 870; MünchArbR-*Rieble/Klump*, § 190 Rn. 2.

22 BAG v. 28.09.1983 – 4 AZR 200/83, AP Nr. 2 zu § 1 TVG Tarifverträge; v. 05.11.1997 – 4 AZR 872/95, AP Nr. 29 zu § 1 TVG; v. 14.04.2004 – 4 AZR 232/03, AP Nr. 188 zu § 1 TVG Auslegung; bestätigend BVerfG v. 24.05.1995 – 2 BvF 1/92, BVerfGE 93, 37; Wiedemann/*Thüsing*, § 1 TVG Rn. 19 ff.; Däubler/*Däubler*, TVG Einleitung Rn. 869; Kempen/Zachert/*Kempen*, § 1 TVG Rn. 730; *Löwisch/Rieble*, TVG Grundlagen Rn. 66 ff.; *Säcker/Oetker*, Tarifautonomie, S. 164 ff.; *Gamillscheg*, Kollektives Arbeitsrecht I, S. 508; *Plander*, FS-Kehrmann, S. 295 ff; *ders.*, ZTR 1997, 145 ff.; *Zachert*, FS-Hanau, S. 137 (142); *Karsten*, Schuldrechtliche Tarifverträge und außertarifliche Sozialpartnervereinbarungen, S. 277.

23 Wiedemann/*Thüsing*, § 1 TVG Rn. 25; Kempen/Zachert/*Zachert*, § 1 TVG Rn. 731 ff.; Däubler/*Däubler*, TVG Einleitung Rn. 870 f.; Jacobs/Krause/Oetker-*Krause*, § 4 Rn. 165.

24 BAG v. 24.04.1986 – 6 AZR 607/83, AP Nr. 7 zu § 87 BetrVG 1972 Sozialeinrichtung; *Fitting*, § 1 BetrVG Rn. 194; GK-*Kraft/Franzen*, § 1 BetrVG Rn. 71 ff.; Däubler/Kittner/Klebe-*Wedde*, BetrVG Einleitung Rn. 122.

25 H/S/W/G/N-*Worzalla*, § 77 BetrVG Rn. 174 ff.; GK-*Kreutz*, § 77 BetrVG Rn. 8 ff.

26 Däubler/*Däubler*, TVG Einleitung Rn. 876; Kempen/Zachert/*Zachert*, § 1 TVG Rn. 732; Jacobs/Krause/Oetker-*Krause*, § 1 Rn. 141.

oder bloßen Empfehlungscharakter.[27] Sie können den Parteien aber auch verbindliche Ansprüche einräumen, die einer normativähnlichen Wirkung nahe kommen.[28] Möglich ist ferner eine Mischform, d. h. einige Bestandteile der Vereinbarung sind verbindlich, andere unverbindlich.[29] Der Inhalt sonstiger Kollektivverträge ist vielfältig.[30] Typisch sind beispielsweise Notdienstvereinbarungen, Abkommen zur Verwaltungsmodernisierung und so genannte Sozialpartnervereinbarungen. Notdienstvereinbarungen sind Vereinbarungen zwischen Gewerkschaft und betroffenem Arbeitgeber, die diejenigen Tätigkeiten beinhalten, die während eines Arbeitskampfes unerlässlich sind und erledigt werden müssen.[31] Die insbesondere in der chemischen Industrie vorkommenden Sozialpartnervereinbarungen decken einen umfangreichen Themenkatalog ab. Bislang wurden Bereiche wie die Förderung von Frauen, der betriebliche Umweltschutz, die Aus- und Weiterbildung, die Betriebsratskontakte auf europäischer Ebene, die Wahl gewerkschaftlicher Vertrauensleute im Betrieb, die Abgrenzung der leitenden von den nicht leitenden Angestellten, die gesamtdeutsche Entwicklung, die Beschäftigungsförderung sowie die Gruppenarbeit in der chemischen Industrie in Sozialpartnervereinbarungen geregelt.[32]

II. Dreiseitige Vereinbarungen als sonstige Kollektivvereinbarungen

Auch wenn sich dreiseitige Vereinbarungen inhaltlich von den bisher üblicherweise abgeschlossenen sonstigen Kollektivvereinbarungen unterscheiden, könnte die Beteiligung des Betriebsrats als nichttariffähige Partei für eine Einordnung als Vereinbarung sui generis sprechen. Dies wird in der Tat von einem Teil der Literatur vertreten.

1. Die Ansichten Zacherts und Karstens

Nach *Zachert* ist eine Vereinbarung, bei der eine nichttariffähige Partei wie der Betriebsrat entscheidend an der Willensbildung beteiligt ist, grundsätzlich kein

---

27 Siehe dazu BAG v. 28.09.1983 – 4 AZR 200/83, AP Nr. 2 zu § 1 TVG Tarifverträge Seniorität.

28 Siehe dazu BAG v. 05.11.1997 – 4 AZR 872/95, AP Nr. 29 zu § 1 TVG.

29 Kempen/Zachert/*Kempen*, § 1 TVG Rn. 729.

30 Jacobs/Krause/Oetker-*Krause*, § 4 Rn. 167.

31 LAG Niedersachsen v. 01.02.1980 – 10 Sa 110/79, AP Nr. 69 zu Art. 9 GG Arbeitskampf; *Däubler*, Tarifvertragsrecht, Rn. 1616.

32 *Karsten*, Schuldrechtliche Tarifverträge und außertarifliche Sozialpartnervereinbarungen, S. 187 ff.; *Molitor*, FS-Stahlhacke, S. 339 ff.; *Zachert*, FS-Hanau, S. 137 ff.; *Eich*, NZA 1995, 149 (154 f.).

Tarifvertrag, sondern eine sonstige Kollektivvereinbarung. Nur im Einzelfall, wenn das Abkommen inhaltlich von den Tarifvertragsparteien ausgehandelt werde und die Unterschrift des Betriebsrats daher lediglich eine unterstützende Geste darstelle, sei die Beteiligung des Betriebsrats als unschädlich zu werten und nehme der Vereinbarung nicht den Charakter eines Tarifvertrags.[33]

Karsten folgt dem Ansatz *Zacherts*. Nach ihm sind Übereinkünfte zwischen nichttariffähigen Parteien immer sonstige schuldrechtliche Vereinbarungen. Anders als *Zachert* sieht er die Unterzeichnung durch die betriebliche Interessenvertretung auch im Einzelfall nicht als bloßen bedeutungslosen Akt an, der einer Wertung der Vereinbarung als Tarifvertrag nicht entgegensteht. Kommt der Abschluss einer Vereinbarung zwischen zwei tariffähigen Koalitionen und einer nichttariffähigen Partei als weiterer Vertragspartner zustande, handelt es sich seiner Meinung nach trotz der Beteiligung der tariffähigen Parteien nicht um einen Tarifvertrag, sondern um eine außertarifliche Koalitionsvereinbarung.[34]

2. *Stellungnahme*

a) Rechtssicherheit

Der Einordnung von dreigliedrigen Vereinbarungen als sonstige Kollektivvereinbarungen im Sinne von *Zachert* und *Karsten* ist zuzugeben, dass sie Rechtssicherheit und Rechtsklarheit schafft. Sobald eine nichttariffähige Partei am Abschluss der Übereinkunft beteiligt ist, handelt es sich nach beiden Ansichten in der Regel um sonstige Kollektivvereinbarungen. Für die Beteiligten hat dies den Vorteil, dass Klarheit über die Rechtsnatur solcher Vereinbarungen herrscht. Auch die von einer dreiseitigen Vereinbarung ausgehende Rechtswirkung ist dann unproblematisch: Wollen die Parteien eine normative Wirkung der Übereinkunft, wäre es unstreitig erforderlich, einen Tarifvertrag abzuschließen, da sonstige Kollektivverträge diese Rechtswirkung nicht besitzen.[35] Dementsprechend könnten die Tarifvertragsparteien ihr Vorgehen koordinieren und entscheiden, ob und mit welchen rechtlichen Konsequenzen sie nichttariffähige Parteien als weitere Vertragspartner der Vereinbarung einbeziehen.

---

33 Kempen/Zachert/*Zachert*, § 1 TVG Rn. 752; *Zachert*, NZA 2006, 10 (13); *ders.*, FS-Hanau, S. 137 (141).

34 *Karsten*, Schuldrechtliche Tarifverträge und außertarifliche Sozialpartnervereinbarungen, S. 183, 208.

35 Möglich ist lediglich eine normativähnliche Wirkung, indem die Vertragsparteien verbindliche Ansprüche einräumen, vgl. 2.Teil.A.I.

b) Keine Abgrenzungsschwierigkeiten

Die Abgrenzung zwischen Tarifvertrag und sonstigem Kollektivvertrag bestimmt sich nach herrschender Meinung nach dem Willen der beteiligten Parteien.[36] Kommt dieser in der getroffenen Abmachung nicht eindeutig zum Ausdruck, so muss er nach den Grundsätzen der Vertragsauslegung gemäß §§ 133, 157 BGB ermittelt werden. Für *Zachert* und *Karsten* steht die Rechtsnatur dreiseitiger Vereinbarungen als sonstige Kollektivvereinbarungen fest, so dass sich eine Abgrenzung erübrigt. Da diese sich oftmals als schwierig erweist[37], ist eine eindeutige rechtliche Einordnung, wie sie von *Zachert* und *Karsten* vorgenommen wird, zweckmäßig. Zudem ist die von der herrschenden Meinung vorgenommene Abgrenzung nach dem Willen der Parteien nicht unproblematisch. So stellt sich die Frage, ob die rechtliche Bewertung dessen, was inhaltlich vereinbart wurde, tatsächlich durch die Vertragsparteien selbst erfolgen kann.[38] Im Rahmen der Vertragsfreiheit können die Parteien entscheiden, ob sie einen Vertrag schließen und mit welchem Inhalt. Die rechtliche Qualifizierung eines Vertrages ist dagegen nicht den Vertragsparteien überlassen, sondern erfolgt nach objektiven Kriterien. Vereinbaren die Parteien beispielsweise inhaltlich einen Kaufvertrag, können sie diesen nicht ihrem Willen nach als Miet- oder Leihvertrag werten. Ordnet man Vereinbarungen, an deren Abschluss eine nichttariffähige Partei mitgewirkt hat, immer als sonstige Kollektivverträge ein, erübrigen sich die aufgezeigten Bedenken an dem herrschenden Abgrenzungskriterium, da eine Abgrenzung für dreiseitige Vereinbarungen nicht vorgenommen werden muss.

c) Abschneiden des Wahlrechts zwischen Tarifvertrag und sonstigem Kollektivvertrag

Der Ansatz von *Zachert* und *Karsten* könnte dazu führen, dass den Tarifvertragsparteien die Möglichkeit genommen wird, frei zu entscheiden, ob sie einen Tarifvertrag oder eine sonstige Kollektivvereinbarung schließen wollen. Dazu ist zunächst zu klären, ob ein solches Wahlrecht überhaupt besteht.

36 BAG v. 05.11.1997 – 4 AZR 872/95, AP Nr. 29 zu § 1 TVG; v. 14.04.2004 – 4 AZR 232/03, AP Nr. 188 zu § 1 TVG Auslegung; Wiedemann/*Thüsing*, § 1 TVG Rn. 25; Däubler/*Däubler*, TVG Einleitung Rn. 498, 867; Kempen/Zachert/*Zachert*, § 1 TVG Rn. 758; Jacobs/Krause/Oetker-*Krause*, § 1 Rn. 141.

37 So auch Wiedemann/*Thüsing*, § 1 TVG Rn. 25.

38 *Plander*, FS-Kehrmann, S. 295 (303); *ders.*, Flucht aus dem Normalarbeitsverhältnis, S. 115 ff.; ausführlich *Karsten*, Schuldrechtliche Tarifverträge und außertarifliche Sozialpartnervereinbarungen, S. 185 ff., 293 ff.; *Boeck*, Tarifverträge, S. 47 ff.

aa) Bestehen des Wahlrechts

Um die ihnen durch Art. 9 Abs. 3 GG übertragenen Aufgaben erfüllen zu können, steht den Koalitionen auch außerhalb des Instituts des Tarifvertrags ein regelungstechnisches Instrument zur Verfügung.[39] Möglicherweise können die Koalitionen jedoch nicht frei zwischen dem Abschluss eines Tarifvertrags oder einer sonstigen Kollektivvereinbarung wählen.

Nach einer Ansicht sind sonstige Kollektivvereinbarungen gegenüber Tarifverträgen subsidiär.[40] Der Gesetzgeber habe mit dem Tarifvertrag ein spezialgesetzlich geregeltes Instrument zur Verfügung gestellt, dessen sich die Tarifvertragsparteien vorrangig bedienen müssten. Als weiteres Argument wird die Formvorschrift des § 1 Abs. 2 TVG angeführt. Im Gegensatz zu anderen Schriftformerfordernissen soll diese Vorschrift die Tarifvertragsparteien nicht vor übereiltem Handeln bewahren (Warnfunktion), sondern sie hat den Zweck, Unklarheiten zu vermeiden und dem einzelnen Arbeitnehmer oder den Tarifvertragsparteien eine sichere Grundlage für ihre Ansprüche zu geben (Klarstellungsfunktion).[41] Durch den Abschluss eines formlos gültigen sonstigen Kollektivvertrags würde dieser Schutzzweck umgangen. Dies sei im Hinblick auf die durch § 1 Abs. 2 TVG geschützten Drittinteressen nicht hinnehmbar.

Nach der Gegenauffassung können die Tarifvertragspartner von Verfassungs wegen nicht zum Abschluss eines Tarifvertrags angehalten werden. Es stehe ihnen frei, auf die ihnen zustehende tarifliche Normsetzungsbefugnis zu verzichten.[42] Die spezialgesetzliche Schaffung des Tarifvertrags solle den schuldrechtlichen Vertrag als vorhandenes zivilrechtliches Instrument nicht verdrängen, sondern vielmehr die Gestaltungsmöglichkeiten der Tarifvertragsparteien erweitern.

Zunächst ist festzustellen, dass das Gesetz keinen Anhaltspunkt für eine Subsidiarität des sonstigen Kollektivvertrags gegenüber dem Tarifvertrag enthält. Würde der Gesetzgeber die von der ersten Meinung aufgezeigten Bedenken teilen, hätte er die Subsidiarität sonstiger Kollektivvereinbarungen gesetzlich geregelt. Ferner ist die Art und Weise des Zustandekommens von Tarifvertrag und sonstiger Kollektivvereinbarung zu berücksichtigen. Während Tarifverträge

---

39 Siehe nur BAG v. 28.09.1983 – 4 AZR 200/83, AP Nr. 2 zu § 1 TVG Tarifverträge Seniorität; Wiedemann/*Thüsing*, § 1 TVG Rn. 25; *Löwisch/Rieble*, TVG Grundlagen Rn. 68; *Säcker/Oetker*, Tarifautonomie, S. 165.

40 *Säcker/Oetker*, Tarifautonomie, S. 166; *Beuthien*, ZfA 1983, 141 (162 f.); *Schlaffke*, S. 82 (217); *Karsten*, Schuldrechtliche Tarifverträge und außertarifliche Sozialpartnervereinbarungen, S. 291 (298 f.).

41 BAG v. 09.07.1980 – 4 AZR 564/78, AP Nr. 7 zu § 1 TVG Form; Däubler/*Reim*, § 1 TVG Rn. 148; Kempen/Zachert/*Zachert*, § 1 Rn. 770; HWK-*Henssler*, § 1 TVG Rn. 15.

42 BAG v. 05.11.1997 – 4 AZR 872/95, AP Nr. 29 zu § 1 TVG; *Löwisch/Rieble*, TVG Grundlagen Rn. 68; Däubler/*Däubler*, TVG Einleitung Rn. 872.

durch Arbeitskämpfe durchgesetzt werden können, ist dies bei sonstigen Kollektivverträgen unklar, aber eher zweifelhaft.[43] Auch diese Überlegung verdeutlicht, dass es sich um zwei völlig unterschiedliche Gestaltungsmittel handelt, von denen das eine das andere nicht verdrängen kann.[44] Bleibt das Argument, dass durch die formlos gültigen sonstigen Kollektivvereinbarungen der Schutzzweck des § 1 Abs. 2 TVG ausgehöhlt würde. Es ist zutreffend, dass die Vorschrift Drittinteressen schützt und den Parteien des Einzelarbeitsvertrags ermöglichen soll, sich über den Inhalt des Tarifvertrags informieren zu können. Jedoch ist zu bedenken, dass die sonstigen Kollektivvereinbarungen mangels normativer Wirkung nicht auf die einzelnen Arbeitsverhältnisse einwirken können. Anders als bei Tarifverträgen ist daher Transparenz nicht in diesem Maße erforderlich.[45] Schließlich könnte es der durch Art. 9 Abs. 3 GG geschützten Koalitionsfreiheit widersprechen, wenn die Tarifvertragsparteien gezwungen würden, sich der normativen Wirkung des Tarifvertrags zu bedienen. Neben dem Recht der Koalitionen, in ihrem Bestand nicht beeinträchtigt zu werden (Bestandgarantie)[46], umfasst die kollektive Koalitionsfreiheit auch die so genannte Betätigungsgarantie. Damit ist das Recht der Koalitionen gemeint, durch spezifisch koalitionsgemäße Betätigungen die in Art. 9 Abs. 3 GG genannten Zwecke zu verfolgen.[47] In diesem Zusammenhang entschied das Bundesverfassungsgericht, dass die Koalitionen die Mittel, die sie zur Erreichung dieser Zwecke für geeignet halten, selbst wählen können. Ob mit den gewählten Mitteln dann der erstrebte Erfolg erreicht wird, bleibt dem freien Spiel der Kräfte überlassen.[48] Zwar sind die Entscheidungen des Bundesverfassungsgerichts zur Streikbereitschaft als Voraussetzung der Tariffähigkeit bzw. zum Arbeitskampf ergangen, doch wird man sie auf die vorliegende Problematik übertragen können. Die Entscheidung, ob ein Tarifvertrag oder eine sonstige Kollektivvereinbarung abgeschlossen wird, ist einem möglichen Arbeitskampf vorgelagert. Steht es den Koalitionen nun frei, zwischen den verschiedenen Mitteln des Arbeitskampfes zu wählen, muss auch hinsichtlich der vorausgehenden Frage, ob der Abschluss eines Tarifvertrags oder einer sonstigen Kollektivvereinbarung gewünscht ist, ein Wahlrecht bejaht werden. Somit sprechen die genannten Entscheidungen des Bundesverfassungsgerichts dafür,

---

43 Däubler/*Däubler*, TVG Einleitung Rn. 872.

44 Däubler/*Däubler*, TVG Einleitung Rn. 872.

45 Däubler/*Däubler*, TVG Einleitung Rn. 872.

46 Siehe dazu BVerfG v. 18.11.1954 – 1 BvR 629/52, BVerfGE 4, 96; v. 26.06.1991 – 1 BvR 779/85, BVerfGE 84, 212; v. 04.07.1995 – 1 BvF 2/86, 1 BvF 1/87, 1 BvF 4/871, BvR 1421/86, BVerfGE 92, 365; HWK-*Hergenröder*, Art. 9 GG Rn. 73.

47 BVerfG v. 30.11.1965 – 2 BvR 54/62, BVerfGE 19, 303; v. 26.06.1991 – 1 BvR 779/85, BVerfGE 84, 212.

48 BVerfG v. 06.05.1964 – 1 BvR 79/62, BVerfGE 18, 18; v. 26.06.1991 – 1 BvR 779/85, BVerfGE 84, 212.

dass die Koalitionen nicht angehalten werden können, gegen ihren Willen einen normativ wirkenden Tarifvertrag abzuschließen, sondern ihnen ein Wahlrecht einzuräumen. Um der durch Art. 9 Abs. 3 GG garantierten Koalitionsfreiheit umfassend Rechnung zu tragen, muss den Tarifvertragsparteien im Rahmen der Betätigungsfreiheit daher ein Entscheidungsrecht zwischen Tarifvertrag und sonstiger Kollektivvereinbarung zustehen.

bb) Abschneiden des Wahlrechts

Dieses Wahlrecht wird den Tarifvertragsparteien durch die rechtliche Qualifizierung dreiseitiger Vereinbarungen nach *Zachert* und *Karsten* für derartige Übereinkünfte genommen. Ist es jedoch mit der Koalitionsfreiheit gemäß Art. 9 Abs. 3 GG nicht vereinbar, den Koalitionen die normative Wirkung des Tarifvertrags aufzuzwingen, darf ihnen im Umkehrschluss die Möglichkeit dazu auch nicht verwehrt werden. Nun lässt sich zu Gunsten *Zacherts* und *Karstens* anführen, dass den Koalitionen nicht kategorisch die Wahlmöglichkeit genommen wird, sondern lediglich im Rahmen dreiseitiger Vereinbarungen. Sieht man diese Übereinkünfte jedoch generell als wirksam an – und das ist bei *Zachert* und *Karsten* aufgrund ihrer Qualifizierung von dreiseitigen Vereinbarungen als sonstige Kollektivverträge der Fall[49] – , ist es im Hinblick auf eine uneingeschränkte Ausübung der Koalitionsfreiheit erforderlich, den Tarifvertragsparteien auch für den Abschluss von Vereinbarungen an denen der Betriebsrat beteiligt ist, ein Wahlrecht einzuräumen. Gesteht man den Koalitionen in dieser Hinsicht keine Entscheidungsmöglichkeit zu, schränkt dies ihr verfassungsrechtlich garantiertes Recht aus Art. 9 Abs. 3 GG unzulässig ein.

Da die pauschale rechtliche Einordnung von dreigliedrigen Vereinbarungen nach *Zachert* und *Karsten* den Tarifvertragsparteien für diese Konstellation keine Wahlmöglichkeit zugesteht, ist ihre Ansicht sehr bedenklich.

3. Ergebnis

Auch wenn die Einordnung von dreiseitigen Vereinbarungen als sonstige Kollektivverträge nach *Zachert* und *Karsten* Rechtssicherheit bringt und sich Abgrenzungsschwierigkeiten erübrigen, ist sie aufgrund der unzulässigen Einschränkung der Koalitionsfreiheit abzulehnen. Der Ansicht von *Zachert* und *Karsten* ist demnach nicht zu folgen. Dreigliedrige Übereinkünfte können nicht durchgängig als sonstige Kollektivvereinbarungen qualifiziert werden.

---

49 A. A. *Löwisch/Rieble*, TVG Grundlagen Rn. 70, der dreiseitige Vereinbarungen aufgrund der Beteiligung des Betriebsrats als nichtig ansieht, siehe dazu 2.Teil.B.I.2.

B) Wirksamkeit als Tarifvertrag

Nachdem eine generelle Qualifizierung dreiseitiger Vereinbarungen als sonstige Kollektivverträge ausscheidet, ist zu untersuchen, ob solche Vereinbarungen als Tarifverträge Wirksamkeit erlangen können. Ein Tarifvertrag ist die schriftliche Einigung mindestens zweier tariffähiger natürlicher oder juristischer Personen, in der Rechtsnormen zur Regelung von Arbeits- und Wirtschaftsbedingungen festgesetzt und Rechte und Pflichten der Tarifvertragsparteien selbst begründet werden.[50] Für die Einordnung dreigliedriger Vereinbarungen als Tarifvertrag ist erforderlich, dass die formalen und inhaltlichen Voraussetzungen eines Tarifvertrags erfüllt werden.

I. Formale Voraussetzungen eines Tarifvertrags

Zunächst ist auf die formalen Voraussetzungen eines Tarifvertrags einzugehen.

1. Vertragsschluss nach §§ 145 ff. BGB

Obwohl der Tarifvertrag normative Wirkung hat, kommt er nach den Vorschriften des Bürgerlichen Gesetzbuches über den Vertragsschluss (§§ 145 ff. BGB) zustande. Als Rechtsgeschäft erfordert er daher mindestens zwei übereinstimmende Willenserklärungen der Vertragsparteien.[51] Diese sind im Falle einer dreiseitigen Vereinbarung mit den übereinstimmenden Erklärungen von Arbeitgeber, Gewerkschaft und Betriebsrat gegeben.

2. Tariffähige Parteien

Problematisch ist hingegen das Erfordernis der Tariffähigkeit. Anders als beim typischen Vertrag des Bürgerlichen Gesetzbuches, steht das Recht zum Abschluss von Tarifverträgen ausschließlich den in § 2 TVG genannten Personen und Vereinigungen zu.[52] Während Gewerkschaften und der einzelne Arbeitgeber

---

50 Wiedemann/*Thüsing*, § 1 TVG Rn. 1; Kempen/Zachert/*Zachert*, § 1 TVG Rn. 1; Däubler/*Reim*, § 1 TVG Rn. 1; *Hueck/Nipperdey*, Arbeitsrecht II 1, S. 207; *Gamillscheg*, Kollektives Arbeitsrecht I, S. 482; Schaub/*Schaub*, ArbR-Hdb. § 198 Rn. 10; *Preis*, Arbeitsrecht II, S. 68.

51 Däubler/*Reim*, § 1 TVG Rn. 102; Kempen/Zachert/*Zachert*, § 1 TVG Rn. 19 f.; Wiedemann/*Thüsing*, § 1 TVG Rn. 4; *Gamillscheg*, Kollektives Arbeitsrecht I, S. 510 ff.

52 Wiedemann/*Thüsing*, § 1 TVG Rn. 174; ErfK-*Franzen*, § 1 TVG Rn. 21; *Löwisch/Rieble*, § 1 TVG Rn. 468 ff.; Kempen/Zachert/*Kempen*, § 2 TVG Rn. 1; *Junker*, Arbeitsrecht, § 8 Rn. 501.

gemäß § 2 Abs. 1 TVG tariffähig sind, kommt dem beim Abschluss dreiseitiger Vereinbarungen ebenfalls beteiligten Betriebsrat keine Tariffähigkeit zu. Es stellt sich die Frage, welche Auswirkung seine Beteiligung für die Wirksamkeit der Vereinbarung bzw. die Qualifizierung als Tarifvertrag hat.

a) Generelle Unwirksamkeit dreigliedriger Vereinbarungen

Nach einer in der Literatur vertretenen Auffassung sind dreiseitige Vereinbarungen generell unwirksam. Das Mitwirken einer nichttariffähigen Partei wie des Betriebsrats vernichte den Tarifvertrag als Ganzes, da dreigliedrige Abreden zwischen tariffähigen und nichttariffähigen Parteien gesetzlich nicht vorgesehen seien.[53]

b) Stellungnahme

aa) Das Fehlen einer gesetzlichen Regelung

In der Tat kann das Fehlen einer gesetzlichen Normierung derartiger Vereinbarungen darauf schließen lassen, dass Gewerkschaften und Betriebsräte nach dem Willen des Gesetzgebers getrennt agieren sollen. Das deutsche kollektive Arbeitsrecht ist von einem Dualismus geprägt: Auf der einen Seite gibt es Gewerkschaften, die im überbetrieblichen Bereich ausschließlich die Interessen ihrer Mitglieder vertreten. Auf betrieblicher Ebene sind die Betriebsräte dagegen Träger der Interessenwahrung aller Arbeitnehmer, unabhängig von der Gewerkschaftszugehörigkeit.[54] Dieses spezifische Nebeneinander von autonomem Tarifverhandlungssystem und Betriebsverfassung als vom Staat geschaffene Organisationsform könnte gegen die Wirksamkeit von Vereinbarungen sprechen, an denen neben dem Arbeitgeber sowohl Gewerkschaft als auch Betriebsrat beteiligt sind.

Allerdings ist der geschichtliche Kontext zu berücksichtigen. Das Nebeneinander von Tarifautonomie und betrieblicher Mitbestimmung ist historisch gewachsen und nicht vom Gesetzgeber bewusst geschaffen worden.[55] Die Gewerkschaften entstanden Mitte des 19. Jahrhunderts nach Aufhebung der Ko-

---

53 *Löwisch/Rieble*, TVG Grundlagen Rn. 70, § 1 TVG Rn. 478; Wiedemann/*Wiedemann*, 6. Auflage, § 1 TVG Rn. 22; anders bereits Wiedemann/*Oetker*, 6. Auflage, § 2 TVG Rn. 125.

54 *Gamillscheg*, Kollektives Arbeitsrecht I, S. 1; *Däubler*, Gewerkschaftsrechte im Betrieb, Rn. 71; *Fitting*, § 2 BetrVG Rn. 46; *Preis*, Arbeitsrecht II, S. 6 f.; *Rieble*, RdA 2004, 78; dazu bereits *Ramm*, JZ 1977, 2.

55 MünchArbR-*Richardi*, § 153 Rn. 1.

alitionsverbote.[56] Auch wenn sich der Gedanke einer betrieblichen Arbeitnehmervertretung bis in die erste Hälfte des 19. Jahrhunderts zurückverfolgen lässt[57], nahmen zunächst die Gewerkschaften die gesamte Interessenvertretung aller Beschäftigten im betrieblichen Bereich wahr.[58] Obwohl es um 1900 herum freiwillige und später auch obligatorische Arbeitnehmerausschüsse gab[59], die den Arbeitnehmern ein Mitwirkungsrecht im Bereich der Löhne und sonstigen Arbeitsbedingungen zugestanden, waren Betriebsräte erst durch das Betriebsrätegesetz von 1920 in Betrieben mit in der Regel mindestens 20 Beschäftigten zu errichten. Den Arbeitnehmern wurden dadurch erstmals Mitwirkungs- und Mitbestimmungsrechte bei sozialen und personellen Angelegenheiten gewährt.[60]

Da die Zweigleisigkeit des kollektiven Arbeitsrechts also nicht vom Gesetzgeber am „grünen Tisch entworfen" wurde, sondern ihre Ursache in der geschichtlichen Entwicklung Deutschlands hat, kann man allein aus dem Umstand, dass dreiseitige Vereinbarungen nicht gesetzlich normiert sind, nicht auf ihre kategorische Unwirksamkeit schließen.

bb) Grundsatz der vertrauensvollen Zusammenarbeit

Obwohl dreiseitige Vereinbarungen als solche gesetzlich nicht ausdrücklich vorgesehen sind, könnte es einen Anhaltspunkt im Gesetz geben, der gegen eine generelle Unwirksamkeit spricht. Der im deutschen Arbeitsrecht bestehende Dualismus von gewerkschaftlicher und betriebsverfassungsrechtlicher Interessenvertretung wird durch das Betriebsverfassungsgesetz nicht berührt, vgl. § 2 Abs. 3 BetrVG. Allerdings beinhaltet § 2 Abs. 1 BetrVG den Grundsatz der vertrauensvollen Zusammenarbeit. Dieser sieht ein Zusammenwirken des Betriebsrats mit dem Arbeitgeber vor. Die Zusammenarbeit soll unter Beachtung der geltenden Tarifverträge vertrauensvoll und im Zusammenwirken mit den im Betrieb vertretenen Gewerkschaften und Arbeitgebervereinigungen zum Wohl der Arbeitnehmer und des Betriebs erfolgen. Trotz der institutionellen Trennung

---

56 MünchArbR-*Löwisch/Rieble*, § 154 Rn. 1 ff.; Kempen/Zachert/*Zachert*, TVG Grundlagen Rn. 1 ff.; Däubler/*Däubler*, TVG Einleitung Rn. 1 ff.; dazu ausführlich *Limmer*, Gewerkschaftsbewegung, S. 12 ff. (20 ff.); *Ritscher*, Koalitionen und Koalitionsrecht, S. 184 ff. (203 ff.).

57 Dazu *Stollreither*, Mitbestimmung, S. 35 ff.; *Teuteberg*, Mitbestimmung, S. 115; MünchArbR-*v. Hoyningen-Huene*, § 210 Rn. 10.

58 *Rüthers*, Information und Mitgliederwerbung, S. 48 f.; *Germelmann*, Hilfsfunktion der Verbände, S. 47 (52); *Däubler*, Gewerkschaftsrechte im Betrieb, Rn. 46; *Hoffmann*, AuR 1969, 76.

59 Siehe dazu MünchArbR-*v. Hoyningen-Huene*, § 210 Rn. 11; *Däubler*, Gewerkschaftsrechte im Betrieb, Rn. 47 ff.

60 MünchArbR-*v. Hoyningen-Huene*, § 298 Rn. 48.

sollen Gewerkschaft und Betriebsrat also nicht gegeneinander, sondern miteinander arbeiten – Kooperation statt Konkurrenz.[61] Der Betriebsrat bestimmt unter Beachtung des Gebots der Unabhängigkeit eigenverantwortlich und nach eigenem Ermessen den Grad der Zusammenarbeit mit der Gewerkschaft.[62] Wichtigste Form des Zusammenwirkens ist die Teilnahme der Gewerkschaften an Betriebsratssitzungen (§ 31 BetrVG) sowie Betriebs- und Betriebsräteversammlungen (§§ 46 Abs. 1, 53 Abs. 3 BetrVG). Auch wenn daneben gemeinsame Beratungen zwischen Gewerkschaft, Arbeitgeber und Betriebsrat möglich sind[63], gehört der Abschluss dreiseitiger Vereinbarungen nicht zu dem, was Rechtsprechung und Literatur bislang – und wohl auch in Zukunft – richtigerweise unter vertrauensvoller Zusammenarbeit im Sinne des § 2 BetrVG verstehen. Vergleicht man aber das Ziel der Zusammenarbeit mit dem dreigliedriger Vereinbarungen, lässt sich eine Übereinstimmung feststellen. Ziel der Zusammenarbeit von Arbeitgeber und Betriebsrat – und auch von Gewerkschaft und Betriebsrat – im Rahmen des § 2 BetrVG ist das Wohl der Arbeitnehmer und des Betriebs. Durch diese Zielsetzung soll verhindert werden, dass jede Partei ausschließlich ihre eigenen Interessen verfolgt.[64] Obschon dreiseitige Vereinbarungen vielfach eine Verschlechterung der tariflichen Ansprüche beinhalten, versuchen Gewerkschaft und Betriebsrat im Interesse der Arbeitnehmer die unternehmerische Entscheidung zu verhindern oder zumindest ihre Folgen für die Arbeitnehmer zu mildern. Der Abschluss von Vereinbarungen, an denen Arbeitgeber, Gewerkschaft und Betriebsrat beteiligt sind, hat ebenso wie die Zusammenarbeit nach § 2 BetrVG den Vorteil, dass bei der Verfolgung der eigenen Ziele die Interessenlage der jeweils anderen Partei nicht von vorneherein ausgeblendet wird und in wirtschaftlich schwierigen Situationen zum Wohle der Arbeitnehmer und des Betriebs vernünftige Ergebnisse erreicht werden können.

Aufgrund des Umstands, dass der Gesetzgeber nicht ausschließlich von streng getrennt agierenden Gewerkschaften und Betriebsräten ausgeht, sondern zum Wohle der Arbeitnehmer und des Betriebs auch ein Zusammenwirken vorsieht, ist eine generelle Unwirksamkeit dreiseitiger Vereinbarungen abzulehnen.

cc) Vorhandensein geeigneter Instrumentarien

Möglicherweise bedarf es dreigliedriger Vereinbarungen jedoch nicht. Mit dem Tarifvertrag und der Betriebsvereinbarung könnten ausreichende Instrumenta-

61 Richardi/*Richardi*, § 2 BetrVG Rn. 5; *Fitting*, § 2 BetrVG Rn. 47, ErfK-*Koch*, § 2 BetrVG Rn. 2; *Däubler*, Gewerkschaftsrechte im Betrieb, Rn. 76.
62 H/S/W/G/N-*Rose*, § 2 BetrVG Rn. 27.
63 *Fitting*, § 2 BetrVG Rn. 49.
64 GK-*Kraft/Franzen*, § 2 BetrVG Rn. 42.

rien zur Verfügung stehen, um sämtliche, für die Arbeitnehmer wichtige Bereiche umfassend zu regeln und einen hinreichenden Schutz zu gewähren. Die heutigen Tarifverträge beschränken sich nicht auf die Gestaltung der Löhne und Gehälter, auch wenn dies noch immer das Kernstück der gewerkschaftlichen Tarifpolitik darstellt, sondern regeln in vielfältiger, kaum zu überblickender Weise die Arbeitsbedingungen der Arbeitnehmer.[65] Neben der Sicherung und Gestaltung des Arbeitsentgelts ist die Arbeitszeit ein zentraler Aspekt tariflicher Regelungen. Typischer Inhalt von Tarifverträgen ist zudem die Gestaltung atypischer Arbeitsverträge (Leiharbeit, Teilzeitarbeit, befristete Arbeitsverhältnisse und selbständige Arbeit), Arbeits- und Umweltschutz, betriebliche Mitbestimmung sowie die Begründung und die Beendigung des Arbeitsverhältnisses.[66] Eine Betriebsvereinbarung kann wie ein Tarifvertrag normative Regelungen über Inhalt, Abschluss und Beendigung von Arbeitsverhältnissen sowie über betriebliche und betriebsverfassungsrechtliche Fragen treffen. Soweit also gesetzliche oder tarifliche Regelungen nicht vorrangig sind, kann grundsätzlich jede Angelegenheit, die gemäß § 1 Abs. 1 TVG tarifvertraglich geregelt werden kann, auch Gegenstand einer Betriebsvereinbarung sein.[67] Allerdings können nur Fragen geregelt werden, die der funktionalen Zuständigkeit des Betriebsrats unterliegen.[68] Während die Normen des Tarifvertrags ausschließlich zwischen den beiderseits Tarifgebundenen Geltung erlangen, erfassen die Normen der Betriebsvereinbarung alle Arbeitsverhältnisse zwischen dem Arbeitgeber und den Arbeitnehmern des jeweiligen Betriebs.[69] Tarifverträge und Betriebsvereinbarungen regeln somit die für die Arbeitnehmer wichtigen Belange und schützen den Arbeitnehmer umfassend vor der Übermacht des Arbeitgebers, so dass dreiseitige Vereinbarungen überflüssig sein könnten.

Diese Annahme geht jedoch fehl. Lediglich dann, wenn man dreiseitige Vereinbarungen als Vereinbarung sui generis ansieht, d. h. als ein völlig neues Instrument, könnte man sich mit der Frage, ob Tarifvertrag und Betriebsvereinbarung nicht ausreichende Mittel sind, auseinandersetzen. Wie bereits aufgezeigt,

---

65 Siehe dazu *Bispinck*/WSI-Tarifhandbuch 2007, der einen Überblick über das Tarifgeschehen und die wichtigsten tariflichen Regelungen und Leistungen in 50 Wirtschaftsbereichen gibt.

66 Zum typischen Inhalt von Tarifverträgen siehe z. B. Wiedemann/*Thüsing*, § 1 TVG Rn. 33 ff.; Däubler/*Winter/Hensche*, § 1 TVG Rn. 354-955; Kempen/Zachert/*Stein/Zachert/Wendeling-Schröder*, § 1 TVG Rn. 97-663.

67 BAG v. 07.11.1989 – GS 3/85, BAGE 63, 211; H/S/W/G/N-*Worzalla*, § 77 BetrVG Rn. 36; *Dütz*, Arbeitsrecht, Rn. 816.

68 Richardi/*Richardi*, § 77 BetrVG Rn. 50; HaKo-BetrVG-*Lorenz*, § 77 BetrVG Rn. 28; *Fitting*, § 77 BetrVG Rn. 45.

69 BAG v. 28.06.2005 – 1 AZR 375/04, nv. (juris); Richardi/*Richardi*, § 77 BetrVG Rn. 127; H/S/W/G/N-*Worzalla*, § 77 BetrVG Rn. 27; Brox/Rüthers/*Henssler*, Rn. 1019.

ist eine solche Qualifizierung aber abzulehnen.[70] Somit bleibt nur die Möglichkeit, – von einer generellen Unwirksamkeit, die hier gerade erörtert werden soll, abgesehen – dreigliedrige Vereinbarungen in das Gerüst von Tarifvertragsgesetz und Betriebsverfassungsgesetz einzuordnen und sie als Tarifvertrag, Betriebsvereinbarung oder gegebenenfalls als Kombination aus beidem zu qualifizieren.

dd) Arbeitsrecht als Schutzinstrument der Arbeitnehmer

Ferner ist bei der Frage der generellen Unwirksamkeit dreiseitiger Vereinbarungen aufgrund der Beteiligung des nichttariffähigen Betriebsrats der Sinn und Zweck des kollektiven Arbeitsrechts zu beachten. Auch im Arbeitsvertragsrecht gilt der verfassungsrechtlich geschützte Grundsatz der Vertragsfreiheit. Arbeitnehmer und Arbeitgeber können frei entscheiden, ob und mit wem sie ein Vertragsverhältnis zu welchen Konditionen eingehen. Obwohl die Abschluss- und Auswahlfreiheit des Arbeitgebers durch Abschlussgebote und Abschlussverbote zum Schutz bestimmter Arbeitnehmergruppen kraft Gesetzes oder Tarifvertrags eingeschränkt sein kann[71], besteht rechtlich betrachtet ein Gleichgewicht zwischen Arbeitgeber und Arbeitnehmer. Die Vertragsfreiheit kann jedoch nur dann ausgeübt werden, wenn sich wirtschaftlich gleichstarke Vertragspartner gegenüberstehen. Der Arbeitgeber verfügt über die Arbeitsplätze und den erzielten Gewinn, während der Arbeitnehmer typischerweise auf die Beschäftigung angewiesen ist, da sie seine Existenzgrundlage bildet. Indem er dem Arbeitgeber seine Arbeitskraft zur Verfügung stellt, begibt sich der Arbeitnehmer zu diesem in ein Unterordnungsverhältnis. Er ist gegenüber dem Arbeitgeber weisungsgebunden und muss sich in die betriebliche Organisation eingliedern. Trotz der Abhängigkeit des Arbeitgebers von der Bereitschaft der Arbeitnehmer, die geschuldete Arbeitsleistung zu erbringen, zeigen die Erfahrungen des 19. Jahrhunderts, aber auch die der Gegenwart, dass die Gleichheit lediglich idealtypischer Natur ist. Vielfach – vor allem in Zeiten, die von Arbeitslosigkeit geprägt sind – ist der Arbeitnehmer gezwungen, den Arbeitsvertrag zu den vom Arbeitgeber vorgegebenen Bedingungen abzuschließen, denn er ist mangels wirtschaftlicher Unabhängigkeit nicht in der Lage, die Vertragskonditionen autark auszuhandeln. Auch wird das Arbeitsverhältnis häufiger durch den Arbeitgeber beendet und trifft den Arbeitnehmer stärker, da dieser mit seiner Arbeit seine Lebensgrundlage sichert. Tatsächlich existiert daher ein Machtungleichgewicht zwischen Arbeitgeber und Arbeitnehmer.[72] Obwohl einige Vertreter des Schrifttums die Existenz eines

---

70 Vgl. 2.Teil.A.II.

71 Siehe dazu HWK-*Thüsing*, § 611 BGB Rn. 47 ff.

72 BVerfG v. 26.06.1991 – 1 BvR 779/85, AP Nr. 117 zu Art. 9 GG Arbeitskampf; *Däubler*, Tarifvertragsrecht, Rn. 27; *ders.*, RdA 1994, 169; *Gamillscheg*, Kollektives

Machtgefälles leugnen, kritisch betrachten oder als überholt ansehen[73], geht auch der Gesetzgeber von einem Ungleichgewicht aus, denn die Arbeitsrechtvorschriften sind einseitig-zwingend und Abweichungen nur zu Gunsten des Arbeitnehmers möglich.[74] Aufgabe des Arbeitsrechts – und damit auch des kollektiven Teils – ist somit, einen Ausgleich für die bestehende Unterlegenheit des Arbeitnehmers gegenüber dem Arbeitgeber und der damit einhergehenden Schutzbedürftigkeit zu schaffen.[75] Eine dreiseitige Vereinbarung steht diesem Schutzzweck nicht entgegen. Im Gegenteil: Sind an dem Abschluss dreigliedriger Vereinbarungen sowohl die zuständige Gewerkschaft als auch der Betriebsrat als Interessenvertreter der Arbeitnehmer beteiligt, werden beide gemeinsam mit dem Arbeitgeber versuchen, eine einvernehmliche Lösung der bestehenden Probleme des Betriebs zu finden. Während die lediglich innerbetrieblich agierenden Betriebsräte darauf hinwirken werden, dass die Regelungen auf die spezifischen Bedürfnisse der Arbeitnehmer des jeweiligen Betriebs eingehen, kommt den überbetrieblichen Gewerkschaften eine Schutz- und Gestaltungsfunktion[76] für ihre bundesweiten Mitglieder zu. Sie stellen im Rahmen dreiseitiger Vereinbarungen ein Korrektiv zum Betriebsrat dar, der ausschließlich die Interessen der Belegschaft des betroffenen Betriebs vertritt. Die Gewerkschaften werden darauf bedacht sein, dass die Situation des gefährdeten Betriebs nicht dazu ausgenutzt wird, die Arbeitnehmer zu unverhältnismäßigen Zugeständnissen zu zwingen, zu denen ein Betriebsrat unter Umständen eher bereit sein wird. Auch in dem Fall, dass von einer geplanten Betriebsänderung nur ein Betrieb von mehreren betroffen ist und der zuständige Betriebsrat versucht, möglichst viele Vorteile für die Arbeitnehmer auszuhandeln, die seinem Zuständigkeitsbereich unterfallen, werden die Gewerkschaften dafür Sorge tragen, dass die Regelungen dreiseitiger Vereinbarungen nicht zu Lasten der Arbeitnehmer der verbleibenden Betriebe gehen. Das Konsensverfahren, das zum Abschluss dreigliedriger Vereinbarungen führt, kann negativ betrachtet als bloßer Kompromiss bezeichnet werden. Andererseits ist zu bedenken, dass zufriedenstellende Ergebnisse in der Regel eher erzielt werden, wenn die Lösung von allen Beteiligten getragen wird. Zu berücksichtigen ist des Weiteren, dass die Arbeitnehmer einer dreigliedrigen Vereinbarung mehr

---

Arbeitsrecht I, S. 3 ff.; *ders.*, Die Grundrecht im Arbeitsrecht, S. 28 ff.; *Preis*, Arbeitsrecht II, S. 2 f.; *Hromadka/Maschmann*, Arbeitsrecht II, § 11 Rn. 8; *Trittin*, RdA 1994, 177; *Ehmann/Schmidt*, NZA 1995, 193 (198); *Singer*, ZfA 1995, 611 (625).

73 *Zöllner*, AcP 1976, 221 ff.; *ders.*, AcP 1996, 1 ff.; *Leisner*, Gleichheitsstaat, S. 240; *Reuter*, RdA 1994, 152 (160).

74 *Gamillscheg*, Kollektives Arbeitsrecht I, S. 6.

75 MünchArbR-*Richardi*, § 240 Rn. 12.

76 Siehe dazu *Leminsky*, Zukunft der Gewerkschaften, S. 11 ff. sowie die Präambel des Grundsatzprogramms der Gewerkschaften 1981, abgedruckt in: Gewerkschaftliche Monatshefte 1981, 306 ff.

Vertrauen entgegen bringen werden, da in ihrem Interesse gleich zwei Parteien mit dem Arbeitgeber verhandelt haben.[77] Die Beteiligung von Gewerkschaft und Betriebsrat ist folglich im Interesse der von der Vereinbarung betroffenen Arbeitnehmer und damit dem Sinn und Zweck des Arbeitsrechts zuträglich.

Das Mitwirken der zuständigen Gewerkschaft könnte zudem den Vorteil haben, dass die Vereinbarung auch mittels Arbeitskampf durchgesetzt werden kann. Für den Betriebsrat besteht nach § 74 Abs. 2 Satz 1 BetrVG ein uneingeschränktes Arbeitskampfverbot. Kommt eine Einigung zwischen Betriebsrat und Arbeitgeber nicht zustande, kann die Einigungsstelle nur in Angelegenheiten der erzwingbaren Mitbestimmung, in denen der Spruch der Einigungsstelle die Einigung der Betriebspartner ersetzt oder wenn diese sich dem Spruch der Einigungsstelle im Voraus unterworfen haben, den Konflikt zwischen Betriebsrat und Arbeitgeber lösen. Der Einsatz von Arbeitskampfmitteln bedeutet für die Arbeitnehmer eine Stärkung ihrer Position und trägt damit zu ihrem Schutz bei. Allerdings kann die dreiseitige Vereinbarung nur dann im Wege des Arbeitskampfes durchgesetzt werden, wenn sie rechtlich als Tarifvertrag einzuordnen ist. An dieser Stelle soll jedoch nur die Möglichkeit einer generellen Unwirksamkeit solcher Vereinbarungen erörtert werden.[78] Da aber der durch das Arbeitsrecht vermittelte Schutz durch eine dreigliedrige Vereinbarung nicht beeinträchtigt, sondern vielmehr erweitert bzw. gestärkt wird, würde die Annahme einer kategorischen Unwirksamkeit dem Sinn und Zweck des Arbeitsrechts als Instrument zur Beseitigung des Ungleichgewichts zwischen Arbeitgeber und Arbeitnehmern zuwiderlaufen.

ee) Vorliegen sonstiger Voraussetzungen eines Tarifvertrags

Schließlich ist nicht ersichtlich, eine Vereinbarung, die unter der zusätzlichen Mitwirkung des nichttariffähigen Betriebsrats zustande kommt, allein aus diesem Grund für nichtig zu erklären, obwohl sämtliche Wirksamkeitsvoraussetzungen eines Tarifvertrags erfüllt sind. Gerade für den Tarifvertrag hat das Bundesarbeitsgericht bereits vor Jahren entschieden, dass die zusätzliche Unterschrift einer nichttariffähigen Partei für die Wirksamkeit des Tarifvertrags unbeachtlich ist.[79] Die dem Fall zugrunde liegende Vereinbarung wurde vom Bundesarbeitsgericht als Tarifvertrag qualifiziert, obwohl neben den Mitgliedern der Geschäftslei-

---

77 *Grau/Döring*, NZA 2008, 1335; ähnlich *Ehmann/Lambrich*, Anmerkung zu BAG v. 07.11.2000 – 1 AZR 175/00, AP Nr. 14 zu § 77 BetrVG 1972 Tarifvorbehalt, die auf die Bedeutung der zusätzlichen Unterschrift des Betriebsrats – selbst als bloß unterstützende Geste – hinweisen, die diese für die Akzeptanz einer Vereinbarung, die Leistungskürzungen beinhaltet, hat.

78 Zur Erstreikbarkeit dreiseitiger Vereinbarungen siehe 3.Teil.D.

79 BAG v. 16.05.1995 – 3 AZR 535/94, AP Nr. 15 zu § 4 TVG Ordnungsprinzip.

tung und der zuständigen Gewerkschaft vier „gewählte Vertreter der Betriebsräte" unterzeichnet hatten. Das Gericht sah diese Beteiligung für die Wirksamkeit des Tarifvertrags als unschädlich an. Diese Konstellation lässt sich zwar nicht vollständig mit der einer dreiseitigen Vereinbarung vergleichen, denn die „gewählten Vertreter der Betriebsräte" können keine betriebsverfassungsrechtlich wirksame Vereinbarung schließen. Da an einer dreigliedrigen Vereinbarung der Betriebsrat mitwirkt, kommt auch eine Qualifizierung als Betriebsvereinbarung in Betracht. Dieser Unterschied ändert aber nichts daran, dass die zusätzliche Unterschrift des Betriebsrats für die rechtliche Wirksamkeit der Vereinbarung irrelevant sein muss, wenn alle sonstigen Voraussetzungen gegeben sind.[80] Denn weder das Tarifvertragsgesetz noch das Betriebsverfassungsgesetz normiert ein Mitwirkungsverbot Dritter am Abschluss eines Tarifvertrags bzw. einer Betriebsvereinbarung.[81]

c) Zwischenergebnis

Die zusätzliche Beteiligung des Betriebsrats führt nicht zur Nichtigkeit der Vereinbarung bzw. steht ihrer rechtlichen Qualifizierung als Tarifvertrag nicht entgegen.

3. Tarifzuständigkeit

Neben der Tariffähigkeit ist die Tarifzuständigkeit weitere Wirksamkeitsvoraussetzung eines Tarifvertrags. Die Tarifzuständigkeit bestimmt den in der Satzung festgelegten Geschäftsbereich, innerhalb dessen der Verband Tarifverträge abschließen kann.[82] Fehlt einer der Tarifvertragsparteien bei Abschluss des Tarifvertrags die Tarifzuständigkeit, ist der Tarifvertrag unwirksam.[83] Soll eine dreiseitige Vereinbarung also nach dem Willen der Vertragschließenden als Tarifvertrag zu werten sein, müssen die Parteien im Rahmen einer solchen Vereinbarung tarifzuständig sein.

---

80 So auch BAG v. 17.11.2000 – 1 AZR 175/00, AP Nr. 14 zu § 77 BetrVG Tarifvorbehalt, mit zustimmender Anmerkung *Ehmann/Lambrich*, AP Nr. 14 zu § 77 BetrVG 1972 Tarifvorbehalt; v. 15.04.2008 – 1 AZR 86/07, ZIP 2008, 1544; Wiedemann/*Oetker*, § 2 TVG Rn. 166; Däubler/*Peter*, § 2 TVG Rn. 137.

81 *Thüsing*, NZA 2008, 201 (202).

82 BAG v. 25.09.1996 – 1 ABR 4/96, AP Nr. 10 zu § 2 TVG Tarifzuständigkeit; v. 14.12.1999 – 1 ABR 74/98, NZA 2000, 949; Wiedemann/*Oetker*, § 2 TVG Rn. 52 ff.; *Junker*, Arbeitsrecht, § 8 Rn. 520.

83 ErfK-*Franzen*, § 2 TVG Rn. 38; *Löwisch/Rieble*, § 2 TVG Rn. 185; Wiedemann/*Oetker*, § 2 TVG Rn. 54.

4. Schriftform

Gemäß § 1 Abs. 2 TVG bedarf ein Tarifvertrag der Schriftform. Im Tarifrecht existiert kein eigener Schriftlichkeitsbegriff, so dass die §§ 126, 126a BGB Anwendung finden. Die Vertragsurkunde muss danach schriftlich niedergelegt und von den Vertragsparteien oder ihren Vertretern eigenhändig unterzeichnet werden. Werden mehrere gleich lautende Urkunden verfasst, reicht es aus, wenn jede Partei das für die andere Partei bestimmte Exemplar unterzeichnet.[84] Ein Tarifvertrag, der der Schriftform nicht genügt, ist nach § 125 Satz 1 BGB nichtig. In diesem Fall entfaltet der Tarifvertrag weder schuldrechtliche noch normative Wirkung.[85] Eine Verkündung ist für die Wirksamkeit eines Tarifvertrags nicht erforderlich, auch wenn er Rechtsnormen beinhaltet. Zwar müssen Tarifverträge gemäß §§ 6 ff. TVG in das beim Bundesministerium für Arbeit und Soziales geführte Tarifregister eingetragen werden, eine Verletzung dieser öffentlich-rechtlichen Ordnungsvorschriften berührt die Wirksamkeit eines Tarifvertrags jedoch nicht.[86]

5. Ergebnis

Unter formalen Gesichtspunkten spricht nichts gegen die Qualifizierung einer dreiseitigen Vereinbarung als Tarifvertrag.

II. Zulässiger Inhalt eines Tarifvertrags

Neben den formalen Voraussetzungen müssen die inhaltlichen Anforderungen eines Tarifvertrags erfüllt sein. Ein Tarifvertrag hat nach § 1 Abs. 1 TVG einen bestimmten Inhalt. Der schuldrechtliche Teil eines Tarifvertrags regelt die Rechte und Pflichten der Tarifvertragsparteien. Verpflichtet sind ausschließlich die Tarifvertragsparteien, nicht aber ihre Mitglieder, da ein schuldrechtlicher Vertrag zu Lasten Dritter unzulässig ist.[87] Ist die Vereinbarung allerdings als Vereinbarung zu Gunsten Dritter auszulegen (§ 328 BGB), können die Mitglieder der Tarifvertragsparteien aus den schuldrechtlichen Abreden berechtigt sein.[88] Der normative Teil eines Tarifvertrags enthält Rechtsnormen, die den Inhalt, den

---

84 Wiedemann/*Thüsing*, § 1 TVG Rn. 311 ff.; Däubler/*Reim*, § 1 TVG Rn. 143.

85 Däubler/*Reim*, § 1 TVG Rn. 146; *Löwisch/Rieble*, § 1 TVG Rn. 546.

86 BAG v. 16.05.1995 – 3 AZR 535/94, AP Nr. 15 zu § 4 TVG Ordnungsprinzip; HWK-*Henssler*, § 6 TVG Rn. 7; *Dütz*, Arbeitsrecht, Rn. 512.

87 MünchKommBGB-*Gottwald*, § 328 BGB Rn. 188; Erman/*Westermann*, vor § 328 BGB Rn. 11.

88 Däubler/*Reim*, § 1 TVG Rn. 10 ff.; *Junker*, Arbeitsrecht, § 8 Rn. 503.

Abschluss und die Beendigung von Arbeitsverhältnissen sowie betriebliche und betriebsverfassungsrechtliche Fragen ordnen können. Erstere haben gemäß § 4 TVG für die beiderseits Tarifgebundenen unmittelbare und zwingende Wirkung, während betriebliche und betriebsverfassungsrechtliche Normen für alle Betriebe gelten, deren Arbeitgeber tarifgebunden ist (vgl. § 4 Abs. 1 Satz 2 i. V. m. § 3 Abs. 2 TVG). Es ist zu untersuchen, ob der Inhalt dreiseitiger Vereinbarungen tariflich regelbar ist. Ist dies nicht der Fall, scheidet eine Qualifizierung dreigliedriger Vereinbarungen als Tarifvertrag aus.

Die bisherigen dreiseitigen Vereinbarungen, mit denen sich die Gerichte auseinandergesetzt haben, sehen in der Regel eine Verschlechterung der tariflichen Ansprüche der Arbeitnehmer vor. So sollen beispielsweise die Arbeitszeit ohne zusätzliche Entlohnung verlängert oder sonstige tarifliche Leistungen abgeschafft oder verringert werden. In diesem Zusammenhang verpflichtet sich der Arbeitgeber zur Beibehaltung des Standortes, zur Verlängerung von Kündigungsfristen oder zur Durchführung und Finanzierung von Qualifizierungsmaßnahmen.[89] Die Tarifvertragsparteien können als Ausfluss der Tarifautonomie ihre selbst gesetzte Ordnung jederzeit abändern und durch eine andere ersetzen, wobei das Günstigkeitsprinzip nicht anwendbar ist.[90] Eine Verschlechterung der tariflichen Ansprüche der Arbeitnehmer durch Tarifvertrag ist daher möglich. Ob die unternehmerische Entscheidung der Standortverlagerung/-schließung und die sozialen Folgen der Betriebsänderung ebenfalls tariflich regelbar sind, ist im Folgenden zu erörtern.

1. Standortgarantien

Zunächst ist zu klären, ob sich die Frage der Standortverlagerung/-schließung unter den normativen oder den schuldrechtlichen Teil eines Tarifvertrags subsumieren lässt.

a) Normativer Teil

Bei normativ wirkenden Regelungen unterscheidet man Inhalts-, Abschluss- und Beendigungsnormen (Individualnormen) sowie betriebliche und betriebsverfassungsrechtliche Normen (Betriebsnormen).

---

89 Siehe z. B. BAG v. 07.11.2000 – 1 AZR 175/00, AP Nr. 14 zu § 77 BetrVG 1972 Tarifvorbehalt; v. 23.01.2008 – 4 AZR 602/06, AP Nr. 63 zu § 1 TVG Bezugnahme auf Tarifvertrag; v. 15.04.2008 – 1 AZR 86/07, ZIP 2008, 1544.

90 Vgl. BAG v. 20.03.2002 – 10 AZR 501/01, AP Nr. 12 zu § 1 TVG Tarifverträge Gebäudereinigung; ErfK-*Franzen*, § 1 TVG Rn. 30; Däubler/*Deinert*, § 4 TVG Rn. 100; Wiedemann/*Wank*, § 4 TVG Rn. 77, 261.

Die Entscheidung des Unternehmers, den Betrieb zu erhalten, zu verlegen oder zu schließen, könnte eine Inhalts- oder Beendigungsnorm darstellen. Gegenstand der Inhaltnormen sind die Rechte und Pflichten der Arbeitsvertragsparteien im Arbeitsverhältnis wie z. B. die Höhe der Vergütung, die Dauer und Lage der regelmäßigen Arbeitszeit, Mehr- und Kurzarbeit, Umfang und Lage des Urlaubs.[91] Die Frage der Standorterhaltung hat allerdings keine unmittelbare Beziehung zum Inhalt der Arbeitsverhältnisse und unterfällt folglich nicht den Inhaltsnormen.[92] Dies verdeutlicht auch der Vergleich mit den beispielhaft aufgeführten Bereichen, die anerkanntermaßen zu den Inhaltsnormen zählen. Naheliegender erscheint daher die Einordnung der unternehmerischen Entscheidung über die Standortverlagerung/-schließung als Beendigungsnorm. Beendigungsnormen regeln das Ob und Wie der Beendigung von Arbeitsverhältnissen.[93] Zwar hat eine Standortverlagerung oder -schließung mittelbar Auswirkungen auf die betroffenen Arbeitsverhältnisse, da es in Folge dieser Entscheidung zu betriebsbedingten Kündigungen kommt, die grundsätzlich normativ geregelt werden können. Es ist jedoch zu beachten, dass die Entscheidung des Arbeitgebers über den Erhalt, die Verlagerung oder Stilllegung des Betriebs diesen vorausgeht. Aus diesem Grund ist die Entscheidung über eine Standortverlagerung/-schließung keine Regelung der Beendigung der Arbeitsverhältnisse.[94]

Schließlich kommt noch eine Zuordnung dieser unternehmerischen Entscheidung als betriebliche Norm in Betracht. Unter betrieblichen Normen versteht man tarifliche Regelungen, die unmittelbar die Organisation und Gestaltung des Betriebs betreffen.[95] Dabei geht es um die innerbetriebliche Organisation und Ordnung *im* bestehenden Betrieb, so dass das Vorhandensein des Betriebs für den Abschluss von betrieblichen Normen logische Voraussetzung ist.[96] Mithin kann die Entscheidung, einen Betrieb zu verlegen oder zu schließen, nicht unter die betrieblichen Normen fallen.

Die Frage der Standortverlagerung oder -schließung kann somit nicht Gegenstand des normativen Teils eines Tarifvertrags sein.

---

91 *Löwisch/Rieble*, § 1 TVG Rn. 21, 42 ff.; Däubler/*Reim*, § 1 TVG Rn. 6.

92 *Hanau/Thüsing*, ZTR 2001, 1 (53); *Fischinger*, Arbeitskämpfe, S. 34 f.

93 *Löwisch/Rieble*, § 1 TVG Rn. 21.

94 *Fischinger*, Arbeitskämpfe, S. 35.

95 BAG v. 17.06.1997 – 1 ABR 3/97, AP Nr. 2 zu § 3 TVG Betriebsnormen; Däubler/*Reim*, § 1 TVG Rn. 7; zu den unterschiedlichen Ansätzen siehe *Wiedemann/Thüsing*, § 1 TVG Rn. 712 ff.

96 Vgl. BAG v. 17.06.1997 – 1 ABR 3/97, AP Nr. 2 zu § 3 TVG Betriebsnormen; *Löwisch/Rieble*, § 1 TVG Rn. 106; *Hueck/Nipperdey*, Arbeitsrecht II 1, S. 291; *Fischinger*, Arbeitskämpfe, S. 37.

b) Schuldrechtlicher Teil

Sie könnte aber unter den schuldrechtlichen Teil eines Tarifvertrags fallen. Da § 1 Abs. 1 TVG für den obligatorischen Teil – anders als für den normativen – keine enumerative Aufzählung enthält, ist zunächst zu klären, welche Materie der schuldrechtlichen Regelungsbefugnis der Tarifvertragsparteien zugänglich ist.

aa) Gegenstand der schuldrechtlichen Regelungsbefugnis

Unproblematisch ist jeder Gegenstand, zu dem eine normativ wirkende Bestimmung getroffen werden kann, schuldrechtlich regelbar. Die normative Regelbarkeit eines Sachbereichs steht der Zulässigkeit einer schuldrechtlichen Regelung nicht entgegen, denn die Tarifvertragsparteien sind zur Normsetzung berechtigt, nicht aber verpflichtet.[97] Zu klären ist, ob auch Gegenstände, die nicht mit normativer Wirkung vereinbart werden können, schuldrechtlich regelbar sind. Denn sind obligatorische Abmachungen auf Sachgebiete beschränkt, die dem normativen Teil unterfallen, wäre die unternehmerische Entscheidung über die Standortverlagerung kein zulässiger Inhalt einer schuldrechtlichen Vereinbarung. Ob die schuldrechtliche Regelungsbefugnis auf Gegenstände beschränkt ist, die normativ regelbar sind, wird unterschiedlich beurteilt.

(1) Meinungsstand

Eine Ansicht fordert eine Kongruenz von normativem und schuldrechtlichem Teil. Ein Regelungsgegenstand könne nur dann mit schuldrechtlicher Wirkung vereinbart werden, wenn er normativ regelbar sei.[98] Der Sachkatalog des Tarifvertragsgesetzes würde danach für schuldrechtliche und normative Bestimmungen einheitlich gelten. Einziger Unterschied wäre, dass die schuldrechtliche Vereinbarung über die Einwirkungspflicht der Tarifvertragsparteien auf ihre Mitglieder umgesetzt würde. Die inhaltliche Deckung der normativen und schuldrechtlichen Regelungsbefugnis wird im Wesentlichen mit zwei Argumenten begründet: Zum Teil wird angeführt, dass der Umfang der schuldrechtlichen Regelungsbefugnis nicht über den der normativen Gestaltungsmacht hinausgehen dürfe, da die allgemeine Vertragsfreiheit nach Art. 2 Abs. 1 GG vom spezielleren Art. 9 Abs.

---

97 Däubler/*Reim*, § 1 TVG Rn. 962.

98 *Hueck/Nipperdey*, Arbeitsrecht II 1, S. 336 f.; *Molitor*, Tarifvertragsverordnung, S. 99; *Mayer-Maly*, BB 1965, 829 (833); *ders.*, BB 1966, 1067 (1069); *Beuthien*, ZfA 1983, 141 (160); für eine eingeschränkte Anwendung des Harmoniesatzes: *Richardi*, Kollektivgewalt, S. 199 ff.; *Nikisch*, RdA 1967, 87 (89); *Biedenkopf*, DJT I/1, S. 99 (125 f.).

3 GG verdrängt werde.[99] Ein anderer Ansatz spricht den Tarifvertragsparteien zwar nicht die allgemeine Vertragsfreiheit ab, fürchtet aber eine Umgehung der normativen Regelungsbefugnis. Die schuldrechtliche Seite des Tarifvertrags sei lediglich ein „Reflex der normativen Seite“ und dieser „untergeordnet“.[100] Ließe man schuldrechtliche Absprachen auch für normativ nicht regelbare Materien zu, werde die durch das Tarifvertragsgesetz vorgenommene Begrenzung der normativen Regelungsbefugnis unterlaufen.[101] Da die Entscheidung über den Erhalt des Standortes kein normativ regelbarer Gegenstand ist[102], kann sie nach dieser Meinung ebenfalls nicht mit schuldrechtlicher Wirkung vereinbart werden.

Die Gegenauffassung lehnt eine instrumentale Gleichschaltung der normativen und schuldrechtlichen Regelungskompetenz der Tarifvertragsparteien ab.[103] Eine normativ nicht regelbare Materie wie die Frage des Standorterhalts kann hiernach grundsätzlich mit schuldrechtlicher Wirkung vereinbart werden.

(2) Stellungnahme

Da die Regelungsbereiche von Art. 2 Abs. 1 GG und Art. 9 Abs. 3 GG nicht deckungsgleich sind, vermag allein das zwischen diesen beiden Artikeln bestehende Spezialitätsverhältnis eine Beschränkung der schuldrechtlichen Regelungsbefugnis nicht zu rechtfertigen.[104] Geht die schuldrechtliche Vereinbarungsbefugnis nicht weiter als die Normsetzungsmacht, würde die Vertragsfreiheit der Tarifvertragsparteien unangemessen begrenzt. Es ergäbe sich eine Schranke, die für alle sonstigen Vereinigungen nicht besteht. Die Normsetzungsbefugnis würde sich quasi als „Waffe“ gegen die Koalitionen wenden und als Danaergeschenk erweisen.[105] Somit müssen sich die Tarifvertragsparteien auf die allgemeine, durch Art. 2 Abs. 1 GG geschützte Vertragsfreiheit berufen können. Der Ansatz, der ihnen

99 *Säcker/Oetker*, Tarifautonomie, S. 37 ff., 155 ff.

100 *Molitor*, Tarifvertragsverordnung, S. 99.

101 *Hueck/Nipperdey*, Arbeitsrecht II 1, S. 336 f.; *Mayer-Maly*, BB 1966, 1067 (1069) lehnt das Umgehungsargument ausdrücklich ab, obwohl seine Argumentation diesem sehr nahe steht.

102 2.Teil.B.II.1.

103 BAG v. 29.11.1967 – GS 1/67, AP Nr. 13 zu Art. 9 GG; Wiedemann/*Thüsing*, § 1 TVG Rn. 961; Däubler/*Reim*, § 1 TVG Rn. 963; Kempen/Zachert/*Zachert*, § 1 TVG Rn. 731; *Däubler*, Tarifvertragsrecht, Rn. 175 ff.; *Gamillscheg*, Kollektives Arbeitsrecht I, S. 627; *ders.*, Differenzierung, S. 95 ff.; *Hölters*, Harmonie normativer und schuldrechtlicher Abreden, S. 106 ff.; *Konertz*, Tarifrechtliche Regelungsmöglichkeiten, S. 127; *Zöllner*, BB 1968, 597 (601); *Wiedemann*, RdA 1969, 321 (334); *Hanau*, JuS 1969, 213 (218); *Weller*, AuR 1970, 161 (164 f.); *Hensche*, AuR 2004, 443 (449).

104 *Bunge*, Tarifinhalt, S. 44.

105 *Gamillscheg*, Differenzierung, S. 97; *Bunge*, Tarifinhalt, S. 44.

diese Möglichkeit generell abschneidet und auf diese Weise eine Beschränkung des schuldrechtlichen Teils auf normativ regelbare Sachverhalte begründet, ist daher kritisch zu beurteilen.

Es bleibt das Argument, dass ohne eine Begrenzung der schuldrechtlichen Regelungsbefugnis die Gefahr der Umgehung der Normativregelungsbefugnis besteht. Das Umgehungsargument wurde aus der Problematik der Außenseiterregelungen entwickelt. Dabei ging es um die Frage, ob Lohnverwendungsabreden im schuldrechtlichen Teil eines Tarifvertrags geregelt werden können. Dies wurde mit der Begründung abgelehnt, dass ansonsten Lohnverwendungsabreden, die nach § 117 Abs. 2 GewO a. F., wegen Überschreitung der Grenzen der Tarifmacht sowie wegen Verstoßes gegen § 242 BGB unzulässig sind, doch durchgesetzt werden können und somit das Verbot der Lohnverwendungsabreden umgangen würde.[106] Das Umgehungsargument wird also aus einem Spezialproblem gewonnen und auf das gesamte Tarifrecht übertragen. Aus einem für den Einzelfall möglicherweise zutreffenden Argument einen allgemein gültigen Rechtssatz zu gewinnen, ist methodisch äußerst bedenklich.[107] Hinzu kommt, dass der Schutz der Außenseiter, der durch die Gleichschaltung von schuldrechtlichem und normativem Teil erreicht werden soll, auf andere Weise verwirklicht wird. Denn Außenseiter werden vor belastenden Regelungen der Tarifvertragsparteien durch die negative Koalitionsfreiheit aus Art. 9 Abs. 3 GG geschützt.[108] Es ist daher nicht erforderlich, Nichtmitglieder durch die inhaltliche Gleichsetzung von schuldrechtlicher und normativer Regelungsbefugnis zu schützen. Auch ein anderer Aspekt spricht gegen das Umgehungsargument. Nur wenn ein von der Rechtsordnung nicht gebilligter Erfolg auf andere als die verbotene Weise erreicht wird, ist eine Umgehung im rechtlichen Sinne gegeben.[109] Entscheidend ist, dass dieselbe Rechtsfolge erzielt wird. Dies ist bei normativen und schuldrechtlichen Vereinbarungen aber nicht der Fall, denn normative Regelungen wirken unmittelbar und zwingend. Es ist also ein großer Unterschied, ob eine Vereinbarung normativ oder lediglich schuldrechtlich wirkt. Im vorliegenden Fall kann mithin nicht von einer Umgehung im Rechtssinne gesprochen werden.[110] Dem Umgehungsargument fehlt es an Überzeugungskraft. Es vermag

---

106 *Nipperdey*, Gutachten, S. 28 (42).

107 Vgl. *Hölters*, Harmonie normativer und schuldrechtlicher Abreden, S. 110 f.; ablehnend auch *Karsten*, Schuldrechtliche Tarifverträge und außertarifliche Sozialpartnervereinbarungen, S. 123 f.

108 Nach ganz h. M. schützt Art. 9 Abs. 3 GG auch die negative Koalitionsfreiheit, siehe etwa BVerfG v. 23.04.1986 – 2 BvR 487/80, BVerfGE 73, 261; Sachs/*Höfling*, Art. 9 GG Rn. 65 m. w. N.; a. A. Kempen/Zachert/*Kempen*, TVG Grundlagen Rn. 166.

109 Vgl. dazu Palandt/*Ellenberger*, § 134 BGB Rn. 28.

110 So auch *Karsten*, Schuldrechtliche Tarifverträge und außertarifliche Sozialpartnervereinbarungen, S. 113.

die Notwendigkeit einer Harmonie von normativen und schuldrechtlichen Regelungen nicht zu begründen.

Eine Beschränkung der obligatorischen Vereinbarungsbefugnis lässt sich ebenso wenig mit der angeblichen „Hilfsfunktion" und der „untergeordneten Stellung" des obligatorischen Teils begründen.[111] Das verbindende Wort „und" in § 1 Abs. 1 TVG spricht eher für eine Gleichstellung von normativem und schuldrechtlichem Teil und gegen eine bloße „Hilfsfunktion" des obligatorischen Teils für die normativen Bestimmungen.[112] Es ist davon auszugehen, dass eine untergeordnete Stellung des obligatorischen Teils einer ausdrücklichen Hervorhebung im Gesetz bedürfte, da dieser Umstand für die Tarifautonomie große Bedeutung hätte.[113] Anders als im Bereich der normativen Gestaltungsmacht wurde für die schuldrechtliche Regelungsbefugnis eine Konkretisierung der Regelungsgegenstände nicht vorgenommen, sondern es ist ganz allgemein die Rede von „Rechten und Pflichten".[114] Diesem bewusst offen formulierten Wortlaut des § 1 Abs. 1 TVG widerspricht es entschieden, die normativen Regelungsgrenzen auf die schuldrechtliche Vereinbarungsbefugnis zu übertragen.

Auch unter einem historischen Gesichtspunkt ist ein striktes Kongruenzgebot normativer und schuldrechtlicher Abreden abzulehnen. Die Möglichkeit zur Normsetzung wurde den Tarifvertragsparteien erst 1918 mit dem Inkrafttreten der Tarifvertragsverordnung (TVVO) verliehen. Davor konnten ausschließlich schuldrechtlich wirkende Vereinbarungen geschlossen werden. Durch diese Änderung sollte jedoch nicht die Kompetenz der Koalitionen eingeschränkt, sondern ein Mehr an Rechten eingeräumt werden.[115] Die schuldrechtliche Tarifklausel gilt geradezu als klassisches Vehikel der tariflichen Rechtsfortbildung für Sachbereiche, die normativ nicht regelbar waren.[116]

Systematisch-logische Erwägungen, die bei der Auslegung von Gesetzen zum Tragen kommen, sprechen ebenfalls gegen die inhaltliche Gleichsetzung von schuldrechtlicher und normativer Regelungsbefugnis. Führt eine bestimmte Interpretation einer Norm infolge des klaren Inhalts einer anderen Gesetzesregel

---

111 So aber *Molitor*, Tarifvertragsverordnung, S. 99; *Hueck/Nipperdey*, Arbeitsrecht II 1, S. 336.

112 *Fischinger*, Arbeitskämpfe, S. 42.

113 *Däubler*, Tarifvertragsrecht, Rn. 175; *Clausen*, Der schuldrechtliche Teil des Tarifvertrags, S. 39, der hinsichtlich des schuldrechtlichen Teils sogar von einer Regelungslücke im Tarifvertragsrecht ausgeht.

114 *Hölters*, Harmonie normativer und schuldrechtlicher Abreden, S. 135; *Konertz*, Tarifrechtliche Regelungsmöglichkeiten, S. 57, 127.

115 *Däubler*, Tarifvertragsrecht, Rn. 175a; *Bunge*, Tarifinhalt, S. 44; *Hensche*, AuR 2004, 443 (449).

116 *Wiedemann*, RdA 1968, 420 (423); *Kraft/Konzen*, Arbeiterselbstverwaltung, S. 61; *Bunge*, Tarifinhalt, S. 44.

oder eines anderen Normteiles dazu, dass eine der beiden Bestimmungen unanwendbar oder zweck- und funktionslos wird, ist diese Auslegung nicht anzunehmen.[117] Könnten Sachmaterien nur dann mit schuldrechtlicher Wirkung vereinbart werden, wenn sie einer normativen Regelung zugänglich sind, würde die schuldrechtliche Regelungsbefugnis obsolet werden.

Zu bedenken ist ferner, dass es Aufgabe der Koalitionen ist, das Arbeitsleben sinnvoll zu ordnen. Die Tätigkeit der Tarifvertragsparteien ist von großer Bedeutung für die Sozial- und Wirtschaftsordnung des Gemeinwesens.[118] Um dieser Gestaltungsfunktion ausreichend gerecht zu werden, ist es erforderlich, dass schuldrechtliche und normative Bestimmungen mit unterschiedlichen Regelungsinhalten nebeneinander existieren und ineinander greifen. Nur wenn der schuldrechtliche Teil das ergänzt, was normativ nicht vereinbart werden kann, können die Tarifvertragsparteien ihren öffentlichen Auftrag hinreichend erfüllen.[119]

In diesem Zusammenhang ist auch der Charakter von Art. 9 Abs. 3 GG zu beachten. Die Koalitionsfreiheit ist in erster Linie ein Freiheitsrecht. Dies dokumentieren Wortlaut und geschichtliche Entwicklung der Norm. Den Koalitionen wird ein Bereich garantiert, innerhalb dessen sie frei von staatlicher Einflussnahme selbst und eigenverantwortlich bestimmen können.[120] Würde nun der Sachkatalog des normativen Teils den Inhalt des schuldrechtlichen Teils bestimmen, läge die weitere Ausgestaltung der Tarifautonomie nicht in den Händen der Koalitionen, sondern wäre dem Staat überlassen. Die Tarifvertragsparteien könnten in diesem Fall nicht frei und eigenverantwortlich auf Veränderungen in der Gesellschaft und der Arbeitswelt reagieren und ihrer Rolle als sozialpolitische Mandatsträger gerecht werden.[121]

Gegen die inhaltliche Gleichschaltung von normativer und schuldrechtlicher Regelungsbefugnis lässt sich noch ein letztes Argument anführen. Normative Tarifbestimmungen haben gemäß § 4 Abs. 1 TVG unmittelbare Wirkung. Dies bedeutet, dass sie im Geltungsbereich des Tarifvertrags auf bestehende und zukünftig entstehende tarifgebundene Arbeitsverhältnisse wie Gesetze einwirken. Das Arbeitsverhältnis wird ohne Billigung oder Kenntnis der Vertragsparteien „automatisch" gestaltet.[122] Aufgrund der gesetzesgleichen Wirkung normativer

117 *Bydlinski*, Methodenlehre und Rechtsbegriff, S. 444; *Kramer*, Methodenlehre, S. 79.

118 BVerfG v. 26.05.1970 – 2 BvR 664/65, AP Nr. 16 zu Art. 9 GG.

119 *Gamillscheg*, Differenzierung, S. 95 f.; *Clausen*, Der schuldrechtliche Teil des Tarifvertrags, S. 37 f.

120 BVerfG v. 01.03.1979 – 1 BvR 532/77, 1 BvR 533/77, 1 BvR 419/78, 1 BvL 21/78, BVerfGE 50, 290.

121 So auch *Clausen*, Der schuldrechtliche Teil des Tarifvertrags, S. 37 f.; *Karsten*, Schuldrechtliche Tarifverträge und außertarifliche Sozialpartnervereinbarungen, S. 126.

122 Wiedemann/*Wank*, § 4 TVG Rn. 300; Kempen/Zachert/*Stein*, § 4 TVG Rn. 12; Däubler/*Deinert*, § 4 TVG Rn. 460, 467; *Löwisch/Rieble*, § 4 TVG Rn. 21.

Regelungen bestehen erhöhte Schutzanforderungen, so dass es erforderlich ist, die Grenzen der normativen Regelungsbefugnis im Tarifvertragsgesetz festzuschreiben. Im Gegensatz dazu wird die schuldrechtliche Vereinbarungsbefugnis durch das allgemeine Vertragsrecht begrenzt. Da schuldrechtliche Vereinbarungen lediglich inter partes wirken und ein Vertrag zu Lasten Dritter nach geltendem Vertragsrecht unzulässig ist[123], bedürfen die Mitglieder der Koalitionen in diesem Fall keines erhöhten Schutzes. Für eine inhaltliche Gleichsetzung von schuldrechtlicher und normativer Regelungsbefugnis besteht daher keine Notwendigkeit.[124]

(3) Zwischenergebnis

Somit können Gegenstände mit obligatorischer Wirkung vereinbart werden, die einer normativen Regelung nicht zugänglich sind. Der im Tarifvertragsgesetz enthaltene Sachkatalog für den normativen Teil des Tarifvertrags kann bei der Frage, ob eine bestimmte Materie schuldrechtlich regelbar ist, lediglich als Hilfsmittel bei der Auslegung herangezogen werden, nicht aber die schuldrechtliche Regelungsbefugnis der Koalitionen bestimmen. So ist der Umstand, dass ein Sachgebiet normativ regelbar ist, ein bloßer Hinweis darauf, dass dieser Gegenstand nach Auffassung des damaligen Gesetzgebers zum historisch gewachsenen Problemkreis gehört, der einem Tarifvertrag unterfallen soll.[125]

bb) Arbeits- und Wirtschaftsbedingungen im Sinne von Art. 9 Abs. 3 GG als Schranke der schuldrechtlichen Regelungsbefugnis

Obwohl sich die schuldrechtliche Regelungsbefugnis auf normativ nicht regelbare Sachverhalte erstreckt, ist sie nicht schrankenlos. Aus Art. 9 Abs. 3 GG ergibt sich eine Regelungsgrenze für die Tarifvertragsparteien. Nur wenn sich ein Sachverhalt unter die „Arbeits- und Wirtschaftsbedingungen" subsumieren lässt, kann er Inhalt einer schuldrechtlichen Tarifvereinbarung sein.[126] Die Entscheidung über den Standorterhalt müsste somit unter den Begriff der Arbeits- und Wirtschaftsbedingungen im Sinne des Art. 9 Abs. 3 GG fassbar sein.

---

123 MünchKommBGB-*Gottwald*, § 328 BGB Rn. 188; Erman/*Westermann*, vor § 328 BGB Rn. 11.

124 *Karsten*, Schuldrechtliche Tarifverträge und außertarifliche Sozialpartnervereinbarungen, S. 128.

125 *Hölters*, Harmonie normativer und schuldrechtlicher Abreden, S. 112.

126 Däubler/*Reim*, § 1 TVG Rn. 963; *Walker*, ZfA 2004, 501 (530).

(1) Unternehmerische Entscheidung der Standortfrage als Arbeits- und Wirtschaftsbedingung

Der Begriff der Arbeits- und Wirtschaftsbedingungen ist unbestimmt und ausfüllungsbedürftig, so dass die Frage, welche Sachgebiete hierzu zählen, nicht abschließend geklärt und streitig ist.

Nach einer Auffassung sind die Arbeits- und Wirtschaftsbedingungen auf die „Lohn- und Arbeitsbedingungen" des § 152 GewO a. F. beschränkt.[127] Dazu zählen nur solche Regelungen, die innerhalb eines bestimmten Arbeitsverhältnisses, Arbeitsortes bzw. eines bestimmten Berufes verwirklicht werden können.[128] Es ist also eine Anknüpfung an das konkrete Arbeitsverhältnis erforderlich. Eine solche konkrete Beziehung zu einem bestimmten Arbeitsverhältnis, Arbeitsort oder Beruf ist bei der Frage der Standortpolitik nicht gegeben. Sie gehört damit nicht zu den „Lohn- und Arbeitsbedingungen" und stellt keine schuldrechtlich regelbare Materie dar.

Die Gegenansicht dehnt die Regelungsbefugnis der Tarifvertragsparteien auf alle unternehmerischen Entscheidungen aus. Die Frage des Standorterhalts fiele danach unter den schuldrechtlichen Teil eines Tarifvertrags.[129]

Eine vermittelnde, in den Einzelheiten differenzierende Meinung[130] lehnt einerseits eine Gleichsetzung der Arbeits- und Wirtschaftsbedingungen mit den „Lohn- und Arbeitsbedingungen" des § 152 GewO a. F. ab, fasst gleichwohl nicht sämtliche unternehmerische Entscheidungen unter diesen Begriff. Arbeits- und Wirtschaftsbedingungen seien als „funktionale Einheit" zu verstehen, die die Gesamtheit der Bedingungen zusammenfasse, unter denen abhängige Arbeit geleistet werde oder die aus ökonomischer Sicht den Arbeitsmarkt regle.[131] Tarifliche Regelungen unternehmerischer Standortentscheidungen unterfallen danach nicht den Arbeits- und Wirtschaftsbedingungen.

(2) Stellungnahme

Eine Beschränkung auf die „Lohn- und Arbeitsbedingungen" im Sinne des § 152 GewO a. F. erscheint bereits bei Betrachtung des Wortlauts von Art. 9 Abs. 3

---

127 *Forsthoff*, BB 1965, 381 (385); *Weber*, BB 1964, 764 (766).

128 Vgl. *Nipperdey*, Grundrechte und Grundpflichten, Bd. 3, S. 385 (397).

129 *Däubler/Hege*, Tarifvertragsrecht, 2. Auflage, Rn. 449; *Berg/Wendeling-Schröder/Wolter*, RdA 1980, 299 (307).

130 Zu den einzelnen Ansichten siehe *Reinartz*, Firmentarifvertrag, S. 135 ff.

131 *Biedenkopf*, DJT I/1, S. 99 (163); *Söllner*, Arbeits- und Wirtschaftsbedingungen, S. 19 (23); *Wiedemann*, RdA 1986, 231 ff.; *Kulka*, RdA 1988, 336 (345); *Scholz*, ZfA 1990, 377 (395).

GG abwegig. Die Formulierung „Arbeits- und *Wirtschaftsbedingungen*“ weicht eindeutig von der des § 152 GewO a. F. ab. Sollten von der Tarifmacht ausschließlich „Lohn- und Arbeitsbedingungen“ erfasst sein, hätte der Gesetzgeber diese Begriffe gewählt. Dies zeigt ein Blick in die historische Entwicklung der Koalitionsfreiheit. Zwar wurde durch § 152 GewO a. F. das bis 1869 geltende Koalitionsverbot aufgehoben, jedoch war der Tätigkeitsbereich der Koalitionen auf die „Lohn- und Arbeitsbedingungen“ beschränkt. Art. 159 WRV spricht dagegen bereits von „Arbeits- und *Wirtschaftsbedingungen*“. Mit diesem Begriffspaar erfolgte eine sachlich-gegenständliche Erweiterung gegenüber der Möglichkeit der Koalitionsbetätigung nach § 152 GewO a. F., denn eine Anknüpfung an das konkrete Arbeitsverhältnis war nicht mehr notwendige Voraussetzung.[132] Dass die „Arbeits- und Wirtschaftsbedingungen“ nicht mit den „Lohn- und Arbeitsbedingungen“ identisch sind, verdeutlicht ferner Art. 165 WRV, der Art. 159 WRV präzisiert und nach dem Arbeiter und Angestellte „an der Regelung der Lohn- und Arbeitsbedingungen sowie an der gesamten *wirtschaftlichen* Entwicklung der produktiven Kräfte“ mitwirken sollten. Die fast wortgetreue Übernahme des Wortlauts von Art. 159 WRV in das Grundgesetz[133] veranschaulicht, dass das Gedankengut des Art. 159 WRV in Art. 9 Abs. 3 GG enthalten ist. Da das Tätigkeitsfeld der Koalitionen durch die Weimarer Reichsverfassung jedoch gegenüber der Reichsgewerbeordnung gerade erweitert wurde, wäre es widersinnig, anzunehmen, dass der Gesetzgeber des Grundgesetzes den Tätigkeitsbereich nun mit Schaffung des Art. 9 Abs. 3 GG wieder einschränken wollte.[134] Daher kann der Begriff der „Arbeits- und Wirtschaftsbedingungen“ in Art. 9 Abs. 3 GG nicht mit dem der „Lohn- und Arbeitsbedingungen“ in § 152 GewO a. F. kongruent sein.[135] Dafür spricht auch die Ausgestaltung von § 1 Abs. 1 TVG und § 4 Abs. 2 TVG. Die Tarifvertragsparteien können neben Inhalts-, Abschluss- und Beendigungsnormen Vereinbarungen über betriebliche und betriebsverfassungsrechtliche Fragen sowie über gemeinsame Einrichtungen schließen. Obschon das Tarifvertragsgesetz eine untergesetzliche Norm ist, zeigt ihre Fassung, dass der Gesetzgeber nicht von einer Beschränkung auf die „Lohn- und Arbeitsbedingungen“ im Sinne des § 152 GewO a. F., sondern von einem weitergehenden Regelungs-

---

132 *Nipperdey*, Grundrechte und Grundpflichten, Bd. 3, S. 385 (398); *Meik*, Tarifautonomie, S. 75 f.; *Weiss/Weyand*, BB 1990, 2109 (2111); *Weyand*, AuR 1991, 65 (68).

133 BVerfG v. 01.03.1979 – 1 BvR 532/77, 1 BvR 533/77, 1 BvR 419/78, 1 BvL 21/78, BVerfGE 50, 290; *Badura*, RdA 1974, 129 (130).

134 BVerfG v. 18.11.1954 – 1 BvR 629/52, BVerfGE 4, 96; *Säcker/Oetker*, Tarifautonomie, S. 58 f.; *Söllner*, Arbeits- und Wirtschaftsbedingungen, S. 19 (23); *Bunge*, Tarifinhalt, S. 44.

135 Wiedemann/*Wiedemann*, TVG Einleitung Rn. 89; *Säcker/Oetker*, Tarifautonomie, S. 60; *Konertz*, Tarifrechtliche Regelungsmöglichkeiten, S. 60 f.

rahmen ausgeht.[136] Folglich sind die „Arbeits- und Wirtschaftsbedingungen" in Art. 9 Abs. 3 GG nicht mit den „Lohn- und Arbeitsbedingungen" des § 152 GewO a. F. gleichzusetzen.

Daran schließt sich die Frage an, ob dies im Umkehrschluss bedeutet, dass nun alle unternehmerischen Entscheidungen der Tarifmacht unterfallen. Durch eine derartig extensive Auslegung wird der Begriff der „Wirtschaftsbedingungen" verselbständigt. Das Begriffspaar der „Arbeits- und Wirtschaftsbedingungen" bildet aber eine funktionale Einheit.[137] Für diese Annahme spricht der Wortlaut des Art. 9 Abs. 3 GG: Es ist auffällig, dass im Gesetzestext der Begriff „Arbeits- und Wirtschaftsbedingungen" verwendet wurde, anstatt die Wörter „Arbeitsbedingungen" und „Wirtschaftsbedingungen" getrennt aufzuführen. Neben dem Einsatz eines Bindestrichs, werden die Begriffe durch das Wort „und" miteinander verbunden. Wären die Begriffe alternativ und nicht als einheitliches Tatbestandsmerkmal zu verstehen, hätte der Gesetzgeber dies durch die Verwendung der Wörter „oder" oder „beziehungsweise" deutlich gemacht.[138] Die „Wirtschaftsbedingungen" stehen also in einem Sinn- und Zweckzusammenhang mit den vorstehenden „Arbeitsbedingungen". Dies zeigt auch ein systematischer Vergleich mit Art. 74 GG. In dieser Vorschrift findet sich anders als in Art. 9 Abs. 3 GG keine Kopplung von Wirtschaftsrecht und Arbeitsrecht, sondern beide Sachbereiche sind in eigenen Ziffern aufgeführt (Art. 74 Nr. 11 GG und Art. 74 Nr. 12 GG).[139] Subsumiert man wie die weite Auffassung jede unternehmerische Entscheidung unter die „Arbeits- und Wirtschaftsbedingungen" des Art. 9 Abs. 3 GG, wird der Begriff der „Wirtschaftsbedingungen" aus diesem Zusammenhang herausgelöst und die „Arbeits- und Wirtschaftsbedingungen" als Begriffspaar nicht angemessen berücksichtigt. Eine andere Überlegung spricht ebenfalls dagegen, den Tarifvertragsparteien für sämtliche unternehmerische Entscheidungen eine Regelungsbefugnis einzuräumen: Zwar ist das den Koalitionen zustehende Tätigkeitsfeld durch Art. 159 WRV – und damit auch durch Art. 9 Abs. 3 GG – gegenüber § 152 GewO a. F. erweitert worden, eine völlige Umwandlung des geltenden Arbeits- und Wirtschaftsrechts war mit dieser Änderung jedoch nicht beabsichtigt, so dass zu den „Arbeits- und Wirtschaftsbedingungen" nicht jede unternehmerische Entscheidung gehören kann.[140] Schließlich ist der Cha-

---

136 *Söllner*, Arbeits- und Wirtschaftsbedingungen, S. 19 (27); *Konertz*, Tarifrechtliche Regelungsmöglichkeiten, S. 61 Fn. 4.

137 ErfK-*Dieterich*, Art. 9 GG Rn. 23; *Söllner*, Arbeits- und Wirtschaftsbedingungen, S. 19 (23, 26); *Meik*, Tarifautonomie, S. 82; *Badura*, RdA 1974, 129 (130); *Wiedemann*, RdA 1986, 231 f.; *Kulka*, RdA 1988, 336 (345).

138 *Beuthien*, ZfA 1984, 1 (11).

139 Kempen/Zachert/*Kempen*, TVG Grundlagen Rn. 108.

140 *Meik*, Tarifautonomie, S. 80.

rakter der Koalitionsfreiheit zu beachten. Art. 9 Abs. 3 GG ist ein Grundrecht des Arbeitsrechts. Gesteht man den Tarifvertragspartnern eine Regelungsbefugnis für Materien zu, die den Arbeitgeber nicht in seiner spezifischen Position als Vertragspartner des Arbeitnehmers tangieren und sich lediglich mittelbar auf die Arbeitnehmer auswirken, können die Koalitionen Gegenstände regeln, die in keinem Zusammenhang zu den Arbeitsbeziehungen zwischen Arbeitgeber und Arbeitnehmer stehen. Den Koalitionen käme dann ein allgemeines wirtschaftsrechtliches Mandat zu, was mit der Stellung von Art. 9 Abs. 3 GG als Grundrecht des Arbeitsrechts nicht vereinbar ist.[141] Zudem ist zu berücksichtigen, dass das Grundgesetz neben der Tarifautonomie die Unternehmensautonomie gewährleistet.[142] Keine der Freiheiten darf so ausgeübt werden, dass die jeweils andere leer läuft. Dem Unternehmer muss stets ein angemessener Spielraum zur Verfügung stehen, in dem er sich wirtschaftlich frei entfalten kann.[143] Wären nun sämtliche unternehmerische Entscheidungen tariflich regelbar, verbliebe dem Unternehmer kein tariffreies Tätigkeitsfeld. Die Unternehmensautonomie würde nur unzureichend beachtet und liefe leer.[144] Auch aus diesem Grund kann nicht jede Entscheidung des Unternehmers Gegenstand eines Tarifvertrags sein.

Sowohl gegen eine restriktive als auch gegen eine weite Auslegung der „Arbeits- und Wirtschaftsbedingungen“ sprechen gewichtige Argumente. Eine Beschränkung der Regelungsbefugnis der Koalitionen auf die „Lohn- und Arbeitsbedingungen“ im Sinne des § 152 GewO a. F. ist somit ebenso wie eine Ausdehnung auf alle wirtschaftlichen Entscheidungen des Unternehmers abzulehnen. Beide Auffassungen sind daher nicht geeignet, die Frage, ob Standortentscheidungen unter das Begriffspaar der „Arbeits- und Wirtschaftsbedingungen“ fallen, abschließend zu klären. Bei Betrachtung der gegen diese Ansichten sprechenden Argumente wird deutlich, dass zu den „Arbeits- und Wirtschaftsbedingungen“ des Art. 9 Abs. 3 GG zwar grundsätzlich unternehmerische Entscheidungen gehören, es aber Sachbereiche geben muss, die der Tarifautonomie entzogen sind. Ob die unternehmerische Entscheidung über den Standorterhalt darunter fällt, soll mit Hilfe der klassischen modi der Auslegung ermittelt werden.

---

141 *Wiedemann*, RdA 1986, 231 ff.; *Fischinger*, Arbeitskämpfe, S. 56.

142 Die Frage, ob die unternehmerische Freiheit durch die Berufsfreiheit nach Art. 12, die Eigentumsfreiheit nach Art. 14 GG oder durch die allgemeine Handlungsfreiheit gemäß Art. 2 Abs. 1 GG geschützt wird, beantworten Rechtsprechung und Literatur uneinheitlich, bedarf vorliegend jedoch keiner Klärung. Ausführlich dazu *Fischinger*, Arbeitskämpfe, S. 65 ff.

143 BVerfG v. 16.05.1961 – 2 BvF 1/60, BVerfGE 12, 341; v. 14.10.1970 – 1 BvR 306/68, BVerfGE 29, 260.

144 BAG v. 03.04.1990 – 1 AZR 123/89, AP Nr. 56 zu Art. 9 GG.

(3) Auslegung von Art. 9 Abs. 3 GG

Aus dem Wortlaut des Art. 9 Abs. 3 GG lässt sich nicht schließen, ob Fragen der Standortpolitik von dieser Norm erfasst werden. Die Existenz der „Wirtschaftsbedingungen" spricht lediglich dafür, dass bestimmte Entscheidungen des Unternehmers der Tarifautonomie unterfallen. Welche Materien dies jedoch im Einzelnen sind, kann dem Wortlaut nicht entnommen werden. Der neutral gehaltene Wortlaut hilft demnach nicht, die Problematik zu klären.

Die hier relevante Frage der Standortverlagerung wurde von den Vorgängernormen des Art. 9 Abs. 3 GG – § 152 GewO a. F. und Art. 159 WRV – nicht erfasst, so dass sich die Entstehungsgeschichte gegen eine Subsumtion dieses Regelungsgegenstandes unter die „Arbeits- und Wirtschaftsbedingungen" anführen lässt. Andererseits ist zu bedenken, dass die Regelungsbefugnis der Koalitionen stetig erweitert wurde. Zu Beginn der Gewerkschaftsbewegung stand das traditionelle Moment des Arbeitnehmerschutzes im Vordergrund. Aus dem Kampf um die primären Bedürfnisse der Arbeitnehmer ist aufgrund der veränderten sozialen und wirtschaftlichen Verhältnisse ein Kampf um wirtschaftliche Prosperität geworden.[145] Beschränkt man die Tarifvertragsparteien in ihrer Zielsetzung auf historisch gewachsene Regelungsgegenstände, würde das Tarifvertragssystem obsolet.[146] Daher kann eine Materie nicht allein deshalb der Regelungsbefugnis der Tarifvertragsparteien entzogen werden, weil sie vor Inkrafttreten des Grundgesetzes der Tarifautonomie nicht unterfiel. Vielmehr ist Art. 9 Abs. 3 GG zeitlich und gegenständlich offen für rechtstatsächliche Veränderungen und steht einer Fortentwicklung der Tarifpolitik nicht entgegen.[147] Die Entstehungsgeschichte des Art. 9 Abs. 3 GG schließt somit nicht aus, dass die unternehmerische Entscheidung über eine Betriebsstilllegung oder -schließung zu den „Arbeits- und Wirtschaftsbedingungen" zählt.

Nachdem Wortlaut und Entstehungsgeschichte nicht zur Lösung des Problems beitragen können, soll herausgearbeitet werden, ob sich aus dem Sinn und

145 BAG v. 03.04.1990 – 1 AZR 123/89, AP Nr. 56 zu Art. 9 GG; *Hölters*, Harmonie normativer und schuldrechtlicher Abreden, S. 139; *Hromadka/Maschmann*, Arbeitsrecht II, § 13 Rn. 145.

146 *Hölters*, Harmonie normativer und schuldrechtlicher Abreden, S. 139.

147 Vgl. BVerfG v. 01.03.1979 – 1 BvR 532/77, 1 BvR 533/77, 1 BvR 419/78, 1 BvL 21/78, BVerfGE 50, 290; BAG v. 21.03.1978 – 1 AZR 11/76, AP Nr. 62 zu Art. 9 GG Arbeitskampf; v. 03.04.1990 – 1 AZR 123/89, AP Nr. 56 zu Art. 9 GG; Kempen/Zachert/*Zachert*, § 1 TVG Rn. 731; *Preis*, Arbeitsrecht II, S. 23; *Hromadka/Maschmann*, Arbeitsrecht II, § 13 Rn. 145; *Dütz*, Arbeitsrecht, Rn. 468; *Säcker/Oetker*, Tarifautonomie, S. 64; *Konertz*, Tarifrechtliche Regelungsmöglichkeiten, S. 62 f.; *Hölters*, Harmonie normativer und schuldrechtlicher Abreden, S. 139 f.; *Weiss/Weyand*, BB 1990, 2109 (2111).

Zweck der Tarifautonomie als Bestandteil der Koalitionsbetätigungsgarantie (Art. 9 Abs. 3 GG) eine Antwort auf die Fragestellung ergibt. Spezifische Aufgabe der Koalitionen ist neben der „sinnvollen Ordnung des Arbeitslebens“[148] der Schutz des einzelnen Arbeitnehmers. Somit stellt sich die Frage, ob die Koalitionen ihrer Schutzfunktion ausreichend nachkommen können, wenn die unternehmerische Entscheidung der Standortverlagerung nicht unter die „Arbeits- und Wirtschaftsbedingungen“ fiele und daher der Regelungsbefugnis der Tarifvertragsparteien entzogen wäre. Entschließt sich ein Arbeitgeber zur Stilllegung seines Betriebs, hat dies betriebsbedingte Kündigungen der Arbeitnehmer zur Folge. Verlagert er den Betrieb, besteht unter Umständen für einen Teil der Belegschaft die Möglichkeit am neuen Standort zu arbeiten. Fällt der Arbeitsplatz der Arbeitnehmer aufgrund von Rationalisierungs- oder Umstrukturierungsmaßnahmen jedoch weg oder ist das Tätigwerden am neuen Standort für die Arbeitnehmer beispielsweise aus persönlichen Gründen nicht möglich, sind sie auch in diesem Fall betriebsbedingten Kündigungen ausgesetzt. Die aus der unternehmerischen Entscheidung rührenden Folgen sind für den einzelnen Arbeitnehmer von elementarer Bedeutung, da der Arbeitsplatz die Existenzgrundlage für ihn und seine Familie bildet. Der Verlust des Arbeitsplatzes lässt sich auch mit Abfindungen, die den Arbeitnehmern gegebenenfalls zustehen, oder mit arbeitgeberfinanzierten Qualifizierungsmaßnahmen nicht ausgleichen oder abmildern. Aufgrund der Schwere des Nachteils ist für den betroffenen Arbeitnehmer nicht entscheidend, ob sich dieser als Teil oder Folge der Unternehmensentscheidung darstellt. Eine Beschränkung der tarifrechtlichen Regelungsbefugnis auf die sozialen Folgen einer unternehmerischen Entscheidung, wird dem umfassenden Schutzauftrag der Tarifautonomie mithin nicht gerecht.[149]

(4) Zwischenergebnis

Unter Berücksichtigung der historisch begründbaren Wandelbarkeit des Begriffspaares „Arbeits- und Wirtschaftsbedingungen“ und um der den Koalitionen zukommenden Schutzfunktion hinreichend Rechnung zu tragen, fällt die unternehmerische Entscheidung der Standortpolitik unter diesen Begriff.

cc) Eingriff in die unternehmerische Entscheidungsfreiheit

Auch wenn die unternehmerische Entscheidung über den Standort eines Betriebs oder seine Stilllegung der Tarifmacht unterfällt, könnte eine schuldrecht-

148 BVerfG v. 18.11.1954 – 1 BvR 629/52, BVerfGE 4, 96; v. 06.05.1964 – 1 BvR 79/62, BVerfGE 18, 18; v. 20.10.1981 – 1 BvR 404/78, BVerfGE 58, 233.

149 BAG v. 03.04.1990 – 1 AZR 123/89, AP Nr. 56 zu Art. 9 GG; *Vollmer*, JA 1978, 53 (54); *Beuthien*, ZfA 1984, 1 (14); *Wiedemann*, RdA 1986, 231 ff.

liche Vereinbarung diesen Inhalts einen Eingriff in die Unternehmensfreiheit darstellen und daher bei fehlender Rechtfertigung unwirksam sein. Dazu ist jedoch erforderlich, dass die Tarifvertragsparteien an die Grundrechte gebunden sind.

(1) Grundrechtsbindung der Tarifvertragsparteien

Jahrzehnte lang gingen das Bundesarbeitsgericht und der überwiegende Teil des Schrifttums davon aus, dass die Tarifvertragsparteien bei der Normsetzung die Grundrechte in gleichem Maße wie die staatliche Gesetzgebung beachten müssten.[150] Begründet wurde dies damit, dass ein Tarifvertrag „Normen" enthalte (vgl. § 1 TVG) und daher seinem Inhalt nach „Gesetzgebung" darstelle. Zudem beruhe die tarifliche Rechtsetzung auf staatlicher Ermächtigung; sei der Staat an die Grundrechte gebunden, gelte dies erst recht für diejenigen, die nur abgeleitete Befugnisse ausüben. Diese Auffassung ist im verfassungsrechtlichen und arbeitsrechtlichen Schrifttum zu Recht auf Kritik gestoßen[151], so dass mittlerweile auch das Bundesarbeitsgericht und die herrschende Lehre von einer nur mittelbaren Grundrechtsbindung ausgehen.[152] Ist schon für normative Bestimmungen eines Tarifvertrags eine unmittelbare Grundrechtsbindung abzulehnen, gilt dies erst recht für die in Rede stehenden schuldrechtlichen Tarifregelungen. Die für eine unmittelbare Bindung der Tarifvertragsparteien an die Grundrechte angeführten Argumente passen hier schon gar nicht.[153]

Nach der Lehre von der mittelbaren Drittwirkung enthalten die Grundrechtsnormen nicht nur subjektive Abwehrrechte des Einzelnen gegen den Staat, sondern verkörpern zugleich eine objektive Wertordnung, die als verfassungsrechtliche Grundentscheidung für alle Bereiche des Rechts gilt und Richtlinien und Impulse für Gesetzgebung, Verwaltung und Rechtsprechung gibt.[154] Somit sind

150 Ständige Rspr. seit BAG v. 15.01.1955 – 1 AZR 305/54, AP Nr. 4 zu Art. 3 GG; v. 15.01.1964 – 4 AZR 75/63, AP Nr. 87 zu Art. 3 GG; Nachweise bei Wiedemann/*Wiedemann*, TVG Einleitung Rn. 182 Fn. 121 sowie *Däubler/Hege*, Tarifvertragsrecht, 2. Auflage, Rn. 197.

151 Siehe z. B. *Jarass/Pieroth*, 7. Auflage, Art. 1 GG Rn. 31; Wiedemann/*Wiedemann*, 6. Auflage, TVG Einleitung Rn. 199 ff.; ErfK-*Dieterich*, 4. Auflage, GG Einleitung Rn. 20; *Waltermann*, FS-50 Jahre BAG, S. 913 f.

152 Siehe nur BAG v. 25.02.1998 – 7 AZR 641/96, AP Nr. 11 zu § 1 TVG Tarifverträge Luftfahrt; 27.05.2004 – 6 AZR 129/03, AP Nr. 5 zu § 1 TVG Gleichbehandlung; Wiedemann/*Wiedemann*, TVG Einleitung Rn. 184 ff.; Däubler/*Schiek*, TVG Einleitung Rn. 171 ff.; *Löwisch/Rieble*, § 1 TVG Rn. 219 jeweils m. w. N.

153 Für eine mittelbare Grundrechtsbindung bei schuldrechtlichen Regelungen auch *Säcker/Oetker*, Tarifautonomie, S. 249 f.

154 BVerfG v. 15.01.1958 – 1 BvR 400/51, BVerfGE 7, 198.

schuldrechtliche Tarifregelungen im Rahmen einer mittelbaren Drittwirkung an den Grundrechten des betroffenen Arbeitgebers zu messen.

(2) Eingriff in den Schutzbereich der Unternehmerfreiheit

Umstritten ist, welches Grundrecht die Unternehmerfreiheit schützt. In Betracht kommen Art. 12 Abs. 1, 14 Abs. 1 und 2 Abs. 1 GG.[155] Anstatt sich auf einen Artikel festzulegen, erscheint es sinnvoller, die unternehmerische Freiheit in ihrer Vielfältigkeit als von mehreren Grundrechten geschützt anzusehen: Während Art. 12 Abs. 1 GG die Freiheit, ein Unternehmen zu gründen, zu führen und auch aufzugeben, gewährleistet, schützt Art. 14 Abs. 1 GG das wirtschaftlichen Zwecken gewidmete Eigentum. Art. 2 Abs. 1 GG sichert als Auffanggrundrecht die Handlungsfreiheit auf wirtschaftlichem Gebiet, wenn der Schutzbereich von Art. 12 Abs. 1 und 14 Abs. 1 GG endet.[156]

Der Bereich der unternehmerischen Tätigkeit, der tariflichen Regelungen nicht zugänglich ist, ist im Einzelnen nur schwer abzugrenzen.[157] Es besteht jedoch weitgehend Einigkeit darüber, dass der Entschluss, einen Betrieb zu schließen oder an einen anderen Standort zu verlegen, zum unantastbaren Kernbereich der Unternehmerfreiheit gehört.[158] Wären diese Entscheidungen tariflich regelbar, würde das Prinzip der freien, vom sozialen Gegenspieler unabhängigen Verfügungsgewalt über Betrieb und Unternehmen rundweg ausgehöhlt. Damit greift ein Tarifvertrag, in dem sich ein Unternehmer verpflichtet, von der Standortschließung/-verlagerung abzusehen, in die Unternehmerfreiheit ein.[159] Der Ein-

155 Für Art. 12 Abs. 1 GG: BVerfG v. 14.05.1985 – 1 BvR 449/82, 1 BvR 523/82, 1 BvR 728/82, 1 BvR 700/82, BVerfGE 50, 1; v. 06.10.1987 – 1 BvR 1086/82, 1 BvR 1468/82, 1 BvR 1623/82, 1 BvR 1086, 1468, 1623/82, BVerfGE 77, 84; BAG v. 03.04.1990 – 1 AZR 123/89, AP Nr. 56 zu Art. 9 GG; v.Münch/Kunig-*Gubelt*, Art. 12 Rn. 18. Für Art. 14 Abs. 1 GG: *Meik*, Tarifautonomie, S. 97. Für Art. 2 Abs. 1 GG: BVerfG v. 14.10.1970 – 1 BvR 306/68, BVerfGE 29, 260; v. 01.03.1979 – 1 BvR 532/77, 1 BvR 533/77, 1 BvR 419/78, 1 BvL 21/78, BVerfGE 50, 290.

156 Ausführlich zur Herleitung der unternehmerischen Freiheit siehe *Fischinger*, Arbeitskämpfe, S. 65 ff.

157 So auch *Wiedemann*, RdA 1986, 231 (236).

158 BAG v. 21.06.2000 – 4 AZR 379/99, NZA 2001, 271; v. 03.04.1990 – 1 AZR 123/89, AP Nr. 56 zu Art. 9 GG; LAG Hessen v. 02.02.2006 – 9 Sa 915/05, LAGE Art. 9 GG Arbeitskampf Nr. 75; LAG Hamm v. 31.05.2000 – 18 Sa 858/00, AP Nr. 158 zu Art. 9 GG Arbeitskampf; Wiedemann/*Thüsing*, § 1 TVG Rn. 707; ErfK-*Dieterich*, Art. 9 GG Rn. 75; *Gamillscheg*, Kollektives Arbeitsrecht I, S. 345; *Kissel*, Arbeitskampfrecht, § 35 Rn. 23; *Wiedemann*, RdA 1986, 231 (236); *Papier*, RdA 1989, 137 (139); *Hanau/Thüsing*, ZTR 2001, 1 (52); *Walker*, ZfA 2004, 501 (532); *Lelley/Sabin*, FA 2004, 357 (359 f.); *Sutschet*, ZfA 2005, 581 (613 ff.); *Franzen*, ZfA 2005, 315 (335).

159 Offengelassen BAG v. 24.04.2007 – 1 AZR 252/06, DB 2007, 1924.

griff könnte aber durch gleichrangige Verfassungsgüter wie die Tarifautonomie (Art. 9 Abs. 3 GG) und die Grundrechte der Arbeitnehmer gerechtfertigt sein.[160] Liegt seitens des Unternehmers ein wirksamer Grundrechtsverzicht in die Beeinträchtigung der Unternehmerfreiheit vor, braucht an dieser Stelle keine Abwägung der widerstreitenden Grundrechte vorgenommen zu werden. Die Verfügung über Grundrechtspositionen ist als wesentliche Form des Grundrechtsgebrauchs in der Grundrechtsdogmatik anerkannt. Obgleich der Begriff es nahe legt, bedeutet ein Grundrechtsverzicht nicht den totalen Verzicht auf ein bestimmtes Grundrecht oder dessen Ausübung, sondern die Einwilligung eines Grundrechtsträgers in konkrete Eingriffe oder Beeinträchtigungen.[161] Voraussetzung für einen wirksamen Grundrechtsverzicht ist zunächst die Dispositionsbefugnis des Grundrechtsinhabers. Ungeachtet dessen, dass die Grenzen des Grundrechtsverzichts im Einzelnen nicht geklärt sind, ist anerkannt, dass ein Verzicht, der gegen die Menschenwürde (Art. 1 Abs. 1 GG) verstößt oder durch den der Wesenskern eines Grundrechts aushöhlt wird, unwirksam ist.[162] Dies ist aber bei der Unternehmerfreiheit nicht der Fall, so dass ein Verzicht seitens des Unternehmers möglich ist.[163] Des Weiteren ist erforderlich, dass der Grundrechtsverzicht freiwillig, also ohne Drohung, Zwang oder Täuschung, erfolgt; ansonsten liegt ein Entzug von Rechten vor.[164] Hinsichtlich der Standortsicherungstarifverträge ist daher eine differenzierte Sichtweise geboten: Kommt ein Tarifvertrag mit einem derartigen Inhalt ohne Streikdruck zustande, ist die Verzichtserklärung des Unternehmers freiwillig und ein Eingriff in die unternehmerische Freiheit zu verneinen. Vielmehr stellt dieser Tarifvertrag dann das Ergebnis der ausgeübten Unternehmerfreiheit dar.[165] Auch der Einwand, dass jeder Abschluss eines Tarifvertrags von einer latenten Streikgefahr begleitet wird, die ein freiwilliges Zustandekommen verhindert[166], greift nicht. Den Koalitionen steht zwar ein ge-

160 Außer durch auf Art. 12 Abs. 1 Satz 2 GG gestützte Normen kann die Berufsfreiheit auch durch Verfassungsbestimmungen, insbesondere Grundrechte, beschränkt werden, siehe Sachs/*Mann*, Art. 12 GG Rn. 124.

161 Sachs/*Sachs*, vor Art. 1 GG Rn. 52ff.; ErfK-*Dieterich*, GG Einleitung Rn. 62; vgl. auch *Stern*, Staatsrecht, Bd. III/2, § 86 II 4.

162 ErfK-*Dieterich*, GG Einleitung Rn. 64, 66; *Stern*, Staatsrecht, Bd. III/2, § 86 III.

163 Wiedemann/*Thüsing*, § 1 TVG Rn. 708; *Hanau/Thüsing*, ZTR 2001, 1 (52); a. A. *Reinartz*, Firmentarifvertrag, S. 199f.

164 v.Mangoldt/Klein/Starck/*Starck*, Art. 1 GG Rn. 300; Schmidt-Bleibtreu/Klein/*Hofmann*, Art. 9 GG Rn. 81; ErfK-*Dieterich*, GG Einleitung Rn. 65; *Stern*, Staatsrecht, Bd. III/2, § 86 II 6b; *Robbers*, JuS 1985, 925f.

165 So auch *Fischinger*, Arbeitskämpfe, S. 67ff.; *Mehrens*, Sozialtarifverträge, S. 133f.; *Scholz*, ZfA 1981, 265 (296f.); *Hanau/Thüsing*, ZTR 2001, 1 (52f.); *Buchner*, DB 2001, Beilage Nr. 9, 1 (9f.); *Wolter*, RdA 2002, 218 (222); vgl. auch Däubler/*Schiek*, TVG Einleitung Rn. 273; *Greiner*, NZA 2008, 1274 (1279).

166 Dieser Ansicht ist *Schweibert*, Wochenarbeitszeit, S. 104.

setzlicher Anspruch nach § 1004 BGB in Verbindung mit § 823 Abs. 1 BGB und Art. 9 Abs. 3 GG gegen den tariflichen Gegenspieler auf Unterlassung rechtswidriger Arbeitskampfmaßnahmen zu; ein Recht des Arbeitgebers auf „druckfreies Verhandeln“ gibt es aber nicht.[167] Somit ist eine konkrete Streikdrohung erforderlich, um die für den Verzicht notwendige Freiwilligkeit zu verneinen. Ein bloß latenter Streikdruck reicht nicht aus.[168] Sollten sich die tariflichen Regelungen, denen der Unternehmer zugestimmt hat, im Laufe der Zeit aufgrund veränderter wirtschaftlicher Umstände als unangemessene Beschränkung der Unternehmerfreiheit herausstellen, hat der Unternehmer das Recht, den Firmentarifvertrag außerordentlich zu kündigen.[169] Verzichtet der Unternehmer lediglich aufgrund eines Streiks auf die Verlagerung oder Schließung des Betriebs, ist ein Grundrechtsverzicht nicht möglich und ein Eingriff in den Schutzbereich der Unternehmerfreiheit zu bejahen. Ob dieser gerechtfertigt ist, muss dann im Einzelfall eruiert werden.[170]

(3) Verbands- und/oder Firmentarifvertrag

Allerdings ist ein freiwilliger Standortsicherungstarifvertrag lediglich dann wirksam, wenn er in Form eines Firmentarifvertrags abgeschlossen wird.[171] Denn anders als bei einem Firmentarifvertrag kann das einzelne Verbandsmitglied im Falle eines Verbandstarifvertrags der Vereinbarung nicht autonom zustimmen.[172] Dies birgt mehrere Gefahren: Zum einen werden möglicherweise Tarifverträge geschlossen, die zu Gunsten der Mehrheit der Mitglieder die Interessen einzelner Arbeitgeber nicht berücksichtigen und somit die unternehmerische Freiheit dieser beeinträchtigen. Selbst wenn der Inhalt eines (Verbands-) Tarifvertrags zunächst den Interessen aller Mitglieder entspricht, kann sich dies aufgrund veränderter wirtschaftlicher Bedingungen während der Laufzeit des Tarifvertrags ändern. Da die Tarifgebundenheit des Arbeitgebers nach § 3 Abs. 3 TVG bestehen bleibt, hilft dem einzelnen Arbeitgeber auch ein Austritt aus dem Verband nicht weiter. Eine Kündigung des Tarifvertrags ist ebenfalls nicht

---

167 BAG v. 12.09.1984 – 1 AZR 342/83, AP Nr. 81 zu Art. 9 GG Arbeitskampf; v. 26.04.1988 – 1 AZR 399/86, AP Nr. 101 zu Art. 9 GG Arbeitskampf; LAG Schleswig-Holstein v. 27.03.2003 – 5 Sa 137/03, AP Nr. 165 zu Art. 9 GG Arbeitskampf.

168 *Walker*, ZfA 2004, 501 (532); *Fischinger*, Arbeitskämpfe, S. 68 f.

169 Wiedemann/*Wiedemann*, TVG Einleitung Rn. 328; *Hanau/Thüsing*, ZTR 2001, 1 (53).

170 Zur Grundrechtsabwägung siehe 3.Teil.D.II.2.b).

171 Wiedemann/*Thüsing*, § 1 TVG Rn. 709 f.; *Hanau/Thüsing*, ZTR 2001, 1 (52 f.); *Buchner*, DB 2001, Beilage Nr. 9, 1 (9 f.); *Walker*, ZfA 2004, 501 (532 ff.); so wohl auch schon *Wiedemann*, RdA 1986, 231 (236).

172 Siehe dazu *Hanau/Thüsing*, ZTR 2001, 1 (52).

möglich, denn dazu ist ausschließlich der Verband berechtigt.[173] Ein Verbandstarifvertrag, der die Entscheidungsfreiheit des Unternehmers bezüglich einer Stilllegung oder Verlagerung seines Betriebs begrenzt, ist daher für den Unternehmer ungewöhnlich belastend und beeinträchtigt ihn in außerordentlicher Weise. In diesem Falle befindet sich das einzelne Verbandsmitglied in einem Unterlegenheitsverhältnis.[174] Besteht zwischen den Vertragsparteien ein starkes Ungleichgewicht und wird über grundrechtlich verbürgte Positionen verfügt, gebietet es die Schutzpflicht des Staats, kompensatorisch einzugreifen.[175] Zieht man diesen vom Bundesverfassungsgericht zu Handelsvertreter- und Bürgschaftsverträgen aufgestellten Grundsatz entsprechend heran, sind Verbandstarifverträge, die die Verlegung oder Schließung eines Betriebs verhindern wollen, aufgrund des bestehenden strukturellen Ungleichgewichts zum Schutz der Unternehmerfreiheit unzulässig.

(4) Zwischenergebnis

Entscheidungen über eine Beibehaltung, Verlagerung oder Stilllegung eines Betriebs gehören zum Kernbereich der geschützten unternehmerischen Freiheit. Um die Unternehmensautonomie nicht zu verletzten, kann diese Materie lediglich in einem Firmentarifvertrag, der ohne konkreten Streikdruck geschlossen wurde, geregelt werden.

c) Ergebnis

Vereinbarungen zur Standortsicherung fallen unter den Begriff der „Arbeits- und Wirtschaftsbedingungen" des Art. 9 Abs. 3 GG. Sie können daher im schuldrechtlichen Teil eines freiwilligen Firmentarifvertrags geregelt werden. Eine normative Regelbarkeit scheidet dagegen aus.

2. Soziale Folgen von Standortverlagerungen

Da die Frage, ob ein Betrieb verlagert oder stillgelegt wird, nur Gegenstand eines freiwillig zustande gekommenen Firmentarifvertrags sein kann, versuchen die Gewerkschaften vor allem die sozialen Folgen dieser durch die Unternehmerfreiheit geschützten Entscheidung tariflich zu regeln.

---

173 Vgl. Däubler/*Deinert*, § 4 TVG Rn. 110; *Löwisch/Rieble*, § 1 TVG Rn. 510.

174 So auch *Walker*, ZfA 2004, 501 (532).

175 BVerfG v. 07.02.1990 – 1 BvR 26/84, AP Nr. 65 zu Art. 12 GG; v. 19.10.1993 – 1 BvR 567/89, 1 BvR 1044/89, AP Nr. 35 zu Art. 2 GG; *Hesse*, Verfassungsrecht und Privatrecht, S. 37 f.

a) Zulässiger Inhalt

Im Folgenden ist zu untersuchen, ob diese Regelungsgegenstände wirksam in einem Tarifvertrag vereinbart werden können.

aa) Ausschluss betriebsbedingter Kündigungen bzw. Verlängerung der Kündigungsfristen

Die Gewerkschaften fordern insbesondere den Ausschluss betriebsbedingter Kündigungen bzw. die Verlängerung der Kündigungsfristen. Solche Klauseln stellen Beendigungsnormen im Sinne von § 1 Abs. 1 TVG dar, da sie das „Wie" der Beendigung des Arbeitsverhältnisses regeln.[176] Sie sind somit normativ regelbar.

bb) Abfindungsansprüche

Daneben werden Abfindungszahlungen zu Gunsten der Arbeitnehmer verlangt. Klauseln, die für den Fall der Beendigung der Arbeitsverhältnisse Abfindungsansprüche der Arbeitnehmer enthalten, könnten als Inhaltsnormen eingeordnet werden.[177] Da sie jedoch unmittelbar im Zusammenhang mit der Beendigung von Arbeitsverhältnissen stehen, ist es vorzugswürdig, sie als Beendigungsnormen zu qualifizieren.[178] Jedenfalls sind Abfindungsansprüche normativ regelbar.

cc) Qualifizierungsmaßnahmen

Nachdem der Ausschluss betriebsbedingter Kündigungen bzw. die Verlängerung der Kündigungsfristen sowie Abfindungsforderungen normativen Regelungen zugänglich sind, ist zu untersuchen, ob dies auch auf die vom Arbeitgeber zu finanzierenden Qualifizierungsmaßnahmen nach Beendigung des Arbeitsverhältnisses zutrifft. Teilweise wird vertreten, dass Qualifizierungsmaßnahmen keine zulässigen Regelungsgegenstände von Tarifverträgen darstellen. Eine

---

176 Däubler/*Reim*, § 1 TVG Rn. 305; Kempen/Zachert/*Zachert*, § 1 TVG Rn. 79; Wiedemann/*Thüsing*, § 1 TVG Rn. 693, 705; *Greiner*, NZA 2008, 1274 (1277).

177 So Wiedemann/*Thüsing*, § 1 TVG Rn. 522; *Gamillscheg*, Kollektives Arbeitsrecht I, S. 594.

178 BAG v. 24.04.2007 – 1 AZR 252/06, DB 2007, 1924; LAG Schleswig-Holstein v. 27.03.2003 – 5 Sa 137/03, AP Nr. 165 zu Art. 9 GG Arbeitskampf; ArbG Hameln v. 07.05.2004 – 3 Ga 3/04, AiB 2004, 574; *Krause*, Standortsicherung, S. 69; *Rolfs/Clemens*, DB 2003, 1678 (1681); *Braun/Schreiner*, ArbRB 2006, 243 (245); wohl auch BAG v. 13.12.1994 – 3 AZR 357/94, AP Nr. 6 zu § 4 TVG Rationalisierungsschutz; für eine tarifliche Regelbarkeit von Abfindungsansprüchen, aber ohne Qualifizierung Däubler/*Winter*, § 1 TVG Rn. 389.

Einordnung als Inhaltsnorm wird abgelehnt, weil die Durchführung von Qualifizierungsmaßnahmen nichts mehr mit einem Arbeitsverhältnis zu tun hätte. Beendigungsnormen kämen nicht in Betracht, da es nicht um Modalitäten von Kündigungen gehe, sondern um einen zeitweisen Ausschluss.[179] Ob diese Ansicht zutreffend ist oder ob die Forderungen der Gewerkschaften auf Durchführung und Finanzierung von Qualifizierungsmaßnahmen einer Normengruppe des § 1 Abs. 1 TVG zuzuordnen sind, ist zu diskutieren.

(1) Inhaltsnormen

In Betracht kommt zunächst eine Einordnung der Qualifizierungsmaßnahmen als Inhaltsnormen. Unter Inhaltsnormen versteht man Bestimmungen, die nach dem Willen der Tarifvertragsparteien den Inhalt von Arbeitsverhältnissen regeln. Regelungsgegenstand ist das gesamte arbeitsvertragliche Synallagma.[180] Im Falle einer Betriebsschließung oder -verlagerung könnte das dadurch inhaltsleer gewordene Arbeitsverhältnis durch ein Recht auf Teilnahme an Qualifizierungsmaßnahmen wieder aufgefüllt werden.[181] Gegen diese Konstruktion spricht allerdings, dass Qualifizierungsmaßnahmen in keinem Zusammenhang zum arbeitsvertraglichen Synallagma stehen. Sie sollen vielmehr das Abgleiten der gekündigten Arbeitnehmer in die Arbeitslosigkeit und damit eine wirtschaftliche Notlage verhindern.[182]

Möglicherweise gehören die Weiterbildungsmaßnahmen jedoch zum nachvertraglich regelbaren Bereich des Arbeitsverhältnisses. Grundsätzlich ist die inhaltliche Gestaltung des Arbeitsverhältnisses durch die Tarifvertragsparteien nicht an dessen Bestand geknüpft, sondern erstreckt sich auch auf die vor- und nachvertraglichen Ansprüche zwischen den Vertragsparteien.[183] Denn das arbeitsvertragliche Schuldverhältnis erstreckt sich ebenfalls auf die vor- und nachvertraglichen Rechtsbeziehungen. Dies zeigt § 2 Abs. 1 Nr. 3c) ArbGG, nach dem Streitigkeiten „aus Verhandlungen über die Eingehung eines Arbeitsverhältnisses und aus dessen *Nachwirkungen*" den Arbeitsgerichten zugewiesen sind.[184] Im nachvertraglichen Stadium wird neben der Ausgestaltung des Ruhestandsverhältnisses insbesondere die Abwicklung des Arbeitsverhältnisses, z. B. die Abrechnung des Entgelts, die Ausstellung von Arbeitszeugnissen, die Herausgabe von Arbeitspapieren und

179 *Lieb*, DB 1999, 2058 (2066); im Ergebnis ebenso, aber ohne nähere Ausführungen *Lelley*, EWiR 2003, 1035 (1036); *Schiefer/Worzalla*, DB 2006, 46 (47).

180 HWK-*Henssler*, § 1 TVG Rn. 45; Kempen/Zachert/*Zachert*, § 1 TVG Rn. 60.

181 Zu diesem Ansatz, wenn auch ablehnend *Lieb*, DB 1999, 2058 (2066).

182 LAG Schleswig-Holstein v. 27.03.2003 – 5 Sa 137/03, AP Nr. 165 zu Art. 9 GG Arbeitskampf.

183 Wiedemann/*Thüsing*, § 1 TVG Rn. 399 ff.; *Löwisch/Rieble*, § 1 TVG Rn. 71.

184 So auch *Mehrens*, Sozialtarifverträge, S. 124.

Wettbewerbsverbote, geregelt.[185] Anders als Qualifizierungsmaßnahmen dienen diese Regelungsmaterien der Liquidation oder Abwicklung des Arbeitsverhältnisses. Qualifizierungsmaßnahmen regeln damit den Inhalt von Arbeitsverhältnissen nicht (auch nicht nachvertraglich) und sind keine Inhaltsnormen.

(2) Abschlussnormen

Die Qualifizierungsmaßnahmen könnten aber als Abschlussnormen qualifiziert werden. Abschlussnormen sind Vorschriften, die das Zustandekommen neuer, die Wiederaufnahme alter oder die Fortsetzung unterbrochener Arbeitsverhältnisse regeln.[186] Durch die betriebsbedingten Kündigungen werden die bisher bestehenden Arbeitsverhältnisse beendet. Die tariflich normierten Vereinbarungen, nach denen der Arbeitgeber Qualifizierungsmaßnahmen organisieren und finanzieren muss, begründen jedoch ein neues Rechtsverhältnis zwischen Arbeitgeber und Arbeitnehmer. Somit könnten Bestimmungen dieses Inhalts als Abschlussnormen eingeordnet werden.[187] Unter die Abschlussnormen fallen zwar Abschlussgebote, d. h. der Arbeitgeber wird verpflichtet, unter bestimmten Voraussetzungen einen Arbeitsvertrag fortzusetzen, ihn wiederaufleben zu lassen oder neu zu begründen. Allerdings ist erforderlich, dass dem Berechtigten ein Anspruch auf Abschluss eines Arbeitsvertrags eingeräumt wird.[188] Daher muss es sich bei dem neu begründeten Rechtsverhältnis um ein *Arbeits*verhältnis handeln.[189] Bei dem durch die Qualifizierungsmaßnahmen begründeten Rechtsverhältnis wird jedoch lediglich der Arbeitgeber zur Durchführung und insbesondere zur Finanzierung der Maßnahmen verpflichtet, den Arbeitnehmer treffen dagegen keinerlei Verpflichtungen. Für den dem Arbeitsverhältnis zugrunde liegenden Arbeitsvertrag ist die Erbringung einer Arbeitsleistung gegen Entgelt typisch.[190] Dieses arbeitsrechtliche Synallagma fehlt bei dem neu begründeten Rechtsverhältnis, so dass es sich bei diesem nicht um ein Arbeitsverhältnis handelt.[191] Die Einordnung der Qualifizierungsmaßnahmen als Abschlussnormen scheidet somit aus.

---

185 *Löwisch/Rieble*, § 1 TVG Rn. 74; *Nicolai*, SAE 2004, 240 (247); vgl. dazu auch die Aufzählung bei ErfK-*Preis*, § 611 BGB Rn. 752.

186 Wiedemann/*Thüsing*; § 1 TVG Rn. 601.

187 Dieser Auffassung ist das LAG Hessen v. 02.02.2006– 9 Sa 915/05, LAGE Art. 9 GG Arbeitskampf Nr. 75.

188 BAG v. 22.02.1961 – 4 AZR 44/59, BAGE 11, 1; *Hueck/Nipperdey*, Arbeitsrecht II 1, S. 290; *Säcker/Oetker*, Tarifautonomie, S. 112; *Buchner*, RdA 1966, 208.

189 *Nicolai*, SAE 2004, 240 (247).

190 HWK-*Thüsing*, § 611 BGB Rn. 33; HK-Arbeitsrecht/*Kreuder*, § 611 BGB Rn. 188.

191 Auch das LAG Schleswig-Holstein geht von einem Rechtsverhältnis eigener, nicht arbeitsvertraglicher Art aus, Urteil v. 27.03.2003 – 5 Sa 137/03, AP Nr. 165 zu Art. 9 GG Arbeitskampf; siehe ebenfalls ArbG Hameln v. 07.05.2004 – 3 Ga 3/04, AiB 2004, 574; *Nicolai*, SAE 2004, 240 (247); vgl. auch *Fischinger*, Arbeitskämpfe, S. 111.

(3) Betriebsverfassungsrechtliche Normen

Vereinzelt werden Qualifizierungsmaßnahmen als betriebsverfassungsrechtliche Normen eingestuft.[192] Bei betriebsverfassungsrechtlichen Normen handelt es sich um Vorschriften, die die Rechte der Arbeitnehmervertretungen bzw. Fragen der Einrichtung und Organisation der Betriebsverfassung zum Gegenstand haben.[193] Die Vereinbarung über Qualifizierungsmaßnahmen räumt den Arbeitnehmern Individualansprüche auf Durchführung und Finanzierung dieser Maßnahmen gegen ihren ehemaligen Arbeitgeber ein. Betriebsverfassungsrechtliche Normen können aber lediglich die Beteiligung des Betriebsrats in sozialen, personellen und wirtschaftlichen Angelegenheiten erweitern oder verstärken.[194] Damit stehen die geforderten Qualifizierungsmaßnahmen in keinem Zusammenhang. Sie sind daher nicht als betriebsverfassungsrechtliche Normen einzustufen.[195]

(4) Beendigungsnormen

Schließlich könnten Qualifizierungsmaßnahmen Beendigungsnormen darstellen. Diese regeln das Recht von Arbeitgeber und Arbeitnehmer zur Beendigung des Arbeitsverhältnisses und die Modalitäten der Beendigung („Ob" und „Wie").[196]

Gegen die Einstufung der Qualifizierungsmaßnahmen als Beendigungsnormen wird eingewandt, dass es nicht um Modalitäten der Kündigung gehe, sondern die Möglichkeit einer an sich gerechtfertigten Kündigung zeitweise ausgeschlossen würde.[197] Dies ist jedoch nicht zutreffend: Zunächst einmal sollen durch die Qualifizierungsmaßnahmen die Fähigkeiten und Kenntnisse der Arbeitnehmer verbessert bzw. erweitert und ein Abgleiten in die Arbeitslosigkeit verhindert werden. Ziel der tariflichen Regelung ist also nicht der zeitweise Ausschluss von Kündigungen, sondern die Weiterbildung der Arbeitnehmer, um ihre Chancen auf dem Arbeitsmarkt zu erhöhen. Insbesondere ist aber zu berücksichtigen, dass die Maßnahmen zur Weiterbildung von den betroffenen Arbeitnehmern erst nach Ablauf der Kündigungsfrist in Anspruch genommen werden

192 ArbG Lübeck v. 29.05.2001 – 6 Ga 21/01, AiB 2002, 122, jedoch ohne Begründung; das LAG Niedersachsen v. 02.06.2004 – 7 Sa 819/04, LAGE Art. 9 GG Arbeitskampf Nr. 74 beruft sich ohne eigene Ausführungen auf das Urteil des ArbG Hameln v. 07.05.04 – 3 Ga 3/04, AiB 2004, 574, das die Qualifizierungsmaßnahmen allerdings als Beendigungsnormen einstuft.

193 Däubler/*Reim*, § 1 TVG Rn. 333.

194 HWK-*Henssler*, § 1 TVG Rn. 54.

195 *Nicolai*, SAE 2004, 240 (248); *Fischinger*, Arbeitskämpfe, S. 113 f.; *Krause*, Standortsicherung, S. 69 f.

196 HWK-*Henssler*, § 1 TVG Rn. 50.

197 *Lieb*, DB 1999, 2058 (2066).

können. Der Arbeitgeber kann daher durch die tariflich geregelte Verpflichtung zur Durchführung und Finanzierung von Qualifizierungsmaßnahmen am Ausspruch gerechtfertigter Kündigungen nicht – auch nicht zeitweise –gehindert werden. Der Umstand, dass die Weiterbildungsmaßnahmen erst *nach* Beendigung des Arbeitsverhältnisses erfolgen, könnte jedoch problematisch sein. Möglicherweise ist eine einseitige Verpflichtung des Arbeitgebers nach Beendigung des Arbeitsverhältnisses nicht tariflich regelbar.[198] Die Frage der nachvertraglichen Regelbarkeit wurde bereits im Rahmen der Inhaltsnormen angeschnitten und dort verneint.[199] Allerdings ging es dort um die inhaltliche Gestaltung des Arbeitsverhältnisses, während nun geklärt werden soll, ob tarifliche Klauseln über Qualifizierungsmaßnahmen Rechtsnormen sind, die die Beendigung von Arbeitsverhältnissen regeln. Dabei hilft ein Vergleich mit Konstellationen weiter, in denen dem Arbeitgeber für die Zeit nach Ablauf der Kündigungsfrist ebenfalls einseitig Verpflichtungen auferlegt werden. So wird im Rahmen der tariflich regelbaren betrieblichen Altersversorgung der ehemaligen Mitarbeiter eine Pflicht des Arbeitgebers festgelegt, die erst nach Beendigung des Arbeitsverhältnisses zu erfüllen ist. Auch wenn die Durchführung und Finanzierung von Weiterbildungsmaßnahmen im Gegensatz zur Altersversorgung keine Gegenleistung des Arbeitgebers für die zuvor erbrachte Arbeitsleistung des Arbeitnehmers darstellt und einen anderen Zweck – nämlich die Chancen des Arbeitnehmers auf dem Arbeitsmarkt zu verbessern und den Wiedereinstieg in die Arbeitswelt zu erleichtern – verfolgt[200], wird der Arbeitgeber doch durch beide Vereinbarungen nachvertraglich verpflichtet.[201] Das allein ist entscheidend. Auch der Anspruch der Arbeitnehmer auf Zuschuss zum Unterhaltsgeld während einer Fortbildungsmaßnahme im Sinne der früheren §§ 41 ff. AFG, die erst nach Beendigung des Arbeitsverhältnisses begann, konnte tarifvertraglich geregelt werden.[202] Hier wurde dem Arbeitgeber ebenfalls eine Pflicht auferlegt, die erst nach Beendigung des Arbeitsverhältnisses zu erfüllen war.[203] Schließlich können Qualifizierungsmaßnahmen mit Abfindungen verglichen werden. Nachdem die Rechtsprechung früher den Entschädigungscharakter der Abfindung in den Vordergrund rückte, ist nunmehr anerkannt, dass sie ebenso wie Qualifizierungsmaßnahmen eine

198 So ausdrücklich *Nicolai*, SAE 2004, 240 (247); siehe auch *Lelley*, EWiR 2003, 1035 (1036).

199 2.Teil.B.II.2.a)cc)(1).

200 Zu diesen Bedenken siehe *Fischinger*, Arbeitskämpfe, S. 115 f.

201 LAG Schleswig-Holstein v. 27.03.2003 – 5 Sa 137/03, AP Nr. 165 zu Art. 9 GG Arbeitskampf; ArbG Frankfurt v. 15.03.2005 – 5 Ca 4542/04, AuR 2005, 153; *Mehrens*, Sozialtarifverträge, S. 124 f.

202 BAG v. 13.04.1994 – 3 AZR 725/93, AP Nr. 119 zu § 1 TVG Tarifverträge Metallindustrie.

203 Vgl. *Krause*, Standortsicherung, S. 70.

Überbrückungshilfe bis zum Abschluss eines neuen Arbeitsverhältnisses (oder bis zum Bezug von Altersruhegeld) darstellt.[204] Eine weitere Gemeinsamkeit beider Instrumente ist, dass sie vom Arbeitgeber zu finanzieren sind, auch wenn sich die zeitliche Ausdehnung der finanziellen Belastung unterscheidet, da die Abfindung als einmalige Zahlung erfolgt, während die Kosten für die Qualifizierungsmaßnahmen zeitlich innerhalb eines Qualifizierungsvertragsverhältnisses gestreckt werden.[205] Ferner ist zu berücksichtigen, dass die Einigungsstelle bei der Aufstellung eines Sozialplans gemäß § 112 Abs. 5 Satz 2 Nr. 2a BetrVG die im SGB III vorgesehenen Förderungsmöglichkeiten zur Vermeidung von Arbeitslosigkeit zu berücksichtigen hat. Den Tarifvertragsparteien die Regelung solcher Maßnahmen nicht zu gestatten, wäre angesichts der umfassenden Schutzfunktion der Tarifvertragsparteien und der Bedeutung der Qualifizierungsmaßnahmen für die Arbeitnehmer widersinnig.[206] Es ist somit überzeugend, Maßnahmen, die der Weiterbildung beschäftigungslos gewordener Arbeitnehmer dienen, als eine „Sonderform der Abfindung" zu betrachten und sie mithin ebenfalls als Beendigungsnormen einzustufen.[207] Für eine tarifliche Regelbarkeit der Qualifizierungsmaßnahmen nach Beendigung des Arbeitsverhältnisses spricht noch ein weiterer Gesichtspunkt. Obwohl die berufliche Weiterbildung während eines bestehenden Arbeitsverhältnisses vor allem eine Domäne betrieblicher Maßnahmen war, gibt es seit einigen Jahren auch Tarifverträge dieses Inhalts.[208] Können die Tarifvertragsparteien diese Materie also während des bestehenden Arbeitsverhältnisses in Form von Inhaltsnormen regeln, sollten auch Maßnahmen zur Weiterbildung nach Beendigung des Arbeitsverhältnisses tariflich regelbar sein; und zwar in Form von Beendigungsnormen, da die Durchführungs- und Finanzierungspflicht des Arbeitgebers erst nach Beendigung des Arbeitsverhältnisses

---

204 BAG v. 15.01.1991 – 1 AZR 80/90, AP Nr. 57 zu § 112 BetrVG; v. 28.10.1992 – 10 AZR 129/92, AP Nr. 66 zu § 112 BetrVG; vgl. auch BAG v. 24.04.2007 – 1 AZR 252/06, DB 2007, 1924.

205 BAG v. 24.04.2007 – 1 AZR 252/06, DB 2007, 1924; *Fischinger*, Arbeitskämpfe, S. 117.

206 BAG v. 24.04.2007 – 1 AZR 252/06, DB 2007, 1924; *Krause*, Standortsicherung, S. 70.

207 So auch BAG v. 24.04.2007 – 1 AZR 252/06, DB 2007, 1924; LAG Niedersachsen v. 02.06.2004 – 7 Sa 819/04, LAGE Art. 9 GG Arbeitskampf Nr. 74; *Mehrens*, Sozialtarifverträge, S. 124; *Fischinger*, Arbeitskämpfe, S. 116 ff.; *Krause*, Standortsicherung, S. 70; *Hensche*, AuR 2004, 443 (445); *Paschke/Ritschel*, AuR 2007, 110 (111); für eine tarifliche Regelbarkeit ebenfall *Henssler*, FS-Richardi, S. 553 ff.; *Buchner*, DB 2001, Beilage Nr. 9, 1 (10 f.); *Oberberg/Schoof*, AiB 2002, 169 (175); *Sutschet*, ZfA 2005, 581 (612); wohl auch Däubler/*Hensche*, § 1 TVG Rn. 762.

208 Däubler/*Hensche*, § 1 TVG Rn. 760 ff.; Kempen/Zachert/*Zachert*, § 1 TVG Rn. 532 ff.; zur Entwicklung der Tarifpolitik in dieser Frage *Bahnmüller*/WSI-Mitteilung, 01/2002, S. 38.

eintritt.[209] Ferner könnte bei dem durch die Qualifizierungsmaßnahmen begründeten Rechtsverhältnis – das kein Arbeitsverhältnis darstellt[210] – eine Parallele zu den Qualifikationsvertragsverhältnissen nach § 26 BBiG gezogen werden. Allerdings werden von dieser Vorschrift ausschließlich Rechtsverhältnisse erfasst, in denen *erstmals* Kenntnisse oder Fertigkeiten vermittelt werden, also in der Regel Praktikanten- oder Volontärsverhältnisse, nicht aber Umschulungs- oder Fortbildungsverhältnisse.[211] Das durch die Weiterbildungsmaßnahmen zwischen Arbeitgeber und Arbeitnehmer neu begründete Rechtsverhältnis fällt also prinzipiell nicht unter den Anwendungsbereich des § 26 BBiG. In beiden Konstellationen geht es jedoch um die Weiterbildung der Teilnehmer. Ob Kenntnisse und Fertigkeiten nun erstmalig vermittelt oder aber verbessert und vertieft werden sollen, rechtfertigt eine Differenzierung hinsichtlich der tariflichen Regelbarkeit nicht.[212] Da Berufsausbildungsverhältnisse sowie die anderen Qualifikationsverhältnisse im Sinne von § 26 BBiG tariflichen Regelungen zugänglich sind[213], müssen auch Qualifikationsmaßnahmen nach Beendigung des Arbeitsverhältnisses tariflich regelbar sein.

Mithin sind Qualifizierungsmaßnahmen als Beendigungsnormen einzuordnen und damit tarifvertraglich regelbar.

dd) Ergebnis

Die sozialen Folgen von Standortverlagerungen/-schließungen wie der Ausschluss betriebsbedingter Kündigungen bzw. die Verlängerung der Kündigungsfristen, Abfindungsansprüche und Qualifizierungsmaßnahmen stellen tarifvertraglich regelbare Gegenstände dar.

b) Sperrwirkung der §§ 111ff. BetrVG

Die Forderungen, die von den Gewerkschaften zur sozialen Abfederung der Arbeitnehmer im Falle einer Betriebsschließung oder Standortverlagerung erhoben werden, stimmen weitgehend mit dem Inhalt eines Interessenausgleichs oder Sozialplans überein. Gegenstand eines Interessenausgleichs ist die unter-

---

209 Ähnlich *Paschke/Ritschel*, AuR 2007, 110 (111).

210 2.Teil.B.II.2.a)cc)(2).

211 BAG v. 20.02.1975 – 5 AZR 240/74, AP Nr. 2 zu § 611 BGB Ausbildungsbeihilfe; LAG Schleswig-Holstein v. 27.02.2001 – 1 Sa 409 a/00, FA 2001, 185; HWK-*Hergenröder*, § 26 BBiG Rn. 6.

212 So auch *Paschke/Ritschel*, AuR 2007, 110 (111).

213 BAG v. 19.06.1974 – 4 AZR 436/73, AP Nr. 3 zu § 3 BAT; *Löwisch/Rieble*, § 1 TVG Rn. 26; ErfK-*Franzen*, § 1 TVG Rn. 38.

nehmerische Entscheidung als solche, d. h. ob, zu welchem Zeitpunkt, in welchem Umfang und in welcher Form eine geplante Betriebsänderung durchgeführt werden soll.[214] Ein Sozialplan enthält Regelungen über den Ausgleich oder die Milderung wirtschaftlicher Nachteile, die den Arbeitnehmern infolge der geplanten Betriebsänderung entstehen.[215] Somit stellt sich die Frage, ob die §§ 111 ff. BetrVG gegenüber derartigen tarifvertraglichen Regelungen eine Sperrwirkung entfalten. Diese Problematik wird streitig diskutiert.

aa) Argumente für eine Sperrwirkung der §§ 111 ff. BetrVG

Für eine Sperrwirkung der §§ 111 ff. BetrVG werden verschiedene Argumente angeführt.

(1) Betriebsrat als sachnäherer Verhandlungspartner

Zum einen wird der Vorrang der §§ 111 ff. BetrVG damit begründet, dass der Betriebsrat der sachnähere Verhandlungspartner sei.[216] Die Informationspflichten des Arbeitgebers in wirtschaftlichen Angelegenheiten verschafften dem Betriebsrat gegenüber der Gewerkschaft einen Wissensvorsprung. Er kenne die Verhältnisse des Betriebs und der betroffenen Arbeitnehmer besser und sei daher zu passgenaueren und interessengerechteren Lösungen in der Lage als externe Gewerkschaftsvertreter.

(2) Funktionslosigkeit des Betriebsrats

Des Weiteren werde durch den Abschluss eines Firmentarifsozialplans der Betriebsrat in einem gesetzlich vorgesehenen Verfahren faktisch funktionslos gestellt.[217] Im Gegensatz zu branchenbezogenen Rationalisierungsschutzabkommen, die lediglich Vorgaben für den Betriebsrat bei Sozialplanverhandlungen enthalten, regele ein Firmentarifsozialplan die sozialen Folgen einer konkreten Betriebsänderung umfassend, so dass dem Betriebsrat kein Raum mehr für eine

---

214 BAG v. 17.09.1991 – 1 ABR 23/91, AP Nr. 59 zu § 112 BetrVG 1972; Richardi/*Annuß*, § 112 BetrVG Rn. 16; *Fitting*, §§ 112, 112a BetrVG Rn. 11 f.; Däubler/Kittner/Klebe-*Däubler*, §§ 112, 112a BetrVG Rn. 3, 13.

215 Richardi/*Annuß*, § 112 BetrVG Rn. 49 ff.; H/S/W/G/N-*Hess*, § 112 BetrVG Rn. 7; Däubler/Kittner/Klebe-*Däubler*, §§ 112, 112a BetrVG Rn. 24, 39.

216 *Müller*, AuR 1992, 257 (259); *Nicolai*, SAE 2004, 240 (250); *dies.* RdA 2006, 33 (35); *Schiefer/Worzalla*, DB 2006, 46 (47).

217 LAG Hamm v. 31.05.2000 – 18 Sa 858/00, AP Nr. 158 zu Art. 9 GG Arbeitskampf; *Nicolai*, SAE 2004, 240 (249); *dies.* RdA 2006, 33 (36); *Rolfs/Clemens*, NZA 2004, 410 (416); *Reichold*, BB 2004, 2814 (2817 f.); *Schiefer/Worzalla*, DB 2006, 46 (47).

eigenständige Regelung bliebe. Abfindungen, Qualifizierungsmaßnahmen etc. stellten gerade den Kern eines Sozialplans dar. Im Falle eines Tarifsozialplans könnten die Betriebspartner nur noch Marginalien regeln. Selbst für den Fall, dass Regelungsspielräume für den Betriebsrat verblieben, könne ein zeitlich vorhergehender Tarifsozialplan zumindest der Erzwingbarkeit eines Sozialplans über die Einigungsstelle entgegenstehen. Denn diese müsse aufgrund der rechtlichen und wirtschaftlichen Richtigkeitsgewähr des Tarifsozialplans davon ausgehen, dass die Belastbarkeitsgrenze des Arbeitgebers erreicht ist und ein weiterer Sozialplan gegen § 112 Abs. 5 Satz 1 BetrVG verstößt.[218] Da die Beteiligungsrechte des Betriebsrats durch Tarifvertrag nicht beseitigt oder eingeschränkt werden können[219] und die Betriebsparteien auf ihr Recht und ihre Pflicht, die Arbeitsbedingungen inhaltlich zu gestalten, nicht verzichten können[220], dürften die Beteiligungsrechte des Betriebsrats durch tarifliche Regelungen nicht ausgehöhlt werden. Es sei zudem widersprüchlich, die Beteiligungsrechte des Betriebsrats zur Disposition der Gewerkschaften zu stellen, obwohl die Stellung der Betriebsräte durch das Betriebsverfassungsreformgesetz von 2001 gestärkt werden sollte.[221]

(3) Kalkulierbarkeit der Folgekosten zum Schutz des Arbeitgebers

Wolle die Rechtsordnung die Freiheit der unternehmerischen Standortentscheidung gewährleisten, dürfe sie diese nicht schon institutionell mit unkalkulierbaren Folgekosten verknüpfen. Die Ausgleichslasten müssten so beschränkt werden können, dass die Sinnhaftigkeit der Entscheidung nicht in Frage gestellt wird.[222] Ein Folgeausgleichsverfahren, bei dem der Unternehmer grundsätzlich mit allem zu rechnen habe, sei daher unzulässig. Im Rahmen der §§ 111 ff. BetrVG stelle § 112 Abs. 5 BetrVG sicher, dass die finanziellen Belastungen für den Unternehmer absehbar sind. Auch bei bestehenden Rationalisierungsschutzabkommen seien die Folgelasten für den Unternehmer kalkulierbar. Der Ausgang eines Tarifvertragsverfahrens sei dagegen prinzipiell offen und mache die unternehmerische Entscheidung in ihren Auswirkungen völlig unabwägbar.

---

218 *Nicolai*, SAE 2004, 240 (249).

219 Richardi/*Richardi*, BetrVG Einleitung Rn. 144; *Fitting*, § 1 BetrVG Rn. 247; GK-*Kraft*, § 1 BetrVG Rn. 58; MünchArbR-v.*Hoyningen-Huene*, § 215 Rn. 1, 3.

220 BAG v. 23.6.1992 – 1 ABR 9/92, AP Nr. 55 zu § 77 BetrVG 1972; v. 26.4.2005 – 1 AZR 76/04, AP Nr. 12 zu § 87 BetrVG 1972.

221 *Schiefer/Worzalla*, DB 2006, 46 (47).

222 *Lobinger*, Arbeitskämpfe, Rn. 46 ff.

(4) Gleichbehandlung von Organisierten und Außenseitern

Für eine Sperrfunktion der §§ 111 ff. BetrVG spreche auch, dass das Gesamtvolumen der Ausgleichsmittel begrenzt sei. Da die Ansprüche der Arbeitnehmer alle dieselbe Dignität und Rechtsnatur hätten, müssten die zur Verfügung stehenden Mittel unter strikter Beachtung des Gleichbehandlungsgrundsatzes verteilt werden. Dieser müsse nach § 75 Abs. 1 BetrVG aber nur vom Betriebsrat beachtet werden. Gewerkschaften strebten aufgrund ihrer mitgliedschaftlichen Legitimation im Wettbewerb mit anderen Arbeitnehmern und deren Organisationen nach Vorteilen für ihre Mitglieder. Sie seien folglich für die Verteilung der vorhandenen finanziellen Mittel die „falsche Regelungsinstanz".[223]

bb) Stellungnahme

Zunächst erfolgt eine Auseinandersetzung mit den für eine Vorrangstellung der betrieblichen Regelungen angeführten Argumenten. Im Anschluss daran soll das Betriebsverfassungsgesetz nach Anhaltspunkten für oder gegen eine Sperrwirkung der §§ 111 ff. BetrVG untersucht werden.

(1) Argumente gegen eine Sperrwirkung der §§ 111 ff. BetrVG

Das Argument, der Betriebsrat verfüge über eine größere Sachnähe als die zuständige Gewerkschaft überzeugt nicht.[224] Zwar ist der Unternehmer nach § 111 BetrVG lediglich verpflichtet, den Betriebsrat über geplante Betriebsänderungen rechtzeitig und umfassend zu unterrichten. Jedoch können gemäß § 46 Abs. 1 BetrVG Beauftragte der im Betrieb vertretenen Gewerkschaft an Betriebs- oder Abteilungsversammlungen beratend teilnehmen. In mitbestimmten Unternehmen gehören Vertreter der Gewerkschaft dem Aufsichtsrat an, vgl. § 7 Abs. 2 MitbestG. Aufgrund dessen ist davon auszugehen, dass die Gewerkschaften über die wirtschaftlichen Verhältnisse des Unternehmens ausreichend informiert sind. Ferner ist zu bedenken, dass Gewerkschaften einen besseren Überblick über die Arbeitsmarktlage haben als ein Betriebsrat, so dass die Gewerkschaften bei Verhandlungen über den Ausgleich wirtschaftlicher Nachteile der Arbeitnehmer möglicherweise sogar die kompetenteren Verhandlungspartner sind und demnach interessengerechtere Lösungen finden können. Zumindest aber ist die Bedeutung dieser Kenntnis im Rahmen von Tarifsozialplanverhandlungen nicht zu unterschätzen und kann ein eventuelles Informationsdefizit der Gewerkschaften ausgleichen.

---

223 *Lobinger*, Arbeitskämpfe, Rn. 51; *Meyer*, DB 2005, 830 (831); *Schiefer/Worzalla*, DB 2006, 46 (47); *Nicolai*, RdA 2006, 33 (35).

224 *Krause*, Standortsicherung, S. 77; *Meyer*, RdA 1996, 181 (185).

Die These der Entwertung der Betriebsratsrechte ist dahin gehend richtig, dass die Beteiligungsrechte des Betriebsrats nicht abgeschafft oder eingeschränkt werden dürfen. Doch dies ist bei Regelungen in einem Firmentarifvertrag, die Gegenstand eines Interessenausgleichs oder Sozialplans sein können, nicht der Fall.[225] Da dem Betriebsrat das Unterrichtungs- und Beratungsrecht nach § 111 BetrVG erhalten bleibt, kann er die geplante Betriebsänderung in einem gewissen Rahmen beeinflussen. Zudem ist der Unternehmer gemäß § 113 Abs. 3 BetrVG zum Nachteilsausgleich verpflichtet, wenn er eine geplante Betriebsänderung durchführt, ohne einen Interessenausgleich mit dem Betriebsrat versucht zu haben. Daher ist die Aufstellung eines Interessenausgleichs in seinem Sinne, so dass das Beteiligungsrecht des Betriebsrats keine bloße Bagatelle darstellt. Ein Sozialplan kann sogar gegen den Willen des Unternehmers durchgesetzt werden, vgl. § 112 Abs. 4 BetrVG.[226] Zudem gilt zwischen Tarifvertrag und Sozialplan das Günstigkeitsprinzip (§ 4 Abs. 3 TVG), denn § 77 Abs. 3 BetrVG findet aufgrund von § 112 Abs. 1 Satz 4 BetrVG keine Anwendung.[227] Ein Sozialtarifvertrag verdrängt einen betrieblichen Sozialplan also nur, wenn er günstigere Regelungen enthält.[228]

Von einer Funktionslosigkeit des Betriebsrats kann auch aus einem anderen Grund nicht gesprochen werden. Nur einem Sozialplan kommt gemäß §§ 112 Abs. Satz 3, 77 Abs. 4 Satz 1 BetrVG eine unmittelbare und zwingende Wirkung für die gesamte Belegschaft des Betriebs zu. Der Firmensozialtarifvertrag gilt aufgrund der Regelung des § 4 Abs. 1 TVG nur für die Mitglieder der kontrahierenden Gewerkschaft. Auf die Arbeitsverhältnisse der nicht oder anders organisierten Arbeitnehmer findet er nur dann Anwendung, wenn es im jeweiligen Einzelarbeitsvertrag eine Bezugnahmeklausel gibt. Die Zahl der organisierten Arbeitnehmer ist im Laufe der Jahre stetig gesunken. Im Jahr 2004 betrug der Netto-Organisationsgrad der Arbeitnehmer nur noch 21,2 % (Westdeutschland) bzw. 17,8 % (Ostdeutschland).[229] Auch die Tarifbindung ist in den letzten Jahren rückläufig. Im Jahre 2006 waren nur noch 57 % (Westdeutschland) bzw. 41 % (Ostdeutschland) der Beschäftigten bei tarifgebundenen Arbeitgebern beschäf-

225 Siehe *Mehrens*, Sozialtarifverträge, S. 107 ff.; *Fischinger*, Arbeitskämpfe, S. 132 ff.; *Krause*, Standortsicherung, S. 73 f.; *Wolter*, RdA 2002, 218 (226); *Franzen*, ZfA 2005, 315 (334); *Sutschet*, ZfA 2005, 581 (613).

226 Vgl. *Mehrens*, Sozialtarifverträge, S. 108.

227 BAG v. 27.08.1975 – 4 AZR 454/74, AP Nr. 2 zu § 112 BetrVG 1972; v. 06.12.2006 – 4 AZR 798/05, AP Nr. 1 zu § 1 TVG Sozialplan; Richardi/*Annuß*, § 112 BetrVG Rn. 181; Däubler/Kittner/Klebe-*Däubler*, §§ 112, 112a BetrVG Rn. 54.

228 H/S/W/G/N-*Hess*, § 112 BetrVG Rn. 137; Richardi/*Annuß*, § 112 BetrVG Rn. 181; *Mehrens*, Sozialtarifverträge, S. 108; *Sutschet*, ZfA 2005, 581 (613).

229 Siehe dazu *Biebeler/Lesch*, IW-Trends 2006, Heft 4.

tigt.[230] Die Ansicht, bei dem verbleibenden Regelungsbereich handele es sich lediglich um „Brosamen, die vom Tisch der Tarifvertragsparteien abfallen“[231], ist mit diesen Zahlen nicht in Einklang zu bringen. Darüber hinaus wird sie den Arbeitnehmern, deren Arbeitvertrag keine auf den Tarifsozialplan verweisende Bezugnahmeklausel enthält, nicht gerecht. Ihre Interessen sind nicht weniger wichtig als die der Arbeitnehmer, deren Arbeitsverhältnisse aufgrund gewerkschaftlicher Organisation oder Bezugnahme durch Tarifvertrag geregelt werden.

Eine Sperrwirkung der §§ 111 ff. BetrVG lässt sich ferner nicht damit begründen, dass es widersinnig sei, die Beteiligungsrechte des Betriebsrats einerseits durch die Reform des Betriebsverfassungsgesetzes zu stärken, sie aber auf der anderen Seite zur Disposition der Gewerkschaften zu stellen. Die Beteiligungsrechte des Betriebsrats sollten zweifelsfrei verbessert werden.[232] Doch wie bereits oben ausgeführt, werden die Beteiligungsrechte des Betriebsrats durch den Abschluss eines Firmentarifsozialplans nicht beeinträchtigt. Des Weiteren besteht zwischen den Regelungsbereichen, in denen die Rechte des Betriebsrats durch die Reform erweitert wurden, und den Rechten aus §§ 111 ff. BetrVG kein thematischer Zusammenhang.[233] Das Argument geht noch aus einem anderen Grund fehl. Die gesamte Interessenvertretung der Arbeitnehmer lag Ende des 19. und Anfang des 20. Jahrhunderts ausschließlich in den Händen der Gewerkschaften. Erst nach und nach institutionalisierte sich die betriebliche Interessenvertretung, die im Laufe der Jahre stetig erweitert wurde. So wurden der betrieblichen Interessenvertretung durch die Möglichkeit des erzwingbaren Sozialplans Sachmaterien übertragen, die als „Arbeits- und Wirtschaftsbedingungen“ an sich der tariflichen Regelungsbefugnis unterfallen und bis 1972 nahezu ausschließlich tarifvertraglich geregelt wurden.[234] Eine Einschränkung der Gewerkschaftsrechte sollte dadurch aber nicht erfolgen.[235] Dies stellt § 2 Abs. 3 BetrVG klar.[236] Der Dualismus der Interessenvertretung ist für das deutsche Arbeitsrecht charakteristisch. Aufkommende Kollisionen werden durch den Vorrang des Tarifvertrags gelöst (vgl. §§ 77 Abs. 3, 87 Abs. 1 BetrVG). Dies bedeutet, dass eine Verbesserung der Beteiligungsrechte des Betriebsrats durch die Reform des Betriebsver-

230 Ergebnis des IAB-Betriebspanel 2006.

231 So *Nicolai*, SAE 2004, 240 (249).

232 Siehe H/S/W/G/N-*Hess*, BetrVG Einleitung Rn. 28.

233 Verbesserte Beteiligungsrechte wurden vor allem im Bereich der Beschäftigungssicherung und der Stärkung der Gleichstellung von Mann und Frau in der Erwerbsfähigkeit und Familie erzielt, vgl. H/S/W/G/N-*Rose*, BetrVG Einleitung Rn. 29.

234 *Vollmer*, DB 1979, 308 (355).

235 Siehe *Fischinger*, Arbeitskämpfe, S. 128 f.; *Mehrens*, Sozialtarifverträge, S. 101.

236 BAG v. 14.02.1978 – 1 AZR 280/77, AP Nr. 26 zu Art. 9 GG; Richardi/*Richardi*, § 2 BetrVG Rn. 66; Wlotzke/Preis-*Preis*, § 2 BetrVG Rn. 31; Däubler/Kittner/Klebe-*Berg*, § 2 BetrVG Rn. 43.

fassungsgesetzes nicht umgekehrt auch eine Schmälerung bestehender Gewerkschaftsrechte nach sich zieht.

Das Argument, die Folgekosten müssten zum Schutz des Unternehmers kalkulierbar sein, spricht ebenfalls nicht für eine Sperrwirkung der §§ 111 ff. BetrVG. Zwar kann der Unternehmer im Unterschied zu Rationalisierungsschutzabkommen die finanziellen Lasten seiner Entscheidung bei Firmentarifsozialplänen nicht von vornherein berechnen. Dieser Umstand kann jedoch nicht dazu führen, dass die soziale Abfederung der Arbeitnehmer im Rahmen von Betriebsschließungen oder -verlagerungen nicht tariflich geregelt werden kann. Denn nicht nur bei einer Stilllegung oder Verlagerung des Betriebs, sondern bei jeder größeren unternehmerischen Entscheidung, ist es im Sinne des Unternehmers, die Folgekosten kalkulieren zu können. Folglich entspricht es in einer Vielzahl von Fällen dem Unternehmerinteresse, das Tarifvertragssystem mit seinem prinzipiell offenen Ausgang durch ein Verfahren zu ersetzen, das Kalkulationssicherheit bietet. Allerdings ist unternehmerisches Handeln fortwährend von Ungewissheit geprägt. Im Gegensatz zu abhängiger Beschäftigung machen das Erfassen und der Umgang mit Chancen und Risiken gerade die unternehmerische Tätigkeit aus. Zudem besteht die Möglichkeit, die Tarifvertragsparteien bei Abschluss eines Firmentarifsozialplans ebenfalls der Regelung des § 112 Abs. 5 BetrVG zu unterwerfen.[237] Wären die Tarifvertragsparteien in ihrem Ermessen tatsächlich an die Grenze des § 112 Abs. 5 BetrVG gebunden, liefe das Argument der Schutzbedürftigkeit des Unternehmers leer. Die Überlegung, die Ermessensgrenzen des § 112 Abs. 5 BetrVG bei einem Tarifsozialplan anzuwenden, stellt auch *Lobinger* an, der den Gesichtspunkt der Unkalkulierbarkeit der Folgekosten überhaupt erst ins Spiel bringt. Er gesteht damit ein, dass das Interesse des Unternehmers an Kalkulationssicherheit nicht zwingend gegen die Regelungsbefugnis der Tarifvertragsparteien spricht.[238] Das Interesse des Unternehmers an der Vorhersehbarkeit der finanziellen Belastung vermag daher eine Sperrwirkung der §§ 111 ff. BetrVG nicht hinreichend zu begründen. Darüber hinaus erscheint es fraglich, ob die finanziellen Belastungen infolge einer Betriebsänderung für den Unternehmer im Rahmen eines betriebsverfassungsrechtlichen Sozialplans tatsächlich so

---

237 Zu diesem Gedanken vgl. *Buchner*, DB 2001, Beilage Nr. 9, 1 (11); *Bauer/Krieger*, NZA 2004, 1019 (1024); *Rolfs/Clemens*, NZA 2004, 410 (415); *Thüsing/Ricken*, LAGE Art. 9 GG Arbeitskampf Nr. 74. – Ausführlich zu einer entsprechenden Anwendung bestehender gesetzlicher Vorschriften wie § 622 BGB, § 123 InsO, § 112 Abs. 5 BetrVG oder § 113 BetrVG i. V. m. § 10 KSchG und zu weiteren Ansätzen zur Begrenzung des Tarifsozialplanvolumens siehe 2.Teil.B.II.2.c)bb).

238 *Lobinger*, Arbeitskämpfe, Rn. 50, der versucht, die selbst eingestandenen dogmatischen Schwächen durch ein Gleichbehandlungsgebot von Gewerkschaftsmitgliedern und Außenseitern zu überwinden.

kalkulierbar sind wie es *Lobinger* erwartet. § 112 Abs. 1 Satz 2 BetrVG bestimmt lediglich, dass der Sozialplan die wirtschaftlichen Nachteile, die den Arbeitnehmern durch die Betriebsänderung entstehen, ausgleichen oder mildern soll. Nach § 112 Abs. 5 Satz 1 BetrVG hat die Einigungsstelle auf die „wirtschaftliche Vertretbarkeit" ihrer Entscheidung für das Unternehmen zu achten. § 112 Abs. 5 Satz 2 Nr. 3 BetrVG konkretisiert die Abwägungsklausel des Satzes 1 dahin gehend, dass der Gesamtbetrag der Sozialplanleistungen nicht so bestimmt werden darf, dass der Fortbestand des Unternehmens oder die verbleibenden Arbeitsplätze gefährdet werden. Obwohl die Ermessensgrenzen des § 112 Abs. 5 BetrVG nur für den durch die Einigungsstelle verabschiedeten Sozialplan gelten, werden sich die Betriebspartner in der Regel auch bei Aufstellung eines freiwillig vereinbarten Sozialplan daran orientieren, wie die Einigungsstelle im Konfliktfall entscheiden würde. Da die Präzisierung des Pauschalmaßstabs der „wirtschaftlichen Vertretbarkeit" in der Praxis allerdings schwierig ist[239], wird es dem Unternehmer bei Vorliegen eines Sozialplans ebenso nicht möglich sein, die Kosten seiner Entscheidung sicher zu kalkulieren. Trotz der Ermessensgrenzen des § 112 Abs. 5 BetrVG kann also auch ein Sozialplan nicht unbedingt dem Bedürfnis des Unternehmers nach Planungssicherheit gerecht werden.

Eine Sperrwirkung der §§ 111 ff. BetrVG ergibt sich ebenso wenig aus dem Umstand, dass die Begrenzung des Gesamtvolumens der Ausgleichsmittel zu einem Verteilungsproblem auf der Seite der Arbeitnehmer führt. In der Praxis wird es eher selten zu Verteilungsschwierigkeiten kommen, da die betroffenen Mitglieder entweder alle gewerkschaftlich organisiert sind oder sich in ihren Arbeitsverträgen Bezugnahmeklauseln auf die jeweiligen Tarifverträge finden. Im Einzelfall ist es denkbar, dass die zur Verfügung stehenden Mittel unter den Gewerkschaftsmitgliedern aufgeteilt werden und die nicht oder anders organisierten Arbeitnehmer leer ausgehen.[240] Dennoch ist für eine gleichmäßige Verteilung der finanziellen Mittel kein Grund ersichtlich. Die Tarifvertragsparteien können nicht dazu verpflichtet werden, neben den Interessen ihrer Mitglieder fremde Belange zu berücksichtigen. § 75 BetrVG macht es Arbeitgeber und Betriebsrat gemeinsam zur Pflicht, darüber zu wachen, dass alle im Betrieb tätigen Personen nach den Grundsätzen von Recht und Billigkeit behandelt werden.[241]

---

239 Däubler/Kittner/Klebe-*Däubler*, §§ 112, 112a BetrVG Rn. 84; *Friedemann*, Verfahren der Einigungsstelle, Rn. 467 ff.; *Bauer*, NZA 2005, 1046 (1050); *Hohenstatt/Stamer*, DB 2005, 2410.

240 Nach Ansicht des BAG „lässt sich schon in tatsächlicher Hinsicht nicht generell beurteilen", ob die vorhandenen Ausgleichsmittel durch einen Tarifsozialplan zu Lasten der nicht tarifgebundenen Arbeitnehmer aufgezehrt werden, BAG v. 24.04.2007 – 1 AZR 252/06, DB 2007, 1924.

241 Richardi/*Richardi*, § 75 BetrVG Rn. 1.

Dies beinhaltet die Gleichbehandlung der Arbeitnehmer.[242] Die Tarifvertragsparteien werden durch die Norm aber nicht verpflichtet. Auch aus dem arbeitsrechtlichen Gleichbehandlungsgrundsatz ergibt sich für die Tarifvertragsparteien keine Pflicht zur Gleichbehandlung von Mitgliedern und Außenseitern, denn dieser bindet ausschließlich den Arbeitgeber.[243] Aus dem allgemeinen Gleichbehandlungsgrundsatz des Art. 3 Abs. 1 GG folgt – ungeachtet der strittigen Frage, ob und auf welche Weise die Tarifvertragsparteien an die Grundrechte gebunden sind[244] – lediglich die Pflicht der Gewerkschaft, ihre Mitglieder gleich zu behandeln. Auf Außenseiter erstreckt sich diese Pflicht jedoch nicht, so dass Organisierte im Vergleich zu Nichtorganisierten besser gestellt werden können. Den Tarifvertragsparteien sind somit Differenzierungen gestattet, die dem Arbeitgeber aufgrund des arbeitsrechtlichen Gleichbehandlungsgrundsatzes verwehrt sind.[245] Dass die Tarifvertragsparteien von Rechts wegen nicht zur Gleichbehandlung von Gewerkschaftsmitgliedern und Außenseitern verpflichtet sind, sieht auch *Lobinger*.[246] Aus diesem Grund bezeichnet er die Gewerkschaften als „falsche Regelungsinstanz“ und möchte das Aufstellen eines Sozialplans allein dem Betriebsrat bzw. der Einigungsstelle überlassen. Die Tarifvertragsparteien wären allerdings nur dann nicht zum Abschluss eines Tarifsozialplans befugt, wenn die Ansprüche der Arbeitnehmer tatsächlich wie im Falle einer Insolvenz „dieselbe Dignität und Rechtsnatur“ hätten.[247] Denn dies spräche in der Tat dafür, die vorhandenen Ausgleichsmittel unter Beachtung des Gleichbehandlungsgrundsatzes auf alle Arbeitnehmer gleichmäßig zu verteilen. Da eine Gleichbehandlungspflicht nur für den Betriebsrat besteht, käme diesem für den Abschluss eines Sozialplans gegenüber den Gewerkschaften eine vorrangige Regelungsbefugnis zu. Die Situation im Rahmen einer Betriebsschließung oder -verlagerung ist mit einer Insolvenz lediglich dahin gehend vergleichbar, dass in beiden Fällen die vorhandenen Mittel begrenzt sind. Darüber hinaus kann eine Betriebsstilllegung oder -verlagerung ebenso wenig wie andere Betriebsänderungen des § 111 BetrVG mit einem ordnungsgemäß eröffneten Insolvenzverfahren gleichgesetzt werden.[248] Das Insolvenzverfahren ist ein gesetzlich geregeltes, gerichtliches Verfahren, das zu einer Gesamtbereinigung aller Schulden durch die gleichmä-

---

242 Vgl. Däubler/Kittner/Klebe-*Berg*, § 75 BetrVG Rn. 24 ff.

243 HWK-*Thüsing*, § 611 BGB Rn. 182.

244 Siehe 2.Teil.B.II.1.b)cc)(1).

245 Vgl. BAG v. 10.03.1982 – 4 AZR 540/79, AP Nr. 47 zu § 242 BGB Gleichbehandlungsgrundsatz; ErfK-*Schmidt*, Art. 3 GG Rn. 26; *Fischinger*, Arbeitskämpfe, S. 140.

246 *Lobinger*, Arbeitskämpfe, Rn. 51, der davon spricht, die Tarifvertragsparteien „entgegen ihrer eigentlichen Konstruktion strikt an fremde Interessen [zu] binden“.

247 So *Lobinger*, Arbeitskämpfe, Rn. 51.

248 Vgl. auch *Krause*, Standortsicherung, S. 76.

ßige Befriedigung aller Gläubiger aus dem Vermögen des Insolvenzschuldners führt (vgl. § 1 InsO).[249] Eine Betriebsschließung oder -verlagerung als Betriebsänderung im Sinne des § 111 BetrVG ist dagegen eine grundgesetzlich geschützte unternehmerische Entscheidung. Zudem geht es im Insolvenzverfahren um die Befriedigung bereits existierender Ansprüche. Im Falle eines Tarifsozialplans werden die Ansprüche der Arbeitnehmer dagegen erst begründet. Der Ansatz des Bundesarbeitsgerichts, bei der Aufstellung eines betrieblichen Sozialplans die Existenz eines Tarifsozialplans zu berücksichtigen und dementsprechend die tariflichen Ansprüche auf die durch den betrieblichen Sozialplan begründeten Ansprüche anzurechnen, ermöglicht es, eine Besserstellung der Gewerkschaftsmitglieder im Falle einer Betriebsschließung oder -verlagerung zu verhindern.[250] Er greift jedoch nicht für den von *Lobinger* angeführten Fall, dass die zur Verfügung stehenden Ausgleichsmittel bereits durch einen tariflichen Sozialplan zu Lasten der nicht oder anders organisierten Arbeitnehmer aufgezehrt worden sind. Insgesamt betrachtet steht ein mögliches Verteilungsproblem der Regelungsbefugnis der Tarifvertragsparteien nicht entgegen.

Nicht unberücksichtigt bleiben dürfen die Konsequenzen, die die Sperrwirkungsthese bei Betrieben hat, bei denen die Voraussetzungen des § 111 BetrVG nicht erfüllt sind, sei es weil der Betrieb nicht betriebsratfähig ist (§§ 1, 4 BetrVG), ein Betriebsrat nicht gewählt wurde oder das Unternehmen in der Regel weniger als zwanzig Arbeitnehmer beschäftigt. Geht man bei einem solchen Betrieb von einer Sperrwirkung der §§ 111 ff. BetrVG gegenüber tariflichen Regelungen aus[251], so ergäbe sich aus einer tatbestandlich nicht anwendbaren Norm (§ 111 BetrVG) eine Sperre für eine andere Vorschrift (§ 1 TVG). Dies ist nicht hinnehmbar. Damit eine Regelung eine Sperrwirkung für andere Vorschriften entfaltet, muss grundsätzlich ihr Tatbestand erfüllt sein. Zwar können nach der Rechtsprechung des Bundesgerichtshofes nicht anwendbare Vorschriften der Anwendbarkeit anderer Normen entgegenstehen.[252] Hieraus kann allerdings kein allgemeingültiger Grundsatz hergeleitet werden.[253] Des Weiteren wird den organisierten Arbeitnehmern bei Annahme einer Sperrwirkung in unzulässiger Weise der kollektivrechtliche Schutz entzogen, denn die Gewerkschaften werden daran gehindert, für ihre

---

249 BGH v. 05.07.2001 – IX ZR 327/99, BGHZ 148, 252; MünchKommInsO-*Ganter*, § 1 InsO Rn. 51 f.

250 BAG v. 24.04.2007 – 1 AZR 252/06, DB 2007, 1924; siehe dazu auch *Lipinski/Ferme*, DB 2007, 1250 (1252).

251 So *Lobinger*, Arbeitskämpfe, Rn. 65.

252 Für eine Sperrwirkung der §§ 994 ff. BGB gegenüber den §§ 812, 951 BGB: BGH v. 26.02.1964 – V ZR 105/61, BGHZ 41, 157; v. 29.09.1995 – V ZR 130/94, NJW 1996, 52, aber strittig; a. A. z. B. *Canaris*, JZ 1996, 243 ff.

253 Siehe auch *Fischinger*, Arbeitskämpfe, S. 136 Fn. 169.

Mitglieder Tarifsozialpläne abzuschließen.[254] Zu bedenken ist auch der Fall, in dem die Voraussetzungen für die Errichtung eines Betriebsrats zwar gegeben sind, die Belegschaft aber eine betriebliche Interessenvertretung ablehnt. Versagt man nun den Tarifvertragsparteien aufgrund einer Sperrwirkung der §§ 111 ff. BetrVG die Befugnis zur Regelung beschäftigungssichernder Maßnahmen, widerspricht dies dem Willen der Arbeitnehmer. Hält man dagegen tarifliche Regelungen zur sozialen Abfederung der Arbeitnehmer im Falle einer Betriebsschließung oder -verlagerung in einem Betrieb, bei dem die Voraussetzungen des § 111 BetrVG nicht gegeben sind, für möglich, wirkt sich dies zu Lasten der organisierten Arbeitnehmer in Betrieben mit Betriebsrat aus. Denn ihnen werden aufgrund des bestehenden Betriebsrats Ansprüche aus einem Tarifsozialplan verwehrt. Sie sind im Gegensatz zu Gewerkschaftsmitgliedern, die in einem Unternehmen ohne Betriebsrat beschäftigt sind, auf das angeblich schwächere Instrument des betrieblichen Sozialplans beschränkt. Ferner könnte eine geringe Anzahl von Arbeitnehmern (vgl. § 1 BetrVG) im Falle einer absehbaren Betriebsstilllegung oder -verlagerung eine Betriebsratswahl organisieren und somit die gewerkschaftliche Interessenvertretung aushebeln.[255] Die Sperrwirkungsthese führt für den Fall, dass die Voraussetzungen des § 111 BetrVG nicht erfüllt sind, zu unlösbaren und vor allem unnötigen Schwierigkeiten. Sie ist daher abzulehnen.

(2) Auslegung der §§ 111 ff. BetrVG

Nach der Auseinandersetzung mit dem Für und Wider der Sperrwirkung, soll nun das Betriebsverfassungsgesetz dahin gehend untersucht werden.

Der Wortlaut der §§ 111 ff. BetrVG ist offen. Die Vorschriften bestimmen lediglich den Inhalt und den Umfang des Mitbestimmungsrechts des Betriebsrats. Eine ausdrückliche Regelung zum Verhältnis von Mitbestimmung und Betriebsvereinbarung zum Tarifvertrag beinhalten sie dagegen nicht. Allerdings ist der Tarifvorrang des § 77 Abs. 3 BetrVG gemäß § 112 Abs. 1 Satz 4 BetrVG auf den Sozialplan nicht anwendbar. Dies deutet darauf hin, dass in einem Tarifvertrag sozialplanähnliche Inhalte geregelt werden können. Ansonsten hätte der an sich geltende Vorrang des Tarifvertrags nicht eingeschränkt werden müssen.[256]

---

254 BAG v. 06.12.2006 – 4 AZR 798/05, AP Nr. 1 zu § 1 TVG Sozialplan; *Mehrens*, Sozialtarifverträge, S. 109; *Löwisch*, DB 2005, 554 (558); *Braun/Schreiner*, ArbRB 2006, 243.

255 *Krause*, Standortsicherung, S. 74.

256 BAG v. 24.04.2007 – 1 AZR 252/06, DB 2007, 1924; *Fitting*, §§ 112, 112a BetrVG Rn. 179a; *Fischinger*, Arbeitskämpfe, S. 127 f.; *Mehrens*, Sozialtarifverträge, S. 99 f.; *Wolter*, RdA 2002, 218 (226); *Kühling/Bertelsmann*, NZA 2005, 1017 (1020); *Sut-*

Beim Entwurf des Betriebsverfassungsgesetzes 1972 versuchte der Bundesrat, eine Kumulation von Leistungen aus betrieblichem Sozialplan und Tarifvertrag zu verhindern, indem der völlige Ausschluss der Regelungssperre des § 77 Abs. 3 BetrVG für Sozialpläne abgeschwächt werden sollte.[257] Die Problematik des Nebeneinanders von Sozialplan und Tarifvertrag war dem Gesetzgeber also durchaus bewusst. Da der Formulierungsvorschlag des Bundesrates nicht in das Betriebsverfassungsgesetz übernommen wurde, ist davon auszugehen, dass Tarifverträge und Sozialpläne mit vergleichbaren Inhalten nebeneinander bestehen können und von den §§ 111 ff. BetrVG keine Sperrwirkung ausgeht. Andernfalls hätte sich dies ausdrücklich im Gesetz niedergeschlagen.[258]

Zudem ist das Betriebsverfassungsgesetz so konzipiert, dass die gewerkschaftliche Interessenvertretung gegenüber der betrieblichen Arbeitnehmerrepräsentation vorrangig ist. Zunächst einmal werden nach § 2 Abs. 3 BetrVG die Aufgaben der Gewerkschaften durch das Betriebsverfassungsgesetz nicht berührt. § 77 Abs. 3 BetrVG und § 87 Abs. 1 Einleitungssatz BetrVG normieren den grundsätzlichen Vorrang des Tarifvertrags vor Betriebsvereinbarungen. Aufgrund dieser Ausgestaltung des Betriebsverfassungsgesetzes ist für eine Abweichung von diesem Grundsatz eine ausdrückliche Regelung im Gesetz erforderlich. Eine solche enthalten die §§ 111 ff. BetrVG aber nicht. Es wäre daher systemwidrig, dem Betriebsrat vor den Tarifvertragsparteien eine vorrangige Regelungsbefugnis für das Aufstellen von Sozialplänen einzuräumen.[259]

Die Frage, ob die §§ 111 ff. BetrVG eine gesetzliche Sperre für tarifliche Regelungen enthalten, kann auch aus verfassungsrechtlicher Sicht nur ablehnend beantwortet werden. Da das Grundrecht der Koalitionsfreiheit auf individuell-freiheitsrechtlicher Grundlage ein Recht auf kollektive Teilhabe an der Gestaltung der Arbeits- und Wirtschaftsbedingungen gewährleistet, ist die Tarifautonomie durch Art. 9 Abs. 3 GG verfassungsrechtlich geschützt. Für die gesetzliche Mitbestimmung in Betrieb und Unternehmen fehlt eine entsprechende Garantie. Sie ist lediglich eine Ausprägung des Sozialstaatsprinzips (Art. 20 Abs. 1, 28 Abs. 1

---

schet, ZfA 2005, 581 (612); *Franzen*, ZfA 2005, 315 (331 f.); *Schneider/Sittard*, ZTR 2007, 590 (594); *Paschke/Ritschel*, AuR 2007, 110 (111).

257 Vgl. die Stellungsnahme des Bundesrates, BT-Drucks.VI/1786, S. 66 f.

258 So ebenfalls *Fischinger*, Arbeitskämpfe, S. 129; *ders.*, NZA 2007, 310 (311 f.); *Krause*, Standortsicherung, S. 72 f.

259 BAG v. 06.12.2006 – 4 AZR 798/05, AP Nr. 1 zu § 1 TVG Sozialplan; LAG Schleswig-Holstein v. 27.03.2003 – 5 Sa 137/03, AP Nr. 165 zu Art. 9 GG Arbeitskampf; ArbG Frankfurt v. 15.03.2005 – 5 Ca 4542/04, AuR 2005, 153; Däubler/*Zwanziger*, § 4 TVG Rn. 1018c; *Dieterich*, FS-Richardi, S. 117 (120); *Fischinger*, Arbeitskämpfe, S. 126 f.; *ders.*, NZA 2007, 310 (311); *Mehrens*, Sozialtarifverträge, S. 99 f.; *Kühling/Bertelsmann*, NZA 2005, 1017 (1020); *Franzen*, ZfA 2005, 315 (332); *Schneider/Sittard*, ZTR 2007, 590 (594).

GG).[260] Aufgrund der grundgesetzlichen Wertung lässt sich ein Vorrang des betrieblichen Sozialplans vor einem Tarifsozialplan nicht rechtfertigen.[261]

cc) Ergebnis

Die für eine Sperrwirkung der §§ 111 ff. BetrVG angeführten Argumente vermögen nicht zu überzeugen. Aus den Vorschriften selbst ergeben sich keinerlei Anhaltspunkte, die für eine Sperrwirkung sprechen. Betrieblichen Regelungen kommt daher im Falle einer Betriebsschließung/-verlagerung hinsichtlich der sozialen Folgen keine Vorrangstellung zu.[262] Tarifliche Regelungen können folglich sozialplantypische Inhalte aufweisen.

c) Beeinträchtigung der Unternehmerfreiheit durch den Umfang der tariflichen Forderungen

Allerdings stellt sich die Frage, ob Maßnahmen zum Ausgleich wirtschaftlicher Nachteile in jeglichem Umfang gefordert werden können. Zur Veranschaulichung des Problems sollen die Forderungen der Gewerkschaft im Fall der *Heidelberger Druckmaschinen AG*, der im April 2007 vom Bundesarbeitsgericht entschieden wurde[263], kurz dargestellt werden: Die zuständige Gewerkschaft verlangte für den Fall betriebsbedingter Kündigungen durch den Arbeitgeber eine Grundkündigungsfrist von drei Monaten, die sich um jeweils zwei Monate für jedes volle Jahr des Bestehens des Arbeitsverhältnisses verlängern sollte. Des Weiteren sollten Beschäftigte, denen betriebsbedingt gekündigt wird, nach Ablauf der Kündigungsfrist einen Anspruch auf Qualifizierungsmaßnahmen bis zu 24 Monaten unter Fortzahlung der bisherigen Vergütung haben sowie eine Abfindung in Höhe von zwei Monatsgehältern pro Beschäftigungsjahr erhalten. Während die gesetzliche Kündigungsfrist bei einem Arbeitnehmer, der beispielsweise 20 Jahre im Betrieb beschäftigt ist, 7 Monate beträgt (vgl. § 622 Abs. 2 Satz 1 Nr. 7 BGB), ergibt sich aus der tariflichen Forderung eine Kündigungsfrist von 43 Monaten. Für diesen Zeitraum wäre der Arbeitgeber zur Zahlung der bisherigen Vergütung verpflichtet. Darüber hinaus wäre nach Ablauf dieser Frist eine Abfindung von

260 Richardi/*Richardi*, BetrVG Einleitung Rn. 42 ff.

261 *Fischinger*, Arbeitskämpfe, S. 134 f.; *Krause*, Standortsicherung, S. 74; *Thüsing/Ricken*, JbArbR, Bd. 42, 113 (122).

262 Gegen eine Sperrwirkung der §§ 111 ff. BetrVG auch LAG Niedersachsen v. 02.06.2004 – 7 Sa 819/04, LAGE Art. 9 GG Arbeitskampf Nr. 74; *Thüsing/Ricken*, LAGE Art. 9 GG Arbeitskampf Nr. 74; *Hensche*, AuR 2004, 443 (445); *Grau*, NJW 2007, 3660 (3661).

263 BAG v. 24.04.2007 – 1 AZR 252/06, DB 2007, 1924.

40 Monatsgehältern fällig sowie die sich an das Arbeitsverhältnis anschließenden Qualifizierungsmaßnahmen zu finanzieren. Damit ergäbe sich für das Unternehmen hinsichtlich eines einzelnen Arbeitnehmers mit 20-jähriger Betriebszugehörigkeit eine Belastung von 107 Monatsgehältern zuzüglich der Kosten für die Weiterbildungsmaßnahmen.

Verlangt die zuständige Gewerkschaft also immens lange Kündigungsfristen, übermäßig hohe Abfindungen und ausgedehnte Qualifizierungsmaßnahmen, kann sich die Standortverlagerung/-schließung unter wirtschaftlichen Gesichtspunkten als nicht mehr sinnvoll herausstellen. In diesem Fall ist die Wahrscheinlichkeit groß, dass der Unternehmer von der geplanten Maßnahme absieht. Auf diese Weise könnten die Gewerkschaften die an sich nicht tariflich regelbare unternehmerische Entscheidung verhindern. Dies ist vielfach von den Gewerkschaften gerade beabsichtigt und steht als „verstecktes“ Ziel hinter den exorbitanten Tarifforderungen. Die grundgesetzlich garantierte Entscheidungsfreiheit des Unternehmers könnte durch diese „Umgehungstaktik“ mittelbar beeinträchtigt werden. Daher liegt die Überlegung nahe, die Unzulässigkeit einer Tarifforderung aus quantitativen Aspekten herzuleiten. Andererseits könnte eine gerichtliche Überprüfung des Forderungsumfangs auf eine unzulässige Tarifzensur hinauslaufen. Denn die von Art. 9 Abs. 3 GG garantierte Tarifautonomie verleiht den Tarifvertragsparteien die Befugnis, die Arbeits- und Wirtschaftsbedingungen grundsätzlich frei von staatlichen Interventionen zu regeln.[264] Eine richterliche Angemessenheits- oder Billigkeitskontrolle des Tarifvertrags ist damit nicht vereinbar.[265]

aa) Gerichtliche Überprüfung von Tarifsozialplanforderungen

Zunächst kann die Frage nach der Unzulässigkeit tariflicher Regelungen aufgrund ihres Umfangs nicht mit dem Einwand, die Gewerkschaften würden nicht stur auf völlig überzogenen Forderungen beharren, da sie im Falle einer wirtschaftlichen Erdrosselung des Arbeitgebers die Arbeitsplätze ihrer Mitglieder aufs Spiel setzen, abgetan werden.[266] Es ist möglich, dass die Arbeitnehmer im Einzelfall zur Rettung ihrer Arbeitsplätze bereit sind, finanzielle Einbußen hinzunehmen und wirtschaftliche Krisen durch Tarifanpassung aufzufangen. Da

---

264 Art. 9 Abs. 3 GG verleiht den Tarifvertragsparteien zwar ein Normsetzungsrecht, aber kein Normsetzungsmonopol, vgl. Sachs/*Höfling*, Art. 9 GG Rn. 137.

265 BVerfG v. 26.06.1991 – 1 BvR 779/85, AP Nr. 117 zu Art. 9 GG Arbeitskampf; *Löwisch/Rieble*, TVG Grundlagen Rn. 48, 53; Däubler/*Reim*, § 1 TVG Rn. 148; *Gamillscheg*, Kollektives Arbeitsrecht I, S. 695 ff.

266 So aber *Gamillscheg*, Kollektives Arbeitsrecht I, S.1068; *Hensche*, AuR 2004, 443 (445 Fn. 25).

den betroffenen Arbeitnehmern vielfach aber ein Abgleiten in die Arbeitslosigkeit droht, ist es für sie von großer Bedeutung, wie lang die Kündigungsfristen sind, welche Abfindungen ihnen zustehen und ob sich an das Arbeitsverhältnis Qualifizierungsmaßnahmen anschließen. Den Gewerkschaften ist bewusst, dass es für die Arbeitnehmer vielfach um „alles oder nichts“ geht. Vor diesem Hintergrund ist nicht zu erwarten, dass von einer übermäßigen Belastung des Arbeitgebers abgesehen wird.[267]

Ob das Forderungsvolumen ein Unternehmen finanziell überfordert und die unternehmerische Entscheidung der Standortverlagerung bzw. -schließung beeinträchtigt oder sogar undurchführbar macht, hängt von der Finanzkraft des Unternehmens ab und ist jeweils unterschiedlich zu beurteilen. Dementsprechend müsste auch die Forderungshöchstgrenze für jedes Unternehmen individuell festgestellt werden. Den Gerichten fiele somit die Aufgabe zu, die Opfergrenze höchstzulässiger Unternehmensbelastung sowie die Übermaßschwelle des Arbeitnehmerschutzes und -einkommens festzulegen.[268] Es obliegt aber nicht den Gerichten, die Finanzkraft des betroffenen Unternehmens zu untersuchen und festzustellen, ob der Forderungsumfang die finanziellen Mittel des Betriebs übersteigt. So entschied bereits das Reichsgericht, dass die Gerichte nicht beurteilen dürften, ob ein Arbeitgeber wirtschaftlich in der Lage ist, die Forderungen der Gegenseite zu erfüllen. Die Wahrung ihrer Interessen obliege allein den Parteien.[269] Dem ist im Grunde zuzustimmen. Denn es ist den Tarifvertragsparteien überlassen, im freien Spiel der Kräfte eine sachgerechte Lösung ihrer gegensätzlichen Interessen zu finden. Sind die Forderungen nach Meinung der Arbeitgeber überzogen, müssen sie der Gegenseite ihr Verhandlungsgewicht entgegensetzen.[270] Dies ist charakteristisch für das Tarifvertragssystem. Zunächst einmal können die Arbeitgeber ihrerseits Gegenvorschläge unterbreiten und auf diese Weise versuchen, die Verhandlungen in ihrem Sinne zu gestalten. Sollten die Gewerkschaften zu Zugeständnissen hinsichtlich des Forderungsvolumens nicht bereit sein, bleibt es den Arbeitgebern unbenommen, Arbeitskampfmittel zu ergreifen und ihre Vorstellungen durchzusetzen.[271] Aufgrund des strukturellen Gleichgewichts der Tarifvertragsparteien trägt das Ergebnis ihrer Verhandlungen

267 Vgl. *Fischinger*, Arbeitskämpfe, S. 165.

268 *Hensche*, AuR 2004, 443 (445).

269 RG v. 06.02.1923 – III 93/22, RGZ 106, 272.

270 *Kühling/Bertelsmann*, NZA 2005, 1017 (1021); *Paschke/Ritschel*, AuR 2007, 110 (113).

271 Vgl. ArbG Frankfurt v. 15.03.2005 – 5 Ca 4542/04, AuR 2005, 153; ähnlich auch *Kock*, ZIP 2007, 1775 (1778), der auch auf die Möglichkeit präventiver Maßnahmen seitens der Arbeitgeber(verbände) wie die Ausdehnung der Friedenspflicht in zukünftigen Tarifverträgen sowie die in der Rechtsprechung weitgehend ungeklärte Angriffsaussperrung hinweist.

die Vermutung eines gerechten Ausgleichs in sich (so genannte „Richtigkeitsgewähr“).[272] Zudem beeinflusst jede Tarifforderung die unternehmerische Entscheidungsfreiheit – wenn auch graduell unterschiedlich. Jede tarifliche Forderung kann dazu führen, dass ein geplantes Vorhaben wirtschaftlich sinnlos wird und der Unternehmer es daher letztlich nicht verwirklicht.[273] Bestes Beispiel sind höhere Entgeltforderungen der Gewerkschaften. Diese können sich ebenfalls auf unternehmerische Maßnahmen auswirken und sie sogar verhindern. Aber auch wenn es sich um exorbitante Entgeltforderungen handelt, wird die Wirksamkeit solcher Tarifforderungen nicht in Frage gestellt.[274] Ebenso haben tarifliche Regelungen der Arbeitszeit wie z. B. Zeitzuschläge wirtschaftliche Auswirkungen und können die unternehmerische Planung beeinträchtigen. Sie sind gleichwohl zulässig.[275]

Es lässt sich nicht leugnen, dass jede Forderung Einfluss auf die Entscheidungen des Unternehmers haben kann. Allerdings unterscheiden sich Tarifsozialplanforderungen und andere tarifliche Forderungen. Die Beeinträchtigungen, die von den jeweiligen Tarifforderungen ausgehen, sind graduell sehr unterschiedlich. Die meisten Forderungen tangieren lediglich den Randbereich der Unternehmerfreiheit. Da die Grundrechte der Arbeitnehmer und der Gewerkschaft in diesen Fällen regelmäßig schwerer wiegen, sind die Eingriffe auf der Grundlage kollidierenden Verfassungsrechts gerechtfertigt. Anders sieht es bei Eingriffen in den Kernbereich der Unternehmerfreiheit aus. Hier treten die Grundrechte der Arbeitnehmer und der Gewerkschaft zurück. Der Entschluss, einen Betrieb zu schließen oder an einen anderen Standort zu verlegen, gehört zum unantastbaren Kernbereich der Unternehmerfreiheit, da sie das Wesen des Grundrechts ausmachen.[276] Exorbitante Forderungen in einem Tarifsozialplan können diese unternehmerischen Maßnahmen wirtschaftlich sinnlos werden lassen, so dass

---

272 BAG v. 06.09.1995 – 5 AZR 174/94, AP Nr. 22 zu § 611 BGB Ausbildungsbeihilfe; Wiedemann/*Thüsing*, § 1 TVG Rn. 246 ff.; *Löwisch/Rieble*, TVG Grundlagen Rn. 48; *Kühling/Bertelsmann*, NZA 2005, 1017 (1021).

273 *Löwisch/Rieble*, § 1 TVG Rn. 274; *Lobinger*, Arbeitskämpfe, Rn. 41; *Nicolai*, RdA 2006, 33 (37).

274 Vgl. die Erhöhung der Entgeltforderung der GDL im Juli 2007 auf mindestens 31 %, LAG Sachsen v. 02.11.2007 – 7 SaGa 19/07, NZA 2008, 59.

275 Siehe dazu BAG v. 03.04.1990 – 1 AZR 123/89, AP Nr. 56 zu Art. 9 GG.

276 BAG v. 21.06.2000 – 4 AZR 379/99, NZA 2001, 271; v. 03.04.1990 – 1 AZR 123/89, AP Nr. 56 zu Art. 9 GG; LAG Hessen v. 02.02.2006 – 9 Sa 915/05, LAGE Art. 9 GG Arbeitskampf Nr. 75; LAG Hamm v. 31.05.2000 – 18 Sa 858/00, AP Nr. 158 zu Art. 9 GG Arbeitskampf; Wiedemann/*Thüsing*, § 1 TVG Rn. 707; ErfK-*Dieterich*, Art. 9 GG Rn. 75; *Gamillscheg*, Kollektives Arbeitsrecht I, S. 345; *Kissel*, Arbeitskampfrecht, § 35 Rn. 23; *Wiedemann*, RdA 1986, 231 (236); *Papier*, RdA 1989, 137 (139); *Hanau/Thüsing*, ZTR 2001, 1 (52); *Walker*, ZfA 2004, 501 (532); *Lelley/Sabin*, FA 2004, 357 (359 f.); *Sutschet*, ZfA 2005, 581 (613 ff.); *Franzen*, ZfA 2005, 315 (335).

ein (in der Regel nicht gerechtfertigter) Eingriff in den Kernbereich der Unternehmerfreiheit zu bejahen ist. Dass dieser mittelbar erfolgt, ist unbeachtlich, da auch mittelbare Eingriffe in den Kernbereich der Unternehmerfreiheit unzulässig sein können.[277] Da die Intensität des Eingriffs in die Unternehmerfreiheit bei der Frage der Unzulässigkeit von Tarifforderungen entscheidend ist, überzeugt das Argument, eine Beeinträchtigung der unternehmerischen Entscheidungsfreiheit sei jeder Forderung immanent, in seiner Allgemeinheit nicht. Nun könnte man sich auf den Standpunkt stellen, Art. 12 GG verbiete nur tarifliche Regelungen, die die „eigentliche" Unternehmerfreiheit beeinträchtigen, also Regelungen, die unternehmerische Entscheidungen über den Standort an sich verhindern. Verlängerte Kündigungsfristen zögern die Auswirkungen der unternehmerischen Entscheidung lediglich zeitlich hinaus und hohe Abfindungen sowie ausgedehnte Qualifizierungsmaßnahmen verteuern die unternehmerische Maßnahme. Die Schließung oder Verlagerung des Betriebs bleibt dem Unternehmer dagegen bei Tarifsozialplanforderungen unbenommen.[278] Könnten Tarifforderungen zur sozialen Abfederung der Arbeitnehmer aber in jeglicher Größenordnung verlangt werden, würde über den Umweg des Tarifsozialplans die unternehmerische Entscheidung über die Produktionsverlagerung bzw. Betriebsstilllegung beeinflusst und dadurch in die Unternehmensautonomie eingegriffen.[279] Es kann keinen Unterschied machen, ob die unternehmerische Entscheidung selbst verhindert oder über den Umweg des Tarifsozialplans aufgrund von wirtschaftlichen Zwängen unmöglich gemacht wird, denn Umgehungen sind ausnahmslos unzulässig, da durch sie ein von der Rechtsordnung nicht gebilligter Erfolg auf andere Weise als die verbotene erreicht werden soll.

Nach der Rechtsprechung des Bundesarbeitsgerichts ist eine gerichtliche Überprüfung von tariflichen Forderungen und Angeboten nicht möglich, es sei denn, es wird wegen eines drohenden Arbeitskampfes Klage auf Unterlassung des Arbeitskampfes erhoben mit der Begründung, die kampfweise durchzusetzende Forderung sei unzulässig.[280] Eine Tarifforderung habe keine rechtsgestal-

277 Vgl. *Rieble*, ZfA 2004, 1 (22).

278 Vgl. dazu BAG v. 21.06.2000 – 4 AZR 379/99, AP Nr. 121 zu § 102 BetrVG 1972, allerdings für tarifliche Regelungen, die die ordentliche Kündigung von der Zustimmung des Betriebsrats abhängig machten; zu diesem Ansatz siehe *Mehrens*, Sozialtarifverträge, S. 184 f.; ähnlich *Hensche*, AuR 2004, 443 (445).

279 *Fischinger*, Arbeitskämpfe, S. 160 ff.; *Lelley*, EWir 2003, 1035 (1036); *Rolfs/Clemens*, DB 2003, 1678 (1681); *Bauer/Krieger*, NZA 2004, 1019 (1022); *Nicolai*, SAE 2004, 240 (243 f.); *dies.*, RdA 2006, 33 (37 f.); *Sutschet*, ZfA 2005, 581 (614 ff.); vgl. auch LAG Schleswig-Holstein v. 27.03.2003 – 5 Sa 137/03, AP Nr. 165 zu Art. 9 GG Arbeitskampf.

280 BAG v. 21.03.1978 – 1 AZR 11/76, AP Nr. 62 zu Art. 9 GG Arbeitskampf; v. 19.06.1984 – 1 AZR 361/82, AP Nr. 3 zu § 1 TVG Verhandlungspflicht; v. 24.04.2007

tende, verbindliche Wirkung; ihr Umfang sei keine rechtlich bedeutsame Größe. Forderungen seien dazu da, die Gewerkschaftsmitglieder zu motivieren und die Tarifverhandlungen in Gang zu bringen, so dass sie in maximaler Höhe gestellt werden könnten. Mit einer Rechtskontrolle des Forderungsumfangs würde eine nur potenzielle Norm in Unkenntnis ihrer späteren Konkretisierung auf eine mögliche Grundrechtswidrigkeit überprüft. Dies widerspreche dem Grundsatz der Tarifautonomie, wonach allein die Tarifvertragsparteien über den Inhalt von Tarifverträgen entscheiden. Erst die Rechtmäßigkeitskontrolle eines abgeschlossenen Tarifvertrags sei zulässig. Die Grenze der Tarifautonomie liege allerdings dort, wo die Forderung gezielt auf die wirtschaftliche Existenzvernichtung des Gegners gerichtet sei.[281] Diese Aussagen sind insoweit richtig, als dass der Umfang tariflicher Forderungen von den Gewerkschaften oft so formuliert wird, dass er über das erwartete Ergebnis hinausgeht.[282] Dies hat mehrere Gründe. Zum einen steckt die Gewerkschaft ihren Verhandlungsrahmen ab und bereitet den Arbeitgeber auf die bevorstehenden Tarifverhandlungen vor. Zum anderen lassen sich die Arbeitnehmer viel leichter motivieren, wenn die Forderungen entsprechend hoch angesetzt sind. Würde sich eine Gewerkschaft schon zu Beginn der Verhandlungen am voraussichtlichen – niedrigeren – Ergebnis orientieren, fiele eine Mobilisierung der organisierten Arbeitnehmer außerordentlich schwer oder gelänge erst gar nicht.[283] Weiterhin ist ein aus Gewerkschaftssicht passables Ergebnis nur dann zu erzielen, wenn die Ausgangsforderungen hoch angesetzt sind, da in diesem Fall noch ausreichend Verhandlungsspielraum bleibt.[284] Diese Vorgehensweise ist nichts Ungewöhnliches, sondern eine übliche Verhandlungstaktik im Wirtschaftsleben. Kennzeichnend für ein „Verhandeln“ ist, dass jede Partei bereit ist, zur Erreichung eines für alle Beteiligten akzeptablen Ergebnisses von ihrer Eingangsforderung abzurücken und der Gegenseite Zugeständnisse zu machen. Das heißt aber nicht, dass die Forderung keine rechtlich relevante Größe darstellt, die gerichtlich nicht überprüft werden kann, sondern lediglich die Tarifverhandlungen in Gang bringen soll. Denn der Arbeitskampf bezweckt den Abschluss eines Tarifvertrags mit einem konkreten Inhalt, so dass die geltend gemachte Forderung so verfasst sein muss, dass der Gegner nur noch zustimmen

---

– 1 AZR 252/06, DB 2007, 1924; siehe auch LAG Niedersachsen v. 02.06.2004 – 7 Sa 819/04, AP Nr. 164 zu Art. 9 GG Arbeitskampf.

281 BAG v. 24.04.2007 – 1 AZR 252/06, DB 2007, 1924; dagegen u. a. HWK-*Hohenstatt/Willemsen*, § 112 BetrVG Rn. 81.

282 So auch LAG Hessen v. 02.02.2006 – 9 Sa 915/05, LAGE Art. 9 GG Arbeitskampf Nr. 75.

283 *Krause*, Standortsicherung, S. 113.

284 *Paschke/Ritschel*, AuR 2007, 110 (113).

muss.[285] Da der Arbeitskampf ein „Hilfsinstrument zur Sicherung der Tarifautonomie“ ist, darf er nur zur Durchsetzung (oder Abwehr) rechtmäßiger Forderungen eingesetzt werden.[286] Eine Überprüfung der Forderungen auf ihre Rechtmäßigkeit muss möglich sein. Ansonsten würden Arbeitskämpfe um rechts- oder verfassungswidrige Forderungen unter den Schutz der Rechtsordnung gestellt. Tarifforderungen unterliegen daher den gleichen rechtlichen Maßstäben wie Tarifverträge.[287]

Zu klären ist nun, ob die Kontrolle der Forderungshöhe von Tarifsozialplänen tatsächlich eine allgemeine Rechtmäßigkeitskontrolle darstellt oder ob es sich um eine unzulässige Tarifzensur handelt. Denn während tarifliche Regelungen nicht auf ihre Angemessenheit bzw. Billigkeit überprüft werden können, ist eine Rechtmäßigkeitskontrolle nicht ausgeschlossen.[288] Bei der Frage, ob Tarifsozialplanforderungen zu unverhältnismäßigen Kosten führen können und damit für den Unternehmer inakzeptabel sind, scheint es auf den ersten Blick um die Angemessenheit bzw. Billigkeit der Forderungen zu gehen. Diese Annahme ist jedoch nicht richtig. Denn die Forderungen werden dahin gehend überprüft, ob sie ein solches Volumen erreichen, dass auf diesem (Um)Weg die unternehmerische Entscheidung der Standortschließung/-verlagerung verhindert und dadurch die Unternehmerfreiheit beeinträchtigt wird. Kontrollgegenstand ist nicht die wirtschaftliche oder soziale Angemessenheit der Forderungen, sondern ihre Vereinbarkeit mit der grundrechtlich geschützten Unternehmerfreiheit. Da überprüft wird, ob sich die tariflichen Forderungen innerhalb der rechtlichen Grenzen halten, handelt es sich um eine reine Rechtmäßigkeitskontrolle.[289] Verweigern Gerichte die Überprüfung tariflicher Forderungen, bei denen der Verdacht nahe liegt, dass sie sich gegen die unternehmerische Entscheidung an sich richten, verletzen sie das Rechtsverweigerungsverbot.[290] Eine gerichtliche Überprüfung von Tarifsozialplanforderungen auf ihre Vereinbarkeit mit der unternehmerischen Entscheidungsfreiheit ist mithin zulässig.

---

285 *Kissel*, Arbeitskampfrecht, § 24 Rn. 12; *Reinartz*, Firmentarifvertrag, S. 186; *Bauer/Krieger*, NZA 2004, 1019 (1022); *Nicolai*, SAE 2004, 240 (244).

286 Ständige Rechtsprechung des BAG, vgl. etwa BAG v. 05.03.1985 – 1 AZR 468/83, AP Nr. 85 zu Art. 9 GG Arbeitskampf; v. 10.12.2002 – 1 AZR 96/02, AP Nr. 162 zu Art. 9 GG Arbeitskampf.

287 *Reinartz*, Firmentarifvertrag, S. 186; *Nicolai*, SAE 2004, 240 (244).

288 BAG v. 20.08.1986 – 4 AZR 256/85, AP Nr. 47 zu § 1 TVG Tarifverträge Metallindustrie; 12.02.1992 – 7 AZR 100/91, AP Nr. 5 zu § 620 BGB Altersgrenze; *Gamillscheg*, Kollektives Arbeitsrecht I, S. 695 ff.; *Otto*, FS-Konzen, S. 663; Jacobs/Krause/Oetker-*Krause*, § 1 Rn. 110.

289 Vgl. *Otto*, Arbeitskampf- und Schlichtungsrecht, § 8 Rn. 42 ff.; *Fischinger*, Arbeitskämpfe, S. 165; *Reinartz*, Firmentarifvertrag, S. 185 ff.; *Nicolai*, SAE 2004, 240 (244); *Schneider/Sittard*, ZTR 2007, 590 (593 f.); *Grau*, NJW 2007, 3660 (3661); siehe auch HWK-*Hohenstatt/Willemsen*, § 112 BetrVG Rn. 81.

290 *Henssler*, FS-Richardi, S. 553 (564).

Allerdings stellt sich in der Folge die Frage, ob ausschließlich die offiziellen Tarifsozialplanforderungen, die der Milderung und dem Ausgleich der Folgen der unternehmerischen Entscheidung dienen und sich somit in den verfassungsrechtlichen Grenzen halten, Gegenstand der Rechtmäßigkeitskontrolle sind. Möglicherweise müssen Verlautbarungen der Gewerkschaften des Inhalts, ihr eigentliches Ziel sei die Verhinderung der Betriebsschließung, ebenfalls berücksichtigt werden.[291] In der Tat haben Gewerkschaften in der Vergangenheit im Rahmen von Arbeitskämpfen im Zusammenhang mit Betriebsschließungen öffentlich geäußert, dass das eigentliche Ziel des Arbeitskampfes der Erhalt des Standorts sei.[292] Auch auf Spruchbändern und Plakaten bringen Gewerkschaftsmitglieder zum Ausdruck, dass sie die Betriebsschließung oder -verlagerung abwenden möchten. Ob solche Äußerungen zur Beurteilung der Forderungen herangezogen werden dürfen, ist problematisch. Das Bundesverfassungsgericht hat lediglich untersagt, aus dem Verhalten einer Tarifvertragspartei bereits dann eine Forderung abzuleiten, wenn die satzungsgemäße Willensbildung durch die zuständigen Organe noch nicht abgeschlossen ist, da dies zu einer Beeinträchtigung des Willensbildungsprozesses führen würde.[293] Daraus ließe sich der Schluss ziehen, dass Aussagen der Gewerkschaften, die nach Abschluss des Willensbildungsprozesses außerhalb der offiziellen Tarifverhandlungen gemacht werden, einzubeziehen sind.[294] Allerdings führt dies zu einer großen Unsicherheit. Denn unklar ist, auf welche Personen abzustellen ist. Sind ausschließlich Erklärungen von Gewerkschaftsfunktionären maßgeblich oder müssen auch solche von Unterorganisationen oder gar von einzelnen Gewerkschaftsmitgliedern berücksichtigt werden? Aus Gründen der Rechtssicherheit ist daher formal auf die von den Gewerkschaften geäußerten Forderungen abzustellen. Äußerungen, die nicht im Rahmen der offiziellen Tarifverhandlungen gemacht werden, dürfen nicht beachtet werden.[295] Dies muss auch dann gelten, wenn letztlich die unternehmerische Entscheidung verhindert werden soll und damit eine tariflich nicht regelbare Materie betroffen ist.

291 Siehe *Seebacher*, AiB 2006, 70 (71), der das Fordern von extrem umfangreichen und kostspieligen Tarifsozialplänen als „Strategie“ zur „indirekten Bekämpfung der Betriebsänderung“ bezeichnet.

292 Vgl. dazu z. B. die IG Metall bei der bevorstehenden Schließung des AEG-Werks in Nürnberg Anfang 2006, vgl. www.faz.net, Meldung v. 20.01.2006.

293 BVerfG v. 04.07.1995 1 – BvF 2/86, BVerfGE 92, 365.

294 So *Rolfs/Clemens*, DB 2003, 1678 (1680); ähnlich *Sutschet*, ZfA 2005, 581 (616); *Kock*, ZIP 2007, 1775 (1777); *Weller*, EWiR 2007, 657 (658); *Gaul*, RdA 2008, 13 (19).

295 BAG v. 19.06.1973 – 1 AZR 521/72, AP Nr. 47 zu Art. 9 GG Arbeitskampf; v. 24.04.2007 – 1 AZR 252/06, DB 2007, 1924; LAG Schleswig-Holstein v. 27.03.2003 – 5 Sa 137/03, AP Nr. 165 zu Art. 9 GG Arbeitskampf AP Nr. 165 zu Art. 9 GG Arbeitskampf.

bb) Grenzen des Forderungsumfangs

Doch wann bewegen sich Forderungen noch in einem angemessenen Rahmen bzw. wann wird die Grenze der Unzulässigkeit überschritten? Die Ermittlung des zulässigen Volumens von Tarifforderungen ist äußerst problematisch.

(1) Der Ansatz des Landesarbeitsgerichts Schleswig-Holstein

Anders als die in der Rechtsprechung vorherrschende Meinung verkennt das Landesarbeitsgericht Schleswig-Holstein nicht, dass grundsätzlich tariffähige Forderungen aufgrund ihres Umfangs die Unternehmensautonomie verletzen können.[296] An diese Prüfung stellt das Gericht jedoch strenge Anforderungen. Eine Verletzung des Kernbereichs der Unternehmensautonomie sei nur zu bejahen, wenn sie der Tarifforderung „sozusagen augenscheinlich auf die Stirn geschrieben" sei. Die Umsetzung der Tarifforderung müsse zu einer „wirtschaftlichen Erdrosselung" des Unternehmens führen, so dass das „Ob" der freien Unternehmensentscheidung rechtswidrig tangiert werde. Dies sei der Fall, wenn dem Unternehmer jeglicher Handlungsspielraum für eine Unternehmerentscheidung genommen werde. Dazu sei erforderlich, dass die Umsetzung der Tarifforderungen die Insolvenz des Unternehmens nach sich ziehe.

Die Ausführungen des Landesarbeitsgerichts Schleswig-Holstein stehen im Widerspruch zur Rechtsprechung des Bundesverfassungsgerichts. Danach darf die Tarifautonomie nicht so ausgeübt werden, dass die Unternehmensautonomie leer läuft. Dem Unternehmer muss ein angemessener Spielraum zur Entfaltung der Unternehmerinitiative bleiben.[297] Dies ist nach dem Urteil des Landesarbeitsgerichts Schleswig-Holstein nicht der Fall. Exorbitante tarifliche Forderungen sind nicht erst dann unzulässig, wenn ihre Umsetzung zur Insolvenz des Unternehmens führt. Die drohende Insolvenz stellt lediglich eine Untergrenze dar, die in jedem Fall zu beachten ist. Insoweit gehen die Überlegungen des Gerichts nicht weit genug.

(2) Entsprechende Anwendung bestehender gesetzlicher Vorschriften

Zur Bestimmung der Forderungsgrenze in Tarifsozialplänen könnte auf bestehende Vorschriften zurückgegriffen werden. Anhaltspunkte für die zulässige Verlängerung der Kündigungsfristen könnten sich § 622 Abs. 2 und 4 BGB ent-

---

296 LAG Schleswig-Holstein v. 27.03.2003 – 5 Sa 137/03, AP Nr. 165 zu Art. 9 GG Arbeitskampf; ihm folgend ArbG Frankfurt v. 15.03.2005 – 5 Ca 4542/04, AuR 2005, 153.

297 BVerfG v. 20.07.1954 – 1 BvR 459/52, BVerfGE 4, 7; v. 16.05.1961 – 2 BvF 1/60, BVerfGE 12, 341; v. 14.10.1970 – 1 BvR 306/68, BVerfGE 29, 260.

nehmen lassen. Ferner kommt eine Übertragung der Grenzen aus §§ 123, 124 InsO in Betracht. Ein Teil des Schrifttums zieht die §§ 112, 112 a BetrVG bzw. § 113 BetrVG i. V. m. § 10 KSchG als Richtschnur entsprechend heran.[298] So kommen die Tarifvertragsparteien nach Ansicht *Buchners* bei einer verantwortungsvollen Ausübung der Tarifautonomie nicht umhin, sich bei Tarifsozialplanforderungen am Maßstab des § 112 Abs. 5 BetrVG zu orientieren.[299] *Bauer/Krieger*, die für einen Vorrang des betrieblichen Verfahrens plädieren, wollen zumindest eine entsprechende Anwendung der §§ 112 Abs. 5, 112 a BetrVG, um ein Leerlaufen dieser Vorschriften zu verhindern.[300] Einen anderen Ansatz wählen *Löwisch* und *Henssler*. Eine Orientierung am Maßstab des § 113 BetrVG i. V. m. § 10 KSchG ist ihrer Ansicht nach im Interesse der Rechtssicherheit bzw. um ein Leerlaufen der Unternehmensautonomie zu verhindern, geboten.[301]

(a) Heranziehung von § 622 Abs. 2 und 4 BGB

Für die Begrenzung der Verlängerung von Kündigungsfristen könnte § 622 BGB heranzuziehen sein. Indem die Vorschrift die ordentliche Kündigung an Fristen und Termine bindet, erfährt die Vertragsbeendigungsfreiheit eine Einschränkung und gewährt einen zeitlich begrenzten Kündigungsschutz.[302] Während § 622 Abs. 1 BGB eine Grundkündigungsfrist von vier Wochen für Arbeitgeber und Arbeitnehmer enthält, verlängern sich die Kündigungsfristen nach § 622 Abs. 2 BGB für eine Kündigung durch den Arbeitgeber mit zunehmender Dauer des Arbeitsverhältnisses von zunächst einem Monat zum Monatsende nach zweijährigem Bestand des Arbeitsverhältnisses auf maximal sieben Monate zum Monatsende nach zwanzigjährigem Bestand des Arbeitsverhältnisses. Um den Besonderheiten einzelner Wirtschaftsbereiche und Beschäftigungsgruppen gerecht zu werden, gestattet § 622 Abs. 4 Satz 1 BGB den Tarifvertragsparteien, die Kündigungsfristen durch Tarifvertrag zu verkürzen oder zu verlängern.[303] Somit können die Tarifvertragsparteien im Tarifsozialplan eine mindestens achtmonatige Kündigungsfrist vereinbaren. Der weite Gestaltungsspielraum lässt aber auch den Ausschluss der ordentlichen Kündigung zu und wird nur durch die Bindung

298 Für § 112 Abs. 5 BetrVG: *Otto*, Arbeitskampf- und Schlichtungsrecht, § 8 Rn. 43 (s. auch § 3 Rn. 22); *Buchner*, DB 2001, Beilage Nr. 9, 1 (11); *Bauer/Krieger*, NZA 2004, 1019 (1024); *Rolfs/Clemens*, NZA 2004, 410 (415); *Sutschet*, ZfA 2005, 581 (615). Für § 113 BetrVG i. V. m. § 10 KSchG: *Henssler*, FS-Richardi, S. 553 (564); *Löwisch*, DB 2005, 554 (558 f.).

299 *Buchner*, DB 2001, Beilage Nr. 9, 1 (11).

300 *Bauer/Krieger*, NZA 2004, 1019 (1024).

301 *Henssler*, FS-Richardi, S. 553 (564); *Löwisch*, DB 2005, 554 (556, 558 f.).

302 BAG v. 18.04.1985 – 2 AZR 197/84, AP Nr. 20 zu § 622 BGB.

303 BT-Drucks. 12/4902, S. 7, 9.

der Tarifpartner an den allgemeinen Gleichheitssatz des Art. 3 Abs. 1 GG sowie § 15 Abs. 4 TzBfG und § 622 Abs. 6 BGB begrenzt. Eine Obergrenze für die Verlängerung der Kündigungsfristen, auf die im Rahmen von Tarifsozialplänen zurückgegriffen werden könnte, findet sich in § 622 BGB nicht.[304]

(b) Entsprechende Anwendung von §§ 123, 124 InsO

Möglicherweise lässt sich die Problematik des zulässigen Forderungsumfangs in Tarifsozialplänen mit einer entsprechenden Anwendung der §§ 123, 124 InsO klären. Auch in der Insolvenz ist die Aufstellung von Sozialplänen möglich, um die Nachteile der betroffenen Arbeitnehmer auszugleichen.[305] Im Interesse der übrigen Insolvenzgläubiger wird der Gesamtumfang dieser Forderungen in doppelter Weise begrenzt. Jedenfalls in den Fällen, in denen ausschließlich die durch die Entlassung entstehenden Nachteile ausgeglichen werden sollen, begrenzt § 123 Abs. 1 InsO das zulässige Gesamtvolumen des Sozialplans auf einen Gesamtbetrag von bis zu zweieinhalb Monatsverdiensten.[306] Nach § 123 Abs. 2 Satz 2 InsO darf für die Berichtigung von Sozialplanforderungen, wenn nicht ein Insolvenzplan zustande kommt, nicht mehr als ein Drittel der Masse verwendet werden, die ohne einen Sozialplan für die Verteilung an die Insolvenzgläubiger zur Verfügung stünde. § 124 InsO stellt eine Ergänzung des § 123 InsO dar. Sozialpläne, die drei Monate vor dem Eröffnungsantrag abgeschlossen wurden, können widerrufen und die betroffenen Arbeitnehmer in den im Insolvenzverfahren aufgestellten Sozialplan einbezogen werden. Auf diese Weise können auch diese Arbeitnehmer Sozialplanforderungen als Masseverbindlichkeiten erwerben und die Sozialplanforderungen unterliegen der absoluten und relativen Höchstgrenze des § 123 InsO.[307]

Um festzustellen, ob Tarifsozialplanforderungen durch eine entsprechende Anwendung der insolvenzrechtlichen Vorschriften begrenzt werden können, sind die unterschiedlichen Entstehungszeitpunkte von Sozialplänen und Tarifsozialplänen zu beachten. Auf Sozialpläne, die nach Eröffnung des Insolvenzverfahrens zwischen Insolvenzverwalter und Betriebsrat vereinbart oder von der Einigungsstelle aufgestellt worden sind, findet § 123 InsO Anwendung. Dagegen richtet sich das Schicksal vor Verfahrenseröffnung aufgestellter Sozialpläne nach

304 So auch *Fischinger*, Arbeitskämpfe, S. 179.

305 BAG v. 22.07.2003 – 1 AZR 541/02, AP Nr. 42 zu § 113 BetrVG 1972; v. 18.11.2003 – 1 AZR 30/03, AP Nr. 162 zu § 112 BetrVG 1972.

306 Zur Anwendbarkeit des § 123 Abs. 1 InsO auf sonstige Betriebsänderungen siehe *Fitting*, §§ 112, 112a BetrVG Rn. 277.

307 MünchKommInsO-*Löwisch/Caspers*, § 124 InsO Rn. 1.

§ 124 InsO.[308] Diese Vorschrift erfasst jedoch nur Sozialpläne, die nicht früher als drei Monate vor dem Eröffnungsantrag zustande gekommen sind.[309] Für Sozialpläne, die früher als in den letzten drei Monaten vor dem Eröffnungsantrag aufgestellt worden sind, wird im Schrifttum eine Orientierung an § 123 InsO befürwortet, um eklatante Wertungswidersprüche zwischen insolventen und insolvenznahen Unternehmen zu vermeiden.[310] Dagegen spricht die Ausgestaltung der §§ 123, 124 InsO. Nach ihrem eindeutigen Wortlaut gilt die Grenze des § 123 InsO lediglich für Sozialpläne, die nach der Eröffnung des Insolvenzverfahrens (§ 123 InsO) bzw. vor der Eröffnung des Insolvenzverfahrens, aber nicht früher als drei Monate vor dem Eröffnungsantrag (§ 124 InsO) aufgestellt worden sind. Sozialpläne, die aus einem früheren Zeitraum stammen, unterliegen den allgemeinen Regeln der Insolvenzordnung.[311] Auch ist der Schutzzweck von § 123 InsO ein anderer als der von Sozialplänen. Sozialpläne sollen die widerstreitenden Interessen von Arbeitnehmern und Arbeitgeber im Falle einer Betriebsänderung ausgleichen. An die Stelle der Interessen des Unternehmens treten im Insolvenzfall diejenigen der Insolvenzgläubiger.[312] In ihrem Interesse wird der Gesamtumfang der Forderungen im Insolvenzsozialplan in doppelter Weise begrenzt. Gelten die Vorschriften der Insolvenzordnung also bereits nicht für Sozialpläne, die früher als in den letzten drei Monaten vor dem Eröffnungsantrag aufgestellt worden sind, können sie erst recht nicht zur Begrenzung von Tarifsozialplänen herangezogen werden, die aus einem früheren Zeitraum stammen. Dagegen erscheint eine analoge Anwendung der §§ 123, 124 InsO auf nach Eröffnung des Insolvenzverfahrens bzw. in den letzten drei Monaten vor der Insolvenzeröffnung abgeschlossene Tarifsozialpläne geboten.[313] Im Wege des Arbeitskampfes durchsetzbare Tarifsozialpläne sind eine neuere Entwicklung im Arbeitsrecht, die der Gesetzgeber der Insolvenzordnung nicht bedacht hat. Insofern liegt die für eine Analogie erforderliche planwidrige Regelungslücke vor. Auch an der vergleichbaren Interessenlage bestehen keine Zweifel. Der Ausgleich der Interessen der Arbeitnehmer des Insolvenzunternehmens mit denen der Insolvenzgläubiger ist sowohl im Falle eines betriebsverfassungsrechtlichen Sozialplans als auch eines Tarifsozialplans zu bewirken.

---

308 MünchKommInsO-*Löwisch/Caspers*, § 123 InsO Rn. 12.

309 MünchKommInsO-*Löwisch/Caspers*, § 123 InsO Rn. 3 f.

310 ErfK-*Kania*, §§ 112, 112a BetrVG Rn. 38; HWK-*Hohenstatt/Willemsen*, § 112 BetrVG Rn. 76.

311 MünchKommInsO-*Löwisch/Caspers*, § 124 InsO Rn. 25; Richardi/*Annuß*, § 112 BetrVG Rn. 114, 165; *Fitting*, §§ 112, 112a BetrVG Rn. 282.

312 Siehe BAG v. 13.12.1978 – GS 1/77, AP Nr. 6 zu § 112 BetrVG 1972; Richardi/*Annuß*, § 112 BetrVG Rn. 147; MünchKommInsO-*Löwisch/Caspers*, § 123 InsO Rn. 5.

313 Siehe MünchKommInsO-*Löwisch/Caspers*, § 123 InsO Rn. 17, § 124 InsO Rn. 22.

Eine entsprechende Anwendung der §§ 123, 124 InsO kommt daher lediglich für Tarifsozialpläne in Betracht, die nach Eröffnung des Insolvenzverfahrens bzw. in den letzten drei Monaten vor der Insolvenzeröffnung aufgestellt wurden. Für Tarifsozialpläne aus einem früheren Zeitraum gilt dies nicht.

(c) Entsprechende Anwendung von §§ 112ff. BetrVG

Schließlich könnte sich eine Grenze für den Forderungsumfang in Tarifsozialplänen aus den §§ 112ff. BetrVG ergeben.

§ 113 BetrVG räumt dem einzelnen Arbeitnehmer individuelle Ausgleichsansprüche ein. Weicht der Unternehmer ohne zwingenden Grund von einem vereinbarten Interessenausgleich über die geplante Betriebsänderung ab oder führt er eine Betriebsänderung ohne den Versuch eines Interessenausgleichs durch, steht dem von der betriebsverfassungswidrig durchgeführten Maßnahme betroffenen Arbeitnehmer ein Anspruch auf Nachteilsausgleich zu. Kommt es zu Entlassungen, besteht ein Abfindungsanspruch, dessen Höhe sich nach § 10 KSchG richtet. Erleiden die Arbeitnehmer andere wirtschaftliche Nachteile, hat der Unternehmer diese bis zu einem Zeitraum von zwölf Monaten auszugleichen. Ob sich die Höhe von Tarifsozialplanforderungen daran zu orientieren hat, ist fraglich. Für eine Anwendung des § 113 BetrVG i. V. m. § 10 KSchG spricht, dass für die Problematik der Forderungshöhe eine eindeutige Grenze geschaffen würde. Denn § 10 KSchG, auf den § 113 BetrVG verweist, setzt die Höhe der Abfindungen abhängig von Lebensalter und Dauer der Betriebszugehörigkeit mit bis zu zwölf bzw. achtzehn Monatsverdiensten fest. Vereinzelte Stimmen in der Literatur verwenden sich daher für eine Orientierung an § 113 BetrVG i. V. m. § 10 KSchG. So argumentiert *Henssler*[314], § 113 BetrVG i. V. m. § 10 KSchG sei anzuwenden, um ein Leerlaufen der Unternehmerautonomie zu verhindern. Diese Aussage überzeugt in ihrer Allgemeinheit nicht. Sie spricht lediglich dafür, dass eine Begrenzung von Tarifsozialplanforderungen unerlässlich ist, nicht aber explizit für § 113 BetrVG i. V. m. § 10 KSchG und kann ebenso für § 112 Abs. 5 Satz 1 BetrVG geltend gemacht werden. Denn die Einigungsstelle hat danach sowohl die sozialen Belange der Arbeitnehmer als auch die wirtschaftliche Vertretbarkeit für das Unternehmen zu achten. Dadurch, dass die Norm das Kriterium der wirtschaftlichen Vertretbarkeit als Korrektiv gegenüber den sozialen Belangen der Arbeitnehmer enthält, wird die Vereinbarkeit des Sozialplans mit der verfassungsrechtlich garantierten Unternehmerfreiheit gesichert.[315] § 112 Abs. 5

314 *Henssler*, FS-Richardi, S 553 (564).

315 BAG v. 06.05.2003 – 1 ABR 11/02, AP Nr. 161 zu § 112 BetrVG 1972; ähnlich Richardi/*Annuß*, § 112 BetrVG Rn. 166.

BetrVG verhindert damit ebenfalls ein Leerlaufen der Unternehmerautonomie. Nach *Löwisch*[316] beinhalten die §§ 111 ff. BetrVG, insbesondere § 113 Abs. 1 BetrVG, den über die Betriebsverfassung hinausgehenden Grundgedanken, dass die grundrechtlich geschützte Unternehmerfreiheit es gebiete, dem Unternehmer das Letztentscheidungsrecht über eine Betriebsänderung zu sichern. Dieser Grundgedanke gelte auch für Tarifsozialpläne. Denn wenn die Rechtsordnung die Entscheidungsfreiheit des Unternehmers schon bei einem nicht erzwingbaren Interessenausgleich schütze, müsse sie das erst recht gegenüber einem mit Mitteln des Arbeitskampfes erzwingbaren Tarifvertrag tun. Um die Beschränkung der Tarifautonomie und den Eingriff in die Unternehmerfreiheit in ein vernünftiges Verhältnis zu bringen, sei im Interesse der Rechtssicherheit eine eindeutige und handhabbare Grenzziehung erforderlich, die sich aus § 113 BetrVG i. V. m. § 10 KSchG ergebe. Eine Begrenzung von Tarifsozialplanforderungen gemäß § 113 BetrVG i. V. m. § 10 KSchG ist jedoch gewichtigen Bedenken ausgesetzt. § 10 KSchG setzt nur die Höhe von Abfindungen fest. Auf die Problematik der zulässigen Kosten von Qualifizierungsmaßnahmen und der Verlängerung von Kündigungsfristen lässt sich dies nicht übertragen. Insoweit hilft die sich aus § 113 BetrVG i. V. m. § 10 KSchG ergebende Grenze nicht weiter. Eine Orientierung an § 113 BetrVG i. V. m. § 10 KSchG in Bezug auf Tarifsozialpläne verbietet sich noch aus einem weiteren Grund. Zur Ermittlung eines zulässigen betriebsverfassungsrechtlichen Sozialplanvolumens kann nicht auf § 113 BetrVG zurückgegriffen werden.[317] Denn die Empfehlung des Bundesrates, bei der Schaffung des Betriebsverfassungsgesetzes die in § 113 BetrVG für den Nachteilsausgleich gezogene Grenze in einem von der Einigungsstelle beschlossenen Sozialplan gelten zu lassen[318], wurde nicht in das Betriebsverfassungsgesetz aufgenommen. Auch bei späteren Änderungen des Betriebsverfassungsgesetzes verzichtete der Gesetzgeber auf eine Übernahme der in § 113 BetrVG festgelegten Grenzen, obwohl für den Insolvenzfall Höchstgrenzen normiert wurden. Gilt die Schranke des § 113 BetrVG schon nicht für betriebsverfassungsrechtliche Sozialpläne, kann für Tarifsozialpläne nichts anderes gelten. Die entsprechende Anwendung des § 113 BetrVG i. V. m. § 10 KSchG auf Tarifsozialpläne ist daher ausgeschlossen.

Ein anderer Ansatz zur Begrenzung des Tarifsozialplanvolumens ist die entsprechende Anwendung des § 112 Abs. 5 BetrVG. Kommt eine Einigung über den Sozialplan zwischen Arbeitgeber und Betriebsrat nicht zustande, so entscheidet die Einigungsstelle über die Aufstellung eines Sozialplans, vgl. § 112 Abs. 4 Satz

316 *Löwisch*, DB 2005, 554 (558).

317 BAG v. 27.10.1987 – 1 ABR 9/86, AP Nr. 41 zu § 112 BetrVG 1972; v. 06.05.2003 – 1 ABR 11/02, AP Nr. 161 zu § 112 BetrVG 1972; Richardi/*Annuß*, § 112 BetrVG Rn. 165; *Fitting*, §§ 112, 112a BetrVG Rn. 282.

318 BT-Drucks. VI/1786, S. 66.

1 BetrVG. Die Einigungsstelle hat nach § 112 Abs. 5 Satz 1 BetrVG sowohl die sozialen Belange der Arbeitnehmer als auch die wirtschaftliche Vertretbarkeit ihrer Entscheidung für das Unternehmen zu beachten. Dabei muss sie sich im Rahmen billigen Ermessens insbesondere von den in § 112 Abs. 5 Satz 2 Nr. 1 bis 3 BetrVG genannten Grundsätzen leiten lassen. Die Kriterien der sozialen Belange der Arbeitnehmer und der wirtschaftlichen Vertretbarkeit für das Unternehmen stellen die beiden Pole dar, zwischen denen sich die Einigungsstelle orientieren muss. Die zulässige Forderungshöhe eines Sozialplans lässt sich nicht für alle Unternehmen einheitlich festlegen, sondern ist das Ergebnis einer Einzelfallabwägung, bei der die Interessen der Arbeitnehmer und die finanzielle Situation des Unternehmens zu berücksichtigen sind. Dazu ist zunächst der Sozialplanbedarf zu ermitteln und im Anschluss daran zu überprüfen, ob das dafür benötigte finanzielle Volumen für das Unternehmen wirtschaftlich vertretbar ist.[319] Für die Ermittlung des Sozialplanbedarfs ist der Anteil der betroffenen Arbeitnehmer an der Gesamtbelegschaft maßgeblich. Je mehr Arbeitnehmer betroffen sind, desto höhere finanzielle Belastungen sind für das Unternehmen tragbar. Gleiches gilt für den Grad der Betroffenheit. Je härter die unternehmerische Entscheidung die Arbeitnehmer trifft, desto größere finanzielle Belastungen sind dem Unternehmen zuzumuten.[320] Die wirtschaftliche Vertretbarkeit entzieht sich einer schematischen Betrachtung. Sie ergibt sich aus sozialplanmindernden und sozialplanerhöhenden Faktoren, die – gegebenenfalls durch einen Sachverständigen – einer Gesamtbewertung zu unterziehen und betriebswirtschaftlich zu saldieren sind.[321] Als neutrale Faktoren, die die wirtschaftliche Vertretbarkeit gänzlich unberührt lassen, sind der Umsatz des Unternehmens und die Belegschaftsstruktur zu nennen.[322] Zu den mindernden Faktoren zählen der tatsächliche Verlust des Unternehmens, geplante Investitionsvorhaben, soweit sie notwendig für die Substanzerhaltung oder Betriebsfortführung sind, Kreditschwierigkeiten, steuerliche Verpflichtungen sowie konkrete Zahlungsverpflichtungen.[323] Unter sozial-

319 H/S/W/G/N-*Hess*, § 112 BetrVG Rn. 266; GK-*Fabricius/Oetker*, §§ 112, 112a BetrVG Rn. 314; *Oetker*, Anmerkung zu BAG v. 06.05.2003 – 1 ABR 11/02, AP Nr. 161 zu § 112 BetrVG 1972.

320 BAG v. 06.05.2003 – 1 ABR 11/02, AP Nr. 161 zu § 112 BetrVG 1972; *Fischinger*, Arbeitskämpfe, S. 174.

321 Dieser Ansatz wurde von *v. Hoyningen-Huene*, RdA 1986, 102 (107 ff.) entwickelt; vgl. auch BAG v. 14.09.1994 – 10 ABR 7/94, AP Nr. 87 zu § 112 BetrVG 1972; H/S/W/G/N-*Hess*, § 112 BetrVG Rn. 266a; GK-*Fabricius/Oetker*, §§ 112, 112a BetrVG Rn. 310; Richardi/*Richardi*, § 112 BetrVG Rn. 143; *Gaul*, DB 2004, 1498 (1500); *Fischinger*, Arbeitskämpfe, S. 176 ff.; a. A. *Drukarczyk*, RdA 1986, 115 (117 ff.); *Targan*, AuA 1993, 42 (43 f.).

322 *v. Hoyningen-Huene*, RdA 1986, 102 (107 f.).

323 Vgl. z. B. H/S/W/G/N-*Hess*, § 112 BetrVG Rn. 266a; *v. Hoyningen-Huene*, RdA 1986, 102 (108).

planerhöhenden Faktoren sind Gewinne des Unternehmens, Rückstellungen, soweit sie für nützliche Ausgaben vorgesehen sind, Dividenden- und Gewinnausschüttungen an Gesellschafter und Aktionäre, günstige Kreditkonditionen sowie Bargeldbestände und frei verfügbare Guthaben zu verstehen.[324] Die genannten Kriterien sind nicht abschließend; im Einzelfall können weitere Faktoren einbezogen werden. Konkretisiert wird das Merkmal der wirtschaftlichen Vertretbarkeit mit der Ermessensrichtlinie des § 112 Abs. 5 Satz 2 Nr. 3 BetrVG, nach der der Fortbestand des Unternehmens und die verbleibenden Arbeitsplätze durch den Gesamtbetrag des Sozialplans nicht gefährdet werden dürfen. Um das zulässige Gesamtvolumen eines Tarifsozialplans festzustellen, erscheint eine Orientierung an § 112 Abs. 5 BetrVG naheliegend. Denn ein Tarifsozialplan dient wie ein Sozialplan nach dem Betriebsverfassungsgesetz dem Ausgleich oder der Milderung der wirtschaftlichen Nachteile, die den Arbeitnehmern infolge der geplanten Betriebsänderung entstehen. Auch mit dem vom Bundesverfassungsgericht aufgestellten Grundsatz, dass Tarifautonomie und unternehmerische Betätigungsfreiheit in ein angemessenes Verhältnis zu bringen und so auszuüben sind, dass die jeweils andere Freiheit nicht leer läuft[325], steht eine entsprechende Anwendung des § 112 Abs. 5 BetrVG in Einklang. Schließlich könnte eine verantwortungsvolle Ausübung der Tarifautonomie die Orientierung an § 112 Abs. 5 BetrVG gebieten.[326] Durch die grundrechtlich geschützte Tarifautonomie wird den Tarifvertragsparteien ein Freiraum zur eigenverantwortlichen Ordnung ihrer Interessengegensätze gewährleistet.[327] Obwohl in diesem Zusammenhang fraglich ist, ob sich aus der verfassungsrechtlichen Garantie zur autonomen Regelung der Arbeits- und Wirtschaftsbedingungen die Pflicht ergibt, von der übertragenen Normsetzungsbefugnis Gebrauch zu machen[328], sind die Tarifvertragsparteien zumindest in einem gewissen Maße füreinander verantwortlich.[329] Eine Anwendung des § 112 Abs. 5 BetrVG auf Tarifsozialplanforderungen ist dennoch abzulehnen. Die Vorschrift normiert lediglich Grundsätze, von denen sich die Einigungsstelle bei ihrem Spruch leiten lassen soll.[330] Klare Grenzen gibt es nicht. So

324 Siehe auch hierzu H/S/W/G/N-*Hess*, § 112 BetrVG Rn. 266a; *v.Hoyningen-Huene*, RdA 1986, 102 (109 f.).

325 Vgl. BVerfG v. 16.05.1961 – 2 BvF 1/60, BVerfGE 12, 347; v. 14.10.1970 – 1 BvR 306/68, BVerfGE 29, 267; *Wiedemann*, RdA 1986, 231 (235).

326 So auch *Buchner*, DB 2001, Beilage Nr. 9, 1 (11).

327 BVerfG v. 02.03.1993 – 1 BvR 1213/85, BVerfGE 88, 103; Sachs/*Höfling*, Art. 9 GG Rn. 83 f.

328 Zu diesem Streit siehe HWK-*Hergenröder*, Art. 9 GG Rn. 112; *Gamillscheg*, Kollektives Arbeitsrecht I, S. 293 f.

329 *Gamillscheg*, Kollektives Arbeitsrecht I, S. 265 f.; siehe bereits *Krüger*, DJT I/1, S. 9 (92).

330 Richardi/*Annuß*, § 112 BetrVG Rn. 165; *Fitting*, §§ 112, 112a BetrVG Rn. 242; Wlotzke/Preis-*Preis/Bender*, §§ 112, 112a BetrVG Rn. 58.

sind beispielsweise nach sporadischen Entscheidungen des Bundesarbeitsgerichts Sozialplanforderungen in Höhe des Einspareffekts von ein bis zwei Jahren akzeptabel.[331] Einschneidende Belastungen des Unternehmens bis an den Rand der Bestandsgefährdung sollen ebenfalls zulässig sein.[332] Diese Rechtsprechung ist kritisch zu betrachten, hat doch die Einigungsstelle gemäß § 112 Abs. 5 Satz 2 Nr. 3 BetrVG darauf zu achten, dass der Fortbestand des Unternehmens oder die verbleibenden Arbeitsplätze durch den Gesamtbetrag der Sozialplanleistungen nicht gefährdet werden. Danach müsste eine Grenze nicht erst dann gezogen werden, wenn die Existenz des Unternehmens oder der Arbeitsplätze bereits akut gefährdet wird, sondern früher.[333] Vor allem aber sind Tarifvertrag und Sozialplan grundsätzlich unabhängig voneinander und unterliegen jeweils eigenen Regeln. Daher wirken gesetzliche Gestaltungsschranken, an die sich die Betriebsparteien halten müssen, nicht ohne weiteres gegenüber den Tarifvertragsparteien.[334] Wird auf die üblichen Sozialplanleistungen nach § 112 Abs. 5 BetrVG zurückgegriffen, besteht die Gefahr, dass bloße Gepflogenheiten der Einigungsstellen zu Schranken der Grundrechtsausübung würden.[335] Eine Orientierung an § 112 Abs. 5 BetrVG kommt damit nicht in Betracht.

(d) Zwischenergebnis

Die Anwendung bestehender gesetzlicher Vorschriften scheidet grundsätzlich aus. Nur für Tarifsozialpläne, die nach Eröffnung des Insolvenzverfahrens bzw. in den letzten drei Monaten vor der Insolvenzeröffnung abgeschlossen wurden, gelten die §§ 123, 124 InsO entsprechend.

(3) Allgemeine Schranken

Da sich etwaige gesetzliche Schranken regelmäßig nicht auf Tarifsozialpläne übertragen lassen, sind andere Ansätze zur Begrenzung des Tarifsozialplanvolumens zu diskutieren.

---

331 BAG v. 27.10.1987 – 1 ABR 9/86, AP Nr. 41 zu § 112 BetrVG 1972; dagegen *Hohenstatt/Stamer*, DB 2004, 2410 (2413).

332 BAG v. 17.10.1989 – 1 ABR 80/88, AP Nr. 29 zu § 111 BetrVG 1972; v. 06.05.2003 – 1 ABR 11/02, AP Nr. 161 zu § 112 BetrVG 1972.

333 So auch Wlotzke/Preis-*Preis/Bender*, §§ 112, 112a BetrVG Rn. 77; *Drukarczyk*, RdA 1986, 115 (119).

334 BAG v. 06.12.2006 – 4 AZR 798/05, AP Nr. 1 zu § 1 TVG Sozialplan; *Kock*, ZIP 2007, 1775 (1776); a. A. *Hanau/Adomeit*, Arbeitsrecht, Rn. 224; *Bauer/Krieger*, NZA 2004, 1019 (1024).

335 So *Krause*, Standortsicherung, S. 115.

(a) Verbot der Existenzvernichtung des Gegners

So könnte ein arbeitskampfrechtlicher Grundsatz das Tarifsozialplanvolumen begrenzen. In Betracht kommt das Verbot des existenzvernichtenden Arbeitskampfes. Es ist allgemein anerkannt, dass ein Arbeitskampf, der die Vernichtung des Gegners zum Ziel hat, nicht nur gegen das Verhältnismäßigkeitsprinzip verstößt, sondern auch als sittenwidrig einzustufen ist.[336] Denn ein Arbeitskampf ist lediglich transitorischer Natur. Nach Beendigung des Arbeitskampfes sollen sich die Arbeitsverhältnisse in dem fortbestehenden Betrieb nach Wiederherstellung des Arbeitsfriedens in dem vorher geltenden Bestand fortsetzen.[337]

Das Bundesarbeitsgericht, das eine gerichtliche Überprüfung von tariflichen Forderungen und Angeboten ablehnt, zieht diesen Grundsatz heran. Tarifsozialplanforderungen sind danach erst dann unzulässig, wenn sie auf die Existenzvernichtung des Gegners gerichtet sind.[338] Bei Zugrundelegung des Verbots des existenzvernichtenden Arbeitskampfes kommt es nur in Extremfällen zur Unwirksamkeit von Tarifsozialplänen aufgrund ihres Volumens, denn die zuständige Gewerkschaft wird in der Regel nicht die Vernichtung des Arbeitgebers beabsichtigen. Nur dann, wenn eine Gewerkschaft beharrlich an ihren Forderungen festhält und jegliche Verhandlungen ablehnt und das Unternehmen im Falle der Erfüllung der Forderungen insolvent würde, kann von einer gezielten Existenzvernichtung ausgegangen werden.[339] Denn in diesem Fall will die Gewerkschaft unter dem Deckmantel von Forderungen, die das Unternehmen nicht verkraften kann, die Existenzvernichtung des Arbeitgebers herbeiführen.[340]

Ob unterhalb der angeführten Zielsetzung der Vernichtung des Gegners die Unzulässigkeit von Tarifsozialplanforderungen aufgrund ihres Umfangs bejaht werden kann, ist fraglich. Ist die Existenzvernichtung des Gegners verboten, scheint es nahe liegend, auch die Existenzgefährdung als Grenze heranzuziehen. Forderungen, die den Arbeitgeber aufgrund ihrer Höhe in seiner Existenz gefährden, könnten daher ebenfalls unzulässig sein. Jedoch führt die Gefährdung eines Betriebs durch einen Arbeitskampf aufgrund der Unsicherheit der Prognosen und der systemimmanenten Zumutbarkeit von Schäden als notwendigem

336 BAG v. 21.04.1971 – GS 1/68, AP Nr. 43 zu Art. 9 GG Arbeitskampf; *Otto*, Arbeitskampf- und Schlichtungsrecht, § 8 Rn. 41; *Kissel*, Arbeitskampfrecht, § 29 Rn. 22; *Seiter*, Streikrecht, S. 532 ff.; Däubler/*Schumann*, Arbeitskampfrecht, Rn. 204b; Brox/Rüthers-*Rüthers*, Arbeitskampfrecht, Rn. 165.

337 BAG v. 21.04.1971 – GS 1/68, AP Nr. 43 zu Art. 9 GG Arbeitskampf; *Kissel*, Arbeitskampfrecht, § 29 Rn. 22.

338 BAG v. 24.04.2007 – 1 AZR 252/06, DB 2007, 1924.

339 Vgl. *Krause*, Standortsicherung, S. 116; *Rolfs/Clemens*, NZA 2004, 410 (415).

340 Siehe *Seiter*, Arbeitskampfsparität und Übermaßverbot, S. 100.

Arbeitskampfmittel regelmäßig nicht zu einem Verstoß gegen das Verhältnismäßigkeitsprinzip.[341] Unterhalb der Schwelle der Existenzvernichtung des Gegners helfen arbeitskampfrechtliche Grundsätze folglich nicht weiter.

Aus dem Arbeitskampfrecht lassen sich demnach keine allgemein geltenden Kriterien dafür entnehmen, wann die Höhe von Tarifforderungen ihre Unzulässigkeit nach sich zieht. Lediglich in dem Fall, dass die zuständige Gewerkschaft kategorisch an ihren Forderungen festhält und weitere Verhandlungen bezüglich ihres Umfangs verweigert und die Erfüllung dieser Forderungen zur Insolvenz des Unternehmens führt, ist die Grenze der Unzulässigkeit erreicht.

(b) Sittenwidrigkeit, § 138 BGB

Möglicherweise hilft § 138 BGB bei der Frage, wann die zulässige Höchstgrenze von Tarifsozialplanforderungen erreicht ist, weiter. Allerdings ist bereits strittig, ob § 138 BGB auf Tarifverträge anwendbar ist. Das Bundesarbeitsgericht steht dem ablehnend gegenüber.[342] Nach § 138 BGB verstießen nur Rechtsgeschäfte gegen die guten Sitten. Aufgrund des Wortlauts und der systematischen Stellung der Norm würden normative Regelungen wie Gesetze und der normative Teil von Tarifverträgen nicht von § 138 BGB erfasst. Nach Ansicht eines Großteils der Literatur gilt § 138 BGB ebenso für Tarifverträge.[343] Dies ist zutreffend. Anders als für Gesetze steht für Tarifverträge kein Normenkontrollverfahren zur Verfügung. Die Aufnahme einer Regelung in einen Tarifvertrag, die sich nicht im Einklang mit der Rechtsordnung befindet, kann nicht dazu führen, dass sie rechtliche Geltung erlangt.[344] Somit kann eine sittenwidrige Regelung nicht nur als vertragliche Vereinbarung keinen Bestand haben, sondern muss auch als Normensetzung durch Private unverbindlich bleiben.[345] § 138 BGB findet demnach auf Tarifverträge bzw. tarifliche Forderungen Anwendung.[346]

341 *Kissel*, Arbeitskampfrecht, § 29 Rn. 27 m. w. N; *Gamillscheg*, Kollektives Arbeitsrecht I, S. 1165.

342 BAG v. 25.03.1981 – 4 AZR 1012/78, AP Nr. 42 zu §§ 22, 23 BAT 1975; siehe auch BAG v. 24.03.2004 – 5 AZR 303/03, AP Nr. 59 zu § 138 BGB.

343 Wiedemann/*Thüsing*, § 1 TVG Rn. 245; Däubler/*Schiek*, TVG Grundlagen Rn. 321; MünchKommBGB-*Armbrüster*, § 138 BGB Rn. 9; jurisPK-BGB/*Nassall*, § 138 BGB Rn. 251; *Mayer-Maly*, Anmerkung zu BAG v. 25.03.1981 – 4 AZR 1012/78, AP Nr. 42 zu §§ 22, 23 BAT 1975; a. A. Palandt/*Ellenberger*, § 138 BGB Rn. 11.

344 *Mayer-Maly*, Anmerkung zu BAG v. 25.03.1981 – 4 AZR 1012/78, AP Nr. 42 zu §§ 22, 23 BAT 1975.

345 Wiedemann/*Thüsing*, § 1 TVG Rn. 245.

346 In der Entscheidung des BAG v. 24.03.2004 – 5 AZR 303/03, AP Nr. 59 zu § 138 BGB wird die Frage offengelassen. Nach dem BAG kommen in § 138 BGB aber elementare Gerechtigkeitsanforderungen zum Ausdruck, die der gesamten Rechtordnung zugrunde liegen, so dass geprüft wird, ob das tarifliche Arbeitsentgelt dem Anstandsgefühl aller billig und gerecht Denkenden widerspricht.

§ 138 BGB setzt der autonomen Rechtsgestaltung dort eine Grenze, wo sie in Widerspruch zu den Grundprinzipien der Rechts- und Sittenordnung tritt.[347] Der Begriff der Sittenwidrigkeit ist unbestimmt und konkretisierungsbedürftig. Die Formel der Rechtsprechung, nach der ein Sittenverstoß vorliegt, wenn das Rechtsgeschäft gegen das Anstandsgefühl aller billig und gerecht Denkenden verstößt[348], ist wenig ergiebig. In Rechtsprechung und Literatur haben sich im Laufe der Zeit Sittenwidrigkeitskriterien herausgebildet.[349] Für die Problematik exorbitanter Tarifsozialplanforderungen könnte der Aspekt der Absicherung anerkannter Ordnungen oder der der Abwehr von Freiheitsbeschränkungen, insbesondere die Wahrung der wirtschaftlichen Entscheidungsfreiheit, relevant sein. Zu den anerkannten Ordnungen, die § 138 BGB absichert, gehört u. a. die privatrechtliche Umsetzung der Grundrechte. Da mit der freien Entfaltung der Persönlichkeit in Art. 2 Abs. 1 GG auch die Privatautonomie grundgesetzliche Anerkennung gefunden hat, ist die Grenze der Sittenwidrigkeit in einer abwägenden Wertung der betroffenen Freiheiten zu bestimmen.[350] Eine Abwägung von Tarifautonomie und Unternehmerfreiheit führt jedoch lediglich zu dem Ergebnis, dass Letztere dann unzulässig beeinträchtigt wird, wenn die Ausübung der Tarifautonomie, d. h. die Forderung von extrem kostenintensiven Tarifsozialplänen, zur Folge hat, dass dem Unternehmer kein angemessener Spielraum zur Entfaltung der Unternehmerinitiative verbleibt. Dies hat bereits das Bundesverfassungsgericht klar gestellt.[351] Auch unter dem Gesichtspunkt der Abwehr von Freiheitsbeschränkungen kommt eine Sittenwidrigkeit von Tarifsozialplanforderungen in Betracht. In welcher Höhe die Forderungen zulässig sind bzw. anhand welcher abstrakten Kriterien sich dies feststellen lässt, vermag das Sittenwidrigkeitskriterium aber nicht zu klären. Es ist anerkannt, dass ein Rechtsgeschäft gegen die guten Sitten verstößt, wenn es eine so weitgehende Beschränkung der wirtschaftlichen Freiheit bewirkt, dass der Betroffene seine geschäftliche Selbständigkeit verliert, d. h. seine wirtschaftliche Handlungsfreiheit nahezu völlig einbüßt.[352] Übertragen auf die Frage nach dem zulässigen Volumen eines Tarifsozialplans wird allerdings nur erneut deutlich, dass die Forderungen nicht in beliebiger Höhe gestellt werden

347 Erman/*Palm*, § 138 BGB Rn. 1; Palandt/*Ellenberger*, § 138 BGB Rn. 1.

348 Siehe z. B. BGH v. 09.07.1953 – IV ZR 242/52, BGHZ 10, 228; v. 29.09.1977 – III ZR 164/75, NJW 1977, 2356; v. 28.11.1990 – XII ZR 16/90, NJW 1991, 913.

349 Vgl. MünchKommBGB-*Armbrüster*, § 138 BGB Rn. 33 ff.

350 Erman/*Palm*, § 138 BGB Rn. 120; MünchKommBGB-*Armbrüster*, § 138 BGB Rn. 20.

351 BVerfG v. 16.05.1961 – 2 BvF 1/60, BVerfGE 12, 341; v. 14.10.1970 – 1 BvR 306/68, BVerfGE 29, 260.

352 Zu diesen sog. „Knebelungsgeschäften“ siehe z. B. BGH v. 09.11.1955 – IV ZR 196/54, BGHZ 19, 12; v. 09.12.1969 – VI ZR 50/68, NJW 1970, 657; v. 07.01.1993 – IX ZR 199/91, NJW 1993, 1587; MünchKommBGB-*Armbrüster*, § 138 BGB Rn. 71 ff.; Erman/*Palm*, § 138 BGB Rn. 128.

können, sondern dem Unternehmer ein bestimmter Raum für seine unternehmerischen Entscheidungen zusteht.

(4) Eigener Ansatz

Die Heranziehung anerkannter Schranken wie das Verbot des existenzvernichtenden Arbeitskampfes und die Sittenwidrigkeit hilft bei der Ermittlung des zulässigen Forderungsvolumens von Tarifsozialplänen nicht weiter. Sie verdeutlicht lediglich, dass eine Begrenzung der Tarifsozialplanforderungen erforderlich ist. Kriterien, mit denen sich diese Grenze festlegen lässt, enthalten die Schranken nicht.

Alle Überlegungen münden in den Grundsatz, dass Tarifautonomie und Unternehmensautonomie jeweils so auszuüben sind, dass keine von beiden leer läuft, dem Unternehmer also ein angemessener Spielraum zur Entfaltung der Unternehmerinitiative verbleibt.[353] Ob dem Unternehmer ein angemessener Spielraum verbleibt, hat das Bundesverfassungsgericht für die jeweilige Fallkonstellation entschieden. So ist die Unternehmerfreiheit nach der Rechtsprechung des Gerichts noch nicht unangemessen tangiert, wenn der Unternehmer lediglich zeitweilig in seiner Dispositionsfreiheit beschränkt wird oder zusätzliche Kosten entstehen.[354] Überträgt man dies auf Tarifsozialpläne, sind Forderungen, die die unternehmerische Entscheidungsfreiheit nur zeitweilig beeinträchtigen oder die höher ausfallen als vergleichbare betriebsverfassungsrechtliche Sozialpläne, zulässig. Eine Quantifizierung des angemessenen unternehmerischen Handlungsspielraums hat das Bundesverfassungsgericht nicht vorgenommen. Die zahlenmäßige Präzisierung des angemessenen unternehmerischen Handlungsspielraums dürfte auch kaum möglich sein.[355] Bei dem Begriff handelt es sich um einen unbestimmten Rechtsbegriff, welcher durch die Rechtsprechung eingeführt wurde. Obwohl sich die zahlenmäßige Konkretisierung ausfüllungsbedürftiger Rechtsbegriffe in der Rechtspraxis großer Beliebtheit erfreut[356], ist Vorsicht geboten. Denn durch die Aufteilung der Fälle nach ziffernmäßig festgelegten Kriterien schneiden sich die Gerichte die Möglich-

353 BVerfG v. 20.07.1954 – 1 BvR 459/52, BVerfGE 4, 7; v. 16.05.1961 – 2 BvF 1/60, BVerfGE 12, 341; v. 14.10.1970 – 1 BvR 306/68, BVerfGE 29, 260.

354 BVerfG v. 20.07.1954 – 1 BvR 459/52, BVerfGE 4, 7; v. 16.05.1961 – 2 BvF 1/60, BVerfGE 12, 341.

355 Zum Problem der zahlenmäßigen Konkretisierung unbestimmter Rechtsbegriffe: *Fleischer*, FS-Canaris, S. 71 ff.; *Röthel*, Normkonkretisierung, S. 1 ff.; *Haueisen*, NJW 1973, 641.

356 *Fleischer*, FS-Canaris, S. 71; *Röthel*, Normkonkretisierung, S. 240. – Siehe nur die genannte Entscheidung des BGH zum Begriff der Zahlungsunfähigkeit, BGH v. 24.05.2005 – IX ZR 123/04, BGHZ 163, 134.

keit ab, besonders gelagerten Umständen des Einzelfalles Rechnung zu tragen. Mit Generalklauseln macht der Gesetzgeber deutlich, dass er der Einzelfallgerechtigkeit den Vorrang vor der generalisierenden Tendenz der Gerechtigkeit und der Rechtssicherheit gibt.[357] Die Ersetzung eines gleitenden Maßstabs durch ziffernmäßig festgelegte Tatbestände sollte daher auf solche Fälle beschränkt bleiben, in denen die Vernachlässigung der individuellen Momente wegen ihrer Massenhaftigkeit und Gleichförmigkeit und mit Rücksicht auf das überragende Interesse an Rechtssicherheit geboten erscheint und das Gericht ohne umfangreiche empirische Untersuchungen die Auswirkungen voll überblickt.[358] Da bei der Ermittlung des verfassungsrechtlich geschützten angemessenen unternehmerischen Entscheidungsspielraums faktenintensive und einzelfallgeprägte Lebenssachverhalte zu berücksichtigen sind, ist eine zahlenmäßige Quantifizierung abzulehnen.[359]

Entscheidend für die zulässige Forderungshöhe ist die wirtschaftliche Lage des Unternehmens. Nur so kann ein angemessener Spielraum zur Entfaltung der Unternehmerinitiative gewährleistet werden. Dieser ist jedenfalls dann nicht mehr gegeben, wenn die tariflichen Forderungen ein solches Ausmaß annehmen, dass das Unternehmen durch ihre Umsetzung in die Insolvenz fällt. Denn sowohl im Falle der Insolvenz als auch bei einer Beeinträchtigung der Unternehmerfreiheit sind Schuldner und Unternehmer in ihrer Dispositionsbefugnis beschränkt. Mit der Eröffnung des Insolvenzverfahrens durch Beschluss des Insolvenzgerichtes verliert der Schuldner das Recht, über sein Vermögen zu verfügen. Die Verfügungsbefugnis geht auf den Insolvenzverwalter über (vgl. § 80 InsO). Bei extrem hohen Tarifsozialplanforderungen wird der Unternehmer daran gehindert, sich als verantwortlicher Unternehmer wirtschaftlich frei zu entfalten. Aus diesem Grund sind insolvenzrechtliche Grundsätze in die Überlegungen einzubeziehen. Allgemeiner Eröffnungsgrund, also für jedes Insolvenzverfahren und für jeden Antrag, ist die Zahlungsunfähigkeit des Schuldners, § 17 Abs. 1 InsO.[360] Zahlungsunfähigkeit liegt gemäß § 17 Abs. 2 InsO vor, wenn der Schuldner nicht in der Lage ist, die fälligen Zahlungspflichten zu erfüllen. Sie ist in der Regel anzunehmen, wenn der Schuldner seine Zahlungen eingestellt hat. Dem Schuldner muss es generell unmöglich sein, entsprechende Zahlungsmittel für den Ausgleich fälliger Zahlungen bereitzustellen, sei es, dass er sie selbst aus dem betrieblichen Umsatzprozess erwirtschaftet,

---

357 *Larenz*, FS-Henkel, S. 31, 37.

358 *Larenz*, FS-Henkel, S. 31, 37; für eine großzügigere Zulässigkeit gegriffener Größen *Wank*, Begriffsbildung, S. 100 ff.; *Röthel*, Normkonkretisierung, S. 240 ff.

359 Vgl. *Fleischer*, FS-Canaris, S. 71 (89).

360 Spezielle Eröffnungsgründe sind die drohende Zahlungsunfähigkeit (§ 18 InsO) und die Überschuldung (§ 19 InsO).

oder auf anderem Wege, z. B. durch Kreditaufnahme, beschafft.[361] Nach einem Grundsatzurteil des Bundesgerichtshofs ist regelmäßig von Zahlungsunfähigkeit auszugehen, wenn eine innerhalb von drei Wochen nicht zu beseitigende Liquiditätslücke des Schuldners 10 % oder mehr seiner fälligen Gesamtverbindlichkeiten beträgt, sofern nicht ausnahmsweise mit an Sicherheit grenzender Wahrscheinlichkeit zu erwarten ist, dass die Liquiditätslücke demnächst vollständig oder fast vollständig beseitigt wird und den Gläubigern ein Zuwarten nach den besonderen Umständen des Einzelfalles zuzumuten ist.[362] Wird diese Situation durch die Erfüllung tariflicher Sozialplanforderungen herbeigeführt, steht dem Unternehmer nicht der geforderte angemessene Handlungsspielraum zur Verfügung.

Aber auch über die Grenze der Zahlungsunfähigkeit hinaus muss der Unternehmer noch in einem angemessenen Rahmen agieren können. Dies ist eine Frage des Einzelfalls. Tarifsozialplanforderungen sind so zu begrenzen, dass die Liquidität, Rentabilität und Wettbewerbsfähigkeit des Unternehmens erhalten bleiben. Desgleichen muss die Vornahme notwendiger Investitionen möglich sein. Andererseits muss der Unternehmer hinnehmen, dass Einsparungen, die mit der geplanten unternehmerischen Maßnahme erzielt werden, bis zu einem gewissen Grad durch die Umsetzung der Forderungen aufgezehrt werden.[363] Die vom Bundesgerichtshof aufgestellte Grenze zur Zahlungsunfähigkeit bietet den Gewerkschaften einen Anhaltspunkt, an dem sie sich bei der Aufstellung der Tarifsozialplanforderungen orientieren können. Bei Erfüllung der tariflichen Forderungen muss dem Unternehmen noch so viel Kapital zur Verfügung stehen, dass die Durchführung notwendiger und sinnvoller unternehmerischer Entscheidungen möglich ist, ohne dass dadurch eine nicht zu beseitigende Liquiditätslücke von 10 % oder mehr entsteht.

Etwaige Rechtsunsicherheiten zu Lasten der Gewerkschaften – diese verfügen unter Umständen nicht über die erforderlichen Kenntnisse hinsichtlich der finanziellen Lage der Unternehmen, um zu wissen, welche Forderungen (noch) tragbar sind – sind hinzunehmen.[364] Ob die Gewerkschaften tatsächlich nicht über die wirtschaftlichen Verhältnisse des Unternehmens ausreichend informiert sind, ist bereits fraglich, da gemäß § 46 Abs. 1 BetrVG Beauftragte der im Betrieb vertretenen Gewerkschaft an Betriebs- oder Abteilungsversammlungen beratend teilnehmen können und in mitbestimmten Unternehmen Vertreter der Gewerkschaft dem Aufsichtsrat angehören, vgl. § 7 Abs. 2 MitbestG. Darüber hinaus ob-

---

361 MünchKommInsO-*Eilenberger*, § 17 InsO Rn. 8.

362 BGH v. 24.05.2005 – IX ZR 123/04, BGHZ 163, 134.

363 Vgl. zu Sozialplänen BAG v. 27.10.1987 – 1 ABR 9/86, AP Nr. 41 zu § 112 BetrVG 1972; v. 06.05.2003 – 1 ABR 11/02, AP Nr. 161 zu § 112 BetrVG 1972.

364 A. A. *Nicolai*, SAE 2004, 240 (244).

liegt dem Unternehmer die Darlegungs- und Beweislast für seine wirtschaftliche Erdrosselung, die die verantwortungsvolle Ausübung der Unternehmerfreiheit verhindert. Eine pauschale Behauptung reicht dabei nicht aus. Der Unternehmer muss substanziiert darlegen, welche Kosten auf ihn bei der Erfüllung der Tarifsozialplanforderungen aufgrund der Anzahl der betroffenen Arbeitnehmer, ihrer Beschäftigungszeiten etc. zukommen, wie es um die wirtschaftliche Situation des Unternehmens bestellt ist und welche Auswirkungen sich für die Gesamtsituation des Unternehmens ergeben.[365] Da der Unternehmer also spätestens vor Gericht die wirtschaftliche Lage des Unternehmens offen legen muss, wird er die zuständige Gewerkschaft regelmäßig bereits während der Tarifverhandlungen darüber informieren, um in seinem Interesse exorbitante Forderungen im Vorfeld abzuwenden. Schließlich liegt es im Risiko- bzw. Verantwortungsbereich der Gewerkschaften, dass sie Forderungen aufstellen, die rechtmäßig sind. Bei Zweifeln über die Rechtmäßigkeit der angestrebten tariflichen Regelung darf von dem äußersten Mittel des Streiks nur in maßvollem Rahmen und nur dann Gebrauch gemacht werden, wenn für die Zulässigkeit der tariflichen Regelung sehr beachtliche Gründe sprechen und eine endgültige Klärung der Rechtslage anders nicht zu erreichen ist.[366]

cc) Zwischenergebnis

Damit in den Entscheidungsspielraum des Unternehmers nicht unangemessen eingegriffen wird, ist für die Höhe von Tarifsozialplanforderungen die wirtschaftliche Lage des Unternehmens maßgebend. Die drohende Insolvenz eines Unternehmens ist die äußerste Grenze, die die Gewerkschaften bei der Aufstellung von Tarifsozialplanforderungen beachten müssen. Handelt es sich um ein finanziell gutsituiertes Unternehmen, sind grundsätzlich höhere Forderungen zulässig als bei einem angeschlagenen, unrentablen Unternehmen. Doch auch bei einem produktiven, profitablen Unternehmen müssen unternehmerische Dispositionen in dem notwendigen Umfang möglich sein. Eine Orientierungshilfe bietet die Rechtsprechung des Bundesgerichtshofs zur Zahlungsunfähigkeit im Sinne des § 17 InsO, nach der von Zahlungsunfähigkeit auszugehen ist, wenn eine innerhalb einer bestimmten Frist nicht zu beseitigende Liquiditätslücke des Schuldners 10 % oder mehr seiner fälligen Gesamtverbindlichkeiten beträgt.

---

365 Für eine umfassende Darlegungs- und Beweislast LAG Schleswig-Holstein v. 27.03.2003 – 5 Sa 137/03, AP Nr. 165 zu Art. 9 GG Arbeitskampf.

366 Vgl. BAG v. 31.10.1958 – 1 AZR 632/57, AP Nr. 2 zu § 1 TVG Friedenspflicht; v. 21.03.1978 – 1 AZR 11/76, AP Nr. 62 zu Art. 9 GG Arbeitskampf; v. 10.12.2002 – 1 AZR 96/02, AP Nr. 162 zu Art. 9 GG Arbeitskampf.

III. Ergebnis

Dreiseitige Vereinbarungen können unter Beachtung der formalen und inhaltlichen Voraussetzungen als Tarifvertrag Wirksamkeit erlangen. Die vielfach vorkommenden Regelungen der Beschäftigungssicherung sind zulässiger Inhalt des normativen Teils eines Tarifvertrags. Dagegen können Entscheidungen über die Schließung oder Verlegung eines Betriebs lediglich im schuldrechtlichen Teil eines Tarifvertrags geregelt werden.

C) Wirksamkeit als Betriebsvereinbarung

Neben der Einordnung als Tarifvertrag besteht die Möglichkeit, dreiseitige Vereinbarungen als Betriebsvereinbarungen zu qualifizieren. Eine Betriebsvereinbarung ist das durch schriftliche Vereinbarung zwischen Arbeitgeber und Betriebsrat geschaffene Gesetz des Betriebs. Sie regelt die betriebliche und betriebsverfassungsrechtliche Ordnung mit verbindlicher Wirkung für die Belegschaftsangehörigen und gestaltet die individuellen Rechtsbeziehungen zwischen Arbeitgeber und Betriebsrat.[367] Damit eine dreigliedrige Vereinbarung als Betriebsvereinbarung eingestuft werden kann, muss sie die formalen und inhaltlichen Voraussetzungen einer Betriebsvereinbarung erfüllen.

I. Formale Voraussetzungen

1. Freiwilliger Vertragsschluss zwischen den Betriebspartnern

Eine Betriebsvereinbarung kommt entweder durch einen freiwilligen Vertragsschluss zwischen Arbeitgeber und Betriebsrat oder durch den Spruch einer Einigungsstelle zustande. Für den Fall der dreiseitigen Vereinbarungen kommt allein die Möglichkeit des freiwilligen Vertragsschlusses der Betriebspartner in Betracht. Die erforderlichen Willenserklärungen von Arbeitgeber und Betriebsrat liegen bei einer dreiseitigen Vereinbarung vor. Die Beteiligung der an sich unzuständigen Gewerkschaft ist unschädlich.[368] Es gilt das bereits zum Tarifvertrag Gesagte.[369]

---

367 GK-*Kreutz*, § 77 BetrVG Rn. 8; *Fitting*, § 77 BetrVG Rn. 12; Richardi/*Richardi*, § 77 BetrVG Rn. 17.

368 BAG v. 15.04.2008 – 1 AZR 86/07, ZIP 2008, 1544.

369 2.Teil.B.I.2.b).

2. *Schriftform*

Gemäß § 77 Abs. 2 Satz 1 und 2 BetrVG bedarf eine Betriebsvereinbarung zwingend der Schriftform. Eine nur mündlich geschlossene Betriebsvereinbarung ist nach § 125 Satz 1 BGB nichtig. Sie muss schriftlich niedergelegt und von Arbeitgeber und Betriebsrat bzw. ihren bevollmächtigten Vertretern eigenhändig und auf derselben Urkunde unterzeichnet werden.[370]

3. *Bekanntmachung*

Des Weiteren hat der Arbeitgeber nach § 77 Abs. 2 Satz 3 BetrVG die Betriebsvereinbarung an geeigneter Stelle im Betrieb auszulegen, so dass sämtliche Arbeitnehmer in der Lage sind, sich ohne besondere Umstände mit dem Inhalt vertraut zu machen. Im Gegensatz zum Schriftformerfordernis ist die Pflicht zur Auslage kein Wirksamkeitserfordernis, sondern eine bloße Ordnungsvorschrift.[371] Sollte eine Auslegung der dreiseitigen Vereinbarung nicht erfolgen, würde dies ihre Wirksamkeit nicht beeinflussen.

4. *Ergebnis*

Erfüllt eine dreiseitige Vereinbarung diese Voraussetzungen, stehen formale Gründe einer Einordnung als Betriebsvereinbarung nicht entgegen.

II. Zulässiger Inhalt

Aber auch die inhaltlichen Anforderungen einer Betriebsvereinbarung sind zu beachten, so dass zu eruieren ist, ob die Absenkung des Tarifstandards, Fragen der Beschäftigungssicherung sowie Standortgarantien geeignete Regelungsgegenstände für eine Betriebsvereinbarung sind. Das Betriebsverfassungsgesetz bestimmt den Inhalt von Betriebsvereinbarungen nicht ausdrücklich. § 77 Abs. 3 BetrVG normiert lediglich negativ abgrenzend, dass der Inhalt von Betriebsvereinbarungen nicht oder nicht üblicherweise durch Tarifvertrag geregelt sein darf. Insbesondere die Absenkung des Tarifstandards kann regelmäßig nicht mittels einer Betriebsvereinbarung erfolgen. Vorbehaltlich einer Öffnungsklausel (§ 77 Abs. 3 Satz 2 BetrVG) greift hier die Sperrwirkung des § 77 Abs. 3 Satz

370 BAG v. 21.08.1990 – 3 AZR 422/89, AP Nr. 19 zu § 6 BetrAVG; Richardi/*Richardi*, § 77 BetrVG Rn. 33.

371 *Fitting*, § 77 BetrVG Rn. 25; Däubler/Kittner/Klebe-*Berg*, § 77 BetrVG Rn. 33; *v. Hoyningen-Huene*, Betriebsverfassungsrecht, S. 220.

1 BetrVG. Ob Regelungen der Beschäftigungssicherung und Standortgarantien in einer Betriebsvereinbarung vereinbart werden können, ist im Folgenden zu untersuchen.

1. Beschäftigungssicherung

Fragen der Beschäftigungssicherung wie verlängerte Kündigungsfristen, Qualifizierungsmaßnahmen oder Abfindungen stehen im Zusammenhang mit der Beendigung von Arbeitsverhältnissen.[372] Ob der Betriebsrat eine umfassende Regelungskompetenz[373] hat, die ebenso weit reicht wie die der Tarifvertragsparteien oder ob er lediglich im Rahmen der ihm durch das Betriebsverfassungsgesetz verliehenen Befugnisse funktionell zuständig ist, kann hier dahinstehen.[374] Zwar lassen sich Regelungen der Beschäftigungssicherung nicht unter die in § 88 Nr. 1 – 4 BetrVG ausdrücklich genannten Angelegenheiten subsumieren. Die Vorschrift enthält jedoch keinen abschließenden Katalog der Regelungsgegenstände, denn die Formulierung „insbesondere" zeigt, dass die in § 88 Nr. 1 – 4 BetrVG normierten Gegenstände lediglich beispielhaft aufgeführt sind und dem Betriebsrat zumindest in sozialen Angelegenheiten eine umfassende Regelungsbefugnis zukommt.[375] Die Regelungen über die sozialen Folgen einer wirtschaftlichen Entscheidung sind soziale Angelegenheiten im Sinne des § 88 BetrVG und damit zulässiger Inhalt einer freiwilligen Betriebsvereinbarung.[376]

2. Standortgarantien

Problematischer ist hingegen, ob die Entscheidung des Unternehmers, einen Standort zu schließen oder zu verlagern ebenfalls Inhalt einer Betriebsvereinbarung sein kann. Ob der Betriebsrat zur Regelung wirtschaftlich-unternehmerischer Entscheidungen befugt ist, soll im Folgenden geklärt werden.

---

372 2.Teil.B.II.2.a).

373 In der arbeitsgerichtlichen Rechtsprechung und im Schrifttum werden die Begriffe der „Zuständigkeit", der „Kompetenz" und der „Befugnis" synonym verwendet. Zur Unterscheidung dieser Begriffe siehe *Waltermann*, RdA 2007, 257 (261).

374 Dazu 2.Teil.C.II.2.a).

375 GK-*Wiese*, § 88 BetrVG Rn. 7; Däubler/Kittner/Klebe-*Berg*, § 88 BetrVG Rn. 1; Wlotzke/Preis-*Bender*, § 88 BetrVG Rn. 1; *Fitting*, § 88 BetrVG Rn. 1.

376 Vgl. BAG v. 26.08.1997 – 1 ABR 12/97, AP Nr. 117 zu § 112 BetrVG 1972; Däubler/Kittner/Klebe-*Berg*, § 88 BetrVG Rn. 6; *Ehmann*, FS-Kissel, S. 175 (181).

a) Regelungsbefugnis des Betriebsrats

aa) Umfassende Regelungskompetenz des Betriebsrats

Das Bundesarbeitsgericht[377] und ein Teil der Literatur[378] sprechen dem Betriebsrat eine umfassende Regelungskompetenz zu, die in den Grenzen des Tarifvorrangs (77 Abs. 3 BetrVG) bzw. Tarifvorbehalts (§ 87 Abs. 1 BetrVG) ebenso weit geht wie die der Tarifvertragsparteien. Für soziale Angelegenheiten ergebe sich dies aus § 88 BetrVG. Da die Grenzen zwischen sozialen, personellen und wirtschaftlichen Angelegenheiten jedoch fließend seien, beschränke sich die Regelungskompetenz nicht auf soziale Angelegenheiten. § 88 BetrVG sei als Auffangnorm zu betrachten und als Grundlage für freiwillige Betriebsvereinbarungen in sozialen, personellen und wirtschaftlichen Angelegenheiten heranzuziehen. Die Annahme einer umfassenden Regelungskompetenz des Betriebsrats werde auch durch § 77 Abs. 3 BetrVG und § 28 Abs. 1 SprAuG bestätigt. Nach dieser Auffassung kann die wirtschaftlich-unternehmerische Entscheidung der Standortverlagerung/-schließung von den Betriebspartnern in einer freiwilligen Betriebsvereinbarung geregelt werden.

bb) Funktionelle Zuständigkeit des Betriebsrats

Nach anderer Ansicht ist der Betriebsrat nur im Rahmen der ihm durch das Betriebsverfassungsgesetz verliehenen Befugnisse funktionell zuständig.[379] Ein Teil des Schrifttums folgert daraus, dass Arbeitgeber und Betriebsrat wirtschaftliche Entscheidungen und damit auch die Frage der Standortpolitik nicht in einer freiwilligen Betriebsvereinbarung regeln können.[380] Das Betriebsverfassungsgesetz habe der Regelungskompetenz des Betriebsrats in wirtschaftlichen Angelegenheiten feste Grenzen dahin gehend gesetzt, dass unternehmenspolitische Entscheidungen vom Unternehmer allein getroffen werden und dem Betriebsrat eine gleichberechtigte Mitbestimmung verwehrt

---

377 BAG v. 07.11.1989 – GS 3/85, AP Nr. 46 zu § 77 BetrVG 1972; v. 09.04.1991 – 1 AZR 406/90, AP Nr. 1 zu § 77 BetrVG 1972 Tarifvorbehalt; v. 12.12.2006 – 1 AZR 96/06, AP Nr. 94 zu § 77 BetrVG 1972.

378 ErfK-*Kania*, § 77 BetrVG Rn. 36; HWK-*Gaul*, § 77 BetrVG Rn. 32; *Fitting*, § 77 BetrVG Rn. 45 f.; H/S/W/G/N-*Worzalla*, § 77 BetrVG Rn. 36; siehe auch *Kreutz*, Grenzen der Betriebsautonomie, S. 206 ff.; GK-*Kreutz*, § 77 BetrVG Rn. 84 ff.

379 Richardi/*Richardi*, § 77 BetrVG Rn. 50, 64; *v. Hoyningen-Huene*, Betriebsverfassungsrecht, S. 225; *Ehmann*, FS-Kissel, S. 175 (182 ff.); *Nikisch*, Arbeitsrecht III, S. 276; *Hueck/Nipperdey*, Arbeitsrecht II 2, S. 1262; *Beuthien*, ZfA 1983, 141 (164).

380 *Ehmann*, FS-Kissel, S. 175 (185 f.); *Beuthien*, ZfA 1983, 141 (164 ff.); *ders.*, ZfA 1984, 1 (25 ff.); dagegen *Krause*, Standortsicherung, S. 48.

ist. Ob diese Annahme richtig ist oder sich aus dem Betriebsverfassungsgesetz eine Regelungskompetenz der Betriebspartner ableiten lässt, ist näher zu untersuchen.

(1) Freiwillige Betriebsvereinbarungen, § 88 BetrVG

Anders als bei der notwendigen Mitbestimmung des Betriebsrats nach § 87 BetrVG, sieht § 88 BetrVG die Möglichkeit freiwilliger Betriebsvereinbarungen vor. Die Existenz dieser Vorschrift könnte dafür sprechen, dass die Betriebspartner wirtschaftliche Angelegenheiten in einer freiwilligen Betriebsvereinbarung regeln können. Dies ist jedoch nur dann zutreffend, wenn die in § 88 BetrVG normierte Regelungsbefugnis des Betriebsrats nicht auf soziale Angelegenheiten begrenzt ist, sondern sich darüber hinaus auf personelle und wirtschaftliche Angelegenheiten erstreckt.

§ 88 BetrVG zählt Regelungsmaterien auf, die durch freiwillige Betriebsvereinbarung geregelt werden können. Die Formulierung „insbesondere" im Eingangssatz der Norm zeigt, dass es sich dabei nicht um eine abschließende Aufzählung handelt.[381] Dies kann einerseits so gedeutet werden, dass für den Betriebsrat lediglich eine umfassende Regelungsbefugnis in sämtlichen sozialen Angelegenheiten besteht. Auf der anderen Seite lässt sich das Wort „insbesondere" dahin gehend verstehen, dass die Betriebsparteien auch in allen anderen Angelegenheiten freiwillige Betriebsvereinbarungen schließen können.[382] Der Wortlaut des § 88 BetrVG ist somit mehrdeutig und hilft bei der Klärung der Frage, ob der Betriebsrat zur Regelung wirtschaftlich-unternehmerischer Entscheidungen befugt ist, nicht weiter.

Zu § 57 BetrVG 1952, der Vorgängervorschrift des § 88 BetrVG, war anerkannt, dass die darin enthaltene Aufzählung nicht erschöpfend war und durch freiwillige Betriebsvereinbarungen sämtliche soziale Angelegenheiten geregelt werden konnten.[383] Ob dies auch für wirtschaftliche Angelegenheiten gilt, ergibt sich aus der Entstehungsgeschichte nicht.

Systematisch ist § 88 BetrVG im Dritten Abschnitt des Vierten Teils, also im Bereich der sozialen Angelegenheiten, angeordnet und nicht bei den allgemeinen Vorschriften des Ersten Abschnitts des Vierten Teils des Betriebsverfassungsgesetzes. Dies spricht für eine auf soziale Angelegenheiten begrenzte Regelungsbefugnis. Eine Norm, die den Regelungsbereich der Betriebsvereinbarung festlegt,

---

381 GK-*Wiese*, § 88 BetrVG Rn. 7; Däubler/Kittner/Klebe-*Berg*, § 88 BetrVG Rn. 1; Wlotzke/Preis-*Bender*, § 88 BetrVG Rn. 1; *Fitting*, § 88 BetrVG Rn. 1.

382 So BAG v. 12.12.2006 – 1 AZR 96/06, AP Nr. 94 zu § 77 BetrVG 1972.

383 BAG v. 16.03.1956 – GS 1/55, AP Nr. 1 zu § 57 BetrVG.

ist im Ersten Abschnitt des Vierten Teils, im unmittelbaren Zusammenhang mit der allgemeinen Regelung des Rechtsinstituts, zu erwarten.[384]

§ 88 BetrVG stellt klar, dass über die Fälle zwingender Mitbestimmung nach § 87 BetrVG hinaus, freiwillige Betriebsvereinbarungen möglich sind. Sinn und Zweck der Vorschrift lassen somit ebenfalls nicht auf eine Regelungskompetenz des Betriebsrats in wirtschaftlichen Angelegenheiten schließen.

§ 88 BetrVG stellt folglich keine Auffangnorm dar, die als ausreichende Grundlage für freiwillige Betriebsvereinbarungen auch in personellen und wirtschaftlichen Angelegenheiten herangezogen werden kann.[385] Sie begründet keine Regelungskompetenz des Betriebsrats hinsichtlich der unternehmerischen Standortentscheidung.

(2) Wirtschaftliche Angelegenheiten, §§ 106ff. BetrVG

Der sechste Abschnitt des Betriebsverfassungsgesetzes normiert die Beteiligungsrechte des Betriebsrats im wirtschaftlichen Bereich. Im ersten Unterabschnitt (§§ 106 – 110 BetrVG) wird das Unterrichtungs- und Beratungsrecht des Betriebsrats über wirtschaftliche Angelegenheiten behandelt. Zu diesem Zweck ist ein besonderes Organ, der Wirtschaftsausschuss, zu bilden (vgl. § 106 BetrVG). Dieser ist zwar weitgehend über die wirtschaftlichen Angelegenheiten des Unternehmens zu unterrichten, jedoch steht das Mitbestimmungsrecht allein dem Betriebsrat zu.[386] Der zweite Unterabschnitt (§§ 111 – 113 BetrVG) befasst sich mit der Beteiligung des Betriebsrats bei Betriebsänderungen, die den Kernbereich der Mitbestimmung in wirtschaftlichen Angelegenheiten darstellt.

Die Beteiligungsrechte des Betriebsrats sind im Bereich der wirtschaftlichen Angelegenheiten derart ausgestaltet, dass der Unternehmer in seiner Handlungsfreiheit nicht unmittelbar beschränkt wird. Er kann die Betriebsänderung unabhängig von einer Einigung mit dem Betriebsrat durchführen; ihm verbleibt also das Letztentscheidungsrecht.[387] Den Unternehmer trifft lediglich eine umfassende Unterrichtungs- und Beratungspflicht über die beabsichtigte Betriebsänderung (vgl. § 111 Satz 1 BetrVG) mit dem Ziel eines Interessenausgleichs, den er zumindest versuchen muss (vgl. § 113 Abs. 3 BetrVG). Ein Mitbestimmungsrecht

---

384 GK-*Wiese*, § 88 BetrVG Rn. 10; Richardi/*Richardi*, § 88 BetrVG Rn. 3; *Kreutz*, Grenzen der Betriebsautonomie, S. 208; *Ehmann*, FS-Kissel, S. 175 (182); *Löwisch*, DB 2005, 554 (555).

385 So aber BAG v. 07.11.1989 – GS 3/85, AP Nr. 46 zu § 77 BetrVG 1972.

386 Richardi/*Annuß*, vor § 106 BetrVG Rn. 4; Wlotzke/Preis-*Preis*, § 106 BetrVG Rn. 1.

387 GK-*Oetker*, vor § 106 BetrVG Rn. 7; Richardi/*Annuß*, vor § 106 BetrVG Rn. 9; Däubler/Kittner/Klebe-*Däubler*, § 111 BetrVG Rn. 1; HWK-Hohenstatt/Willemsen, § 111 BetrVG Rn. 1.

des Betriebsrats besteht nur bei den sozialen Folgen der unternehmerischen Entscheidung. Hier kann er die Aufstellung eines Sozialplans verlangen (vgl. § 112 Abs. 4 BetrVG). Eine dem § 88 BetrVG entsprechende Vorschrift, die freiwillige Betriebsvereinbarungen in wirtschaftlichen Angelegenheiten ausdrücklich zulässt, findet sich in den §§ 106 ff. BetrVG nicht. Das Fehlen einer solchen Norm bedeutet jedoch nicht, dass wirtschaftliche Entscheidungen des Unternehmers der Regelungsbefugnis des Betriebsrats entzogen sind. Dafür lässt sich die Möglichkeit des Interessenausgleichs anführen. In einem Interessenausgleich kann alles, was nicht Gegenstand eines Sozialplans nach § 112 Abs. 1 Satz 2 BetrVG ist, geregelt werden.[388] Er soll das Interesse des Arbeitgebers an Veränderungen mit den Bestandsinteressen der Arbeitnehmer zu einem Ausgleich bringen. Zu diesem Zweck können die Betriebsparteien in einem Interessenausgleich Vereinbarungen darüber treffen, ob, wann und in welcher Form die geplante Betriebsänderung durchgeführt wird.[389] Betriebsrat und Unternehmer können sich außerdem darauf verständigen, dass die geplante Betriebsänderung unterbleibt.[390] Als Betriebsänderungen im Sinne des § 111 BetrVG gelten unter anderem die Einschränkung und Stilllegung sowie die Verlegung des ganzen Betriebs oder wesentlicher Betriebsteile (vgl. § 111 Satz 3 Nr. 1 und 2 BetrVG). Hierunter lassen sich die fraglichen Standortgarantien subsumieren, so dass sie in einem Interessenausgleich geregelt werden können. Allerdings hat lediglich ein Sozialplan gemäß § 112 Abs. 1 Satz 3 BetrVG die Wirkung einer Betriebsvereinbarung. Aus einem Umkehrschluss ergibt sich daher, dass der Interessenausgleich weder eine Betriebsvereinbarung ist noch ihm die Wirkung einer solchen zukommt. Mithin entfaltet der Interessenausgleich als Kollektivvereinbarung besonderer Art für die einzelnen Arbeitnehmer auch keine unmittelbare und zwingende Wirkung.[391] Unabhängig von der fehlenden Normwirkung stellt sich die Frage, ob der Unternehmer durch den vereinbarten Interessenausgleich gebunden bzw. ein kollektivrechtlicher Erfüllungsanspruch zu Gunsten des Betriebsrats begründet

---

388 BAG v. 20.10.1983 – 2 AZR 211/82, AP Nr. 13 zu § 1 KSchG 1969 Betriebsbedingte Kündigung; Däubler/Kittner/Klebe-*Däubler*, §§ 112, 112a BetrVG Rn. 13.

389 BAG v. 27.10.1987 – 1 ABR 9/86, AP Nr. 41 zu § 112 BetrVG 1972; v. 20.04.1994 – 10 AZR 186/93, AP Nr. 27 zu § 113 BetrVG 1972; *Fitting*, §§ 112, 112a BetrVG Rn. 12, 16; Richardi/*Annuß*, § 112 BetrVG Rn. 16, 18.

390 *Fitting*, §§ 112, 112a BetrVG Rn. 18; Richardi/*Annuß*, § 112 BetrVG Rn. 20; Däubler/Kittner/Klebe-*Däubler*, §§ 112, 112a BetrVG Rn. 14.

391 BAG v. 20.04.1994 – 10 AZR 186/93, AP Nr. 27 zu § 113 BetrVG 1972; BGH v. 15.11.2000 – XII ZR 197/98, AP Nr. 140 zu § 112 BetrVG 1972; Richardi/*Annuß*, § 112 BetrVG Rn. 35 ff.; *Fitting*, §§ 112, 112a BetrVG Rn. 49 f.; ErfK-*Kania*, §§ 112, 112a BetrVG Rn. 9; Däubler/Kittner/Klebe-*Däubler*, §§ 112, 112a BetrVG Rn. 15; GK-*Fabricius/Oetker*, §§ 112, 112a BetrVG Rn. 50; H/S/W/G/N-*Hess*, § 112 BetrVG Rn. 14; a. A. *Ohl*, Sozialplan, S. 67 f.; *Matthes*, FS-Wlotzke 1996, S. 393 (396 f.).

wird. Diese Problematik ist umstritten. Nimmt man eine Bindungswirkung des Interessenausgleichs an[392], ist die Befugnis des Betriebsrats zum Abschluss freiwilliger Betriebsvereinbarungen über wirtschaftliche Angelegenheiten nicht in Frage zu stellen.[393] Doch selbst wenn der Interessenausgleich den Unternehmer nicht bindet[394], zeigt die Existenz des Interessenausgleichs, dass Vereinbarungen über das Ob, Wann und Wie einer Betriebsänderung nach dem Willen des Gesetzgebers dem Aufgabenbereich des Betriebsrats unterfallen.[395] Dann ist es nur konsequent, Regelungen dieses Inhalts und damit Standortgarantien auch in einer Betriebsvereinbarung als zulässig zu erachten. Zwar ist Regelungsgegenstand eines Interessenausgleichs ausschließlich die geplante Betriebsänderung, so dass die Zuständigkeit des Betriebsrats nach den §§ 111 ff. BetrVG nur im Falle einer konkret bevorstehenden Betriebsänderung und nicht schon generell gegeben ist. Es ist jedoch kein überzeugender Grund dafür ersichtlich, den Betriebspartnern diesbezügliche vorbeugende Regelungen in einer Betriebsvereinbarung zu untersagen. Vielmehr ist die Interessenlage in beiden Fällen vergleichbar, so dass den Betriebsparteien die gleiche Regelungsbefugnis zur Verfügung stehen muss.[396]

Grundlegende Überlegungen bestätigen die Regelungskompetenz des Betriebsrats in wirtschaftlich-unternehmerischen Entscheidungen. Die Betriebsverfassung ist derart ausgestaltet, dass den Betriebspartnern nach näherer Maßgabe des Gesetzes die Aufgabe überlassen ist, die betrieblichen Angelegenheiten zu ordnen und dass der Staat diese Ordnung anerkennt (so genannte Betriebsautonomie). Die Reichweite der Betriebsautonomie hängt von ihrer Rechtsgrundlage ab; so wie auch die Grenzen der Tarifautonomie durch einen Rückgriff auf ihre Rechtsgrundlage in Art. 9 Abs. 3 GG ermittelt werden. Da die Betriebsautonomie ihre Grundlage im Betriebsverfassungsgesetz hat, ergeben sich daraus ihre

---

392 LAG München v. 16.07.1997 – 9 TaBV 54/97, LAGE § 112 BetrVG 1972 Interessenausgleich Nr. 1; GK-*Fabricius/Oetker*, §§ 112, 112a BetrVG Rn. 53 ff.; Däubler/Kittner/Klebe-*Däubler*, §§ 112, 112a BetrVG Rn. 15; *Matthes*, FS-Wlotzke 1996, S. 393 (396 f.); Willemsen/Hohenstatt/Schweibert/Seibt/*Schweibert*, S. 198 ff.; *Molkenbur/Schulte*, DB 1995, 269 (270 f.); *Zwanziger*, BB 1998, 477 (478 ff.); *Siemes*, ZfA 1998, 183 (190 ff.).

393 So auch *Krause*, Standortsicherung, S. 48, der die Frage nach der Zulässigkeit freiwilliger Betriebsvereinbarungen in wirtschaftlichen Angelegenheiten als Scheinproblem bezeichnet.

394 So BAG v. 28.08.1991 – 7 ABR 72/90, AP Nr. 2 zu § 85 ArbGG 1979; Richardi/*Annuß*, § 112 BetrVG Rn. 46; ErfK-*Kania*, §§ 112, 112a BetrVG Rn. 9; *Ehmann*, FS-Kissel, S. 175 (177 ff.); *Willemsen/Hohenstatt*, NZA 1997, 345 (349 ff.).

395 Vgl. *Krause*, Standortsicherung, S. 48; anders wohl *Willemsen/Hohenstatt*, NZA 1997, 345 (350), die den Zweck des Interessenausgleichs ausschließlich im Schutz der Arbeitnehmerinteressen bei Durchführung von unternehmerischen Maßnahmen sehen.

396 *Thüsing*, NZA 2008, 201 (204).

Grenzen.[397] Weist nun das Betriebsverfassungsgesetz dem Betriebsrat Aufgaben zu, müssen die Betriebspartner diese autonom wahrnehmen und ihre getroffenen Abreden als freiwillige Betriebsvereinbarungen verabschieden können. Dies gilt nicht nur für solche Angelegenheiten, für die ein erzwingbares Mitbestimmungsrecht des Betriebsrats besteht. Auch bei Gegenständen, bei denen das Betriebsverfassungsgesetz dem Betriebsrat lediglich Unterrichtungs-, Beratungs- und Anhörungsrechte einräumt, ist eine Regelung durch Betriebsvereinbarung möglich.[398] Eine andere Sichtweise steht nicht im Einklang mit der Betriebsautonomie.

(3) Zwischenergebnis

Wirtschaftlich-unternehmerische Entscheidungen gehören zum funktionellen Zuständigkeitsbereich des Betriebsrats, so dass Betriebsvereinbarungen über solche Angelegenheiten abgeschlossen werden können.

cc) Zwischenergebnis

Die unternehmerische Entscheidung der Standortschließung/-verlagerung kann folglich nach beiden Ansichten in einer freiwilligen Betriebsvereinbarung geregelt werden.

b) Eingriff in die Unternehmensautonomie

Obwohl die Entscheidung des Unternehmers, bestimmte betriebliche Strukturen aufrechtzuerhalten oder ihren Abbau zeitlich hinauszuschieben, in den Zuständigkeitsbereich des Betriebsrats fällt bzw. er eine umfassende Regelungskompetenz hat, gibt es weitere Bedenken gegen die Wirksamkeit von Betriebsvereinbarungen dieses Inhalts. Denn der Entschluss, einen Betrieb zu schließen oder an einen anderen Standort zu verlegen, gehört zum unantastbaren Kernbereich der Unternehmerfreiheit, die nicht nur die Tarifvertragspartner, sondern auch der Betriebsrat zu beachten hat. Es ist daher zu untersuchen, ob die Vereinbarung von Standortgarantien in freiwilligen Betriebsvereinbarungen einen unzulässigen Eingriff in die unternehmerische Entscheidungsfreiheit darstellt.

Der Ausgestaltung des Mitbestimmungsverfahrens im Betriebsverfassungsgesetz lässt sich lediglich entnehmen, dass der Betriebsrat in wirtschaftlichen

---

397 Ausführlich zur Betriebsautonomie *Waltermann*, Rechtsetzung durch Betriebsvereinbarung, S. 135 ff., 186 ff.

398 *Waltermann*, Rechtsetzung durch Betriebsvereinbarung, S. 188 f.; siehe auch H/S/W/G/N-*Worzalla*, § 88 BetrVG Rn. 4; GK-*Kreutz*, § 77 BetrVG Rn. 83 ff.; GK-*Wiese*, § 88 BetrVG Rn. 10.

Angelegenheiten nicht gegen den Willen des Unternehmers in die unternehmerische Planung eingreifen können soll. Vereinbarungen, in denen sich der Unternehmer freiwillig verpflichtet, den Betrieb nicht zu verlagern oder stillzulegen, müssen somit zulässig sein. Wie im Falle entsprechender Tarifverträge liegt ein wirksamer Grundrechtsverzicht seitens des Unternehmers vor.[399] Zweifelhaft könnte sein, ob der Unternehmer solchen Standortvereinbarungen tatsächlich freiwillig zustimmt.[400] Zwar verbietet § 74 Abs. 2 Satz 1 BetrVG dem Betriebsrat die Durchführung von Arbeitskampfmaßnahmen, jedoch stehen ihm (in der Regel unzulässige) innerbetriebliche Möglichkeiten zur Verfügung, um den Arbeitgeber zur Abgabe der gewünschten Erklärung zu zwingen.[401] Ein vollkommen freies, unbeeinflusstes Handeln beider Vertragsparteien kommt in der Praxis allerdings kaum vor. Üblicherweise übt bei Abschluss von Verträgen eine Partei einen mehr oder weniger großen sozialen oder ökonomischen Druck auf die Gegenseite aus. Die Privatrechtsordnung untersagt dies aus Gründen der Rechtssicherheit lediglich in bestimmten Fällen (z. B. § 138 BGB). Der Einwand, Vereinbarungen zwischen Unternehmer und Betriebsrat über Standortentscheidungen seien aufgrund möglicher „Zwangsmittel" des Betriebsrats nicht freiwillig zustande gekommen, greift damit nicht.[402] Mithin stellt die Vereinbarung von Standortgarantien in freiwilligen Betriebsvereinbarungen keinen unzulässigen Eingriff in die unternehmerische Freiheit dar. Vielmehr lässt sich der Abschluss von Vereinbarungen über Standortfragen gerade als Ausdruck der Unternehmerfreiheit verstehen.[403] Denn die Unternehmerfreiheit erfasst insbesondere die Eingehung vertraglicher Bindungen gerichtet auf künftiges unternehmerisches Handeln. So sind Arbeitsplatzgarantien und Investitionszusagen im Wirtschaftsleben nicht ungewöhnlich.[404] Dabei kann es keinen Unterschied machen, ob der Vertragspartner des Unternehmers ein Betriebsrat oder eine sonstige natürliche oder juristische Person ist.[405]

---

399 Siehe 2.Teil.B.II.1.b)cc)(2).

400 Die Freiwilligkeit der Erklärung verneinend *Ehmann*, FS-Kissel, S. 175 (188).

401 Siehe dazu anschaulich *Eich*, ZfA 1988, 93 ff. sowie *Hammacher*, RdA 1993, 163 (166).

402 So auch *Krause*, Standortsicherung, S. 47.

403 *Krause*, Standortsicherung, S. 45.

404 Siehe nur BGH v. 03.04.1998 – V ZR 6/97, NJW 1998, 2600; v. 26.05.1999 – VIII ZR 102/98, NJW 1999, 2662; v. 22.03.2002 – V ZR 405/00, NJW 2002, 2102; v. 06.12.2002 – V ZR 184/02, MDR 2003, 320.

405 Vgl. *Krause*, Standortsicherung, S. 45 f.; Willemsen/Hohenstatt/Schweibert/Seibt/*Schweibert*, S. 202 f.; *Zwanziger*, BB 1998, 477 (479).

c) Ergebnis

Die Entscheidung der Standortverlagerung/-schließung kann folglich ebenso wie die Regelungen zur Beschäftigungssicherung Inhalt einer Betriebsvereinbarung sein.

3. Sperrwirkung des § 77 Abs. 3 BetrVG

Allerdings sind Betriebsvereinbarungen nach § 77 Abs. 3 Satz 1 BetrVG unzulässig, soweit sie Arbeitsentgelte und sonstige Arbeitsbedingungen enthalten, die durch Tarifvertrag geregelt sind oder üblicherweise geregelt werden. Um die durch Art. 9 Abs. 3 GG garantierte Tarifautonomie zu sichern sowie die Funktionsfähigkeit der Koalitionen zu erhalten und zu stärken, kommt der tariflichen oder tarifüblichen Regelung eine Sperrwirkung zu.[406] Sollten die Regelungsgegenstände einer dreiseitigen Vereinbarung also bereits tariflich geregelt oder tarifüblich sein, wäre eine Betriebsvereinbarung dieses Inhalts wegen Verstoßes gegen § 77 Abs. 3 Satz 1 BetrVG unwirksam, es sei denn, die Sperrwirkung würde nach § 77 Abs. 3 Satz 2 BetrVG beseitigt.

a) Tarifliche Regelung

Standortgarantien können nicht im normativen Teil eines Tarifvertrags geregelt werden. Allenfalls kann der Unternehmer sich im schuldrechtlichen Teil eines Tarifvertrags freiwillig, d. h. ohne Streikdruck, verpflichten, den Betrieb an einem bestimmten Standort aufrechtzuerhalten.[407] Die Regelungssperre des § 77 Abs. 3 BetrVG gilt für den schuldrechtlichen Teil eines Tarifvertrags nicht, denn die Vorschrift dient der Sicherung der Tarifautonomie, indem sie den Vorrang der tariflichen Normsetzungsbefugnis festsetzt.

Anders als Standortgarantien unterfallen Bestimmungen, die eine Verschlechterung tariflicher Leistungen vorsehen sowie Regelungen der sozialen Folgen einer Betriebsänderung dem normativen Teil eines Tarifvertrags. Der Ausschluss betriebsbedingter Kündigungen bzw. die Vereinbarung verlängerter Kündigungsfristen lassen sich ebenso wie Abfindungsregelungen und Qualifizierungsmaßnahmen als Beendigungsnormen im Sinne des § 1 TVG einordnen.[408] Da eine Einschränkung der Sperrwirkung des § 77 Abs. 3 BetrVG auf materielle Arbeitsbedingungen ebenso zu verneinen ist wie eine Einschränkung auf Inhalts-

406 BAG v. 22.05.1979 – 1 ABR 100/77, AP Nr. 13 zu § 118 BetrVG 1972; Richardi/*Richardi*, § 77 BetrVG Rn. 244; *Fitting*, § 77 BetrVG Rn. 67.

407 Siehe 2.Teil.B.II.1.b).

408 Siehe 2.Teil.B.II.2.

normen[409], gilt die Sperrwirkung bei tariflichen Regelungen dieser Art und der Abschluss von Betriebsvereinbarungen ist nicht möglich.

b) Öffnungsklausel, § 77 Abs. 3 Satz 2 BetrVG

Etwas anderes gilt nur dann, wenn und soweit der Tarifvertrag den Abschluss ergänzender Betriebsvereinbarungen ausdrücklich zulässt, § 77 Abs. 3 Satz 2 BetrVG. Im Falle einer dreiseitigen Vereinbarung könnte die Beteiligung der Gewerkschaft am Abschluss der Vereinbarung für eine Öffnungsklausel sprechen. Das Landesarbeitsgericht München geht in diese Richtung und wertet die Beteiligung der Gewerkschaft an einer dreiseitigen Vereinbarung als konkludente Genehmigung der Tarifvertragsparteien.[410] Es beruft sich dabei auf die Rechtsprechung des Bundesarbeitsgerichts, nach der der Schutzzweck des § 77 Abs. 3 BetrVG auch dann gewahrt ist, wenn die Tarifvertragsparteien eine nach dieser Vorschrift unwirksame Betriebsvereinbarung nachträglich durch entsprechende Öffnungsklauseln billigen.[411] Nach Ansicht des Landesarbeitsgerichts München kann nichts anderes gelten, wenn die Tarifvertragsparteien von vornherein an Verhandlungen über eine Betriebsvereinbarung beteiligt sind, die gegen § 77 Abs. 3 BetrVG verstößt. Die eigentlich bestehende Unwirksamkeit der Betriebsvereinbarung würde durch die Beteiligung der Gewerkschaft geheilt.[412] Die Argumentation des Landesarbeitsgerichts München ist näher zu beleuchten. Es ist zu klären, ob die bloße Beteiligung einer Gewerkschaft an den Verhandlungen einer dreiseitigen Vereinbarung tatsächlich eine Genehmigung der Tarifvertragsparteien darstellt.

aa) Ergänzende Betriebsvereinbarung

Um eine Öffnungsklausel im Sinne des § 77 Abs. 3 Satz 2 BetrVG bejahen zu können, muss es sich bei der dreigliedrigen Vereinbarung zunächst um eine „ergänzende" Betriebsvereinbarung handeln. „Ergänzen" bedeutet in der außerjuristischen Terminologie u. a. etwas „vervollständigen, anfügen, auffüllen, nachtragen, hinzufügen, komplettieren" und macht daher eine vorgegebene Rah-

---

409 *Thüsing*, ZTR 1996, 146 (148); für eine Einschränkung auf formelle Arbeitsbedingungen Richardi/*Richardi*, § 77 BetrVG Rn. 255 f.; für eine Beschränkung auf Inhaltsnormen BAG v. 09.04.1991 – 1 AZR 406/90, AP Nr. 1 zu § 77 BetrVG 1972 Tarifvorbehalt; *Fitting*, § 77 BetrVG Rn. 71; Däubler/Kittner/Klebe-*Berg*, § 77 BetrVG Rn. 65; Wlotzke/Preis-*Preis*, § 77 BetrVG Rn. 60.

410 LAG München v. 22.08.2006 – 8 Sa 569/06, nv. (juris).

411 BAG v. 20.04.1999 – 1 AZR 631/98, AP Nr. 12 zu § 77 BetrVG 1972 Tarifvorbehalt; v. 29.01.2002 – 1 AZR 267/01, NZA 2002, 927.

412 LAG München v. 22.08.2006 – 8 Sa 569/06, nv. (juris).

menregelung erforderlich.[413] Bei einem solchen Verständnis des Wortlauts von § 77 Abs. 3 Satz 2 BetrVG sind Ergänzungen nur dann anzunehmen, wenn unter Aufrechterhaltung der tariflichen Regelung zusätzliche Vereinbarungen getroffen werden. Tarifvertragsabweichende bzw. ersetzende Regelungen sind danach ausgeschlossen.[414] Für eine solch enge Auslegung lassen sich zwei Argumente ins Feld führen: Da Art. 9 Abs. 3 GG und Art. 5 ILO-Abkommen Nr. 135 die Schaffung bzw. Begünstigung einer Ersatzgewerkschaft auf betrieblicher Ebene verbieten, sind die Tarifvertragsparteien gehalten, die Arbeitsverhältnisse zumindest im Kern auszugestalten und dies nicht ohne Begrenzung oder Bindung den Betriebspartnern zu überlassen. Zudem lässt sich eine Parallele zur Verordnungsermächtigung des Parlaments an die Exekutive ziehen. Nach Art. 80 Abs. 1 Satz 2 GG müssen Inhalt, Zweck und Ausmaß der erteilten Ermächtigung im Gesetz bestimmt werden. Übertragen auf die Tarifvertragsparteien bedeutet das, dass sie Inhalt, Zweck und Ausmaß der Öffnungsklausel festlegen müssten. Minimalerfordernisse und Rahmen- bzw. Strukturvorgaben wären dann unabdingbar.[415] Diese Ausführungen vermögen jedoch nicht zu überzeugen. Da die Tarifvertragsparteien auf eine tarifvertragliche Regelung gänzlich verzichten und die Regelung der Angelegenheit auf diese Weise den Betriebspartnern überlassen können, sind über den Wortlaut des § 77 Abs. 3 Satz 2 BetrVG hinaus ändernde und zusätzliche Betriebsvereinbarungen zulässig.[416] Für diese Sichtweise spricht auch § 4 Abs. 3 TVG, der abweichende Abmachungen zulässt.[417] Für eine Ergänzung ist es somit ausreichend, dass sich die zugelassene Betriebsvereinbarung in das System der vorgegebenen Tarifregelung einpasst. Es ist lediglich ein Tarifvertrag erforderlich, der eine Regelung durch Betriebsvereinbarung zulässt. Tarifvertrag und Betriebsvereinbarung treten dann nebeneinander, ergänzen sich.[418] Eine dreiseitige Vereinbarung kann demnach eine „ergänzende“ Betriebsvereinbarung im Sinne des § 77 Abs. 3 Satz 2 BetrVG darstellen. Dies gilt auch dann, falls die dreiseitige Vereinbarung keine ergänzenden Regelungen enthält, sondern mit dem in ihr ebenfalls enthaltenen Tarifvertrag regelungsidentisch ist.[419]

---

413 Duden, Das Synonymwörterbuch.

414 So Däubler/Kittner/Klebe-*Berg*, § 77 BetrVG Rn. 74; *Heinze*, NZA 1995, 5 (7).

415 Däubler/Kittner/Klebe-*Berg*, § 77 BetrVG Rn. 74; *Zachert*, RdA 1996, 140 (143).

416 BAG v. 22.06.1993 – 1 ABR 62/92, AP Nr. 22 zu § 23 BetrVG 1972; Richardi/*Richardi*, § 77 BetrVG Rn. 301; *Fitting*, § 77 BetrVG Rn. 121; H/S/W/G/N-*Worzalla*, § 77 BetrVG Rn. 144; Wiedemann/*Thüsing*, § 1 TVG Rn. 283; ErfK-*Kania*, § 77 BetrVG Rn. 59; *v. Hoyningen-Huene*, Betriebsverfassungsrecht, S. 227 f.; *Waltermann*, RdA 1996, 129 (135 f.).

417 ErfK-*Kania*, § 77 BetrVG Rn. 59.

418 Wiedemann/*Thüsing*, § 1 TVG Rn. 283; *Thüsing*, NZA 2008, 201 (203).

419 Zur Kombination aus regelungsgleichem Tarifvertrag und Betriebsvereinbarung siehe 2.Teil.E.

bb) Ausdrückliche Zulassung

Nach dem Wortlaut des § 77 Abs. 3 Satz 2 BetrVG ist die „ausdrückliche" Zulassung ergänzender Betriebsvereinbarungen durch den Tarifvertrag erforderlich. In Rechtsprechung und Literatur ist anerkannt, dass die Zulassung ergänzender Betriebsvereinbarungen nicht wörtlich geschehen muss; so ist beispielsweise der Begriff „Betriebsvereinbarung" nicht eigens zu nennen.[420] Dennoch muss der Tarifvertrag eine positive, klare und eindeutige Bestimmung über seine Öffnung für Betriebsvereinbarungen enthalten. Es genügt nicht, dass im Wege der ergänzenden Auslegung die Zulassung von Betriebsvereinbarungen als hypothetischer Parteiwille ermittelt wird.[421] Eine stillschweigende Zulassung ist ausgeschlossen.[422]

Der Rechtsprechung des Bundesarbeitsgerichts, nach der die Tarifvertragsparteien nachträglich über die Billigung einer tarifvorbehaltswidrigen Betriebsvereinbarung durch entsprechende Öffnungsklausel entscheiden können[423], ist zuzustimmen. Beziehen sich die Tarifvertragsparteien in einem Tarifvertrag rückwirkend auf eine vorherige Betriebsvereinbarung und sanktionieren diese nachträglich, bringen sie damit unzweifelhaft zum Ausdruck, dass die Regelung bestimmter tariflich geregelter Arbeitsbedingungen im Wege einer den Tarifvertrag ergänzenden Betriebsvereinbarung zulässig sein soll. § 77 Abs. 3 Satz 2 BetrVG räumt den Tarifvertragsparteien die Möglichkeit ein, selbst darüber entscheiden zu können, ob und inwieweit sie den Betriebspartnern die grundsätzlich nach § 77 Abs. 3 Satz 1 BetrVG entzogene Gestaltungsmacht zurückgeben. Die Vorschrift soll den Tarifvertragsparteien bewusst machen, dass sie ihre Vorrangkompetenz aufgeben.[424] Im Falle einer rückwirkenden Genehmigung durch die Tarifvertragsparteien ist der Schutzzweck gewahrt, da die zuständige Gewerkschaft sich bewusst dazu entscheidet, die Regelung bestimmter Arbeitsbedingungen in die Hände der Betriebspartner zu legen. Steht die nachträgliche Billigung einer tarifwidrigen Vereinbarung im Einklang mit § 77 Abs. 3 Satz 2 BetrVG, scheint es naheliegend, auch die Beteiligung der Gewerkschaft an Verhandlun-

---

420 BAG v. 29.10.2002 – 1 AZR 573/01, AP Nr. 18 zu § 77 BetrVG 1972 Tarifvorbehalt; *Fitting*, § 77 BetrVG Rn. 117; Wlotzke/Preis-*Preis*, § 77 BetrVG Rn. 78.

421 BAG v. 21.02.1967 – 1 ABR 9/66, AP Nr. 26 zu § 59 BetrVG 1952; v. 29.10.2002 – 1 AZR 573/01, AP Nr. 18 zu § 77 BetrVG 1972 Tarifvorbehalt; Richardi/*Richardi*, § 77 BetrVG Rn. 302; H/S/W/G/N-*Worzalla*, § 77 BetrVG Rn. 143; Wiedemann/*Thüsing*, § 1 TVG Rn. 284.

422 Wiedemann/*Thüsing*, § 1 TVG Rn. 284; Wiedemann/*Wank*, § 4 TVG Rn. 588; *Löwisch/Rieble*, § 4 TVG Rn. 217.

423 BAG v. 20.04.1999 – 1 AZR 631/98, AP Nr. 12 zu § 77 BetrVG 1972 Tarifvorbehalt; v. 29.01.2002 – 1 AZR 267/01, NZA 2002, 927.

424 BAG v. 20.04.1999 – 1 AZR 631/98, AP Nr. 12 zu § 77 BetrVG 1972 Tarifvorbehalt; v. 29.01.2002 – 1 AZR 267/01, NZA 2002, 927; GK-*Kreutz*, § 77 BetrVG Rn. 150.

gen über eine Betriebsvereinbarung, die gegen § 77 Abs. 3 BetrVG verstoßen würde, als zulässig anzusehen. Ist eine dreigliedrige Vereinbarung allerdings als reine Betriebsvereinbarung einzuordnen, fehlt es an einer *in einem Tarifvertrag* zum Ausdruck kommenden Öffnung. Die Betriebsvereinbarung würde sich gewissermaßen selbst legitimieren.[425] Für reine dreiseitige Vereinbarungen mag dies noch zutreffen, doch handelt es sich um eine Kombination aus Tarifvertrag und Betriebsvereinbarung[426], greift die Argumentation nicht, da eine tarifvertragliche Regelung vorliegt.[427] Insgesamt ist der Ansatz zu formalistisch, anstatt den Problemen der Praxis Rechnung zu tragen. Ergeben sich keine Konflikte mit dem Schutzzweck des § 77 Abs. 3 Satz 2 BetrVG und der verfassungsrechtlich gewährleisteten Tarifautonomie, muss die Beteiligung der Gewerkschaft als Genehmigung im Sinne der Vorschrift gewertet werden, um dem einvernehmlichen Zustandekommen der dreiseitigen Vereinbarung gerecht zu werden.

Die Teilnahme einer Gewerkschaft an den Verhandlungen und die Unterzeichnung der abgeschlossenen Vereinbarung genügen dem Erfordernis einer ausdrücklichen Zulassung durchaus. § 77 Abs. 3 BetrVG sichert den Vorrang der aktualisierten und ausgeübten Tarifautonomie.[428] Die Vorschrift soll eine Konkurrenz zur tariflichen Normsetzung auf betrieblicher Ebene ausschließen. Die Normsetzung durch den Betriebsrat soll den Arbeitnehmern nicht als Alternative erscheinen, die die Mitgliedschaft in einer tarifschließenden Gewerkschaft überflüssig machen kann.[429] Diese Schutzzwecke werden durch die Wertung der Beteiligung der Gewerkschaft als Öffnungsklausel nicht beeinträchtigt. Die Gewerkschaft verlagert ihre Kompetenzen nicht vollständig auf die Betriebsparteien, sondern ist aktiv an den Verhandlungen beteiligt. Die Gefahr eines Verlustes an Gestaltungsmacht und Regelungskompetenz verbunden mit einem Autoritätsverlust der Tarifvertragsparteien besteht daher nicht. Da die Gewerkschaft den Abschluss der Vereinbarung nicht dem Betriebsrat überlässt, tritt der Betriebsrat für die Arbeitnehmer auch nicht als Alternative zur Gewerkschaft in Erscheinung. Das Erfordernis der Ausdrücklichkeit soll verhindern, dass bei einem nicht

---

425 So LAG Düsseldorf v. 02.12.1999 – 5 Sa 992/99, DB 2000, 431; v. 27.01.2000 – 5 (6) Sa 1259/99, nv.; GK-*Kreutz*, § 77 BetrVG Rn. 149.

426 In Betracht kommt dabei ein mit einer regelungsidentischen Betriebsvereinbarung kombinierter Tarifvertrag oder eine gemischte Vereinbarung, die sowohl tarifvertragliche als auch betriebsverfassungsrechtliche Elemente enthält, siehe dazu ausführlich 2.Teil.E.

427 Daher unzutreffend BAG v. 15.04.2008 – 1 AZR 86/07, ZIP 2008, 1544, das ebenfalls nur die Möglichkeit der rückwirkenden Billigung tarifwidriger Regelungen anerkennt.

428 BAG v. 20.04.1999 – 1 AZR 631/98, AP Nr. 12 zu § 77 BetrVG 1972 Tarifvorbehalt; v. 09.12.2003 – 1 ABR 52/02, EzA § 77 BetrVG 2001 Nr. 6.

429 BAG v. 20.04.1999 – 1 ABR 72/98, AP Nr. 89 zu Art 9 GG.

ganz eindeutigen Tarifvertrag gegen den Willen der Tarifvertragsparteien nachträglich eine stillschweigende Zulassung hineininterpretiert wird.[430] Dies ist im Rahmen dreiseitiger Vereinbarungen ebenfalls nicht zu befürchten. Jedoch ist die Einschränkung zu machen, dass die Beteiligung der Gewerkschaft nicht den Abschluss zukünftiger Betriebsvereinbarungen zulässt, sondern dies nur für die jeweilige dreigliedrige Vereinbarung gilt. Überdies spricht der Umstand, dass die Zulassung ergänzender Betriebsvereinbarungen nicht wörtlich geschehen muss, dafür, die Beteiligung der Gewerkschaft als Genehmigung zu deuten. Für eine ausdrückliche Zulassung ist der eindeutige Wille zur Öffnung ausreichend. Aus dem ausdrücklich erklärten Parteiwillen muss sich dem objektiven Sinn nach ergeben, dass eine Ergänzung durch Betriebsvereinbarung zugelassen wird.[431] Die gemeinsamen Verhandlungen zwischen Arbeitgeber, Gewerkschaft und Betriebsrat, deren Ergebnisse in einem Vertragsdokument festgehalten und unterzeichnet werden, bedeuten nicht nur, dass alle Vertragsparteien mit dem Inhalt der Vereinbarung einverstanden sind, sondern auch, dass Ergänzungen durch die Betriebspartner von der Gewerkschaft gestattet sind.

Die Teilnahme einer Gewerkschaft an den Verhandlungen über eine Betriebsvereinbarung in der Konstellation der dreigliedrigen Vereinbarung vermag somit der Kautel der ausdrücklichen Zulassung genügen.[432] Mit dem vom 1. Senat des Bundesarbeitsgerichts aufgestellten Gebot der Rechtsquellenklarheit ist diese Auffassung allerdings nicht vereinbar. Das Gericht verlangt, dass der Urheber eines jeden Regelungskomplexes für die von der dreiseitigen Vereinbarung betroffenen Arbeitnehmer klar erkennbar ist.[433]

c) Zwischenergebnis

Vorbehaltlich des Gebots der Rechtsquellenklarheit kann eine dreiseitige Vereinbarung eine „ergänzende" Betriebsvereinbarung im Sinne des § 77 Abs. 3 Satz 2 BetrVG darstellen, die dadurch „ausdrücklich" zugelassen wird, dass die Gewerkschaft sich am Abschluss der Vereinbarung beteiligt und anschließend unterzeichnet.

---

430 BAG v. 06.03.1958 – 2 AZR 230/57, AP Nr. 1 zu § 59 BetrVG; Wiedemann/*Thüsing*, § 1 TVG Rn. 284; GK-*Kreutz*, § 77 BetrVG Rn. 150.

431 H/S/W/G/N-*Worzalla*, § 77 BetrVG Rn. 143; Richardi/*Richardi*, § 77 BetrVG Rn. 302.

432 Siehe auch *Thüsing*, NZA 2008, 201 (203); *Grau/Döring*, NZA 2008, 1335 (1337).

433 BAG v. 15.04.2008 – 1 AZR 86/07, ZIP 2008, 1544. – Ausführlich zum Gebot der Rechtsquellenklarheit siehe 2.Teil.E.II.3.

4. Ergebnis

Mithin sind Fragen der Beschäftigungssicherung und Entscheidungen über die Schließung oder Verlegung eines Betriebs zulässiger Inhalt einer Betriebsvereinbarung, soweit nicht die Regelungssperre des § 77 Abs. 3 BetrVG greift. Die Sperrwirkung kann allerdings durch die Beteiligung der zuständigen Gewerkschaft beseitigt werden.

III. Umdeutung einer unwirksamen Betriebsvereinbarung in einen Tarifvertrag

Sollte eine dreiseitige Vereinbarung in Form einer Betriebsvereinbarung – insbesondere wegen eines Verstoßes gegen § 77 Abs. 3 Satz 1 BetrVG – unwirksam sein, stellt sich die Frage, ob eine Umdeutung in einen (Firmen)Tarifvertrag zulässig ist.

Gemäß § 140 BGB wird ein nichtiges Rechtsgeschäft, das den Erfordernissen eines gültigen Rechtsgeschäft entspricht, in dieses umgedeutet, wenn anzunehmen ist, dass bei Kenntnis der Nichtigkeit dieses andere Geschäft gewollt wäre. Durch die Umdeutung (Konversion) eines nichtigen Rechtsgeschäfts in ein anderes, wirksames Rechtsgeschäft soll dem Willen der Parteien auch dann möglichst zum Ziel verholfen werden, wenn das von ihnen primär gewählte rechtliche Mittel unzulässig ist.[434] Der einschränkenden Voraussetzungen des § 140 BGB bedarf es nicht, wenn eine so genannte Konversionsklausel vorliegt.

1. Umdeutung aufgrund einer Konversionsklausel

Mit einer Konversionsklausel bestimmen die Vertragsparteien durch Rechtsgeschäft, dass für den Fall der Nichtigkeit des Erstgeschäfts eine andere Regelung als Ersatzgeschäft gelten soll.[435] Da es sich bei der Konversionsklausel nicht um einen Fall der gesetzlichen Umdeutung nach § 140 BGB handelt, sondern um ein bedingtes Rechtsgeschäft, ist unerheblich, ob das nichtige Geschäft den Erfordernissen des anderen Geschäfts entspricht und ob die Parteien die Unwirksamkeit des Erstgeschäfts konkret befürchteten oder von dessen Wirksamkeit überzeugt waren.

Die Beteiligung von Arbeitgeber, Gewerkschaft und Betriebsrat an einer dreiseitigen Vereinbarung könnte auf eine Konversionsklausel hindeuten. Ließe sich

---

434 BGH v. 21.03.1977 – II ZR 96/75, NJW 1977, 1233; MünchKommBGB-*Busche*, § 140 BGB Rn. 1; Erman/*Palm*, § 140 BGB Rn. 1.

435 Staudinger/*Roth*, § 140 BGB Rn. 6; MünchKommBGB-*Busche*, § 140 BGB Rn. 6; *Flume*, AT II, S. 595; *Haubrock*, Kündigungskonversion, S. 60.

eine solche der dreiseitigen Vereinbarung entnehmen, würde die Betriebsvereinbarung im Falle ihrer Unwirksamkeit – unabhängig von den einschränkenden Voraussetzungen des § 140 BGB – automatisch in einen (Firmen)Tarifvertrag umgedeutet. Dem Umstand, dass sowohl Betriebsrat als auch Gewerkschaft an einer dreigliedrigen Vereinbarung beteiligt sind, kommt unter zwei Gesichtspunkten Bedeutung zu: Das Bundesarbeitsgericht ist der Auffassung, dass die Kollektivvertragsparteien im Zweifelsfall eine wirksame Vereinbarung treffen wollten. Nach diesem im Rahmen der Vertrags- und Gesetzesauslegung anerkannten Grundsatz wird von zwei möglichen Auslegungsvarianten, von denen die eine zu einem unwirksamen, die andere dagegen zu einem wirksamen Ergebnis führt, letztere gewählt.[436] Dann ist auch davon auszugehen, dass die Kollektivvertragsparteien durch den gemeinsamen Abschluss der dreiseitigen Vereinbarung im Sinne einer Konversionsklausel eine vorsorgliche Geltungsanordnung für den möglichen und gedachten Fall der Unwirksamkeit der Betriebsvereinbarung getroffen haben.[437] Dafür spricht ebenfalls, dass mit der Beteiligung der Gewerkschaft die Zustimmung zu betrieblichen Regelungen im Sinne einer Öffnungsklausel, § 77 Abs. 3 Satz 2 BetrVG, gegeben ist.[438]

Ob diese Überlegungen mit dem vom 1. Senat des Bundesarbeitsgerichts kreierten Gebot der Rechtsquellenklarheit in Einklang stehen, ist zweifelhaft. Denn der Senat verlangt bei gemischten dreigliedrigen Vereinbarungen, dass die Normurheberschaft jedes Regelungskomplexes nach außen hin eindeutig erkennbar ist. Für die Umdeutung bedeutet dies, dass aus der Beteiligung von Gewerkschaft und Betriebsrat nicht auf eine Konversionsklausel geschlossen werden kann, sondern sich aus der dreiseitigen Vereinbarung ausdrücklich ergeben muss, dass bei Nichtigkeit der Betriebsvereinabrung ein (Firmen)Tarifvertrag gewollt ist. Bei Unwirksamkeit der Betriebsvereinbarung erfolgt dann keine automatische Umdeutung derselben in einen (Firmen)Tarifvertrag. Es bedarf der einschränkenden Voraussetzungen des § 140 BGB.

2. Umdeutung gemäß § 140 BGB

Da das Gebot der Rechtsquellenklarheit einer Umdeutung aufgrund einer Konversionsklausel entgegensteht, soll untersucht werden, ob eine Umdeutung einer

---

436 Vgl. BAG v. 21.01.1987 – 4 AZR 547/86, AP Nr. 47 zu Art. 9 GG; v. 21.07.1993 – 4 AZR 468/92, AP Nr. 144 zu § 1 TVG Auslegung; Wiedemann/*Wank*, § 1 TVG Rn. 1019 f.; Jacobs/Krause/Oetker-*Krause*, § 4 Rn. 191; Kempen/Zachert/*Zachert*, TVG Grundlagen Rn. 391; siehe auch ErfK-*Franzen*, § 1 TVG Rn. 99. – Siehe dazu 2.Teil.D.II.5.

437 Für eine Konversionsklausel auch *Witt*, Firmentarifvertrag, S. 36.

438 Dazu 2.Teil.C.II.3.b).

unwirksamen Betriebvereinbarung in einen (Firmen)Tarifvertrag gemäß § 140 BGB angängig ist. Nach der Rechtsprechung des Bundesarbeitsgerichts kann eine nach § 77 Abs. 3 BetrVG unwirksame Betriebsvereinbarung entsprechend § 140 BGB ausnahmsweise in eine vertragliche Einheitsregelung (Gesamtzusage oder gebündelte Vertragsangebote) umgedeutet werden.[439] Unter Berücksichtigung dieser Rechtsprechung soll im Folgenden die Möglichkeit der Umdeutung einer unwirksamen Betriebsvereinbarung in einen (Firmen)Tarifvertrag erörtert werden.

a) Unmittelbare Anwendung von § 140 BGB

Eine Umdeutung nach § 140 BGB setzt voraus, dass ein nichtiges Rechtsgeschäft den Erfordernissen eines anderen Rechtsgeschäfts entspricht. Es sind also zwei Rechtsgeschäfte erforderlich. Die Vorschrift findet auf alle Arten von Rechtsgeschäften Anwendung.[440] Ob dazu auch Betriebsvereinbarungen zählen, ist fraglich. Eine Betriebsvereinbarung kommt durch rechtsgeschäftliche Vereinbarung zwischen Arbeitgeber und Betriebsrat zustande, ist aber aufgrund ihrer unmittelbaren und zwingenden Wirkung ein Normenvertrag.[441] Das Zustandekommen als privatrechtlicher Vertrag nach den §§ 145 ff. BGB könnte eine unmittelbare Anwendung des § 140 BGB nahelegen. Der Rechtsgeschäftscharakter der Betriebsvereinbarung besteht jedoch lediglich im Verhältnis zwischen Arbeitgeber und Betriebsrat. Dagegen kommt im Verhältnis zwischen Arbeitgeber und Arbeitnehmern der Normcharakter der Betriebsvereinbarung zum Tragen. Da die normative Wirkung charakteristisch für Betriebsvereinbarungen ist, spielt nicht ihre rechtsgeschäftliche Entstehung, sondern ihre Eigenschaft als Normenvertrag eine Rolle.[442] Daher scheidet eine unmittelbare Anwendung des § 140 BGB auf unwirksame Betriebsvereinbarungen aus und es stellt sich die Frage nach einer analogen Anwendung der Norm.

---

439 BAG v. 23.08.1989 – 5 AZR 391/88, AP Nr. 42 zu § 77 BetrVG 1972; v. 24.01.1996 – 1 AZR 597/95, AP Nr. 8 zu § 77 BetrVG 1972 Tarifvorbehalt; v. 05.03.1997 – 4 AZR 532/95, AP Nr. 10 zu § 77 BetrVG 1972 Tarifvorbehalt; v. 29.10.2002 – 1 AZR 573/01, AP Nr. 18 zu § 77 BetrVG 1972 Tarifvorbehalt; kritisch Richardi/*Richardi*, § 77 BetrVG Rn. 296; GK-*Kreutz*, § 77 BetrVG Rn. 125; Staudinger/*Roth*, § 140 BGB Rn. 13; *Molkenbur/Krasshöfer-Pidde*, RdA 1989, 337 (348); *Moll/Kreitner*, Anmerkung zu BAG v. 23.08.1989 – 5 AZR 391/88, EzA § 140 BGB Nr. 16; *Veit/Waas*, BB 1991, 1329 ff.

440 Erman/*Palm*, § 140 BGB Rn. 8; MünchKommBGB-*Busche*, § 140 BGB Rn. 7.

441 GK-*Kreutz*, § 77 BetrVG Rn. 168; Richardi/*Richardi*, § 77 BetrVG Rn. 26; H/S/W/G/N-*Worzalla*, § 77 BetrVG Rn. 4; *Löwisch/Rieble*, § 1 TVG Rn. 1 ff.

442 Gleiches gilt für den Tarifvertrag, der als Ersatzgeschäft für eine unmittelbare Anwendung des § 140 BGB ebenfalls ein Rechtsgeschäft sein müsste.

b) Analoge Anwendung von § 140 BGB

aa) Analogiebildung

Eine Analogie ist nur zulässig, wenn das Gesetz eine planwidrige Regelungslücke enthält und eine vergleichbare Interessenlage gegeben ist.[443]

In einem ersten Schritt ist das Bestehen einer planwidrigen Unvollständigkeit zu prüfen. § 140 BGB ermöglicht eine Umdeutung nichtiger Rechtsgeschäfte, um den von den Parteien erstrebten wirtschaftlichen Erfolg auch dann zu verwirklichen, wenn das rechtliche Mittel, das sie gewählt haben, unzulässig ist, aber ein anderer, rechtlich gangbarer Weg zur Verfügung steht, der annähernd zum gleichen wirtschaftlichen Ergebnis führt.[444] Der Sachverhalt einer unwirksamen Betriebsvereinbarung als Normenvertrag lässt sich nicht darunter subsumieren; eine § 140 BGB entsprechende Regelung für Normenverträge fehlt, so dass diesbezüglich eine Regelungslücke vorliegt. Diese muss auch als planwidrig einzustufen sein, d. h. der Gesetzgeber darf nicht bewusst geschwiegen haben. Die Betriebsvereinbarung lässt sich als Gestaltungsmittel von Arbeitsbedingungen durch vertragliche Einigung zwischen Arbeitgeber und Betriebsrat über die einschlägigen Vorläufer des Betriebsverfassungsgesetzes von 1972 bis zum Betriebsrätegesetz von 1920 zurückverfolgen.[445] Die vielfach als Vorläufer der Betriebsvereinbarung bezeichnete Arbeitsordnung des 19. Jahrhunderts war eben keine Betriebsvereinbarung, sondern eine einseitige Regelung des Arbeitgebers.[446] Zur Zeit der Entstehung des § 140 BGB Ende des 19. Jahrhunderts existierte die Betriebsvereinbarung also noch nicht.[447] Ähnliches gilt für den Tarifvertrag. Mit Aufhebung der Koalitionsverbote und Bildung der Gewerkschaften kam es zum Abschluss erster Tarifverträge, doch diesen fehlte es bis zur Schaffung der Tarifvertragsordnung 1918 an der unmittelbaren und zwingenden Wirkung.[448] Der Gesetzgeber konnte

---

443 *Larenz/Canaris*, Methodenlehre, S. 194 ff. – In Rechtsprechung und Literatur wird die analoge Anwendung von § 140 BGB in der Regel nur erwähnt, ohne die Voraussetzungen näher zu erörtern.

444 BGH v. 21.03.1977 – II ZR 96/75, NJW 1977, 1233; v. 10.12.1997 – XII ZR 119/96, NJW 1998, 896.

445 *Kreutz*, Grenzen der Betriebsautonomie, S. 201 ff.; zur geschichtlichen Entwicklung der Betriebsvereinbarung siehe auch *Hueck/Nipperdey*, Arbeitsrecht II 2, S. 1251 ff.

446 *Hueck*, Betriebsvereinbarung, S. 4; *Kreutz*, Grenzen der Betriebsautonomie, S. 203; *Hueck/Nipperdey*, Arbeitsrecht II 2, S. 1251 f.

447 Der Begriff „Betriebsvereinbarung" stammt von *Flatow*, Betriebsvereinbarung und Arbeitsordnung, 1921.

448 Zur geschichtlichen Entwicklung des Tarifvertrags vgl. Wiedemann/*Oetker*, TVG Geschichte Rn. 1 ff.; *Gamillscheg*, Kollektives Arbeitsrecht II, S. 102 ff.; *Söllner/Waltermann*, Arbeitsrecht, S. 14 ff. jeweils m. w. N.

bei der Fassung des § 140 BGB die Möglichkeit der Einbeziehung von Normenverträgen wie Betriebsvereinbarungen und Tarifverträgen nicht bedenken. Eine planwidrige Unvollständigkeit ist daher zu bejahen.

In einem zweiten Schritt ist zu untersuchen, ob eine vergleichbare Interessenlage besteht. Dazu muss der zu beurteilende Sachverhalt in rechtlicher Hinsicht so weit mit dem gesetzlich geregelten Tatbestand vergleichbar sein, dass angenommen werden kann, der Gesetzgeber wäre bei einer Interessenabwägung, bei der er sich von den gleichen Grundsätzen hätte leiten lassen wie bei dem Erlass der herangezogenen Gesetzesvorschrift, zu dem gleichen Abwägungsergebnis gekommen.[449] § 140 BGB soll dem auf einen bestimmten wirtschaftlichen Erfolg gerichteten Willen der Parteien so weit als irgend möglich zum Erfolg verhelfen.[450] Ein solches Interesse besteht bei unwirksamen Betriebsvereinbarungen nicht anders als bei nichtigen Rechtsgeschäften. Eine vergleichbare Interessenlage ist gegeben. Mithin ist § 140 BGB einer analogen Anwendung bei unwirksamen Betriebsvereinbarungen zugänglich.[451]

bb) Voraussetzungen der Umdeutung im Falle einer unwirksamen Betriebsvereinbarung, § 140 BGB analog

Nunmehr ist zu eruieren, ob die Voraussetzungen des § 140 BGB analog erfüllt sind. Gemäß § 140 BGB analog wäre die nichtige Betriebsvereinbarung in einen (Firmen)Tarifvertrag umzudeuten, wenn sie den Erfordernissen des (Firmen) Tarifvertrags entspricht und anzunehmen ist, dass bei Kenntnis der Nichtigkeit dieses andere Regelungsinstrument gewollt wäre.

(1) Kongruenzerfordernis

Zunächst muss das nichtige Rechtsgeschäft den Erfordernissen eines gültigen Rechtsgeschäfts entsprechen.

Zum Teil wird verlangt, dass das Ersatzgeschäft als ein Minus in dem nichtigen Rechtsgeschäft enthalten ist.[452] Da ein (Firmen)Tarifvertrag nicht als Teil einer Betriebsvereinbarung bereits vollständig in dieser enthalten ist, wäre die Umdeutung einer unwirksamen Betriebsvereinbarung in einen wirksamen

449 BGH v. 13.07.1988 – IVa ZR 55/87, NJW 1988, 2734; v. 13.03.2003 – I ZR 290/00, NJW 2003, 1932.

450 Vgl. Protokolle I 127.

451 Für eine analoge Anwendung auch *Moll/Kreitner*, Anmerkung zu BAG v. 23.08.1989 – 5 AZR 391/88, EzA § 140 BGB Nr. 16; *Misera*, SAE 1997, 45 (48); *Belling/Hartmann*, NZA 1998, 673 (674).

452 So RG v. 23.04.1928 – VI 296/27, RGZ 121, 99; BGH v. 14.05.1956 – II ZR 229/54, BGHZ 20, 363; *Flume*, AT II, S. 592 ff.

(Firmen)Tarifvertrag im Rahmen einer dreiseitigen Vereinbarung nicht möglich.

§ 140 BGB stellt in seinem Wortlaut allerdings lediglich darauf ab, dass das nichtige Rechtsgeschäft den Erfordernissen des umgedeuteten Geschäfts „entspricht“ und verlangt nicht, dass das Ersatzgeschäft in dem nichtigen Rechtsgeschäft enthalten ist. Neben dem Wortlaut ist noch ein weiterer Aspekt zu berücksichtigen. Müsste das Ersatzgeschäft qualitativer Teil der gescheiterten rechtsgeschäftlichen Regelung sein, würden die Grenzen des § 140 BGB zu § 139 BGB fließend. Die Umdeutung nach § 140 BGB wäre dann nur ein Unterfall des § 139 BGB. Sie ist aber gerade kein besonderer Fall der Teilnichtigkeit, denn ansonsten wäre die Regelung des § 140 BGB entbehrlich.[453] Das Ersatzgeschäft muss also nicht bereits als Teil in dem nichtigen Rechtsgeschäft enthalten sein. Das Kongruenzerfordernis des § 140 BGB verlangt lediglich, dass sämtliche Wirksamkeitsvoraussetzungen des Ersatzgeschäfts erfüllt sind. Fehlende Tatbestandsmerkmale dürfen nicht fingiert werden. Außerdem darf das Ersatzgeschäft in seinen rechtlichen Wirkungen nicht über diejenigen des wirklich gewollten Rechtsgeschäfts hinausgehen.[454] Letztere Voraussetzung ist bei der Umdeutung einer unwirksamen Betriebsvereinbarung in eine vertragliche Einheitsregelung bzw. Gesamtzusage nicht unproblematisch. Denn bei der unwirksamen Betriebsvereinbarung handelt es sich um einen Kollektivvertrag zwischen Arbeitgeber und Betriebsrat, während die Umdeutung zu einer einzelvertraglichen Bindung zwischen Arbeitgeber und Arbeitnehmern führt. Die Umdeutung hat somit nicht nur einen Parteiwechsel zur Folge, sondern wirkt zudem auf unterschiedlichen Ebenen. Ferner kann eine Betriebsvereinbarung durch Kündigung beendet oder durch eine neue Betriebsvereinbarung abgelöst werden. Bei arbeitsvertraglichen Regelungen ist dies grundsätzlich nur dann möglich, wenn entweder Änderungskündigungen der Arbeitsverhältnisse Erfolg haben oder entsprechende Abänderungsverträge mit allen Arbeitnehmern zustande kommen. Ein Teil der Literatur steht der Umdeutung einer unwirksamen Betriebsvereinbarung in eine vertragliche Regelung aufgrund dieser höheren Bindungsintensität kritisch bis ablehnend gegenüber.[455] Das Bundesarbeitsgericht hält eine Umdeutung gleichwohl für möglich, fordert aber besondere Umstände, die darauf schließen lassen, dass sich der

---

453 Staudinger/*Roth*, § 140 BGB Rn. 21; *Larenz/Wolf*, AT, § 44 Rn. 84; *Medicus*, AT, Rn. 519.

454 Erman/*Palm*, § 140 BGB Rn. 12; MünchKommBGB-*Busche*, § 140 BGB Rn. 17; Palandt/*Ellenberger*, § 140 BGB Rn. 5 f.; Staudinger/*Roth*, § 140 BGB Rn. 22; jurisPK-BGB/*Nassall*, § 140 BGB Rn. 10; insoweit auch BGH v. 14.05.1956 – II ZR 229/54, BGHZ 20, 363.

455 Staudinger/*Roth*, § 140 BGB Rn. 13; GK-*Kreutz*, § 77 BetrVG Rn. 125; *Molkenbur/Krasshöfer-Pidde*, RdA 1989, 337 (348); *Moll/Kreitner*, Anmerkung zu BAG v. 23.08.1989 – 5 AZR 391/88, EzA § 140 BGB Nr. 16; *Veit/Waas*, BB 1991, 1329 ff.

Arbeitgeber unabhängig von der betriebsverfassungsrechtlichen Regelungsform binden und den Arbeitnehmern die in der unwirksamen Vereinbarung enthaltenen Leistungen zukommen lassen wollte.[456] Bei der Umdeutung einer unwirksamen Betriebsvereinbarung in einen (Firmen)Tarifvertrag bestehen die genannten Bedenken nicht. Zwar führt die Umdeutung ebenfalls zu einem Wechsel der Vertragsparteien – anstatt Arbeitgeber und Betriebsrat sind nun Arbeitgeber und Gewerkschaft Vertragspartner. Aber es bleibt bei einer kollektivrechtlichen Regelung, die ebenso wie die unwirksame Betriebsvereinbarung unmittelbare und zwingende Wirkung hat (§ 4 Abs. 1 TVG). Ferner ist der Kreis der von der Regelung betroffenen Arbeitnehmer ein anderer. Während eine Betriebsvereinbarung für alle Arbeitnehmer des Betriebs gilt, gelten die Normen eines Tarifvertrags nur für die tarifgebundenen Arbeitnehmer, es sei denn es existieren arbeitsvertragliche Bezugnahmeklauseln. Damit geht der (Firmen)Tarifvertrag jedoch in seinen Rechtswirkungen nicht über diejenigen der unwirksamen Betriebsvereinbarung hinaus. Anders als bei Betriebsvereinbarung und vertraglicher Einheitsregelung bzw. Gesamtzusage kommen für Tarifvertrag und Betriebsvereinbarung zudem dieselben Beendigungstatbestände in Betracht. Beide kollektivrechtlichen Regelungen können z. B. durch Befristung, Bedingung, Kündigung, Aufhebungs- oder Änderungsvertrag beendet werden. Unterschiede ergeben sich aber bei der Nachwirkung. Tarifnormen gelten gemäß § 4 Abs. 5 TVG weiter, bis sie durch eine andere Abmachung ersetzt werden. Dagegen wirken Betriebsvereinbarungen nach § 77 Abs. 6 BetrVG nur in mitbestimmten Angelegenheiten weiter. In dieser Hinsicht kann ein (Firmen)Tarifvertrag also eine höhere Bindungsintensität aufweisen und damit in seinen belastenden Wirkungen über diejenigen der unwirksamen Betriebsvereinbarung hinausgehen. Ob dies der Fall ist, muss jedoch jeweils für den konkreten Fall festgestellt werden.[457] Handelt es sich um eine freiwillige Betriebsvereinbarung, die gemäß § 77 Abs. 6 BetrVG grundsätzlich nicht nachwirkt, gibt es zwei Möglichkeiten, um die Kongruenz von nichtigem Rechtsgeschäft und Ersatzgeschäft bejahen zu können.[458] Die Betriebspartner sind befugt, bei freiwilligen Betriebsvereinbarungen eine Nachwirkung aller oder eines Teils ihrer Normen zu vereinbaren.[459] Wurde eine solche Vereinbarung getroffen,

---

456 BAG v. 23.08.1989 – 5 AZR 391/88, AP Nr. 42 zu § 77 BetrVG 1972; v. 24.01.1996 – 1 AZR 597/95, AP Nr. 8 zu § 77 BetrVG 1972 Tarifvorbehalt; v. 05.03.1997 – 4 AZR 532/95, AP Nr. 10 zu § 77 BetrVG 1972 Tarifvorbehalt; v. 29.10.2002 – 1 AZR 573/01, AP Nr. 18 zu § 77 BetrVG 1972 Tarifvorbehalt.

457 Vgl. BAG v. 24.01.1996 – 1 AZR 597/95, AP Nr. 8 zu § 77 BetrVG 1972 Tarifvorbehalt; zustimmend *Belling/Hartmann*, NZA 1998, 673 (675).

458 Zur Kongruenzprüfung von Betriebsvereinbarung und vertraglicher Einheitsregelung bzw. Gesamtzusage siehe *Belling/Hartmann*, NZA 1998, 673 (675).

459 BAG v. 28.04.1998 – 1 ABR 43/97, AP Nr. 11 zu § 77 BetrVG 1972 Nachwirkung; *Fitting*, § 77 BetrVG Rn. 187; *Gamillscheg*, Kollektives Arbeitsrecht II, S. 822.

so dass die (unwirksame) Betriebsvereinbarung ausnahmsweise nachgewirkt hätte, weisen sie und der (Firmen)Tarifvertrag dieselbe Bindungsintensität auf. Die Kongruenz lässt sich auch dadurch erreichen, dass der (Firmen)Tarifvertrag hinsichtlich der Bindungsintensität der (unwirksamen) Betriebsvereinbarung angepasst wird. In diesem Fall wirkt er ausnahmsweise nicht nach.[460]

(2) Hypothetischer Parteiwille

Weitere Voraussetzung für eine Umdeutung ist, dass die Geltung des Ersatzgeschäfts bei Kenntnis der Nichtigkeit des Erstgeschäfts gewollt sein würde. Daraus folgt zunächst, dass eine Umdeutung ausscheidet, wenn die Parteien bei Abschluss des Geschäfts dessen Nichtigkeit kannten. Kennenmüssen steht dabei dem Kennen nicht gleich.[461] War den Parteien bei Abschluss des Rechtsgeschäfts die Nichtigkeit nicht bekannt, ist nach den Grundsätzen der ergänzenden Vertragsauslegung zu ermitteln, ob die Umdeutung dem hypothetischen Willen der Parteien entspricht. Maßgeblich ist, ob die Parteien bei Kenntnis der Nichtigkeit des abgeschlossenen Rechtsgeschäfts das Ersatzgeschäft im Hinblick auf die von ihnen verfolgten wirtschaftlichen Ziele vernünftigerweise vorgenommen hätten.[462] Dies ist in der Regel anzunehmen, wenn durch das andere Rechtsgeschäft derselbe wirtschaftliche Erfolg erreicht wird wie durch das nichtige Rechtsgeschäft.[463] Das Bundesarbeitsgericht stellt bei der Umdeutung einer unwirksamen Betriebsvereinbarung in eine vertragliche Einheitsregelung darauf ab, ob der Vereinbarung der hypothetische Wille des Arbeitgebers entnommen werden kann, sich auf jeden Fall gegenüber den Arbeitnehmern zur Gewährung der vorgesehenen Leistungen zu verpflichten.[464] Da der Arbeitgeber im Falle einer dreiseitigen Vereinbarung sowohl mit der Gewerkschaft als auch mit dem Betriebsrat verhandelt, ist der von der Rechtsprechung geforderte besondere Verpflichtungswille des Arbeitgebers gegeben. Denn aus dieser Vorgehensweise lässt sich schließen, dass der Arbeitgeber sich auf jeden Fall vertraglich binden und die in der Vereinbarung geregelten Leistungen den Arbeitnehmern zukommen lassen wollte. Die Umdeutung einer nichtigen Betriebsvereinbarung in einen (Firmen)

460 Eine Abweichung von § 4 Abs. 5 TVG ist ebenfalls zulässig, vgl. BAG v. 08.10.1997 – 4 AZR 87/96, AP Nr. 29 zu § 4 TVG Nachwirkung; Wiedemann/*Wank*, § 4 TVG Rn. 362; Däubler/*Bepler*, § 4 TVG Rn. 828 ff.

461 Erman/*Palm*, § 140 BGB Rn. 15; Palandt/*Ellenberger*, § 140 BGB Rn. 8.

462 MünchKommBGB-*Busche*, § 140 BGB Rn. 21; Palandt/*Ellenberger*, § 140 BGB Rn. 8; Staudinger/*Roth*, § 140 BGB Rn. 25.

463 BGH v. 15.12.1955 – II ZR 204/54, BGHZ 19, 269; Staudinger/*Roth*, § 140 BGB Rn. 25.

464 BAG v. 24.01.1996 – 1 AZR 597/95, AP Nr. 8 zu § 77 BetrVG 1972 Tarifvorbehalt; v. 05.03.1997 – 4 AZR 532/95, AP Nr. 10 zu § 77 BetrVG 1972 Tarifvorbehalt.

Tarifvertrag entspricht mithin grundsätzlich dem mutmaßlichen Willen der Kollektivvertragsparteien.

(3) Normzweck

Schließlich darf die Umdeutung nicht dem Schutzzweck der Nichtigkeit zuwiderlaufen.[465] Die Unwirksamkeit einer dreiseitigen Vereinbarung in Form einer Betriebsvereinbarung wird ihre Ursache regelmäßig in einem Verstoß gegen § 77 Abs. 3 BetrVG haben. Diese Norm darf einer Umdeutung folglich nicht entgegenstehen. Schutzzweck des § 77 Abs. 3 BetrVG ist, die Tarifautonomie vor einer Aushöhlung und Bedeutungsminderung durch Betriebsvereinbarungen zu schützen. Dieser kann durch die Umdeutung einer unwirksamen Betriebsvereinbarung in einen (Firmen)Tarifvertrag denklogisch nicht tangiert werden.

(4) Zwischenergebnis

Die durch die Nachwirkung der Tarifnormen ausgelöste höhere Bindungsintensität des (Firmen)Tarifvertrags kann der Umdeutung einer unwirksamen Betriebsvereinbarung entgegenstehen. Dies ist eine Frage des Einzelfalls. Ansonsten kann eine Betriebsvereinbarung bei einem Verstoß gegen § 77 Abs. 3 BetrVG entsprechend § 140 BGB in einen (Firmen)Tarifvertrag umgedeutet werden.

3. Ergebnis

Die Umdeutung einer nichtigen Betriebsvereinbarung aufgrund einer Konversionsklausel ist möglich. Aus dem Umstand, dass eine dreiseitige Vereinbarung von Arbeitgeber, Gewerkschaft und Betriebsrat abgeschlossen wird, kann auf eine Konversionsklausel geschlossen werden. Bei Beachtung des Gebots der Rechtsquellenklarheit gilt dies jedoch nicht. Dann muss sich aus der dreiseitigen Vereinbarung ausdrücklich ergeben, dass bei Nichtigkeit der Betriebsvereinbarung eine Geltung als (Firmen)Tarifvertrag gewollt ist. Ansonsten ist eine Umdeutung gemäß § 140 BGB analog zu erwägen, die gegebenenfalls zulässig ist.

---

465 BGH v. 12.08.1976 – 2 AZR 311/75, AP Nr. 10 zu § 102 BetrVG 1972; Erman/*Palm*, § 140 BGB Rn. 13.

D) Kriterien für die Qualifizierung einer dreiseitigen Vereinbarung als Tarifvertrag oder Betriebsvereinbarung

Erfüllt eine dreiseitige Vereinbarung die jeweiligen Wirksamkeitsvoraussetzungen, kann sie somit entweder ein Tarifvertrag oder eine Betriebsvereinbarung sein. Bestehen Zweifel hinsichtlich der Rechtsnatur, ist durch Auslegung zu ermitteln, welche Regelungsform im konkreten Fall gegeben ist.

I. Vertragsauslegung oder Gesetzesauslegung

Problematisch ist, ob dabei die Grundsätze der Vertragsauslegung oder die der Gesetzesauslegung zugrunde zu legen sind. Die Auslegung von Willenserklärungen und Verträgen erfolgt nach den §§ 133, 157 BGB. Während § 133 BGB mit dem wirklichen Willen ein subjektives Kriterium in den Vordergrund stellt, betont § 157 BGB mit dem Grundsatz von Treu und Glauben und der Verkehrssitte objektive Kriterien. Beide Vorschriften widersprechen einander nicht, sondern bilden die methodische Basis sowohl für die einfache (erläuternde) Auslegung, die sich vorrangig am wirklichen Willen der Erklärenden orientiert, als auch für die ergänzende Auslegung, mit der Lücken in rechtsgeschäftlichen Vereinbarungen anhand normativer Kriterien geschlossen werden.[466] Im Gegensatz zu Verträgen sind Gesetze aus sich selbst heraus zu deuten. Ausschlaggebend ist nicht der wirkliche, sondern der im Gesetzeswortlaut objektivierte Wille des Gesetzgebers.[467]

Das methodische Vorgehen des Bundesarbeitsgerichts zur Ermittlung der Rechtsnatur dreiseitiger Vereinbarungen ist uneinheitlich. Während der 1. Senat die Grundsätze der Gesetzesauslegung heranzieht[468], sind nach Auffassung des 9. Senats die allgemeinen Regeln über das Zustandekommen und die Auslegung schuldrechtlicher Verträge gemäß §§ 133, 157 BGB maßgeblich.[469]

Ginge man bei der Klärung der Rechtsnatur dreiseitiger Vereinbarungen wie bei der Abgrenzung von Tarifverträgen und anderen lediglich schuldrechtlich wirkenden Vereinbarungen vor, fänden die Regeln der Vertragsauslegung (§§ 133, 157 BGB) Anwendung, denn Rechtsprechung und Schrifttum wenden in

---

466 MünchKommBGB-*Busche*, § 133 BGB Rn. 17 f.; Palandt/*Ellenberger*, § 133 BGB Rn. 2; siehe auch *Larenz/Wolf*, AT, § 28 Rn. 4 ff.; *Medicus*, AT, Rn. 319 ff.

467 Vgl. z. B. BVerfG v. 17.05.1960 – 2 BvL 11/59, 2 BvL 11/60, BVerfGE 11, 126; *Wank*, Auslegung, S. 29 ff.; *Bydlinski*, Methodenlehre und Rechtsbegriff, S. 428 ff.

468 BAG v. 07.11.2000 – 1 AZR 175/00, AP Nr. 14 zu § 77 BetrVG 1972 Tarifvorbehalt; v. 15.04.2008 – 1 AZR 86/07, ZIP 2008, 1544; siehe auch LAG Düsseldorf v. 27.01.2000 – 5 (6) Sa 1259/99, nv.; zustimmend *Schaub*, EWiR 2001, 639 (640).

469 BAG v. 15.04.2008 – 9 AZR 159/07, AP Nr. 38 zu § 1 TVG Altersteilzeit.

diesem Fall die allgemeinen Regeln über die Auslegung schuldrechtlicher Verträge an.[470] Die Grundsätze über die Auslegung von Tarifverträgen – d. h. nach Ansicht des Bundesarbeitsgerichts die der Gesetzesauslegung[471] – seien nicht anwendbar, da die Klärung, ob es sich bei der Vereinbarung um einen Tarifvertrag handelt, eine der Auslegung des Tarifvertrags vorgeschaltete Frage sei.[472] Im Widerspruch dazu steht die Entscheidung des Bundesarbeitsgerichts zur Abgrenzung von Betriebsvereinbarung und Gesamtzusage.[473] Ob eine normativ wirkende Betriebsvereinbarung oder eine rechtsgeschäftliche Erklärung in Form einer Gesamtzusage vorliegt, ist danach nach den Grundsätzen der Gesetzesauslegung festzustellen. Die Anwendung dieser Grundsätze erfordere nicht, dass die Normqualität der betreffenden Regelung bereits feststehe. Es sei entscheidend, wie Dritte die Bestimmung zu verstehen haben. Die Frage nach dem Inhalt der Vereinbarung und die Frage, ob dieser normative Wirkung zukommt, ließen sich nicht trennen und seien beide nach den Grundsätzen der Gesetzesauslegung zu beantworten.[474] Letzteres ist überzeugend, denn die Normqualität und der Regelungsinhalt lassen sich in der Tat nicht losgelöst voneinander feststellen. Daher wird bei der Prüfung der Frage auch nicht das Ergebnis der Prüfung vorausgesetzt und damit ein Zirkelschluss begangen. Darüber hinaus besteht zwischen der Abgrenzung von Tarifvertrag und schuldrechtlichem Vertrag sowie der Abgrenzung von Tarifvertrag und Betriebsvereinbarung ein gewichtiger Unterschied, der Beachtung finden muss: Bei der Abgrenzung von Tarifvertrag und

470 BAG v. 05.11.1997 – 4 AZR 872/95, AP Nr. 29 zu § 1 TVG; v. 14.04.2004 – 4 AZR 232/03, AP Nr. 188 zu § 1 TVG Auslegung; Däubler/*Däubler*, TVG Einleitung Rn. 867 f.; Kempen/Zachert/*Zachert*, TVG Grundlagen Rn. 758; Wiedemann/*Thüsing*, § 1 TVG Rn. 25.

471 Ständige Rechtsprechung des BAG, siehe z. B. BAG v. 16.02.1989 – 6 AZR 129/87, AP Nr. 13 zu § 33 BAT; v. 15.02.1990 – 6 AZR 386/88, AP Nr. 17 zu § 17 BAT; v. 25.10.1995 – 4 AZR 478/94, AP Nr. 57 zu § 1 TVG Tarifverträge Einzelhandel; v. 28.05.1998 – 6 AZR 349/96, AP Nr. 52 zu § 611 BGB Bühnenengagementsvertrag; v. 23.02.2005 – 4 AZR 79/04, AP Nr. 12 zu § 1 TVG Tarifverträge: Verkehrsgewerbe; v. 09.02.2006 – 6 AZR 281/05, ZTR 2006, 545; kritisch Däubler/*Däubler*, TVG Einleitung Rn. 499 ff.; Kempen/Zachert/*Zachert*, TVG Grundlagen Rn. 374; Wiedemann/*Wank*, § 1 TVG Rn. 991 ff. – Auch bei der Auslegung von Betriebsvereinbarungen geht die Rechtsprechung objektiv vor, siehe z. B. BAG v. 18.01.1990 – 6 AZR 485/88, nv. (juris); v. 17.11.1998 – 1 AZR 221/98, AP Nr. 6 zu § 77 BetrVG 1972 Auslegung; v. 22.07.2003 – 1 AZR 496/02, NZA 2004, 568; v. 13.03.2007 – 1 AZR 262/06, AP Nr. 183 zu § 112 BetrVG 1972.

472 Vgl. auch *Menssen*, AuR 1998, 234.

473 BAG v. 11.12.2007 – 1 AZR 953/06, DB 2008, 1215.

474 So das BAG bereits an anderer Stelle, siehe BAG v. 26.08.1998 – 5 AZR 740/97, AP Nr. 33 zu § 1 TVG Tarifverträge Druckindustrie; v. 03.05.2006 – 1 ABR 2/05, AP Nr. 31 zu § 99 BetrVG 1972 Eingruppierung; v. 19.06.2007 – 1 AZR 541/06, nv. (juris); vgl. auch *Kamanabrou*, RdA 1997, 22 (23); a. A. *Menssen*, AuR 1998, 234.

schuldrechtlichem Vertrag, ist darzutun, ob die Tarifvertragsparteien eine Vereinbarung mit normativer Wirkung wollen, so dass der Wille der Parteien entscheidend ist und dementsprechend die Regeln der Vertragsauslegung, §§ 133, 157 BGB, anzuwenden sind. Dagegen stellt sich bei der Abgrenzung von Tarifvertrag und Betriebsvereinbarung die Frage, ob eine normative oder lediglich eine schuldrechtliche Wirkung der Vereinbarung beabsichtigt ist, nicht, da beide Regelungsformen normative Wirkung haben.[475] Die normative Wirkung gebietet die Heranziehung der für die Auslegung von Gesetzen geltenden Regeln, da die Normen dreiseitiger Vereinbarungen am Vertrag nicht beteiligte Dritte erfassen. Der rechtsstaatliche Grundsatz der Rechtssicherheit und Rechtsklarheit (Art. 20 GG) verlangt, dass die Normunterworfenen den Inhalt der für sie geltenden Vereinbarung erkennen können.[476] Liegt also in jedem Fall eine normativ wirkende Vereinbarung (entweder Tarifvertrag oder Betriebsvereinbarung) vor, müssen die für diese Normenverträge geltenden Auslegungsregeln angewendet werden. Das Bundesarbeitsgericht greift bei der Auslegung von Tarifverträgen und Betriebsvereinbarungen auf die Regeln der Gesetzesauslegung zurück und geht dabei wie folgt vor: Ausgangspunkt der Auslegung ist stets der Wortlaut der Vereinbarung. Ist dieser mehrdeutig, muss der wirkliche Wille der Vertragsparteien berücksichtigt werden, soweit er in der Vereinbarung seinen Niederschlag gefunden hat. Abzustellen ist auch auf den Gesamtzusammenhang der Regelung, denn dieser enthält Anhaltspunkte für den wirklichen Willen der Parteien und trägt dazu bei, Sinn und Zweck der Vereinbarung zutreffend zu ermitteln. Im Zweifel wollen die Vertragsparteien eine Vereinbarung schließen, die mit höherrangigem Recht in Einklang steht und daher Bestand hat. Zu bedenken ist schließlich die Praktikabilität denkbarer Auslegungsergebnisse. In Zweifelsfällen gebührt der Auslegung Vorrang, die zu einer vernünftigen, sachgerechten, zweckorientierten und praktisch brauchbaren Regelung führt.[477]

---

475 In der Regel ist die normative Wirkung maßgeblich. Sollte es sich im Einzelfall um eine rein schuldrechtliche Regelung handeln (z. B. eine Standortgarantievereinbarung ohne normativ wirkende Regelungskomplexe), sind die Grundsätze der Vertragsauslegung anzuwenden.

476 BAG v. 16.05.1995 – 3 AZR 395/94, AP Nr. 10 zu § 1 TVG Tarifverträge Papierindustrie.

477 BAG v. 07.11.2000 – 1 AZR 175/00, AP Nr. 14 zu § 77 BetrVG 1972 Tarifvorbehalt mit zustimmender Anmerkung *Schaub*, EWiR 2001, 639 (640); v. 24.11.1993 – 4 AZR 225/93, AP Nr. 116 zu § 1 TVG Tarifverträge Metallindustrie. Vgl. auch die etwas kürzeren und sprachlich anders ausfallenden Formulierungen des LAG Düsseldorf v. 27.01.2000 – 5 (6) Sa 1259/99, nv.; LAG Düsseldorf v. 02.12.1999 – 5 Sa 992/99, DB 2000, 431 f.; kritisch die herrschende Lehre: Wiedemann/*Wank*, § 1 TVG Rn. 991 ff.; Däubler/*Däubler*, TVG Einleitung Rn. 499 ff.; Kempen/Zachert/*Zachert*, TVG Grundlagen Rn. 374.

II. Die Auslegung von dreiseitigen Vereinbarungen

Unter Zugrundelegung der vom Bundesarbeitsgericht aufgestellten Auslegungsgrundsätze soll nun herausgearbeitet werden, wann eine dreiseitige Vereinbarung als Tarifvertrag oder als Betriebsvereinbarung zu qualifizieren ist.

1. Wortlaut

Ausgangspunkt der Auslegung ist der Wortlaut der dreiseitigen Vereinbarung. Zwar ist es für die Qualifizierung einer Vereinbarung als Tarifvertrag oder als Betriebsvereinbarung nicht entscheidend, dass die Vertragsparteien den Begriff Tarifvertrag bzw. Betriebsvereinbarung verwendet haben.[478] Doch kann die Bezeichnung durch die Vertragsparteien ein Anhaltspunkt für die Rechtsnatur der Vereinbarung sein.[479] In der Praxis sind dreiseitige Vereinbarungen unterschiedlich bezeichnet worden. So wurde eine Vereinbarung, an der neben dem Arbeitgeber sowohl die zuständige Gewerkschaft als auch der Betriebsrat beteiligt waren, mit der Überschrift „Sozialplan/Interessenausgleich" versehen.[480] Des Weiteren wurde von den Kollektivvertragsparteien die Bezeichnung „Standortsicherungsvertrag" gewählt.[481] Dagegen wurden andere Vereinbarungen konkret mit den Formulierungen „Betriebsvereinbarung über einen Konsolidierungsvertrag"[482] und „Firmentarifvertrag zur Förderung der Altersteilzeit"[483] überschrieben. Im Folgenden ist zu erörtern, welche Bedeutung die Bezeichnung der Vereinbarung durch die Kollektivvertragsparteien hat.

478 So für den Tarifvertrag BAG v. 25.06.2003 – 4 AZR 405/02, AP Nr. 1 zu § 1 TVG Beschäftigungssicherung; v. 23.01.2008 – 4 AZR 602/06, AP Nr. 63 zu § 1 TVG Bezugnahme auf Tarifvertrag; anders BAG v. 19.09.2007 – 4 AZR 670/06, AP Nr. 202 zu § 1 TVG Auslegung.

479 Für den Tarifvertrag BAG v. 15.04.2008 – 9 AZR 159/07, AP Nr. 38 zu § 1 TVG Altersteilzeit.

480 Vgl. BAG v. 16.05.1995 – 3 AZR 535/06, AP Nr. 15 zu § 4 TVG Ordnungsprinzip (hier handelte allerdings nicht der Betriebsrat, sondern vier gewählte Vertreter des Betriebsrats).

481 BAG v. 23.01.2008 – 4 AZR 602/06, AP Nr. 63 zu § 1 TVG Bezugnahme auf Tarifvertrag; LAG München v. 22.08.2006 – 8 Sa 569/06, nv. (juris).

482 BAG v. 07.11.2000 – 1 AZR 175/00, AP Nr. 14 zu § 77 BetrVG 1972 Tarifvorbehalt; LAG Düsseldorf v. 27.01.2000 – 5 (6) Sa 1259/99, nv.; v. 02.12.1999 – 5 Sa 992/99, DB 2000, 431.

483 BAG v. 15.04.2008 – 9 AZR 159/07, AP Nr. 38 zu § 1 TVG Altersteilzeit.

a) Neutrale Bezeichnung

Wählen die Kollektivvertragsparteien eine neutrale Formulierung wie beispielsweise „Standortsicherungsvertrag“[484] oder „Vereinbarung zur Sicherung der betrieblichen Zukunft“, lässt sich daraus kein Schluss auf die von den Vertragsparteien gewollte Rechtsnatur der Vereinbarung ziehen.

b) Bezeichnung als Interessenausgleich/Sozialplan

Anders sieht es hingegen bei der Bezeichnung einer dreiseitigen Vereinbarung als „Interessenausgleich/Sozialplan“[485] aus. Diese spricht für eine Einordnung als Betriebsvereinbarung. Zwar ist der Interessenausgleich nach ganz überwiegender Ansicht keine Betriebsvereinbarung, sondern eine kollektive Vereinbarung besonderer Art.[486] Und auch für den Sozialplan ist nicht geklärt, ob dieser tatsächlich eine Betriebsvereinbarung ist oder lediglich gemäß § 112 Abs. 1 Satz 3 BetrVG wie eine solche behandelt wird.[487] Die Begriffe „Interessenausgleich“ und „Sozialplan“ sind aber Begriffe des Betriebsverfassungsrechts. Die Bezeichnung einer dreigliedrigen Vereinbarung als „Interessenausgleich/Sozialplan“ durch die Kollektivvertragsparteien deutet somit darauf hin, dass die Vereinbarung zwischen Arbeitgeber und Betriebsrat zustande kommen soll, während die beteiligte Gewerkschaft lediglich eine unterstützende Funktion innehat. Allerdings hat diese Bezeichnung lediglich Indizwirkung. Eine weitere Auslegung kann ergeben, dass es sich trotz der auf eine Betriebsvereinbarung hinweisenden Wortwahl um einen (Firmen)Tarifvertrag handelt.[488]

c) Bezeichnung als Betriebsvereinbarung oder Firmentarifvertrag

Neben den Begriffen „Standortsicherungsvertrag“ oder „Interessenausgleich/Sozialplan“ haben die Vertragsparteien eine dreiseitige Vereinbarung konkret als

---

484 BAG v. 23.01.2008 – 4 AZR 602/06, AP Nr. 63 zu § 1 TVG Bezugnahme auf Tarifvertrag; LAG München v. 22.08.2006 – 8 Sa 569/06, nv. (juris).

485 Vgl. BAG v. 16.05.1995 – 3 AZR 535/06, AP Nr. 15 zu § 4 TVG Ordnungsprinzip (hier handelte allerdings nicht der Betriebsrat, sondern vier gewählte Vertreter des Betriebsrats).

486 BAG v. 20.04.1994 – 10 AZR 186/93, AP Nr. 27 zu § 113 BetrVG 1972; *Fitting*, §§ 112, 112a BetrVG Rn. 50; H/S/W/G/N-*Hess*, § 112 BetrVG Rn. 14.

487 Für eine Betriebsvereinbarung: BAG v. 10.08.1994 – 10 ABR 61/93, AP Nr. 86 zu § 112 BetrVG 1972; Richardi/*Annuß*, § 112 BetrVG Rn. 171. Für eine Betriebsvereinbarung besonderer Art: BAG v. 05.02.1997 – 10 AZR 553/96, AP Nr. 112 zu § 112 BetrVG 1972.

488 BAG v. 16.05.1995 – 3 AZR 535/06, AP Nr. 15 zu § 4 TVG Ordnungsprinzip.

„Betriebsvereinbarung“[489] und als „Firmentarifvertrag“[490] bezeichnet. In diesen Fällen stellt sich die Frage, ob dies für die Rechtsnatur der Vereinbarungen verbindlich ist oder ob sie entgegen der Bezeichnung als Tarifvertrag bzw. im umgekehrten Fall als Betriebsvereinbarung qualifiziert werden können. Das Bundesarbeitsgericht und ein Teil der Literatur sind der Ansicht, dass im Falle eines eindeutigen Wortlauts auf die anderen Auslegungskriterien nicht einzugehen sei. Ergebe sich aus dem Wortlaut der Vereinbarung eindeutig, dass sie einen Tarifvertrag bzw. eine Betriebsvereinbarungen darstellen solle, sei dieses gefundene Auslegungsergebnis zu akzeptieren. Eine weitere Auslegung verbiete sich grundsätzlich; lediglich wenn andere Indizien belegten, dass der Sinn der Vereinbarung im Text unzureichend Ausdruck gefunden habe, sei eine Auslegung entgegen dem Wortlaut möglich.[491] Diese Auffassung ist verfehlt. Erst nach Prüfung aller Auslegungskriterien zeigt sich, ob ein Wortlaut eindeutig ist.[492] Die Bezeichnung dreiseitiger Vereinbarungen als Tarifvertrag oder Betriebsvereinbarung durch die Parteien hat daher lediglich Indizwirkung.

Vielfach wird die Bezeichnung durch die Kollektivvertragsparteien auch nicht weiterhelfen. Denn die dreigliedrigen Vereinbarungen, über die die Gerichte bisher zu entscheiden hatten, weisen einen mehrdeutigen Wortlaut auf. So spricht beispielsweise das im Fall der „Betriebsvereinbarung über einen Konsolidierungsvertrag“[493] in der Überschrift benutzte Wort „Betriebsvereinbarung“ für die Qualifizierung der dreiseitigen Vereinbarung als Betriebsvereinbarung. In der erläuternden Vorbemerkung der Vereinbarung heißt es jedoch, die Vereinbarung regle nur die Positionen 4.3 Teil I und Teil II. Unter 4.3 ist aber unter anderem die Rede von dem „Abschluss eines Sanierungs- und Ergänzungstarifvertrags“.[494] Der Wortlaut dieser dreigliedrigen Vereinbarung ist widersprüchlich und damit für die Klärung der Rechtsnatur wenig ergiebig. Gleiches gilt für den Fall des „Firmentarifvertrags zur Förderung der Altersteilzeit“ (FTV ATZ)[495]. Hier deutet

---

489 BAG v. 07.11.2000 – 1 AZR 175/00, AP Nr. 14 zu § 77 BetrVG 1972 Tarifvorbehalt; LAG Düsseldorf v. 27.01.2000 – 5 (6) Sa 1259/99, nv.; v. 02.12.1999 – 5 Sa 992/99, DB 2000, 431.

490 BAG v. 15.04.2008 – 9 AZR 159/07, AP Nr. 38 zu § 1 TVG Altersteilzeit.

491 Vgl. BAG v. 23.02.2000 – 7 AZR 891/98, AP Nr. 1 zu § 62 MTL II; BVerfG v. 27.01.1998 – 1 BvL 22/93, BVerfGE 97, 186; HWK-*Henssler*, § 1 TVG Rn. 77; *Schaub*, NZA 1994, 597 (599).

492 Wiedemann/*Wank*, § 1 TVG Rn. 1016; *Wank*, Auslegung, S. 71; *Kamanabrou*, RdA 1997, 22 (24 f.)

493 BAG v. 07.11.2000 – 1 AZR 175/00, AP Nr. 14 zu § 77 BetrVG 1972 Tarifvorbehalt; LAG Düsseldorf v. 27.01.2000 – 5 (6) Sa 1259/99, nv.; v. 02.12.1999 – 5 Sa 992/99, DB 2000, 431.

494 Die Vorbemerkung ist in BAG v. 07.11.2000 – 1 AZR 175/00, AP Nr. 14 zu § 77 BetrVG 1972 Tarifvorbehalt aufgeführt.

495 BAG v. 15.04.2008 – 9 AZR 159/07, AP Nr. 38 zu § 1 TVG Altersteilzeit.

die Überschrift „Firmentarifvertrag“ auf einen Tarifvertrag hin. Dagegen ist der Text der Vereinbarung uneinheitlich. Überwiegend wird das Regelungswerk als „Firmentarifvertrag“ bezeichnet (siehe §§ 1, 7, 20 des FTV ATZ), doch werden auch die Ausdrücke „Gesamtbetriebsvereinbarung“ und „Betriebsvereinbarung“ verwendet (siehe §§ 17, 20 des FTV ATZ).

d) Weitere Indizien

Werden in der Kollektivvereinbarung die Vertragspartner ausdrücklich genannt, kann dies ebenfalls als Indiz gewertet werden. Bezeichnet eine Vereinbarung beispielsweise mehrfach Arbeitgeber und Betriebsrat als Vertragspartner, nicht aber die ebenfalls beteiligte Gewerkschaft, spricht dies für eine Betriebsvereinbarung.[496]

Zweifelhaft ist dagegen, ob die Reihenfolge der Nennung der Beteiligten, die Platzierung ihrer Unterschriften und die Verwendung des verknüpfenden Wortes „sowie“ einen Rückschluss auf die Vertragsparteien und damit auf die Rechtsnatur einer dreiseitigen Vereinbarung zulässt. Diese Sichtweise befürwortet das Landesarbeitsgericht Düsseldorf.[497] Es wertete einen „Konsolidierungsvertrag“ zwischen Arbeitgeber, Betriebsrat und Gewerkschaft als Betriebsvereinbarung: Parteien des Vertrags seien Arbeitgeber und Betriebsrat. Die Gewerkschaft IG Metall müsse als „weitere Beteiligte“ qualifiziert werden. Dafür spreche zum einen die Platzierung der Unterschrift der beteiligten Gewerkschaft an der Unterseite des Deckblatts. Des Weiteren zeige die Verwendung des verknüpfenden Wortes „sowie“, dass die Gewerkschaft nicht als vollwertige Vertragspartei fungiere. Dem ist nicht zuzustimmen. Die Beteiligten müssen in einer bestimmten Reihenfolge genannt werden, sei es neben- oder untereinander. Eine Partei nimmt dabei zwangsläufig die Schlussposition ein. Welcher Beteiligte das ist, mag unter Umständen von den Parteien bewusst gewählt worden sein. Da dies aber nicht nach außen erkennbar ist, ergibt sich allein aus der Art und Weise der Aufzählung der Beteiligten sowie der Platzierung ihrer Unterschriften kein Anhaltspunkt dafür, ob sie vollwertige Vertragspartner sind. Gleiches gilt für den Gebrauch des Wortes „sowie“. Dieses dient der Verknüpfung von Gliedern einer Auszählung und wird synonym für die Wörter „und (außerdem)“, „und auch“ verwendet.[498] Für die Annahme, dass die diesem Wort folgende Person oder der nachstehende Gegenstand nachrangig gegenüber den Vorgenannten ist, findet sich keine Stütze.

---

496 So das LAG Düsseldorf v. 27.01.2000 – 5 (6) Sa 1259/99, nv. Völlig unberücksichtigt bleibt dieser Aspekt dagegen in der Entscheidung des BAG v. 07.11.2000 – 1 AZR 175/00, AP Nr. 14 zu § 77 BetrVG 1972 Tarifvorbehalt.

497 LAG Düsseldorf v. 27.01.2000 – 5 (6) Sa 1259/99, nv.; v. 02.12.1999 – 5 Sa 992/99, DB 2000, 431.

498 Duden, Deutsches Universalwörterbuch.

2. Systematik

Ein weiteres Auslegungskriterium ist die Systematik. In diesem Zusammenhang kann ein vorhandener Anerkennungstarifvertrag relevant werden. Wird in diesem die dreiseitige Vereinbarung als Betriebsvereinbarung bezeichnet, ist dies ein Indiz dafür, dass es sich bei der Vereinbarung um eine Betriebsvereinbarung handelt. Erklärt der Anerkennungstarifvertrag in seiner Anlage darüber hinaus ausdrücklich bestimmte Tarifverträge für anwendbar, lässt dabei aber die dreigliedrige Vereinbarung außer Acht, spricht dies ebenfalls für eine Qualifizierung als Betriebsvereinbarung.[499]

3. Entstehungsgeschichte

Gegebenenfalls ist die Entstehungsgeschichte einer dreiseitigen Vereinbarung heranzuziehen. Als Auslegungsmittel dienen dabei unter anderem Verhandlungsprotokolle, Verhandlungsniederschriften und Rundschreiben, jedoch nur soweit sie nicht bereits Inhalt des Vertrags geworden sind.[500] Zur Klärung der Rechtsnatur einer dreiseitigen Vereinbarung kann es auf den zeitlichen und sachlichen Kontext ankommen, in dem die Vereinbarung abgeschlossen wurde. Wurden im Vorfeld einer dreigliedrigen Vereinbarung beispielsweise bereits ein Interessenausgleich und/oder Sozialplan geschlossen und gibt es keine entgegenstehenden Anhaltspunkte, spricht viel dafür, dass mit der dreiseitigen Vereinbarung wiederum eine betriebliche Regelung – quasi als Fortführung der bisherigen Unternehmenspolitik – geschaffen werden sollte.[501]

4. Sinn und Zweck

Schließlich ist für die Auslegung der Sinn und Zweck einer dreiseitigen Vereinbarung maßgeblich.

a) Konkreter Regelungszweck

Zunächst ist der konkrete Regelungszweck festzustellen, d. h. der von den Kollektivvertragsparteien geschaffene finale Zusammenhang zwischen Tatbestand

---

499 Vgl. dazu LAG Düsseldorf v. 27.01.2000 – 5 (6) Sa 1259/99, nv.; v. 02.12.1999 – 5 Sa 992/99, DB 2000, 431; a. A. BAG v. 07.11.2000 – 1 AZR 175/00, AP Nr. 14 zu § 77 BetrVG 1972 Tarifvorbehalt.

500 *Löwisch/Rieble*, § 1 TVG Rn. 571; Jacobs/Krause/Oetker-*Krause*, § 4 Rn. 189.

501 So auch LAG Düsseldorf v. 27.01.2000 – 5 (6) Sa 1259/99, nv.; v. 02.12.1999 – 5 Sa 992/99, DB 2000, 431.

und Rechtsfolgen der Vereinbarung.[502] Dreiseitige Vereinbarungen bezwecken Planungssicherheit und Kostenersparnisse für den Arbeitgeber sowie Beschäftigungssicherung für die Arbeitnehmerseite. Diese Ziele lassen sich sowohl mittels eines Tarifvertrags als auch einer Betriebsvereinbarung erreichen. Etwas anderes gilt jedoch, wenn mit dem Regelungswerk der dreiseitigen Vereinbarung in tarifvertragliche Ansprüche der Arbeitnehmer eingegriffen werden soll. Dies ist nur mit einem Tarifvertrag möglich, da eine Betriebsvereinbarung vorbehaltlich einer Öffnungsklausel wegen eines Verstoßes gegen § 77 Abs. 3 BetrVG nichtig wäre.[503] Nur in diesem Fall lässt sich dem konkreten Regelungszweck einer dreigliedrigen Vereinbarung ein Hinweis auf ihre Rechtsnatur entnehmen.

b) Allgemeiner Regelungszweck

Neben dem konkreten Regelungszweck sind allgemeine Normzwecke wie Rechtssicherheit und Praktikabilität zu berücksichtigen. Das Bundesarbeitsgericht hat für die Auslegung von Tarifverträgen den Grundsatz aufgestellt, die Parteien hätten eine vernünftige, gerechte, zweckorientierte und praktisch brauchbare Regelung treffen wollen, so dass im Zweifel derjenigen Auslegung der Vorzug zu geben sei, die den Anforderungen des Rechts- und Arbeitslebens am ehesten entspreche.[504] An diesen Grundsatz anknüpfend ist im Falle dreigliedriger Vereinbarungen zu untersuchen, ob die Einordnung als Tarifvertrag oder die als Betriebsvereinbarung zu vernünftigen und praktikablen Ergebnissen führt.

Wertet man eine dreiseitige Vereinbarung als Betriebsvereinbarung, gelten die getroffenen Regelungen nicht nur für die organisierten Arbeitnehmer, sondern für die gesamte Belegschaft des Betriebs. Im Gegensatz dazu erstreckt sich die dreiseitige Vereinbarung bei einer Qualifizierung als Tarifvertrag lediglich dann auf Nichtorganisierte, wenn der Tarifvertrag für allgemein verbindlich erklärt wird (vgl. § 5 TVG) oder die jeweiligen Arbeitsverträge eine Klausel enthalten, die die Vereinbarung zwischen Arbeitgeber, Gewerkschaft und Betriebsrat für die Arbeitsverhältnisse für anwendbar erklärt. Eine solche Verweisung kann jedoch grundsätzlich nur im Einvernehmen mit den Arbeitnehmern vereinbart werden. Eine einseitige Änderung der Arbeitsverträge durch den Arbeitgeber ist nur mittels Änderungskündigung oder bei bestehendem Anpassungsvorbe-

---

502 *Löwisch/Rieble*, § 1 TVG Rn. 566; Wiedemann/*Wank*, § 1 TVG Rn. 1031.

503 So auch BAG v. 23.01.2008 – 4 AZR 602/06, AP Nr. 63 zu § 1 TVG Bezugnahme auf Tarifvertrag.

504 BAG v. 09.03.1983 – 4 AZR 61/80, AP Nr. 128 zu § 1 TVG Auslegung; v. 21.03.2001 – 10 AZR 41/00, AP Nr. 75 zu § 1 TVG Tarifverträge Einzelhandel; *Löwisch/Rieble*, § 1 TVG Rn. 568; HWK-*Henssler*, § 1 TVG Rn. 82; Wiedemann/*Wank*, § 1 TVG Rn. 1031.

halt möglich. Diese Vorgehensweise ist nicht nur umständlich, sondern birgt außerdem die Gefahr, dass nicht sämtliche Arbeitnehmer des Betriebs von der dreiseitigen Vereinbarung erfasst werden. Eine Betriebsvereinbarung ist daher praktikabler und auch aus Gründen der Rechtssicherheit vorzugswürdig. Dies gilt allerdings nur unter der Voraussetzung, dass die Betriebsvereinbarung nicht wegen Verstoßes gegen § 77 Abs. 3 BetrVG nichtig ist. Insofern sind dreiseitige Vereinbarungen – unter Beachtung der Regelungssperre des § 77 Abs. 3 BetrVG – nach dem Grundsatz des Bundesarbeitsgerichts als Betriebsvereinbarungen zu qualifizieren.

5. Im Zweifel eine wirksame Vereinbarung?

Schließlich zieht das Bundesarbeitsgericht bei der Qualifizierung dreiseitiger Vereinbarungen einen Zweifelssatz heran. Da die vertragsschließenden Parteien im Zweifel Regelungen treffen wollten, die mit höherrangigem Recht in Einklang stehen und damit auch Bestand haben, sei im Rahmen der Auslegung dreiseitiger Vereinbarungen zu prüfen, welche Regelungsform zur Wirksamkeit der Vereinbarung führt.[505] In dem vom Bundesarbeitsgericht entschiedenen Fall des „Konsolidierungsvertrags" sei der Wille der Kollektivvertragsparteien auf den Abschluss eines Tarifvertrags gerichtet, da nur dieser wirksam hätte vereinbart werden können. Eine Betriebsvereinbarung dieses Inhalts sei aufgrund der Sperrwirkung des § 77 Abs. 3 BetrVG unwirksam. Ist die These des Bundesarbeitsgerichts richtig, hat dies zur Folge, dass eine dreiseitige Vereinbarung im Zweifel als (Firmen)Tarifvertrag einzuordnen ist, wenn eine Betriebsvereinbarung wegen Verstoßes gegen § 77 Abs. 3 BetrVG unwirksam wäre.

Es erscheint fragwürdig, ob die mögliche Nichtigkeit einer Vereinbarung bei der Ermittlung ihrer Rechtsnatur Beachtung finden kann oder ob sich die Frage nach der Wirksamkeit erst stellt, wenn mit der Normurheberschaft die rechtlichen Beurteilungsmaßstäbe für die Wirksamkeitskontrolle feststehen.[506] Allerdings macht das Bundesarbeitsgericht bei der rechtlichen Qualifizierung dreigliedriger Vereinbarungen von einem anerkannten Grundsatz Gebrauch. Sowohl bei der Auslegung von Gesetzen als auch bei der von Verträgen (und damit auch bei der von Tarifnormen) ist es üblich, von zwei möglichen Auslegungsvarianten, von denen die eine zu einem unwirksamen, die andere dagegen zu einem wirksamen

---

505 BAG v. 07.11.2000 – 1 AZR 175/00, AP Nr. 14 zu § 77 BetrVG 1972 Tarifvorbehalt; v. 23.01.2008 – 4 AZR 602/06, AP Nr. 63 zu § 1 TVG Bezugnahme auf Tarifvertrag; v. 15.04.2008 – 9 AZR 159/07, AP Nr. 38 zu § 1 TVG Altersteilzeit.

506 Kritisch zur Anwendung des Zweifelsgrundsatzes *Grau/Döring*, NZA 2008, 1335 (1337).

Ergebnis führt, letztere zu wählen.[507] Bevor dieser Zweifelsgrundsatz aber herangezogen werden kann, ist anhand der anerkannten Auslegungskriterien der Wille der Vertragsparteien zu ermitteln. Lässt sich dieser eindeutig feststellen, kommt die Zweifelsregelung nicht zur Anwendung. Folglich ist bei dreiseitigen Vereinbarungen zunächst zu erforschen, welche Regelungsform dem Willen der Kollektivvertragsparteien – unabhängig von einer möglichen Unwirksamkeit – entspricht.[508] Ergibt sich aus der dreiseitigen Vereinbarung nicht zweifelsfrei, ob die Parteien einen Tarifvertrag oder eine Betriebsvereinbarung abschließen wollten und ist letztere wegen Verstoßes gegen § 77 Abs. 3 BetrVG unwirksam, greift der Zweifelsgrundsatz. Die dreigliedrige Vereinbarung ist in diesem Fall als Tarifvertrag zu qualifizieren. Führt die Auslegung dagegen eindeutig zu dem Ergebnis, dass die Kollektivvertragsparteien den Abschluss einer Betriebsvereinbarung anstrebten, kann die Zweifelsregelung nicht angewendet werden. Eine eventuelle Unwirksamkeit der Betriebsvereinbarung ist dann hinzunehmen.

6. Im Zweifel für die Arbeitnehmerseite?

Schließlich wird für Tarifverträge das Prinzip des Arbeitnehmerschutzes als Auslegungskriterium erwogen. Danach ist im Zweifel derjenigen Auslegung der Vorzug einzuräumen, die für die Arbeitnehmer günstiger ist.[509] Diese Überlegung könnte auch bei der Auslegung dreiseitiger Vereinbarungen Anwendung finden, so dass sich die Rechtsnatur einer Vereinbarung im Zweifel danach richten würde, welche Regelungsform im konkreten Fall für die betroffenen Arbeitnehmer günstiger ist.

Für die Einordnung einer dreiseitigen Vereinbarung als Tarifvertrag spricht, dass der Abschluss dreiseitiger Vereinbarungen dann mit Arbeitskampfmitteln erzwungen werden kann. Dagegen untersagt § 74 Abs. 2 BetrVG Arbeitgeber und Betriebsrat die Durchsetzung betriebsverfassungsrechtlicher Ziele mittels wirtschaftlicher Kampfmaßnahmen wie Streik, Aussperrung oder Arbeitsverlangsamung generell. Lassen sich Meinungsverschiedenheiten nicht beilegen, müssen die

---

507 Vgl. BAG v. 21.01.1987 – 4 AZR 547/86, AP Nr. 47 zu Art. 9 GG; v. 21.07.1993 – 4 AZR 468/92, AP Nr. 144 zu § 1 TVG Auslegung; Wiedemann/*Wank*, § 1 TVG Rn. 1019 f.; Jacobs/Krause/Oetker-*Krause*, § 4 Rn. 191; Kempen/Zachert/*Zachert*, TVG Grundlagen Rn. 391; siehe auch ErfK-*Franzen*, § 1 TVG Rn. 99.

508 So auch *Witt*, Firmentarifvertrag, S. 36.

509 Däubler/*Däubler*, TVG Einleitung Rn. 520; Kempen/Zachert/*Zachert*, TVG Grundlagen Rn. 397; *Wiedemann*, Anmerkung zu BAG v. 14.11.1973 – 4 AZR 78/7, AP Nr. 16 und 17 zu § 1 TVG Tarifverträge Bau; ablehnend *Löwisch/Rieble*, § 1 TVG Rn. 569; Wiedemann/*Wank*, § 1 TVG Rn. 998; ErfK-*Franzen*, § 1 TVG Rn. 101; *Gamillscheg*, Kollektives Arbeitsrecht I, S. 649; Jacobs/Krause/Oetker-*Krause*, § 4 Rn. 195; *Schaub*, NZA 1994, 597 (599).

Betriebspartner entweder die gesetzlich vorgesehene Einigungsstelle oder aber das Arbeitsgericht in Anspruch nehmen. Ein Tarifvertrag ist demnach das „schärfere Schwert“.[510] Geht es um die Abgrenzung von Tarifvertrag und Betriebsvereinbarung kommt der Erstreikbarkeit allerdings kaum Bedeutung zu, da die Rechtsnatur der bereits vorliegenden Vereinbarung zu ermitteln ist. Die Möglichkeit des Arbeitskampfes kann daher allenfalls für Folgeregelungen bedeutsam sein.

Wertet man eine dreiseitige Vereinbarung als Betriebsvereinbarung, besteht die Möglichkeit, dass sie wegen Verstoßes gegen § 77 Abs. 3 BetrVG unwirksam ist. Die Sperrwirkung des § 77 Abs. 3 BetrVG wird ausgelöst, wenn Arbeitsentgelte oder sonstige Arbeitsbedingungen durch Tarifvertrag geregelt sind oder üblicherweise geregelt werden. Ist ein Tarifvertrag also bereits abgeschlossen und noch gültig, kann eine dreiseitige Vereinbarung in Form einer Betriebsvereinbarung erst gar keine Wirksamkeit erlangen. Auch wenn entsprechende Tarifbestimmungen zeitlich erst nach dem Zustandekommen einer Betriebsvereinbarung in Kraft treten, greift die Sperrwirkung des § 77 Abs. 3 BetrVG.[511] Somit birgt die Qualifizierung als Betriebsvereinbarung zweierlei Gefahren: Zum einen kann die dreigliedrige Vereinbarung aufgrund der Regelung in § 77 Abs. 3 BetrVG von Anfang an unwirksam sein. Zum anderen kann sie zunächst wirksam sein, aber aufgrund eines nachfolgenden Tarifvertrags nichtig werden. Einer Betriebsvereinbarung kommt demnach nicht die „Bestandskraft“ zu, die ein Tarifvertrag hat. Die Arbeitnehmer können im Falle einer Betriebsvereinbarung nicht in gleichem Maße wie bei einem Tarifvertrag darauf vertrauen, dass die geschlossene Vereinbarung gültig bleibt und nicht durch eine spätere Regelung aufgehoben wird. Eine dreiseitige Vereinbarung in Form eines Tarifvertrags bietet damit für die Arbeitnehmer mehr Sicherheit.

Für die Arbeitnehmer dürfte ein Tarifvertrag somit die günstigere Regelungsform darstellen. Nach dem Günstigkeitsgrundsatz wäre eine dreigliedrige Vereinbarung daher als Tarifvertrag zu qualifizieren. Allerdings wird die Zweifelsregelung zu Gunsten der Arbeitnehmer bereits bei der Auslegung von Tarifverträgen kontrovers diskutiert, so dass eine Auseinandersetzung mit dem Für und Wider eines solchen Prinzips erforderlich ist, bevor es auf dreiseitige Vereinbarungen angewendet werden kann. Für eine Auslegung zu Gunsten der Arbeitnehmer lässt sich anführen, dass der Tarifvertrag ein typisches Schutzinstrument ist und seine Normen dem Sozialstaatsgebot und dem arbeitsrechtlichen Schutzprinzip ebenso wie andere Rechtsnormen unterstehen.[512] Doch auch wenn der Tarifvertrag ein

510 Zur Erstreikbarkeit dreiseitiger Vereinbarungen siehe 3.Teil.D.

511 BAG v. 21.01.2003 1 – ABR 9/02, AP Nr. 1 zu § 21a BetrVG 1972; *Fitting*, § 77 BetrVG Rn. 99.

512 So Däubler/*Däubler*, TVG Einleitung Rn. 520; *Wiedemann*, Anmerkung zu BAG v. 14.11.1973 – 4 AZR 78/7, AP Nr. 16 und 17 zu § 1 TVG Tarifverträge Bau; in diese Richtung auch Kempen/Zachert/*Zachert*, TVG Grundlagen Rn. 397.

typisches Instrument zum Schutz der Arbeitnehmer ist, kann der Auffassung, im Zweifel sei die für die Arbeitnehmer günstigere Auslegung zu wählen, nicht zugestimmt werden. Denn Ziel der Auslegung ist, den Willen beider Tarifvertragsparteien zu ermitteln. Damit ist eine Auslegung zu Gunsten einer Vertragspartei nicht – auch nicht als letztes Auslegungsmittel – vereinbar.[513] Zudem widerspricht der Rückgriff auf das Günstigkeitsprinzip dem Gedanken, dass Tarifverträge von gleich starken Parteien ausgehandelt werden. Dieser Gedanke liegt aber dem Tarifvertragssystem zugrunde.[514] Schließlich würde die Rechtsprechung, wenn sie im Zweifel zu Gunsten der Arbeitnehmer entschiede, als dritte Staatsgewalt einseitig Partei ergreifen und damit gegen das Gebot staatlicher Neutralität verstoßen.[515] Sprechen bereits bei der Auslegung von Tarifverträgen die besseren Argumente gegen die Anwendung des Günstigkeitsgrundsatzes, kann dieser erst recht nicht bei der Auslegung dreiseitiger Vereinbarungen herangezogen werden. Denn zur Wahrung der Arbeitnehmerinteressen agieren im Rahmen dreiseitiger Vereinbarungen gleich zwei Kollektivvertragsparteien. Der an der Vereinbarung beteiligte Arbeitgeber ist zwei Verhandlungspartnern ausgesetzt, die ihr jeweiliges Können zu Gunsten der Arbeitnehmer einbringen. Ihm darüber hinaus die Last exakter Formulierungen aufzuerlegen, ist im Falle dreiseitiger Vereinbarungen noch viel weniger geboten als bei unklaren Tarifverträgen.

III. Ergebnis

Bei Zweifeln hinsichtlich der Rechtsnatur einer dreiseitigen Vereinbarung ist eine Auslegung nach den Grundsätzen der Gesetzesauslegung vorzunehmen. Der Wortlaut der Vereinbarung kann ein Indiz sein, hilft aber vielfach aufgrund seiner Mehrdeutigkeit nicht weiter. Systematik und Entstehungsgeschichte spielen im Gegensatz zu Sinn und Zweck einer dreigliedrigen Vereinbarung eine untergeordnete Rolle. Der konkrete Regelungszweck (Planungssicherheit und Kostenersparnisse für den Arbeitgeber sowie Beschäftigungssicherung für die Arbeitnehmer) lässt sich grundsätzlich sowohl mit einem Tarifvertrag als auch einer Betriebsvereinbarung verwirklichen. Etwas anderes gilt, wenn eine Betriebsvereinbarung wegen § 77 Abs. 3 Satz 1 BetrVG unwirksam wäre. Allgemeine Regelungszwecke wie Rechtssicherheit und Praktikabilität sprechen in der Regel (vorbehaltlich eines Verstoßes gegen § 77 Abs. 3 Satz 1 BetrVG) für eine

513 *Löwisch/Rieble*, § 1 TVG Rn. 569; Jacobs/Krause/Oetker-*Krause*, § 4 Rn. 195.
514 Wiedemann/*Wank*, § 1 TVG Rn. 998; *Löwisch/Rieble*, § 1 TVG Rn. 569; ErfK-*Franzen*, § 1 TVG Rn. 101; *Gamillscheg*, Kollektives Arbeitsrecht I, S. 649; *Schaub*, NZA 1994, 597 (599).
515 MünchArbR-*Rieble/Klump*, § 175 Rn. 23; ErfK-*Franzen*, § 1 TVG Rn. 101.

Qualifizierung als Betriebsvereinbarung, da eine dreiseitige Vereinbarung auf diese Weise für alle Arbeitnehmer des Betriebs gilt. Dagegen ist eine dreigliedrige Vereinbarung nach dem Grundsatz, dass die Parteien im Zweifel wirksame Regelungen treffen wollen, als Tarifvertrag einzuordnen. Das Prinzip des Arbeitnehmerschutzes, nach dem im Zweifel diejenige Regelung wirksam ist, die für die Arbeitnehmer günstiger ist, ist nicht anwendbar.

E) Wirksamkeit als Kombination aus Tarifvertrag und Betriebsvereinbarung

Über die Qualifizierung einer dreigliedrigen Vereinbarung als reiner Tarifvertrag oder als reine Betriebsvereinbarung hinaus, kommt eine Kombination aus beiden Regelungsinstrumenten, die in einem Vertragsdokument festgehalten sind, in Betracht. Denkbar sind dabei unterschiedliche Konstellationen.

I. Inhaltsgleichheit von Tarifvertrag und Betriebsvereinbarung

Eine dreigliedrige Vereinbarung könnte eine mit einem Firmentarifvertrag kombinierte, inhaltsgleiche Betriebsvereinbarung sein. Für *Ehmann/Lambrich* deutet die von den Kollektivvertragsparteien gewählte Bezeichnung „Betriebsvereinbarung über einen Konsolidierungsvertrag“ auf eine solche Konstruktion hin.[516] Auf diese Weise würden die Regelungen der dreigliedrigen Vereinbarung ebenfalls für nicht oder anders organisierte Arbeitnehmer gelten.[517] Auch nach *Thüsing* kann eine dreiseitige Vereinbarung aus zwei aneinander gebundenen Vereinbarungen bestehen. In diesem Fall entspricht sie gedanklich dem mehrgliedrigen Tarifvertrag.[518] Eine dreiseitige Vereinbarung kann allerdings nicht ohne weiteres als Kombination aus Tarifvertrag und Betriebsvereinbarung, die inhaltsgleich sind, eingeordnet werden. Denn die Übernahme tarifvertraglicher Regelungen durch Betriebsvereinbarungen und damit die Ausdehnung auf Außenseiter ist aufgrund der Sperrwirkung des § 77 Abs. 3 Satz 1 BetrVG unzulässig.[519] Anders wurde dies zwar bei der Vorgängervorschrift § 59 BetrVG 1952 gesehen.[520] Aus der Begründung des Regierungs-

516 *Ehmann/Lambrich*, Anmerkung zu BAG v. 07.11.2000 – 1 AZR 175/00, AP Nr. 14 zu § 77 BetrVG 1972 Tarifvorbehalt.

517 Siehe auch *Bayreuther*, NZA 2007, 1017 (1020, 1022).

518 Wiedemann/*Thüsing*, § 1 TVG Rn. 305; *Thüsing*, NZA 2008, 201 (203, 205 f.).

519 BAG v. 03.12.1991 – GS 2/90, AP Nr. 51 zu § 87 BetrVG 1972 Lohngestaltung; v. 20.11.2001 – 1 AZR 12/01, EzA § 77 BetrVG 1972 Nr. 70; *Fitting*, § 77 BetrVG Rn. 98; GK-*Kreutz*, § 77 BetrVG Rn. 131; HWK-*Gaul*, § 77 BetrVG Rn. 53.

520 Siehe dazu Richardi/*Richardi*, § 77 BetrVG Rn. 289; H/S/W/G/N-*Worzalla*, § 77 BetrVG Rn. 114.

entwurfs zu § 77 Abs. 3 BetrVG ergibt sich aber, dass der persönliche Geltungsbereich von Tarifverträgen nicht auf einem anderen als dem hierfür vorgesehenen Weg der Allgemeinverbindlichkeitserklärung auf Nichttarifgebundene ausgedehnt werden soll.[521] Eine Ausnahme gilt nur für Betriebsvereinbarungen als Sozialplan. Gemäß § 112 Abs. 1 Satz 4 BetrVG greift die Regelungssperre des § 77 Abs. 3 BetrVG für Sozialpläne nicht, so dass tariflich geregelte Sozialplanleistungen in einen Sozialplan nach dem Betriebsverfassungsgesetz übernommen werden können.[522] Die Konstruktion aus Tarifvertrag und Betriebsvereinbarung in einem Vertragsdokument steht mit § 77 Abs. 3 Satz 1 BetrVG folglich nur dann in Einklang, wenn die dreiseitige Vereinbarung eine Öffnungsklausel im Sinne des § 77 Abs. 3 Satz 2 BetrVG enthält. Danach muss der Tarifvertrag den Abschluss ergänzender Betriebsvereinbarungen ausdrücklich zulassen. Bei der Einordnung der dreigliedrigen Vereinbarung als Kombination aus Tarifvertrag und inhaltsgleicher Betriebsvereinbarung ist allerdings fraglich, ob tatsächlich von einer „ergänzenden" Betriebsvereinbarung gesprochen werden kann. Denn die Betriebsvereinbarung enthält keine Ergänzungen, sondern ist mit dem Tarifvertrag regelungsidentisch. § 77 Abs. 3 Satz 2 BetrVG ist jedoch weit auszulegen. Können die Tarifvertragsparteien abweichende Betriebsvereinbarungen zulassen[523], müssen inhaltsgleiche Betriebsvereinbarungen erst recht möglich sein. Dies muss sich aber „ausdrücklich" (vgl. § 77 Abs. 3 Satz 2 BetrVG) aus der dreiseitigen Vereinbarung ergeben. Die bloße Beteiligung der Gewerkschaft an den Verhandlungen und die Unterzeichnung der Vereinbarung reichen für die Annahme einer ausdrücklichen Zulassung ergänzender, d. h. hier inhaltsgleicher, Betriebsvereinbarungen aus. Die gilt jedoch nur, wenn das Gebot der Rechtsquellenklarheit nicht beachtet wird.[524] Um diesem zu genügen, ist ein klar erkennbarer Regelungswille der Kollektivvertragsparteien dahin gehend erforderlich, dass Tarifvertrag und Betriebsvereinbarung inhaltsgleich sein sollen. Die Beteiligung der Gewerkschaft reicht dafür nicht aus.[525]

II. Gemischte Vereinbarung

Daneben kann eine dreiseitige Vereinbarung eine gemischte Vereinbarung darstellen, die sich insgesamt weder als Tarifvertrag noch als Betriebsvereinbarung qualifizieren lässt, sondern die sowohl tarifvertragliche als auch betriebsverfas-

---

521 BT-Drucks. VI/1786, S. 47.

522 BAG v. 24.11.1993 – 4 AZR 225/93, AP Nr. 116 zu § 1 TVG Tarifverträge Metallindustrie.

523 Siehe 2.Teil.C.II.3.b)aa).

524 Zum Gebot der Rechtsquellenklarheit siehe 2.Teil.E.II.3.

525 Siehe zum Ganzen 2.Teil.C.3.II.b).

sungsrechtliche Regelungskomplexe enthält. Dieser Ansicht sind der 1. und 4. Senat des Bundesarbeitsgerichts.[526] Beiden Senaten lag dieselbe Standortsicherungsvereinbarung vor, jedoch waren unterschiedliche Regelungskomplexe entscheidungsrelevant, was vermutlich die unterschiedlichen Ergebnisse begründet.

1. Die Entscheidung des 4. Senats

Der 4. Senat des Bundesarbeitsgerichts hatte sich mit dem ersten Regelungskomplex der dreiseitigen Vereinbarung (Nr. 1 des Standortsicherungsvertrags: Abänderung des Tarifvertrags) auseinanderzusetzen und darüber zu entscheiden, ob die tariflichen Ansprüche des Klägers auf Zahlung von Urlaubsentgelt sowie eines Teils des 13. Monatseinkommens durch die dreiseitige Vereinbarung zeitlich befristet ausgeschlossen worden sind.[527] Der Senat qualifizierte die relevante Bestimmung als tarifvertragliche Regelung, die zum Wegfall der tariflichen Ansprüche führe.[528] Insgesamt stelle die Vereinbarung zwischen Arbeitgeber, Gewerkschaft und Betriebsrat eine Zusammenfassung eines Haustarifvertrags mit anderen Regelungen in einer Urkunde dar. Die tarifvertraglichen Regelungen des ersten Regelungskomplexes seien von den weiteren Regelungen (Nr. 2 – 5 des Standortsicherungsvertrags) deutlich erkennbar getrennt. Für sie könne davon ausgegangen werden, dass sie verantwortlich von den unterzeichnenden Tarifvertragsparteien vereinbart worden sind und als Tarifvertrag gelten sollen.[529] Ob die dreiseitige Vereinbarung ein zusammengesetzter Vertrag[530] ist, bei dem mehrere an sich selbständige Verträge derart zu einem Gesamtvertrag zusammengefasst werden, dass sie nach dem Willen der Parteien voneinander abhängig sein sollen, führt das Bundesarbeitsgericht nicht weiter aus.[531]

---

526 BAG v. 23.01.2008 – 4 AZR 602/06, AP Nr. 63 zu § 1 TVG Bezugnahme auf Tarifvertrag; v. 15.04.2008 – 1 AZR 86/07, ZIP 2008, 1544; vgl. auch BAG v. 24.11.1993 – 4 AZR 225/93, AP Nr. 116 zu § 1 TVG Tarifverträge Metallindustrie.

527 BAG v. 23.01.2008 – 4 AZR 602/06, AP Nr. 63 zu § 1 TVG Bezugnahme auf Tarifvertrag.

528 Dass der Klage auf Zahlung von Urlaubsentgelt und eines Teils des 13. Monatseinkommens dennoch stattgegeben wurde, liegt daran, dass der Standortsicherungsvertrag nach dem Teilbetriebsübergang nicht mehr auf das Arbeitsverhältnis des Klägers anwendbar war.

529 Dieser Ansicht ist auch der 1. Senat, der sich mit dem zweiten Regelungskomplex der dreiseitigen Vereinbarung beschäftigte, siehe BAG v. 15.04.2008 – 1 AZR 86/07, ZIP 2008, 1544.

530 Siehe dazu Palandt/*Grüneberg*, Überblick vor § 311 BGB Rn. 16; Staudinger/*Löwisch*, § 311 BGB Rn. 48 ff.

531 Für einen zusammengesetzten Vertrag, der eine Regelungsabrede und einen flankierenden Haustarifvertrag in einer Urkunde zusammenfasst, *Niebler/Schmiedl*, BB 2001, 1631 (1632). – Ausführlich zur Frage der Gesamt- oder Teilnichtigkeit siehe 3.Teil.A.II.

2. Die Entscheidung des 1. Senats

Demgegenüber befasste sich der 1. Senat des Bundesarbeitsgerichts mit dem zweiten Regelungskomplex der dreigliedrigen Vereinbarung (Nr. 2 des Standortsicherungsvertrags: Abänderung von Betriebsvereinbarungen), deren Rechtsnatur nicht so eindeutig ist wie die des ersten Regelungskomplexes. Er hatte darüber zu befinden, ob die Standortsicherungsvereinbarung den Arbeitgeber zum Abzug von 200 Stunden auf dem Gleitzeitkonto des Klägers berechtigte.[532] Nach Auffassung des Senats ist zumindest der zweite Teil der gemischten Vereinbarung unwirksam. Ergebe sich aus der gemischten Vereinbarung nicht ohne weiteres und zweifelsfrei, wer Urheber der einzelnen Regelungskomplexe ist und um welche Rechtsquelle es sich folglich handelt, sei die Vereinbarung entweder insgesamt oder jedenfalls hinsichtlich dieser Bestimmungen unwirksam. Dies folge aus dem für kollektive arbeitsrechtliche Normenverträge geltenden Gebot der Rechtsquellenklarheit, das den Schriftformerfordernissen des § 1 Abs. 2 TVG und § 77 Abs. 2 BetrVG zugrunde liege.[533]

3. Bewertung der Entscheidungen

Das vom 1. Senat des Bundesarbeitsgerichts aufgestellte Gebot der Rechtsquellenklarheit existiert bislang nicht.[534] Der 4. Senat verwendet diesen Begriff nicht; doch auch er stellt auf die deutlich erkennbare Trennbarkeit der einzelnen Regelungskomplexe voneinander und die Verantwortlichkeit der Vertragsparteien für den fraglichen Regelungskomplex ab. Im Folgenden ist zu untersuchen, was sich hinter diesem Neologismus verbirgt und wie er zu bewerten ist.

a) Herleitung und Bewertung des Gebots der Rechtsquellenklarheit

Das Gebot der Rechtsquellenklarheit könnte eine Erweiterung des Gebots der Normenklarheit sein. Dieses wird aus dem Rechtsstaatsprinzip (Art. 20 GG) hergeleitet und schränkt den Gesetzgeber in seiner Normsetzungsbefugnis ein. Es soll die dem Recht Unterworfenen befähigen, die Rechtslage anhand der gesetzli-

---

532 BAG v. 15.04.2008 – 1 AZR 86/07, ZIP 2008, 1544.

533 Vgl. ArbG Lübeck v. 22.07.2008 – 6 Ca 1035 b/08, BB 2008, 1673, das das Gebot der Rechtsquellenklarheit nicht anwendet, da es sich bei dem entscheidungsrelevanten Personalüberleitungsvertrag nicht um eine Betriebsvereinbarung oder einen Tarifvertrag handelt, sondern um einen schlichten bürgerlich-rechtlichen Vertrag, für den grundsätzlich Formfreiheit gilt.

534 *Gravenhorst*, FA 2008, 330 bezeichnet das Gebot der Rechtsquellenklarheit als eine „überraschende und kühne Kreation" des 1. Senats.

chen Regelung zu erkennen, damit sie ihr Verhalten danach ausrichten können.[535] Auch Tarifverträge sind an den Grundsatz der Normenklarheit gebunden.[536] Dies gilt unabhängig davon, ob die tariflichen Regelungen als Rechtsnormen eingeordnet werden und damit an das Rechtsstaatsprinzip gebunden sind oder ob der privatrechtliche Charakter der Tarifverträge hervorgehoben wird und in dem Gebot der Normenklarheit ein privatrechtlicher Grundsatz gesehen wird.[537] Ebenso wird eine Bindung von Betriebsvereinbarungen an das Gebot der Normenklarheit bejaht.[538]

§ 1 Abs. 2 TVG und § 77 Abs. 2 BetrVG verlangen die schriftliche Niederlegung des Inhalts von Tarifvertrag und Betriebsvereinbarung sowie die eigenhändige Unterzeichnung durch die Vertragsparteien. Die Schriftformgebote dienen der Klarstellung des Vertragsinhalts und damit dem Gebot der Normenklarheit.[539] Da eine förmliche Veröffentlichung der geschlossenen Vereinbarung keine Wirksamkeitsvoraussetzung ist, muss für die Normunterworfenen die Möglichkeit der Kenntnisnahme bestehen. Diese Aufgabe erfüllt die Schriftform. Nach Ansicht des 1. Senats sollen die Schriftformerfordernisse aber nicht nur für Klarheit darüber sorgen, was vereinbart ist, sondern auch Klarheit darüber verschaffen, wer die Vereinbarung getroffen hat und um welche Rechtsquelle es sich demzufolge handelt.[540] Dieses Erfordernis der Rechtsquellenklarheit im Sinne einer Eindeutigkeit der Normurheberschaft fällt nach bisherigem Verständnis nicht unter den Grundsatz der Normenklarheit. Insoweit hat der 1. Senat eine Erweiterung vorgenommen. Für die Eindeutigkeit der Normurheberschaft bestand bis zum Aufkommen dreiseitiger Vereinbarungen kein Bedürfnis. Denn werden Vereinbarungen

535 BVerfG v. 26.07.2005 – 1 BvR 782/94, 957/96, BVerfGE 114, 1.

536 BAG v. 29.01.1986 – 4 AZR 465/84, AP Nr. 115 zu §§ 22, 23 BAT 1975; v. 18.10.1994 – 1 AZR 503/93, AP Nr. 11 zu § 615 BGB Kurzarbeit; HWK-*Henssler*, Einleitung TVG Rn. 19; *Löwisch/Rieble*, § 1 TVG Rn. 293; Wiedemann/*Wiedemann*, TVG Einleitung Rn. 332.

537 Däubler/*Schick*, TVG Einleitung Rn. 304 ff.; Jacobs/Krause/Oetker-*Krause*, § 1 Rn. 82.

538 BAG v. 22.08.2006 – AZR 319/05, AP Nr. 30 zu § 77 BetrVG 1972 Betriebsvereinbarung; LAG Düsseldorf v. 28.11.2001 – 12 TaBV 49/01, LAGE § 87 BetrVG 1972 Betriebliche Lohngestaltung Nr. 16; LAG München v. 06.10.1998 – 1 Sa 675/98, nv. (juris).

539 Für Tarifverträge: BAG v. 09.07.1980 – 4 AZR 564/78, AP Nr. 7 zu § 1 TVG Form; v. 20.10.1993 – 4 AZR 26/93, AP Nr. 10 zu § 1 TVG Tarifverträge Bundesbahn; ErfK-*Franzen*, § 1 TVG Rn. 27; *Löwisch/Rieble*, § 1 TVG Rn. 540; Wiedemann/*Thüsing*, § 1 TVG Rn. 310. Für Betriebsvereinbarungen: BAG v. 03.06.1997 – 3 AZR 25/96, AP Nr. 69 zu § 77 BetrVG 1972; Däubler/Kittner/Klebe-*Berg*, § 77 BetrVG Rn. 32; ErfK-*Kania*, § 77 BetrVG Rn. 24; GK-*Kreutz*, § 77 BetrVG Rn. 47; *Fischer*, AiB 1999, 390 (393); *Raab*, FS-Konzen, S. 719 (734).

540 BAG v. 15.04.2008 – 1 AZR 86/07, ZIP 2008, 1544.

entweder nur von den Tarifvertragsparteien oder nur von den Betriebspartnern geschlossen und unterzeichnet, ergeben sich keine Zuordnungsprobleme.[541] Beteiligt sich dagegen eine Partei, die nicht für sämtliche Regelungsgegenstände regelungsbefugt ist, kann problematisch sein, wer Urheber der jeweiligen Bestimmungen ist. Die vom 1. Senat vorgenommene Erweiterung des Gebots der Normenklarheit dahingehend, dass die Normurheberschaft jedes Regelungskomplexes mit hinreichender Deutlichkeit zum Ausdruck gebracht werden muss, ist daher inhaltlich nachvollziehbar und steht im Einklang mit Sinn und Zweck des Gebots der Normenklarheit.

Gleichwohl ist die Entscheidung des Bundesarbeitsgerichts kritisch zu bewerten. Arbeitgeber, Gewerkschaft und Betriebsrat vermögen in der Praxis bisweilen nicht zu beurteilen, ob eine Sachmaterie durch Tarifvertrag oder Betriebsvereinbarung geregelt werden muss. Die abschließende Klärung der zweifelhaften Rechtslage obliegt dem letztinstanzlichen Gericht. Sind nun alle am Abschluss beteiligten Parteien mit der getroffenen Vereinbarung einverstanden und drücken dies durch die Niederlegung in einer Urkunde und der gemeinsamen Unterzeichnung aus, kann die Unsicherheit der Rechtslage in Bezug auf die jeweiligen Regelungsbefugnisse nicht zu Lasten der Parteien gehen. Denn diese bemühen sich mit dem Abschluss einer dreiseitigen Vereinbarung, allen Eventualitäten und Unsicherheiten durch die Einbeziehung sämtlicher Entscheidungsträger entgegenzutreten. In anderen Gebieten der Rechtsordnung gibt es ähnlich gelagerte Sachverhalte, denen mit lebenspraktischen Lösungen begegnet wird, anstatt auf blankem Formalismus zu beharren.[542] So kann der Bundesrat trotz der Verpflichtung aus Art. 77 Abs. 2a GG, nach der er über die Zustimmung eines Gesetzes Beschluss fassen muss, bei Meinungsverschiedenheiten über die Zustimmungsbedürftigkeit hilfsweise Beschlüsse fassen, sofern sie nicht zu einer Rechtsunsicherheit über den Stand des Verfahrens führen.[543] Zulässig ist z. B., dass der Bundesrat beschließt, einem Gesetz die Zustimmung zu versagen und hilfsweise für den Fall der Zustimmungsfreiheit entscheidet, vorsorglich gegen das Gesetz Einspruch einzulegen.[544] Dann ist es unschädlich, wenn der Bundesrat vorsorglich seine Zustimmung erteilt, obwohl das Gesetz tatsächlich zustimmungsfrei war. Im Strafrecht ist als eine Ausnahme vom Grundsatz „in dubio pro reo“ die so genannte Wahlfeststellung anerkannt.[545] Steht fest, dass der Täter gegen einen von zwei gleichwertigen Straftatbestän-

---

541 So auch BAG v. 15.04.2008 – 1 AZR 86/07, ZIP 2008, 1544.

542 So zutreffend *Gravenhorst*, FA 2008, 303 f.

543 Sachs/*Lücke/Mann*, Art. 77 GG Rn. 34 f.

544 BVerfG v. 25.06.1974 – 2 BvF 2/73, 2 BvF 3/73, BVerfGE 37, 363.

545 Zur Wahlfeststellung siehe z. B. BGH v. 12.02.2008 – 4 StR 623/07, NJW 2008, 1394; KK-*Schoreit*, § 261 StPO Rn. 67 ff.

den verstoßen hat, ist jedoch unklar gegen welchen, würde die Anwendung des Grundsatzes „in dubio pro reo" zur Straflosigkeit des Täters führen. Aufgrund eines kriminalpolitischen Bedürfnisses und der Einzelfallgerechtigkeit wird der Täter in diesem Fall unter bestimmten Voraussetzungen wahlweise nach dem einen oder dem anderen Tatbestand verurteilt. Neben strafrechtlichen und staatsrechtlichen Konstellationen lassen sich zivilrechtliche Fallgestaltungen heranziehen. Der Bundesgerichtshof entschied, dass eine Klage nicht dadurch unzulässig wird, dass im Klagerubrum neben dem vertretungsberechtigten Organ ein unzuständiges Organ genannt ist, wenn dies der Vorsorge gegenüber einer unklaren Rechtslage dient.[546] Entsprechendes gilt beispielsweise bei Unklarheit über den Klagegegner. Bestehen Zweifel, ob ein Vertrag zwischen A und B oder A und C zustande gekommen ist, kann A beide möglichen Vertragspartner gleichzeitig verklagen. Die Entscheidung, zwischen wem das Vertragsverhältnis besteht, liegt bei dem zuständigen Gericht und kann nicht im Vorfeld dem Kläger A aufgebürdet werden. Auch im Betriebsverfassungsrecht können sich „Zuständigkeitsprobleme" ergeben. Es ist möglich, dass für bestimmte Materien der Betriebsrat, für andere dagegen der Gesamtbetriebsrat zuständig ist. Zum Beispiel folgt aus der Zuständigkeit des Gesamtbetriebsrats für die Vereinbarung eines Interessenausgleichs nicht zwingend die gesetzliche Zuständigkeit für den Abschluss eines Sozialplans.[547] Würden Interessenausgleich und Sozialplan nun von Arbeitgeber, Betriebsrat und Gesamtbetriebsrat gemeinsam abgeschlossen und in einem Dokument niedergelegt und von allen Beteiligten unterzeichnet, müsste aufgrund des Gebots der Rechtsquellenklarheit ebenfalls die Ungültigkeit der Vereinbarung angenommen werden.[548]

Ungeachtet dieser Bedenken, die an der Richtigkeit des Gebots der Rechtsquellenklarheit zweifeln lassen, ist die Entscheidung des Bundesarbeitsgerichts fehlerhaft. Der 1. Senat erachtet Regelungskomplexe in gemischten, von Arbeitgeber, Gewerkschaft und Betriebsrat gemeinsam unterzeichneten Vereinbarungen als wirksam, wenn sich aus diesen selbst ohne Weiteres und zweifelsfrei ergibt, wer Urheber der einzelnen Regelungskomplexe ist und um welche Rechtsquellen es sich folglich handelt. Da die Rechtsnormqualität des Regelungskomplexes (Nr. 2 des Standortsicherungsvertrags: Abänderung von Betriebsvereinbarungen), der dem Senat zur Entscheidung vorlag, nicht offenkundig war, wurde eine Auslegung vorgenommen: Der Wortlaut spreche für eine Betriebsvereinbarung, da es in den Regelungen um die Abänderung von Betriebsvereinbarungen

546 BGH v. 26.01.1998 – II ZR 279/96, NJW 1998, 1646; a. A. das Berufungsgericht, nach dem die Doppelzuständigkeit zu einem Verstoß gegen das Gebot der Rechtsklarheit und damit zur Unzulässigkeit der Klage führt.

547 BAG v. 11.12.2001 – 1 AZR 193/01, AP Nr. 55 zu § 111 BetrVG 1972.

548 A. A. *Grau/Döring*, NZA 2008, 1335 (1338).

gehe und diese regelmäßig durch neue Betriebsvereinbarungen abgelöst würden. Systematische Erwägungen würden nicht weiterhelfen. Für einen Tarifvertrag spreche, dass eine Betriebsvereinbarung dieses Inhalts möglicherweise aufgrund eines Verstoßes gegen die Regelungssperre des § 77 Abs. 3 BetrVG nichtig sein könnte. Dass von den Regelungen „jeder" Arbeitnehmer des Betriebs betroffen sein sollte, deute wiederum auf eine Betriebsvereinbarung hin, da die Tarifvertragsparteien keine Kompetenz zu einer auch die nicht tarifgebundenen Arbeitnehmer erfassenden Inhaltsnorm im Sinne von § 4 Abs. 1 Satz 1 TVG hätten. Da die Auslegung nicht mit der erforderlichen Eindeutigkeit zu einem bestimmten Ergebnis führe, sei der Regelungskomplex unwirksam. Bei dieser Schlussfolgerung unterläuft dem Senat jedoch ein Fehler.[549] Richtigerweise wird versucht, die Rechtsnatur der Regelungen mittels Auslegung zu ermitteln, nachdem sie nicht offenkundig ist. Dies entspricht der klassischen juristischen Vorgehensweise. Kommen die einzelnen Auslegungskriterien aber zu unterschiedlichen Ergebnissen, muss eine Gewichtung vorgenommen werden.[550] Diese unterlässt der 1. Senat und nimmt einen Verstoß gegen das Gebot der Rechtsquellenklarheit und damit die Unwirksamkeit des Regelungskomplexes an. Doch ein Verstoß gegen das Gebot der Normenklarheit – und in Erweiterung gegen das Gebot der Rechtsquellenklarheit – liegt nur dann vor, wenn nach Ausschöpfung der anerkannten Auslegungsmethoden nicht behebbare Zweifel verbleiben.[551] Sollte die Auslegung des zweiten Regelungskomplexes zu einem eindeutigen Ergebnis führen, hätte der 1. Senat die Regelung zu Unrecht für unwirksam erklärt. Der Wortlaut des zweiten Regelungskomplexes („Abänderung von Betriebsvereinbarungen") sowie Sinn und Zweck der Bestimmung (die Erfassung „aller" Arbeitnehmer) sprechen für eine Einordnung als Betriebsvereinbarung. Dass der erste Regelungskomplex der Vereinbarung („Abänderung des Tarifvertrags") einen Tarifvertrag darstellt[552], spricht im Umkehrschluss ebenfalls dafür, im zweiten Regelungskomplex eine Betriebsvereinbarung zu sehen, die die im Betrieb bestehenden Betriebsvereinbarungen abändern sollte. Verstößt die Bestimmung aber gegen die sich aus dem Verbandstarifvertrag ergebende Regelungssperre des § 77 Abs. 3 BetrVG, greift der Zweifelsgrundsatz, nachdem die Vertragsparteien im Zweifel eine wirksame Regelung abschließen wollen und führt zu einer Einordnung als Firmentarifvertrag, da nur dieser Wirksamkeit erlangen kann. Dieser Umstand ist stärker zu

549 Kritisch auch *Grau/Döring*, NZA 2008, 1335 (1337).

550 *Wank*, Auslegung, S. 71; zum Verhältnis der Auslegungskriterien untereinander *Larenz/Canaris*, Methodenlehre, S. 163 ff.

551 BAG v. 23.08.2006 – 4 AZR 444/05, nv. (juris); LAG Düsseldorf v. 15.09.1999 – 12 Sa 970/99, nv. (juris).

552 So BAG v. 23.01.2008 – 4 AZR 602/06, AP Nr. 63 zu § 1 TVG Bezugnahme auf Tarifvertrag; v. 15.04.2008 – 1 AZR 86/07, ZIP 2008, 1544.

gewichten als die Kriterien, die für eine Betriebsvereinbarung sprechen, da nur so die Regelung überhaupt Bestand haben und damit den Interessen der Vertragsparteien dienen kann. Eine Auslegung des zweiten Regelungskomplexes ergibt demnach, dass dieser als Tarifvertrag zu qualifizieren ist. Entgegen dem 1. Senat lässt sich folglich mittels Auslegung die Rechtsnatur der Vereinbarung ermitteln.

b) Konsequenzen der Entscheidung des 1. Senats für die Praxis

Die Entscheidung des 1. Senats hat für die Praxis erhebliche Bedeutung. In der Vergangenheit ist es vielfach zum Abschluss gemischter dreiseitiger Vereinbarungen gekommen. Sie stellten bewährte Regelungsinstrumente dar, denn mit ihnen konnten Arbeitgeber, Gewerkschaft und Betriebsrat komplizierte, unübersichtliche und vielschichtige Probleme einvernehmlich lösen. Dreigliedrige Vereinbarungen bekundeten die Einigkeit der Kollektivvertragsparteien über die Verhandlungsergebnisse und dienten nicht dazu, die Ahnungslosigkeit der Beteiligten über die Normurheberschaft zu vertuschen.[553] Da die Mehrheit der bisherigen dreiseitigen Vereinbarungen dem Gebot der Rechtsquellenklarheit nicht genügen dürfte, ist ein Umdenken erforderlich.

aa) Gestaltung zukünftiger dreiseitiger Vereinbarungen

In Zukunft müssen Arbeitgeber, Gewerkschaft und Betriebsrat den Weg des blanken Formalismus gehen.[554] Zur Wahrung des Gebots der Rechtsquellenklarheit kommen mehrere Vorgehensweisen der Kollektivvertragsparteien in Betracht: Eine einheitliche Vereinbarung mit tarifvertraglichen und betriebsverfassungsrechtlichen Regelungen ist weiterhin möglich. Allerdings muss die Vereinbarung klar erkennbar in einen tarifvertraglichen und einen betriebsverfassungsrechtlichen Teil mit einer entsprechend klar differenzierten Unterschriftengestaltung gegliedert sein.[555] Diese Variante ist dann durchführbar, wenn keine Zweifel darüber bestehen, ob eine Einzelregelung der Gestaltungsmacht der Tarifvertragsparteien oder der Betriebspartner zugeordnet ist. Sollte dagegen Unsicherheit über die Regelungskompetenz herrschen, müssen die Kollektivvertragsparteien separate, gleichlautende Urkunden erstellen und je einzeln unterzeichnen. Die Gerichte entscheiden dann, welche Partei für welche Materie zuständig ist.[556]

553 *Braun*, ArbRB 2008, 303.
554 Vgl. *Gravenhorst*, FA 2008, 330 (331); auch *Oetker*, EWiR 2009, 5 (6) sieht den Zwang zu einer formalen Aufspaltung als Makel.
555 *Braun*, ArbRB 2008, 303 f.; vgl. auch *Matthes*, jurisPR-ArbR 35/2008 Anmerkung 1; *Grau/Döring*, NZA 2008, 1335 (1337); *Salamon*, ArbRAktuell 2009, 199.
556 *Gravenhorst*, FA 2008, 330 (331); diese Variante befürworten *Grau/Döring*, NZA 2008, 1335 (1337).

Schließlich kann von der Möglichkeit einer Betriebsvereinbarung mit Genehmigungsvorbehalt durch die Tarifvertragsparteien Gebrauch gemacht werden.[557] In diesem Fall wird die dreiseitige Vereinbarung als Betriebsvereinbarung abgeschlossen und die darin enthaltenen Abweichungen von einschlägigen tariflichen Regelungen unter einen Genehmigungsvorbehalt der Tarifvertragsparteien gestellt.

Ob neben dieser streng formalistischen Handhabe ein anderes Vorgehen der Kollektivvertragsparteien dem Gebot der Rechtsquellenklarheit Rechnung trägt, ist ungewiss. Möglich erscheint die Aufnahme einer Klausel, nach der sich die Rechtsnatur der einzelnen Regelungskomplexe nach dem rechtlich Zulässigen und Erforderlichen bestimmt. Die Klausel könnte folgendermaßen lauten:

„Die jeweiligen Regelungskomplexe sollen tarifvertraglicher bzw. betriebsverfassungsrechtlicher Natur sein, soweit dies jeweils rechtlich zulässig und zur Verwirklichung des Willens der Kollektivvertragsparteien erforderlich ist."

Mit einer solchen Klausel machen die Vertragsparteien ihren Normsetzungswillen deutlich und zeigen sich für die Teile der Vereinbarung, die ihrer Regelungsbefugnis unterfallen, verantwortlich. Es wird für die Normadressaten erkennbar zum Ausdruck gebracht, dass die jeweilige Vertragspartei für ihre Regelungsmaterie die Normurheberschaft übernehmen will. Neben der Erkennbarkeit des Normsetzungswillens verlangt der 1. Senat aber auch, dass die Normurheberschaft deutlich und überprüfbar hervortritt.[558] Diese Anforderung des Gebots der Rechtsquellenklarheit erfüllt die oben genannte Klausel nicht. Die Normurheberschaft der einzelnen Regelungskomplexe ist für die Normadressaten nicht erkennbar. Diese wissen nicht, welche Regelungen aus welchem Rechtsgrund für sie gelten und wer eine sie betreffende Regelung in welcher Weise wirksam ändern kann. Durch eine solche Klausel ergibt sich für die Normadressaten aus der Vereinbarung nicht, um welche Rechtsquelle es sich bei den jeweiligen Regelungen handelt. Dem Gebot der Rechtsquellenklarheit ist damit nicht Genüge getan. Würde eine solche Klausel dem Gebot der Rechtsquellenklarheit Rechnung tragen, bestünde die Möglichkeit, dass die Kollektivvertragsparteien schon bei Abschluss einer dreiseitigen Vereinbarung konkludent vereinbaren, dass die Vereinbarung im Sinne der obigen Klausel ein Tarifvertrag bzw. eine Betriebsvereinbarung ist, soweit es jeweils rechtlich möglich und erforderlich ist. Im allgemeinen Zivilrecht ist anerkannt, dass Willenserklärungen nicht nur ausdrücklich, sondern auch konkludent abgegeben werden können. Ausdrückliche und konkludente Willenserklärungen werden gleichgestellt. Etwas anderes gilt nur,

557 Wiedemann/*Thüsing*, § 1 TVG Rn. 305; *Grau/Döring*, NZA 2008, 1335 (1337).
558 BAG v. 15.04.2008 – 1 AZR 86/07, ZIP 2008, 1544.

wenn das Gesetz (z. B. §§ 244 Abs. 1, 700 Abs. 2 BGB, § 48 Abs. 1 HGB) oder ein vertraglicher Formvorbehalt ausdrückliche Willenserklärungen verlangen.[559] Dieser Grundsatz ist auch auf den Bereich des Arbeitsrechts zu übertragen. Tarifverträge und Betriebsvereinbarungen können danach nicht konkludent abgeschlossen werden, denn gemäß § 1 Abs. 2 TVG und § 77 Abs. 2 Satz 1 BetrVG bedürfen diese Regelungsformen der Schriftform. Tarifliche Öffnungsklauseln können ebenfalls nicht konkludent vereinbart werden. § 77 Abs. 3 Satz 2 BetrVG fordert, dass ergänzende Betriebsvereinbarungen ausdrücklich durch Tarifvertrag zugelassen sind. Die Schriftformerfordernisse des Tarifvertragsgesetzes und des Betriebsverfassungsgesetzes stehen der Annahme konkludenten Verhaltens aber nicht generell entgegen. In Rechtsprechung und Literatur ist überwiegend anerkannt, dass der Ausschluss der Nachwirkung nach § 4 Abs. 5 TVG bzw. § 77 Abs. 6 BetrVG sowohl ausdrücklich als auch konkludent erfolgen kann. Der Aspekt der Rechtssicherheit spricht nicht dagegen.[560] Das Schriftformerfordernis steht dazu nicht in Widerspruch. Die Umstände und Bestimmungen, aus denen auf einen Ausschluss der Nachwirkung geschlossen werden soll, müssen sich jedoch in den schriftlich niedergelegten Äußerungen der Tarifvertragsparteien finden lassen.[561] Diese Überlegung stimmt mit der Andeutungstheorie überein, die bei der Auslegung von Gesetzen und Willenserklärungen zur Anwendung kommt und vom Bundesarbeitsgericht bei der Auslegung von Tarifverträgen und Betriebsvereinbarungen herangezogen wird.[562] Nach der Andeutungstheorie ist nur eine solche Auslegung zulässig, die sich andeutungsweise im Wortlaut der Norm/Willenserklärung bzw. des Tarifvertrags/der Betriebsvereinbarung wiederfindet.[563] Übertragen auf dreiseitige Vereinbarungen und die Frage, ob die Kollektivvertragsparteien konkludent vereinbaren können, dass die Regelungen der Vereinbarung Tarifvertrag bzw. Betriebsvereinbarung sein sollen, soweit es jeweils rechtlich zulässig und erforderlich ist, bedeutet das, dass ein dahin gehen-

559 BGH v. 18.06.1980 – VIII ZR 119/79, NJW 1980, 2245; MünchKommBGB-*Kramer*, vor § 116 BGB Rn. 23; Palandt/*Ellenberger*, vor § 116 BGB Rn. 6.

560 Für den Ausschluss der Nachwirkung eines Tarifvertrags: BAG v. 03.09.1986 – 5 AZR 319/85, AP Nr. 12 zu § 4 TVG Nachwirkung (mit abl. Anm. *Lund*); v. 08.10.1997 – 4 AZR 87/96, AP Nr. 29 zu § 4 TVG Nachwirkung; Däubler/*Bepler*, § 4 TVG Rn. 828; Wiedemann/*Wank*, § 4 TVG Rn. 363; Kempen/Zachert/*Kempen*, § 4 TVG Rn. 548; *Löwisch/Rieble*, § 4 TVG Rn. 410; a. A. LAG Nürnberg v. 12.05.1989 – 6 Sa 89/87, NZA 1991, 279. Für den Ausschluss der Nachwirkung einer Betriebsvereinbarung: BAG v. 17.01.1995 – 1 ABR 29/94, AP Nr. 7 zu § 77 BetrVG 1972 Nachwirkung; H/S/W/G/N-*Worzalla*, § 77 BetrVG Rn. 243.

561 Däubler/*Bepler*, § 4 TVG Rn. 828.

562 Vgl. etwa BGH v. 08.12.1982 – IVa ZR 94/81, BGHZ 86, 41; BAG v. 31.10.1990 – 4 AZR 114/90, AP Nr. 11 zu § 1 TVG Tarifverträge Presse; Wiedemann/*Wank*, § 1 TVG Rn. 987.

563 *Wank*, Auslegung, S. 33; MünchKommBGB-*Busche*, § 133 BGB Rn. 57 m. w. N.

der Wille der Vertragsparteien in den dreiseitigen Vereinbarungen, wenn auch unvollkommen, Ausdruck gefunden haben müsste. Der Dualismus des kollektiven Arbeitsrechts mit dem Tarifverhandlungssystem auf der einen Seite und der Betriebsverfassung auf der anderen impliziert, dass Tarifverträge ausschließlich von tariffähigen Parteien und Betriebsvereinbarungen von den Betriebspartnern geschlossen werden können. Diese Beschränkung ihrer Regelungskompetenz ist den Parteien bewusst. Dies zeigt auch die gemischte Kollektivvereinbarung, die der Entscheidung des 1. Senats zugrunde lag.[564] Dort regelten die Beteiligten in verschiedenen Regelungskomplexen u. a. die Abänderung des geltenden Tarifvertrags und der geltenden Betriebsvereinbarung. Diese Unterscheidung macht deutlich, dass die Kollektivvertragsparteien innerhalb ihrer Regelungskompetenz tätig werden wollten und die Abänderung der beiden kollektivrechtlichen Regelungsinstrumente auf verschiedenen Wegen (Abänderung des Tarifvertrags durch einen neuen Tarifvertrag und Abänderung der Betriebsvereinbarung durch eine neue Betriebsvereinbarung) erfolgen sollte. Darüber hinaus wissen die Kollektivvertragsparteien um die Rechtsfolge der Regelungssperre des § 77 Abs. 3 BetrVG. Ihnen ist daher daran gelegen, soweit es rechtlich notwendig ist, Tarifvertrag und Betriebsvereinbarung zu vereinbaren. Denn die vertragsschließenden Parteien wollen im Zweifel Regelungen treffen, die mit höherrangigem Recht in Einklang stehen und damit auch Bestand haben. Sowohl bei der Auslegung von Gesetzen als auch bei der von Verträgen (und damit auch bei der von Tarifnormen) ist üblich, von zwei möglichen Auslegungsvarianten, von denen die eine zu einem unwirksamen, die andere dagegen zu einem wirksamen Ergebnis führt, letztere zu wählen.[565] Einer dreiseitigen Vereinbarung ließen sich mithin Anhaltspunkte im Sinne der Andeutungstheorie entnehmen, die dafür sprechen, dass die Beteiligten bei ihrem Abschluss konkludent vereinbarten, dass das Regelungswerk tarifvertraglicher bzw. betriebsverfassungsrechtlicher Natur ist, soweit es rechtlich zulässig und möglich ist. Allerdings können Willenserklärungen nur dann konkludent abgegeben werden, wenn keine Formvorschriften entgegenstehen. Das Gebot der Rechtsquellenklarheit stellt eine Erweiterung des Gebots der Normenklarheit dar und liegt den Schriftformgeboten des § 1 Abs. 2 TVG und § 77 Abs. 2 BetrVG zugrunde. Somit ist eine konkludente Klausel unzulässig. Zur Wahrung des Gebots der Rechtsquellenklarheit muss eine dreigliedrige Vereinbarung demnach entweder klar erkennbar in einen tariflichen und einen betriebsverfassungsrechtlichen Teil mit differenzierter Unterschriftengestaltung

---

564 BAG v. 15.04.2008 – 1 AZR 86/07, ZIP 2008, 1544.

565 Vgl. BAG v. 21.01.1987 – 4 AZR 547/86, AP Nr. 47 zu Art. 9 GG; v. 21.07.1993 – 4 AZR 468/92, AP Nr. 144 zu § 1 TVG Auslegung; Wiedemann/*Wank*, § 1 TVG Rn. 1019 f.; Jacobs/Krause/Oetker-*Krause*, § 4 Rn. 191; Kempen/Zachert/*Zachert*, TVG Grundlagen Rn. 391; siehe auch ErfK-*Franzen*, § 1 TVG Rn. 99.

strukturiert sein oder in separaten, gleichlautenden Urkunden niedergelegt und jeweils von allen Beteiligten unterzeichnet werden.

bb) Auswirkungen auf bestehende dreiseitige Vereinbarungen

Lässt sich die Normurheberschaft bei dreiseitigen Vereinbarungen nicht eindeutig erkennen, ist die Vereinbarung nichtig. Im Falle bestehender dreiseitiger Vereinbarungen steht es dem Arbeitgeber frei, sich auf die Nichtigkeit zu berufen und seine Zusagen als gegenstandslos zu betrachten. Auf diesem Wege kann er sich von missliebigen Vereinbarungen lösen. Die Berufung auf die Unwirksamkeit ist nicht rechtsmissbräuchlich. Grundsätzlich verstößt es nicht gegen Treu und Glauben, wenn eine Partei sich nachträglich auf die Unwirksamkeit einer von ihr abgegebenen Willenserklärung beruft. Etwas anderes gilt nur dann, wenn für den anderen Teil ein Vertrauenstatbestand entstanden ist oder andere besondere Umstände vorliegen, die die Berufung auf die Unwirksamkeit als treuwidrig erscheinen lassen.[566] Im Falle dreiseitiger Vereinbarungen liegt kein vertrauenstatbestandsbegründendes Verhalten des Arbeitgebers vor, so dass er die Nichtigkeit der Vereinbarung geltend machen kann. Eine Umdeutung der Zusagen entsprechend § 140 BGB in vertragliche Einheitsregelungen (Gesamtzusage oder gebündelte Vertragsangebote) ist nicht möglich. Nach der Rechtsprechung des Bundesarbeitsgerichts müssen besondere Umstände vorliegen, die darauf schließen lassen, dass sich der Arbeitgeber unabhängig von der Regelungsform verpflichten wollte, die in der Vereinbarung vorgesehenen Leistungen zu erbringen.[567] Dieser besondere Verpflichtungswille des Arbeitgebers ist nicht gegeben, da er seine Zusagen ohne die ebenfalls von der Nichtigkeit betroffenen Zugeständnisse der Arbeitnehmer nicht gemacht hätte.[568]

Die Entscheidung des 1. Senats hat für den Arbeitgeber aber auch eine Kehrseite. Da für die Zugeständnisse der Arbeitnehmerseite ebenfalls keine wirksame Rechtsgrundlage zur Verfügung steht, können sich für den Arbeitgeber rückwirkende Haftungsrisiken ergeben.[569]

---

566 Vgl. BGH v. 07.04.1983 – IX ZR 24/82, BGHZ 87, 169; v. 20.03.1986 – III ZR 236/84, NJW 1986, 2104; v. 05.06.1997 – X ZR 73/95, NJW 1997, 3377.

567 BAG v. 23.08.1989 – 5 AZR 391/88, AP Nr. 42 zu § 77 BetrVG 1972; v. 24.01.1996 – 1 AZR 597/95, AP Nr. 8 zu § 77 BetrVG 1972 Tarifvorbehalt; v. 05.03.1997 – 4 AZR 532/95, AP Nr. 10 zu § 77 BetrVG 1972 Tarifvorbehalt; v. 29.10.2002 – 1 AZR 573/01, AP Nr. 18 zu § 77 BetrVG 1972 Tarifvorbehalt.

568 *Grau/Döring*, NZA 2008, 1335 (1337).

569 *Grau/Döring*, NZA 2008, 1335 (1337).

cc) Verhalten bei Unternehmensübertragungen

Des Weiteren ergeben sich aus der Entscheidung des Bundesarbeitsgerichts Konsequenzen für beabsichtigte Unternehmenskäufe. Steht die Übertragung eines Unternehmens bevor, für das eine dreigliedrige Vereinbarung gilt, ist dem Erwerber anzuraten, die Regelung auf ihre Vereinbarkeit mit dem Gebot der Rechtsquellenklarheit zu untersuchen. Denn im Rahmen der juristischen due diligence sind u. a. die Vertragsbeziehungen des Übernahmekandidaten und verdeckte Haftungsbestände zu prüfen.[570] Lässt sich nicht zweifelsfrei feststellen, ob die dreiseitige Vereinbarung den Anforderungen des 1. Senats Rechnung trägt, sollte der Erwerber sich mittels entsprechender Garantievereinbarungen oder Haftungsfreistellungen absichern.[571]

III. Ergebnis

Eine dreigliedrige Vereinbarung kann eine Kombination aus Tarifvertrag und Betriebsvereinbarung darstellen. Möglich ist eine gemischte Vereinbarung, die sich insgesamt weder als Tarifvertrag noch als Betriebsvereinbarung qualifizieren lässt, sondern die sowohl tarifvertragliche als auch betriebsverfassungsrechtliche Regelungskomplexe enthält. Nach dem 1. Senat des Bundesarbeitsgerichts muss dabei klar erkennbar sein, wer Normurheber welches Regelungskomplexes ist, ansonsten ist die Vereinbarung ganz oder teilweise unwirksam. Eine Alternative zur gemischten dreiseitigen Vereinbarung ist eine mit einem Firmentarifvertrag kombinierte, inhaltsgleiche Betriebsvereinbarung. Doch unter Beachtung des Gebots der Rechtsquellenklarheit ergeben sich Probleme mit der Regelungssperre des § 77 Abs. 3 BetrVG.

---

570 Ausführlich zur due diligence z. B. Beisel/Klumpp-*Beisel*, Unternehmenskauf, 2. Kapitel.

571 Siehe *Grau/Döring*, NZA 2008, 1335 (1337).

3. Teil: Rechtsfolgen

Im Anschluss an die dogmatische Einordnung sollen nun die rechtlichen Folgen dreiseitiger Vereinbarungen aufgezeigt werde. Dabei ist auf den Aspekt der Teil- und Gesamtnichtigkeit, mögliche Beendigungstatbestände einer dreiseitigen Vereinbarung sowie die Rechte von Betriebsrat und Gewerkschaft bei einem Verstoß des Arbeitgebers gegen die Vereinbarung einzugehen. Schließlich wird die Erstreikbarkeit dreigliedriger Vereinbarungen behandelt. Da dreigliedrige Vereinbarungen je nach ihrer Ausgestaltung unterschiedlicher Rechtsnatur sein können, ist hinsichtlich ihrer Rechtsfolgen zwischen den einzelnen Regelungsformen (Tarifvertrag, Betriebsvereinbarung oder Kombination aus beiden Regelungsinstrumenten) zu differenzieren.

A) Teilnichtigkeit oder Gesamtnichtigkeit

Zunächst ist zu diskutieren, ob die Unwirksamkeit eines Teils einer dreigliedrigen Vereinbarung die der ganzen Vereinbarung nach sich zieht.

I. Teilnichtigkeit oder Gesamtnichtigkeit bei Tarifvertrag und Betriebsvereinbarung

Findet sich in einer dreigliedrigen Vereinbarung eine ausdrückliche Regelung der Kollektivvertragsparteien dergestalt, dass die Nichtigkeit einzelner Bestimmungen zur Gesamtnichtigkeit der Vereinbarung führen soll oder nicht, ist dieser Wille der Parteien zu respektieren. Sowohl die Tarifvertragsparteien als auch die Betriebspartner können die Wirksamkeit von Tarifvertrag und Betriebsvereinbarung von einer Bedingung abhängig machen, wenn der Eintritt der vereinbarten Bedingung für alle Beteiligten, auch für die Arbeitnehmer als Normunterworfene, ohne weiteres feststellbar ist[572], so dass der Aspekt der Gesamtnichtigkeit einer dreiseitigen Vereinbarung von den Kollektivvertragsparteien ebenfalls ge-

572 BAG v. 15.01.2002 – 1 AZR 165/01, EzA § 614 BGB Nr. 1; Däubler/Kittner/Klebe-*Berg*, § 77 BetrVG Rn. 41; H/S/W/G/N-*Worzalla*, § 77 BetrVG Rn. 221; *Löwisch/Rieble*, § 1 TVG Rn. 497; Däubler/*Deinert*, § 4 TVG Rn. 75.

regelt werden kann. Fehlt es dagegen an einer ausdrücklichen Vereinbarung der Parteien, stellt sich die Frage, ob die Nichtigkeit einzelner Teile zur Nichtigkeit der gesamten dreigliedrigen Vereinbarung führt.

Gemäß § 139 BGB hat die Nichtigkeit eines Teils eines Rechtsgeschäfts im Zweifel die Nichtigkeit des ganzen Rechtsgeschäfts zur Folge. Das Restgeschäft bleibt nur ausnahmsweise wirksam, wenn anzunehmen ist, dass es auch ohne den nichtigen Teil vorgenommen worden wäre. Mit dieser Vorschrift weicht das Bürgerliche Gesetzbuch von der gemeinrechtlichen Maxime *„utile per inutile non vitiatur"* ab.[573] Wäre § 139 BGB auf dreiseitige Vereinbarungen, die entweder als Tarifverträge oder als Betriebsvereinbarungen ausgestaltet sind, anwendbar, käme es grundsätzlich zur Gesamtnichtigkeit aufgrund Teilnichtigkeit. Allerdings ist sowohl bei Tarifverträgen als auch bei Betriebsvereinbarungen anerkannt, dass im Falle von Teilnichtigkeit, anders als nach § 139 BGB, das Prinzip der Restgültigkeit gilt. Dies folgt aus dem Normencharakter von Tarifverträgen und Betriebsvereinbarungen, der es gebietet, im Interesse der Kontinuität und Rechtsbeständigkeit der gesetzten Ordnung diese insoweit aufrechtzuerhalten, als sie auch ohne den unwirksamen Teil ihre ordnende Funktion noch entfalten können.[574] Da § 139 BGB für Tarifverträge und Betriebsvereinbarungen nicht gilt, bleiben die von der Nichtigkeit nicht erfassten Bestimmungen regelmäßig wirksam. Nur wenn diese mit dem nichtigen Teil in einem unlösbaren Zusammenhang stehen, d. h. keine sinnvolle und in sich geschlossene Regelung mehr enthalten, hat die Nichtigkeit einzelner Bestimmungen die der anderen zur Folge.

Die Gesamtnichtigkeit dreiseitiger Vereinbarungen in Form eines Tarifvertrags oder einer Betriebsvereinbarung hängt somit davon ab, ob die in der Vereinbarung getroffenen Regelungen in einem unlösbaren Zusammenhang stehen. Die in der Praxis vorkommenden dreiseitigen Vereinbarungen sehen vielfach eine Verschlechterung der tariflichen Ansprüche der Arbeitnehmer vor, indem beispielsweise die Arbeitszeit ohne zusätzliche Entlohnung verlängert wird oder sonstige tarifliche Leistungen abgeschafft oder verringert werden. Im Gegenzug dazu verpflichtet sich der Arbeitgeber z. B. zur Beibehaltung des Standortes, zur Verlängerung von Kündigungsfristen oder zur Durchführung und Finanzierung von

573 MünchKommBGB-*Busche*, § 139 BGB Rn. 1; Palandt/*Ellenberger*, § 139 BGB Rn. 1.

574 Für Tarifverträge: BAG v. 27.02.1996 – 3 AZR 886/94, AP Nr. 28 zu § 1 BetrAVG Gleichbehandlung; Wiedemann/*Thüsing*, § 1 TVG Rn. 332; Däubler/*Reim*, § 1 TVG Rn. 168. Für Betriebsvereinbarungen: BAG v. 13.02.2003 – 6 AZR 537/01, AP Nr. 2 zu § 7 BBiG; v. 06.11.2007 – 1 AZR 826/06, AP Nr. 35 zu § 77 BetrVG 1972 Betriebsvereinbarung; GK-*Kreutz*, § 77 BetrVG Rn. 61; Däubler/Kittner/Klebe-*Berg*, § 77 BetrVG Rn. 57.

Qualifizierungsmaßnahmen.[575] Da die Regelungen aus den unterschiedlichsten Bereichen stammen und im Hinblick auf eventuell unterschiedliche Regelungsbefugnisse der Beteiligten, lässt sich vertreten, dass die Bestimmungen der dreiseitigen Vereinbarung nur zusammen ein sinnvolles Ganzes ergeben.[576] Allerdings stellen die Regelungen – seien es solche, die zu einer Verschlechterung tariflicher Ansprüche der Arbeitnehmer führen, Standortgarantien des Arbeitgebers oder Regelungen zur Beschäftigungssicherung – jeweils sinnvolle und in sich geschlossene Bestimmungen dar, die jede für sich vollziehbar sind.[577] In der Regel werden die Kollektivvertragsparteien auch im Falle der Teilunwirksamkeit ein Interesse an der Fortgeltung der dreiseitigen Vereinbarung haben, denn als gemeinsam ausgehandelter Kompromiss ist sie allen Beteiligten von Nutzen. Sollte dies einmal nicht der Fall sein, ist nicht ersichtlich, wieso es einer Vertragspartei gestattet sein sollte, sich auf die Unwirksamkeit eines Teils der Vereinbarung zu berufen, um die Bindung der gesamten Vereinbarung zu beseitigen. Ein solches Verhalten erscheint vom Ergebnis her unbillig und ist mit dem Verbot der Berufung auf eigenes Unrecht unvereinbar.[578] Zur Vermeidung unbilliger Ergebnisse wird man eine Ausnahme für den Fall zulassen müssen, dass sich das durch eine dreigliedrige Vereinbarung erzielte Verhandlungsergebnis durch die Unwirksamkeit einzelner Bestimmungen zu Lasten einer Vertragspartei unangemessen verschiebt. Stimmt also das Verhältnis der von Arbeitgeber und Arbeitnehmern eingebrachten Leistungen nicht mehr überein, führt die Teilnichtigkeit einer dreiseitigen Vereinbarung ausnahmsweise zu ihrer Gesamtnichtigkeit.[579] Im Grundsatz aber hat die Nichtigkeit eines Teils einer dreigliedrigen Vereinbarung in Form eines Tarifvertrags oder einer Betriebsvereinbarung nicht die Nichtigkeit der gesamten Vereinbarung zur Folge.

II. Teilnichtigkeit oder Gesamtnichtigkeit bei einer Kombination aus Tarifvertrag und Betriebsvereinbarung

Stellt eine dreiseitige Vereinbarung eine Kombination aus Tarifvertrag und Betriebsvereinbarung dar, die inhaltsgleich sind[580], findet § 139 BGB ebenfalls keine

575 Siehe z. B. BAG v. 07.11.2000 – 1 AZR 175/00, AP Nr. 14 zu § 77 BetrVG 1972 Tarifvorbehalt; v. 23.01.2008 – 4 AZR 602/06, AP Nr. 63 zu § 1 TVG Bezugnahme auf Tarifvertrag; v. 15.04.2008 – 1 AZR 86/07, ZIP 2008, 1544.
576 Vgl. *Gravenhorst*, FA 2008, 330; *Grau/Döring*, NZA 2008, 1335 (1337).
577 Siehe *Thüsing*, NZA 2008, 201 (206).
578 *Thüsing*, NZA 2008, 201 (206).
579 Siehe dazu BAG v. 21.01.2003 – 1 ABR 9/02, AP Nr. 1 zu § 21a BetrVG 1972; Däubler/Kittner/Klebe-*Berg*, § 77 BetrVG Rn. 57; *Thüsing*, NZA 2008, 201 (206).
580 Siehe dazu 2.Teil.E.I.

Anwendung.[581] Denn es handelt sich um eine Kombination aus beiden Regelungsformen, auf die die Vorschrift jeweils nicht anwendbar ist. Entscheidend für die Frage der Gesamtnichtigkeit ist folglich, ob die von der Nichtigkeit nicht erfassten Bestimmungen sinnvolle und in sich geschlossene Regelungen darstellen. Diesbezüglich kann auf die Ausführungen zur Teilnichtigkeit einer dreiseitigen Vereinbarung in Form eines Tarifvertrags oder einer Betriebsvereinbarung verwiesen werden.[582]

Im Falle einer gemischten dreiseitigen Vereinbarung[583] ist § 139 BGB aus dem gleichen Grund nicht anwendbar, so dass die Gesamtnichtigkeit der Vereinbarung wiederum davon abhängt, ob die nichtigen Regelungen mit den gültigen in einem unlösbaren Zusammenhang stehen, also keine eigenständige Bedeutung haben bzw. ohne den nichtigen Teil ihren Sinn verlieren würden. Der Umstand, dass bei einer gemischten dreigliedrigen Vereinbarung Tarifvertrag und Betriebsvereinbarung in einer Urkunde niedergelegt sind, könnte indes für einen unlösbaren Zusammenhang und damit im Zweifel für eine Gesamtnichtigkeit sprechen. So ergibt sich im Rahmen des § 139 BGB aus der Zusammenfassung mehrerer Abreden in einer Urkunde eine tatsächliche und widerlegliche Vermutung der Einheitlichkeit des Geschäfts.[584] Dies ist aber lediglich ein (widerlegbares) Indiz für die Geschäftseinheit im Sinne des § 139 BGB, der für dreiseitige Vereinbarungen gerade nicht gilt. Der Normcharakter von Tarifvertrag und Betriebsvereinbarung gebietet es, im Interesse der Kontinuität und Rechtsbeständigkeit der gesetzten Ordnung die Restgültigkeit der Vereinbarungen anzunehmen. Dies gilt auch für gemischte dreiseitige Vereinbarungen. Überdies dokumentieren die Kollektivvertragsparteien mit der Niederlegung der Verhandlungsergebnisse in einer Urkunde und der gemeinsamen Unterzeichnung aller Beteiligten, ihre Geschlossenheit und ihre Einigkeit über die erzielten Ergebnisse.[585] Daher kann aus der bloßen Niederlegung einer dreiseitigen Vereinbarung in einer Urkunde nicht auf den zur Gesamtnichtigkeit führenden unlösbaren Zusammenhang geschlossen werden. Dieser ließe sich möglicherweise bejahen, wenn es sich bei einer dreiseitigen Vereinbarung um eine neu geschaffene Regelungsform, eine Vereinbarung sui generis[586], handeln würde. Diese Konstruktion ist jedoch abzulehnen. Bei

581 Anders wohl wenn man wie *Niebler/Schmiedl*, BB 2001, 1631 (1632) von einem zusammengesetzten Vertrag ausgeht, denn für diesen gilt § 139 BGB. Zum zusammengesetzten Vertrag siehe Staudinger/*Löwisch*, § 311 BGB Rn. 48 ff.

582 3.Teil.A.I.

583 Siehe dazu 2.Teil.E.II.

584 BGH v. 22.05.1970 – V ZR 130/67, BGHZ 54, 71; v. 09.07.1992 – IX ZR 209/91, NJW 1992, 3237.

585 *Braun*, ArbRB 2008, 303.

586 Siehe dazu 2.Teil.A.II.

einer gemischten dreigliedrigen Vereinbarung werden zwei gesetzlich vorgesehene Regelungsinstrumente, zwischen denen eklatante Unterschiede bestehen[587], in einer Vereinbarung kombiniert. Dieser Umstand spricht klar gegen einen unlösbaren Zusammenhang zwischen den tarifvertraglichen und betriebsverfassungsrechtlichen Regelungen. Für die Gesamtnichtigkeit einer gemischten dreiseitigen Vereinbarung muss sich mithin aus der Vereinbarung ausdrücklich ergeben, dass der Abschluss des einen Teils Bedingung für den Abschluss des anderen Teils war. Grundsätzlich stellen die tarifvertraglichen Regelungen bei Nichtigkeit des betriebsverfassungsrechtlichen Teils (und umgekehrt) noch sinnvolle und in sich geschlossene Bestimmungen dar. Die Nichtigkeit einzelner Bestimmungen führt daher regelmäßig nicht zur Gesamtnichtigkeit einer dreiseitigen Vereinbarung.[588]

B) Beendigung einer dreiseitigen Vereinbarung

An die Problematik der Teil- und Gesamtnichtigkeit schließt sich die Untersuchung der Beendigung dreiseitiger Vereinbarungen an. Der Fokus liegt auf der vorzeitigen, einseitigen Lösung durch den Arbeitgeber, da hierfür problematische, aber interessante Beendigungstatbestände in Betracht kommen.

I. Beendigung einer dreiseitigen Vereinbarung in Form eines Tarifvertrags

1. Allgemeines

Das Zustandekommen eines Tarifvertrags richtet sich nach den für Verträge geltenden Regeln des Bürgerlichen Gesetzbuches, so dass auch im Falle der Beendigung auf die allgemeinen zivilrechtlichen Beendigungstatbestände zurückzugreifen ist. Da der Tarifvertrag ein Dauerschuldverhältnis ist, kommen für seine Beendigung vornehmlich die für die Beendigung von Dauerschuldverhältnissen vorgesehenen Tatbestände in Betracht. Dies sind insbesondere die Bedingung, die Befristung, der Aufhebungsvertrag sowie die ordentliche und außerordentliche Kündigung.[589] Während ein Aufhebungsvertrag nur bei übereinstimmenden Willenserklärungen der Kollektivvertragsparteien möglich ist, kann eine Kün-

587 Tarifvertrag und Betriebsvereinbarung unterscheiden sich insbesondere hinsichtlich ihrer Geltungsbereiche, ihrer Teilkündbarkeit, ihrer Schicksale bei Betriebsübergängen und ihrer Maßstäbe bei der Überprüfung der Vereinbarkeit mit höherrangigem Recht, vgl. BAG v. 15.04.2008 – 1 AZR 86/07, ZIP 2008, 1544.

588 So wohl auch BAG v. 15.04.2008 – 1 AZR 86/07, ZIP 2008, 1544.

589 ErfK-*Franzen*, § 1 TVG Rn. 30 ff.; Jacobs/Krause/Oetker-*Oetker*, § 8 Rn. 1 ff.

digung einseitig erklärt werden. Das Tarifvertragsgesetz enthält keine Voraussetzungen für dieses einseitige Lösungsrecht, so dass die Tarifvertragsparteien in der Ausgestaltung frei sind. Sie können Kündigungsfristen und die Formalie der Kündigungserklärung festlegen, aber auch den Ausschluss einer ordentlichen Kündigung vereinbaren.[590] Im Falle einer dreiseitigen Vereinbarung werden die Kollektivvertragsparteien in der Regel von dieser Ausschlussmöglichkeit Gebrauch machen, denn kann sich eine der beteiligten Parteien jederzeit von der Vereinbarung lösen, verfehlt diese ihren Sinn. Unbenommen bleibt den Parteien jedoch das Recht zur außerordentlichen Kündigung. Da auch hierfür eine gesetzliche Grundlage fehlt, ist die für alle Dauerschuldverhältnisse geltende Vorschrift des § 314 BGB heranzuziehen.[591] Demnach erfordert die außerordentliche Kündigung eines Tarifvertrags das Vorliegen eines wichtigen Grundes. Als wichtige Gründe sind beispielsweise schwere Pflichtverletzungen und unvorhersehbare nachträgliche Veränderungen der von den Tarifvertragsparteien bei Abschluss des Tarifvertrags zugrunde gelegten Verhältnisse anerkannt.[592] Eine Änderung der wirtschaftlichen Verhältnisse führt nur in extrem gelagerten Ausnahmefällen zur Unzumutbarkeit und damit zur außerordentlichen Kündigung.[593] Möchte sich der Arbeitgeber vorzeitig von der dreigliedrigen Vereinbarung lösen, helfen ihm die Möglichkeit eines Aufhebungsvertrags nicht und die der ordentlichen bzw. außerordentlichen Kündigung vielfach nicht weiter.

2. Verdrängung nach dem Grundsatz der Tarifeinheit

Denkbar ist, durch den Abschluss eines spezielleren Tarifvertrags mit einer anderen Gewerkschaft die Ablösung von einer dreigliedrigen Vereinbarung zu erreichen. Möglich ist dies allerdings nur hinsichtlich des normativen Teils des dreiseitigen Tarifvertrags.[594] Da die Bestimmungen zur Standortfrage lediglich Bestandteil des schuldrechtlichen Teil eines Tarifvertrags sein können[595], kommt eine Ablösung auf diesem Wege nur für die Regelungen der Beschäftigungssicherung in Betracht. Im Folgenden ist zu erörtern, ob die in einer dreiseitigen Vereinbarung enthaltenen Bestimmungen zur Beschäftigungssicherung nach den Regeln der Tarifkonkurrenz und Tarifpluralität verdrängt werden können. Dazu ist zunächst zu klären, ob

590 *Löwisch/Rieble*, § 1 TVG Rn. 507 ff.; Kempen/Zachert/*Stein*, § 4 TVG Rn. 131 ff.
591 HWK-*Henssler*, § 1 TVG Rn. 25.
592 Jacobs/Krause/Oetker-*Oetker*, § 8 Rn. 15 f.; HWK-*Henssler*, § 1 TVG Rn. 25 f. m. w. N.
593 ErfK-*Franzen*, § 1 TVG Rn. 34; *Löwisch/Rieble*, § 1 TVG Rn. 528; a. A. Däubler/*Deinert*, § 4 TVG Rn. 129 f.
594 Zu diesem Ansatz siehe *Thüsing*, NZA 2008, 201 (204 f.).
595 2.Teil.B.II.1.b).

es sich bei dreiseitigen Vereinbarungen im Verhältnis zu einem neu abgeschlossenen Tarifvertrag um eine Tarifkonkurrenz oder eine Tarifpluralität handelt.

a) Tarifkonkurrenz

Eine Tarifkonkurrenz liegt vor, wenn auf ein konkretes Arbeitsverhältnis zwei oder mehrere Tarifverträge normativ anzuwenden sind, ohne dass diese Tarifverträge sich ergänzen.[596] Um zu verhindern, dass mehrere sich widersprechende Regelungen gleichzeitig Anwendung finden, ist eine Auflösung der Tarifkonkurrenz notwendig. Mangels ausdrücklicher Regelung im Tarifvertragsgesetz wendet das Bundesarbeitsgericht zur Lösung dieser Kollision den Grundsatz der Tarifeinheit an, nach dem auf ein Arbeitsverhältnis nur ein Tarifvertrag Anwendung findet. Diesem schon seit der Weimarer Zeit existierenden Prinzip lässt sich allerdings nicht entnehmen, wie die Tarifkonkurrenz aufzulösen ist. Die Rechtsprechung[597] greift im Fall der Tarifkonkurrenz – mit Zustimmung der überwiegenden Meinung im Schrifttum[598] – auf den Grundsatz der Spezialität zurück. Nach dem aus der Gesetzestechnik bekannten Prinzip verdrängt die speziellere Norm die allgemeinere (*lex specialis derogat legi generali*). Es gilt also vorrangig der Tarifvertrag, der dem Betrieb räumlich, betrieblich, fachlich und persönlich am nächsten steht und demnach den Erfordernissen und Eigenarten des Betriebs am ehesten gerecht wird.[599]

Qualifiziert man die in einer dreiseitigen Vereinbarung enthaltenen Bestimmungen zur Beschäftigungssicherung als Betriebsnormen[600], ist eine Auflösung nach den Regeln der Tarifkonkurrenz erforderlich. Da Betriebsnormen von vornherein nur betriebseinheitlich gelten können, ist eine einheitliche Anwendung unabdingbar.[601] Sind also zwei oder mehrere Tarifverträge, die betriebliche oder

---

596 BAG v. 20.03.1991 – 4 AZR 455/90, AP Nr. 20 zu § 4 TVG Tarifkonkurrenz; ErfK-*Franzen*, § 4 TVG Rn. 65; Däubler/*Zwanziger*, § 4 TVG Rn. 923 f.

597 Ständige Rechtsprechung des BAG, vgl. nur BAG v. 22.02.1957 – 1 AZR 536/55, AP Nr. 2 zu § 4 TVG Tarifkonkurrenz; v. 24.01.1990 – 4 AZR 561/89, AP Nr. 126 zu § 1 TVG Tarifverträge Bau; v. 23.03.2005 – 4 AZR 203/04, AP Nr. 29 zu § 4 TVG Tarifkonkurrenz.

598 Wiedemann/*Wank*, § 4 TVG Rn. 298; *Gamillscheg*, Kollektives Arbeitsrecht I, S. 755; *Wiedemann/Arnold*, ZTR 1994, 399 (408); *Schaub*, RdA 2003, 378 (379); *Löwisch/Rieble*, § 4 TVG Rn. 142 und ErfK-*Franzen*, § 4 TVG Rn. 69 (nur für denselben Normgeber); siehe *Band*, Tarifkonkurrenz, S. 158 und *Jacobs*, Tarifeinheit, S. 257 jeweils m. w. N.

599 Siehe z. B. BAG v. 23.03.2005 – 4 AZR 203/04, AP Nr. 29 zu § 4 TVG Tarifkonkurrenz.

600 Vgl. BAG v. 01.08.2001 – 4 AZR 388/99, AP Nr 5 zu § 3 TVG Betriebsnormen.

601 *Löwisch/Rieble*, § 4 TVG Rn. 151; *Jacobs*, Tarifeinheit, S. 248; *Band*, Tarifkonkurrenz, S. 149 f.

betriebsverfassungsrechtliche Normen zum Gegenstand haben, auf ein Arbeitsverhältnis im Betrieb anzuwenden, liegt kein Fall der Tarifpluralität vor, sondern eine so genannte „betriebsweite Tarifkonkurrenz".[602] Die Verdrängung einer dreiseitigen Vereinbarung durch einen spezielleren, mit einer anderen Gewerkschaft abgeschlossenen Tarifvertrag ist somit denkbar. Doch welcher Firmentarifvertrag ist bei Vorliegen zweier Firmentarifverträge der Speziellere? Kann aufgrund des Spezialitätsprinzips keine Lösung gefunden werden, gibt es unterschiedliche Ansätze. Zum Teil wird auf die zeitliche Abfolge der Tarifverträge abgestellt. Danach geht der zeitlich jüngere dem zeitlich älteren Tarifvertrag vor. Soll auf diese Weise ein Tarifvertrag gezielt durch einen neuen Tarifvertrag verdrängt werden, greift die Zeitkollisionsregel jedoch nicht, denn die Tarifvertragsparteien sind nicht befugt, den Vorrang eigener Tarifverträge gegenüber den von Konkurrenzorganisationen anzuordnen.[603] Für den Fall einer dreigliedrigen Vereinbarung kommt die Zeitkollisionsregel bereits aus diesem Grund nicht in Betracht. Vertreten wird ferner das Mehrheitsprinzip, nach dem der Tarifvertrag einschlägig ist, der im Betrieb die meisten Arbeitsverhältnisse erfasst.[604] Bei der Konkurrenz von Kollektivnormen soll es ausschließlich Anwendung finden.[605] Betrachtet man die Beschäftigungssicherung in einer dreiseitigen Vereinbarung daher als Betriebsnormen, ist eine Ablösung durch einen neuen Tarifvertrag mit einer anderen Gewerkschaft nur dann möglich, wenn dieser mehr Arbeitsverhältnisse erfasst als der alte Tarifvertrag.

b) Tarifpluralität

Überzeugender ist es, die Regelungen der Beschäftigungssicherung als Beendigungsnormen einzuordnen.[606] Schließt der Arbeitgeber nun einen weiteren Tarifvertrag mit einer anderen Gewerkschaft, kommt es zu einer Tarifpluralität. Bei dieser beanspruchen innerhalb eines Betriebs unterschiedliche Tarifverträge normative Geltung, indem auf mindestens ein Arbeitsverhältnis die Vorschriften eines Tarifwerks normativ anzuwenden sind, während auf ein anderes Arbeits-

602 *Jacobs*, Tarifeinheit, S. 248; Jacobs/Krause/Oetker-*Jacobs*, § 7 Rn. 221; siehe auch *Waas*, Tarifkonkurrenz, S. 111; *Witzig*, Tarifeinheit, S. 57 f.

603 Däubler/*Zwanziger*, § 4 TVG Rn. 934.

604 Kempen/Zachert/*Wendeling-Schröder*, § 4 TVG Rn. 186; *Jacobs*, Tarifeinheit, S. 269 m. w. N.; *Wiedemann/Arnold*, ZTR 1994, 399 (409); siehe auch BAG v. 20.03.1991 – 4 AZR 455/90, AP Nr. 20 zu § 4 TVG Tarifkonkurrenz, wo das Mehrheitsprinzip als Hilfsargument herangezogen wird.

605 Wiedemann/*Wank*, § 4 TVG Rn. 299e; *Löwisch/Rieble*, § 4 TVG Rn. 151; Däubler/*Zwanziger*, § 4 TVG Rn. 935; Jacobs/Krause/Oetker-*Jacobs*, § 7 Rn. 221; *Witzig*, Tarifeinheit, S. 104 ff.

606 2.Teil.B.II.2.a)(4).

verhältnis die Normen eines anderen Tarifvertrags unmittelbar und zwingend wirken.[607] Das Bundesarbeitsgericht hat in seiner bisherigen Rechtsprechung die Fälle der Tarifpluralität nach den zur Tarifkonkurrenz entwickelten Grundsätzen gelöst. Die Auflösung der Tarifpluralität wird insbesondere mit Gründen der Praktikabilität und Rechtssicherheit und Rechtsklarheit, aber auch mit dem Betriebsfrieden und der Vermeidung von zusätzlichen Verwaltungskosten begründet.[608] Da dem Grundsatz der Tarifeinheit nur rechtsverdrängende, nicht aber rechtsbegründende Wirkung zukommt, hat er im häufigsten Fall der Tarifpluralität – dem Abschluss unterschiedlicher Tarifverträge durch verschiedene Gewerkschaften – zur Folge, dass die Mitglieder des verdrängten Tarifvertrags auf den Status Nichtorganisierter zurückfallen. Er verstößt somit zum einen gegen die positive Koalitionsfreiheit der Mitglieder der Tarifvertragsparteien, deren Tarifvertrag verdrängt wird und zum anderen gegen die kollektive Koalitionsfreiheit der Gewerkschaft. Zudem findet sich für das Prinzip der Tarifeinheit keine gesetzliche Grundlage. Vielmehr widerspricht es § 3 Abs. 1 TVG. Dieser Widerspruch kann nicht durch bloße, zumal nicht überzeugende, Praktikabilitätserwägungen ausgeräumt werden. Auch die anderen angeführten Argumente für eine Tarifeinheit greifen nicht.[609] Aus diesem Grund stehen die überwiegende Literatur[610] und ein Teil der instanzgerichtlichen Rechtsprechung[611] der Anwendung der für die Tarifkonkurrenz geltenden Grundsätze auf die Tarifpluralität zu recht ablehnend gegenüber. In der jüngeren Vergangenheit ist über einen möglichen Wechsel der Rechtsprechung des Bundesarbeitsgerichts zur Tarifpluralität

---

607 BAG v. 25.11.1987 – 4 AZR 361/87, AP Nr. 18 zu § 1 TVG Tarifverträge Einzelhandel; Wiedemann/*Wank*, § 4 TVG Rn. 280.

608 BAG v. 05.09.1990 – 4 AZR 59/90, AP Nr. 19 zu § 4 TVG Tarifkonkurrenz; v. 20.03.1991 – 4 AZR 455/90, AP Nr. 20 zu § 4 TVG Tarifkonkurrenz; v. 14.12.2004 – 1 ABR 51/03, AP Nr. 1 zu § 2 TVG Tariffähigkeit; zustimmend *Säcker/Oetker*, ZfA 1993, 1 (4 ff.); *Heinze/Ricken*, ZfA 2001, 159 (171 ff.); *Buchner*, ZfA 2004, 229 (247 ff.); *ders.*, FS-50 Jahre BAG, S. 631 (633 ff.); *Meyer*, NZA 2006, 1387 ff.; *Feudner*, BB 2007, 2459 ff.

609 Ausführlich dazu *Thüsing/von Medem*, ZIP 2007, 510 ff.

610 ErfK-*Franzen*, § 4 TVG Rn. 71 f.; Wiedemann/*Wank*, § 4 TVG Rn. 287; *Löwisch/Rieble*, § 4 TVG Rn. 132 ff.; Kempen/Zachert/*Wendeling-Schröder*, § 4 TVG Rn. 156 ff., 188; *Jacobs*, Tarifeinheit, S. 351 ff.; *Waas*, Tarifkonkurrenz, S. 123 ff.; *Band*, Tarifkonkurrenz, S. 84 ff.; *Müller*, NZA 1989, 449 (452); *Hohenstatt*, DB 1992, 1678 ff.; *Franzen*, RdA 2001, 1 (8); *Rieble*, BB 2003, 1227 (1228); *Däubler*, Anmerkung zu LAG Rheinland-Pfalz v. 22.06.2004 – 11 Sa 2096/03, AP Nr. 169 zu Art. 9 GG Arbeitskampf; *Lindemann/Simon*, BB 2006, 1852 (1856 f); *Thüsing/von Medem*, ZIP 2007, 510 ff.; *Franzen*, RdA 2008, 193 ff.

611 LAG Bremen v. 28.08.1990 – 1 Sa 67-79/90, LAGE § 4 TVG Tarifpluralität Nr. 2; LAG Brandenburg v. 17.03.1995 – 5 Sa 671/94, LAGE § 4 TVG Nachwirkung Nr. 3; LAG Niedersachsen v. 12.11.1999 – 3 Sa 780/99, ZTR 2000, 172.

spekuliert worden.[612] Obwohl es zu der mit Spannung erwarteten Stellungnahme des Bundesarbeitsgerichts im März 2007 nicht gekommen ist[613], gibt es in der Judikatur des Bundesarbeitsgerichts durchaus Anhaltspunkte, die auf einen Rechtsprechungswechsel hindeuten. Zum einen herrschen innerhalb der Senate des Bundesarbeitsgerichts Meinungsverschiedenheiten über den Grundsatz der Tarifeinheit.[614] Zum anderen ist es vermehrt zu Situationen gekommen, in denen in einem Betrieb mehrere Tarifverträge vorhanden waren, das Bundesarbeitsgericht aber dennoch nicht von einer aufzulösenden Tarifpluralität ausging.[615] Es entsteht daher der Eindruck, dass der Sonderfall zum Regelfall wird und eine Abgrenzung aufgrund ihrer Widersprüchlichkeit nicht mehr überzeugen kann.[616]

Bei der hier zu erörternden Problematik im Rahmen dreiseitiger Vereinbarungen kommt es zu einer so genannten gewillkürten Tarifpluralität. Diese liegt vor, wenn der Arbeitgeber sich freiwillig an mehrere Tarifverträge bindet.[617] Im Gegensatz dazu spricht man von einer zufälligen Tarifpluralität beispielsweise, wenn in einem Betrieb bereits ein Tarifvertrag existiert und dann ein anderer Tarifvertrag für allgemeinverbindlich erklärt wird. Das Gleiche gilt für Tarifpluralitäten aufgrund einer Veränderung des Produktionsschwerpunkts, eines Branchenwechsels oder auch Verschmelzungen.[618] Vermögen die gegen eine parallele Anwendung zweier oder mehrerer Tarifverträge vorgebrachten Argumente schon bei zufälliger Tarifpluralität nicht zu überzeugen, so ist eine Tarifeinheit bei gewillkürter Tarifpluralität erst recht abzulehnen. Würde diese, der Rechtsprechung des Bundesarbeitsgerichts folgend, nach dem Grundsatz der Tarifeinheit aufgelöst, könnte sich der Arbeitgeber der Geltung der bisherigen dreiseitigen Vereinbarung entziehen. Der Grundsatz der Tarifeinheit im Betrieb könnte mithin dazu missbraucht werden, sich von unliebsamen Tarifbindungen zu befreien.[619] Um dies zu verhindern, müssen (zumindest) bei gewillkürter Tarifpluralität die abgeschlossenen Tarifverträge nebeneinander gelten.[620] Auch das

612 Siehe dazu *Thüsing/von Medem*, ZIP 2007, 510; *Sittard*, ZTR 2008, 178 (182).

613 Pressemitteilung des BAG v. 16.03.2007, Nr. 22/07.

614 Siehe dazu *Bürger*, Kollisionsverhältnis, S. 96 ff., 174, der die Ansichten der einzelnen Senate zur Tarifeinheit darstellt.

615 BAG v. 26.01.1994 – 10 AZR 611/92, AP Nr. 22 zu § 4 TVG Tarifkonkurrenz; v. 28.05.1997 – 4 AZR 546/95, AP Nr. 26 zu § 4 TVG Nachwirkung; v. 21.02.2001 – 4 AZR 18/00, AP Nr. 20 zu § 4 TVG; v. 11.02.2004 – 4 AZR 94/03, nv. (juris).

616 *Thüsing/von Medem*, ZIP 2007, 510 f.; siehe auch *Thüsing/Stelljes*, Anmerkung zu BAG v. 21.02.2001 – 4 AZR 18/00, EzA § 613a BGB Nr. 195.

617 *Thüsing/von Medem*, ZIP 2007, 510 (515 f.); *Bayreuther*, NZA 2007, 187 (188).

618 Kempen/Zachert/*Wendeling-Schröder*, § 4 TVG Rn. 151; *Schliemann*, NZA 2000, Sonderbeilage zu Heft 24, 24 f.; *Bayreuther*, NZA 2007, 187 (189).

619 Siehe dazu *Nauditt*, AuR 2002, 288 ff.; *Unterhinninghofen*, AuR 2006, 7 ff.

620 *Wendeling-Schröder*, AuR 2000, 339 (342); *Schaub*, RdA 2003, 378 (380); *Hromadka*, GS-Heinze, S. 383 (388, 393); *Bayreuther*, NZA 2006, 642 (644); *ders.*, NZA

Bundesarbeitsgericht macht vom Grundsatz der Tarifeinheit bei Tarifpluralität wohl eine Ausnahme, wenn der Arbeitgeber einen weiteren Tarifvertrag mit einer konkurrierenden Gewerkschaft abschließt und damit die Tarifpluralität selbst herbeiführt. Zum einen waren Tarifkonkurrenzen nach Auffassung des Bundesarbeitsgerichts immer nur „in aller Regel“ nach dem Grundsatz der Spezialität zu lösen und Ausnahmen daher sehr wohl möglich.[621] Zum anderen ist das Bundesarbeitsgericht in zwei neueren Entscheidungen vom Grundsatz der Tarifeinheit abgewichen und hat mehrere Tarifverträge unter ausdrücklichem Hinweis auf eine gewillkürte Tarifpluralität nebeneinander gelten lassen.[622] In Einklang damit steht die Entscheidung des Bundesarbeitsgerichts zu einer anderen Fallgestaltung der Tarifflucht. In dieser entschied das Gericht, dass der Abschluss so genannter Schein- oder Gefälligkeitstarifverträge, wie z. B. Vereinbarungen, die von der Arbeitgeberseite nur geschlossen werden, um der Arbeitnehmervereinigung einen Gefallen zu erweisen, etwa um ihr das Etikett einer “Gewerkschaft” zu verleihen, rechtsmissbräuchlich sein kann.[623] Es wird also deutlich, dass das Bundesarbeitsgericht einem Missbrauch seiner Rechtsprechung zu Tarifkonkurrenzen Grenzen setzt. Vor diesem Hintergrund ist davon auszugehen, dass auch eine Tarifflucht des Arbeitgebers im Falle von dreiseitigen Vereinbarungen vom Bundesarbeitsgericht nicht gebilligt würde.

3. Ergebnis

Die Verdrängung einer dreiseitigen Vereinbarung durch den Abschluss eines anderen Tarifvertrags mit einer Konkurrenzgewerkschaft ist möglich, wenn man die Regelungen zur Beschäftigungssicherung als Betriebsnormen einordnet und das verdrängende Tarifwerk von einer Gewerkschaft mit dem höheren Organisationsgrad stammt. Werden die Bestimmungen zur Beschäftigungssicherung dagegen richtigerweise als Beendigungs- bzw. Inhaltsnormen qualifiziert, liegt ein Fall der gewillkürten Tarifpluralität vor. Diese wird nicht nach dem Grundsatz der Tarifeinheit aufgelöst, um eine Tarifflucht des Arbeitgebers zu verhindern. Eine Verdrängung der dreigliedrigen Vereinbarung findet daher nicht statt.

2007, 187 (188 f.); *Thüsing/von Medem*, ZIP 2007, 510 (515 f.); kritisch auch *Schliemann*, NZA 2000, Sonderbeilage zu Heft 24, 24 (32).

621 Vgl. BAG v. 14.06.1989 – 4 AZR 200/89, AP Nr. 16 zu § 4 TVG Tarifkonkurrenz; v. 24.01.1990 – 4 AZR 561/89, AP Nr. 126 zu § 1 TVG Tarifverträge Bau.

622 BAG v. 20.02.2002 – 4 AZR 22/01, nv.; v. 11.02.2004 – 4 AZR 94/03, nv. (juris).

623 BAG v. 28.03.2006 – 1 ABR 58/04, AP Nr. 4 zu § 2 TVG Tariffähigkeit.

II. Beendigung einer dreiseitigen Vereinbarung in Form einer Betriebsvereinbarung

Nach den Beendigungsmöglichkeiten einer dreiseitigen Vereinbarung in Form eines Tarifvertrags sind nun die einer Betriebsvereinbarung zu analysieren.

1. Allgemeines

Als Beendigungstatbestand für Betriebsvereinbarungen ist im Betriebsverfassungsgesetz lediglich die Kündigung vorgesehen (§ 77 Abs. 5 BetrVG). Da § 77 Abs. 6 BetrVG vom „Ablauf" der Betriebsvereinbarung spricht, ist eine Befristung ebenfalls möglich. Daneben enden Betriebsvereinbarungen mit Erreichung eines bestimmten Zwecks, zu dem sie abgeschlossen wurden.[624] Die Betriebspartner können zudem jederzeit einen Aufhebungsvertrag schließen oder die Betriebsvereinbarung durch Abschluss einer nachfolgenden Betriebsvereinbarung über denselben Regelungsgegenstand ablösen.[625] Ein Aufhebungsvertrag und eine neue, ablösende Betriebsvereinbarung können nur im Einvernehmen mit dem Betriebsrat abgeschlossen werden. Eine ordentliche Kündigung seitens des Arbeitgebers ist – sofern die Betriebsvereinbarung diesbezüglich keine abweichenden Regelungen enthält – zwar mit einer Frist von drei Monaten möglich. In der Regel wird diese jedoch durch die Kollektivvertragsparteien ausgeschlossen sein. Eine außerordentliche Kündigung ist dagegen immer möglich, bedarf jedoch eines wichtigen Grundes. Dieser kann in der Veränderung wirtschaftlicher Verhältnisse begründet sein[626], doch die pauschale Berufung auf finanzielle Schwierigkeiten des Betriebs reicht nicht aus.[627] Schließlich werden bestehende Betriebsvereinbarungen unwirksam, wenn ein Tarifvertrag in Kraft tritt, der den gleichen Gegenstand regelt.[628]

2. Beendigung durch unternehmensinterne Umstrukturierungen

Allerdings können Betriebsvereinbarungen nicht nur auf rechtsgeschäftlichem Weg beendet werden. In Betracht zu ziehen ist auch eine Veränderung der tat-

---

624 *Fitting*, § 77 BetrVG Rn. 142; Willemsen/Hohenstatt/Schweibert/Seibt/*Hohenstatt*, S. 512 f.

625 Richardi/*Richardi*, § 77 BetrVG Rn. 194 f.; Däubler/Kittner/Klebe-*Berg*, § 77 BetrVG Rn. 46.

626 GK-*Kreutz*, § 77 BetrVG Rn. 366; H/S/W/G/N-*Worzalla*, § 77 BetrVG Rn. 216.

627 BAG v. 28.04.1992 – 1 ABR 68/91, AP Nr. 11 zu § 50 BetrVG 1972; Däubler/Kittner/Klebe-*Berg*, § 77 BetrVG Rn. 54.

628 H/S/W/G/N-*Worzalla*, § 77 BetrVG Rn. 96; GK-*Kreutz*, § 77 BetrVG Rn. 132; *Fitting*, § 77 BetrVG Rn. 97.

sächlichen Umstände. So könnten sich Umstrukturierungen innerhalb eines Unternehmens auf bestehende Betriebsvereinbarungen auswirken, d. h. zu ihrer Beendigung führen.

a) Keine gesetzliche Regelung

Die Auswirkungen von unternehmensinternen Umstrukturierungen auf Betriebsvereinbarungen sind gesetzlich nicht geregelt. § 613a Abs. 1 Satz 2 BGB, nach dem die Rechtsnormen einer Betriebsvereinbarung Inhalt des Arbeitsverhältnisses zwischen dem neuen Inhaber und dem Arbeitnehmer werden, setzt einen Rechtsträgerwechsel voraus. In Fällen unternehmensinterner Umstrukturierungen ist der Arbeitgeber vor und nach Durchführung der Maßnahmen identisch. § 613a Abs. 1 Satz 2 BGB ist daher nicht anwendbar. Auch § 21a BetrVG greift nicht, da die Norm die Folgen unternehmensinterner Umstrukturierungen nur insoweit regelt, als dass sie die Amtszeit des Betriebsrats verlängert; die Fortgeltung von Betriebsvereinbarungen wird nicht angeordnet.[629] Mangels gesetzlicher Regelung wird die Fortgeltung von Betriebsvereinbarungen nach unternehmensinternen Umstrukturierungen unterschiedlich beurteilt.

b) Meinungsstand

Eine Ansicht befürwortet grundsätzlich eine kollektivrechtliche Fortgeltung der Betriebsvereinbarungen in den aus der Unternehmensumstrukturierung hervorgehenden Betrieben.[630] Begründet wird dies mit der Amtskontinuität des Betriebsrats, die durch die Verankerung des Übergangsmandats (§ 21a BetrVG) gesichert sei. Mit dieser Vorschrift habe der Gesetzgeber klare rechtspolitische Vorgaben zur Beurteilung betriebsverfassungsrechtlicher Auswirkungen betrieblicher Umstrukturierungen gemacht. Bleibe nun der Betriebsrat nach internen Umstrukturierungen im Amt, müssten auch Betriebsvereinbarungen prinzipiell fortgelten. Ansonsten würde die Rechtsstellung des weiter amtierenden Betriebsrats nicht unerheblich geschwächt.[631] Zu einer kollektivrechtlichen Fortgeltung komme es nur ausnahmsweise dann nicht, wenn die bestehenden Betriebsvereinbarungen nach

629 So auch *Lerch*, Betriebsübergänge und unternehmensinterne Umstrukturierungen, S. 164.

630 GK-*Kreutz*, § 77 BetrVG Rn. 377 ff.; *Fitting*, § 77 BetrVG Rn. 162; Däubler/Kittner/Klebe-*Berg*, § 77 BetrVG Rn. 47a ff.; *Kreutz*, FS-Wiese, S. 235 (247 f.); *Otto*, Betriebsvereinbarungen bei Betriebsuntergang, S. 110; *Berg*, Unternehmensinterne Umstrukturierungen, S. 127 f.

631 GK-*Kreutz*, § 77 BetrVG Rn. 377; *Berg*, Unternehmensinterne Umstrukturierungen, S. 127; *Bachner*, NJW 2003, 2861 (2865).

unternehmensinternen Betriebsumstrukturierungen gegenstandlos würden, d. h. wenn sich die Regelungen gerade durch die neuen Betriebsstrukturen erledigten.[632] Dreigliedrige Vereinbarungen sollen regelmäßig die Betriebsänderung verhindern und beinhalten sozialplanähnliche Regelungen, falls dies nicht gelingen sollte. Nimmt der Arbeitgeber betriebsinterne Umstrukturierungen vor, werden Regelungen, die die Betriebsänderung abwenden sollen, denklogisch gegenstandlos und gelten nicht fort. Anders sieht es jedoch für die sozialplanähnlichen Elemente dreiseitiger Vereinbarungen aus. Sie erledigen sich durch die neuen Betriebsstrukturen keinesfalls, so dass nach dieser Meinung eine Fortgeltung zu bejahen ist.

Nach anderer Auffassung ist die kollektivrechtliche Fortgeltung von Betriebsvereinbarungen bei internen Umstrukturierungen an den Fortbestand der Identität des Betriebs geknüpft.[633] Werde diese durch die Umstrukturierungen nicht verändert, würden die bestehenden Betriebsvereinbarungen fortgelten. Habe die Umstrukturierung hingegen einen Identitätsverlust zur Folge, ende die kollektivrechtliche Geltung der Betriebsvereinbarungen. Ob es in diesem Fall zu einem ersatzlosen Wegfall der Betriebsvereinbarungen[634], zu einer Transformation auf die arbeitsvertragliche Ebene gemäß § 613a Abs. 1 Satz 2 BGB analog[635] oder zu einer Nachwirkung[636] kommt, ist wiederum strittig. Führt der Arbeitgeber also einen Identitätsverlust durch Spaltung, Eingliederung oder Zusammenlegung des Betriebs herbei und geht man von der Prämisse aus, dass die bestehenden Betriebsvereinbarungen weder nachwirken noch nach § 613a Abs. 1 Satz 2 BGB analog zum Inhalt des Arbeitsverhältnisses werden, sondern ersatzlos wegfallen, ist eine Lösung von einer dreiseitigen Vereinbarung auf diesem Wege möglich. Etwas anderes könnte aber deshalb gelten, weil dreiseitige Vereinbarungen vielfach die Betriebsänderung gerade verhindern wollen und Elemente eines Sozialplans enthalten. Das Bundesarbeitsgericht hat in einer Entscheidung aus dem Jahre 1981 die kollektivrechtliche Fortgeltung einer Betriebsvereinbarung

---

632 GK-*Kreutz*, § 77 BetrVG Rn. 378.

633 BAG v. 05.02.1991 – 1 ABR 32/90, AP Nr. 89 zu § 613a BGB; v. 27.07.1994 – 7 ABR 37/93, AP Nr. 118 zu § 613a BGB; HWK-*Gaul*, § 77 BetrVG Rn. 69; ErfK-*Kania*, § 77 BetrVG Rn. 121 ff.; H/S/W/G/N-*Worzalla*, § 77 BetrVG Rn. 234; Richardi/*Richardi*, § 77 BetrVG Rn. 216; *Gamillscheg*, Kollektives Arbeitsrecht II, S. 830 f.; *Simon/Zerres*, FS-Leinemann, S. 255 (268); *Kreft*, FS-Wissmann, S. 347 (351 f.); *Gaul*, Betriebs- und Unternehmensspaltung, S. 911 ff.; *Trittin*, Betriebsübergang, S. 30;

634 H/S/W/G/N-*Worzalla*, § 77 BetrVG Rn. 234; *Gussen/Dauck*, Weitergeltung, Rn. 291 f.; *Kreßel*, DB 1989, 1623 (1625); *Thüsing*, DB 2004, 2474 (2478).

635 Erman/*Edenfeld*, § 613a BGB Rn. 76; *Gaul*, Betriebs- und Unternehmensspaltung, S. 983 ff.; *Hanau*, RdA 1989, 207 (211); Willemsen/Hohenstatt/Schweibert/Seibt/*Hohenstatt*, S. 517; *Mengel*, Umwandlungen, S. 188 (Fn. 799).

636 Richardi/*Richardi*, § 77 BetrVG Rn. 211, 215; zurückhaltend *Rieble*, NZA 2002, 233 (241); ablehnend *Thüsing*, DB 2004, 2474 (2478).

trotz Verlustes der Betriebsidentität befürwortet.[637] Thematisch ging es um Ansprüche von Arbeitnehmern aus einem anlässlich einer Betriebsstilllegung geschlossenen Sozialplan. Ein Großteil der von der Stilllegung betroffenen Arbeitnehmer wurde in einem anderen Betrieb des Unternehmens, in dem ebenfalls ein Betriebsrat bestand, weiterbeschäftigt. Ließe sich der Entscheidung nun ein Grundsatz dahin gehend entnehmen, dass Betriebsvereinbarungen trotz betriebsverändernder Umstrukturierungen dann fortgelten, wenn sie gerade aus Anlass der betrieblichen Umstrukturierung abgeschlossen wurden[638], könnte dies eine Fortgeltung dreiseitiger Vereinbarungen mit Sozialplaninhalten bedeuten. Die Entscheidung des Bundesarbeitsgerichts ist jedoch nicht verallgemeinerungsfähig.[639] Zum einen hat eine Betriebsstilllegung anders als andere Umstrukturierungen (Spaltung, Eingliederung, Zusammenlegung) zwingend den Verlust der Betriebsidentität zur Folge. Zum anderen blieben die Arbeitsverhältnisse in dem vom Bundesarbeitsgericht zu entscheidenden Fall aufrechterhalten, so dass eine kollektivrechtliche Fortgeltung akzeptabel ist. Kommt es hingegen zu einer Beendigung der Arbeitsverhältnisse, können auch die Betriebsvereinbarungen nicht mehr normativ fortgelten. Dafür spricht die Rechtsprechung des Bundesarbeitsgerichts zu Ruhegeldansprüchen.[640] Danach wirken Betriebsvereinbarungen auf Rechtsverhältnisse von aus dem Betrieb ausgeschiedenen Arbeitnehmern nicht mehr normativ. Den Ausgeschiedenen stehen lediglich schuldrechtliche Ansprüche zu.[641] Mithin gelten Betriebsvereinbarungen, die im Zusammenhang mit einer Betriebsumstrukturierung abgeschlossen wurden, nicht generell fort. Doch selbst wenn die Entscheidung des Bundesarbeitsgerichts einen verallgemeinerungsfähigen Grundsatz enthielte, schiede eine Fortgeltung der dreiseitigen Vereinbarungen wohl aus, denn diese werden in der Regel nicht aus Anlass der Betriebsänderung geschaffen und zielen inhaltlich nicht darauf ab, die Umstrukturierung zu überdauern, sondern wollen diese gerade verhindern.

---

637 BAG v. 24.03.1981 – 1 AZR 805/78, AP Nr. 12 zu § 112 BetrVG 1972.

638 Verallgemeinernd wohl *Bachner*, NZA 1997, 79 f.; *Berg*, Unternehmensinterne Umstrukturierungen, S. 125.

639 So auch *Lerch*, Betriebsübergänge und unternehmensinterne Umstrukturierungen, S. 177; siehe auch BAG v. 28.06.2005 – 1 AZR 213/04, AP Nr. 25 zu § 77 BetrVG 1972 Betriebsvereinbarung, nach dem die Betriebsvereinbarung ihre normative Wirkung behält, weil die Identität des Betriebs erhalten blieb. Auch in der Literatur wird eine Ausnahme lediglich für Betriebsvereinbarungen, die im Zusammenhang mit der Stilllegung des Betriebs einhergehen, gemacht, vgl. *Fitting*, § 77 BetrVG Rn. 161; Däubler/Kittner/Klebe-*Berg*, § 77 BetrVG Rn. 47.

640 Siehe *Lerch*, Betriebsübergänge und unternehmensinterne Umstrukturierungen, S. 177 f.

641 BAG v. 25.10.1988 – 3 AZR 483/86, AP Nr. 1 zu § 1 BetrAVG Betriebsvereinbarung; v. 13.05.1997 – 1 AZR 75/97, AP Nr. 65 zu § 77 BetrVG 1972.

c) Stellungnahme

Während dreiseitige Vereinbarungen nach der ersten Ansicht in Bezug auf ihre sozialplanähnlichen Inhalte durch betriebsinterne Umstrukturierungen nicht gegenstandlos werden und damit kollektivrechtlich fortgelten, fallen sie nach anderer Auffassung bei Verlust der Betriebsidentität ersatzlos weg. Eine Stellungnahme ist daher erforderlich.

Die Betriebsidentität ist kein definitionsfähiger Begriff, sondern muss typologisch anhand des Gesamteindrucks der organisatorischen Einheit vor und nach der Umstrukturierung bestimmt werden.[642] Daher kann bei Anwendung des Kriteriums der Betriebsidentität die Feststellung, wann die Identität eines Betriebs gewahrt bleibt, also „derselbe" Betrieb fortbesteht, Probleme bereiten.[643] Allerdings wäre eine feststehende Definition der Betriebsidentität nicht in der Lage sämtliche Konstellationen, die durch die verschiedenen Umstrukturierungen entstehen können, abzudecken.[644] Des Weiteren hilft auch ein Abstellen auf das Merkmal der Gegenstandslosigkeit bzw. der Gestaltungsaufgabe nur bedingt weiter, da plausible Kriterien, nach denen dies beurteilt werden kann, fehlen.[645] Aus dem Grund ist bei diesem Merkmal die bei dem Kriterium der Betriebsidentität kritisierte[646] Bildung von Fallgruppen bzw. eine Kategorisierung von Betriebsvereinbarungen gleichfalls erforderlich.[647] Somit sprechen die mit dem Merkmal der Betriebsidentität verbundenen Abgrenzungsschwierigkeiten nicht dagegen, dieses für die Frage der kollektivrechtlichen Fortgeltung von Betriebsvereinbarungen bei unternehmensinternen Umstrukturierungen heranzuziehen. Auch aus der Existenz des Übergangmandats in § 21a BetrVG lässt sich nicht die grundsätzliche Fortgeltung von Betriebsvereinbarungen ableiten.[648] Sinn und Zweck der Vorschrift ist, in der besonderen Situation einer betrieblichen Umstrukturierung den Arbeitnehmern ihre betriebsverfassungsrechtlichen Beteiligungsrechte zu erhalten und bis zur Neuwahl eines Betriebsrats in der neu gebildeten Einheit eine betriebsratslose Zeit zu vermeiden.[649] Es sollen also lediglich für die Zeit des Übergangs Schutz-

642 Dazu ausführlich *Gaul*, Betriebs- und Unternehmensspaltung, S. 914 ff.; siehe auch *Thüsing*, DB 2004, 2474; *Salamon*, RdA 2007, 153 (155, 159).

643 Daher ablehnend GK-*Kreutz*, § 77 BetrVG Rn. 376; *Lerch*, Betriebsübergänge und unternehmensinterne Umstrukturierungen, S. 179 f.

644 Dies gesteht auch *Lerch*, Betriebsübergänge und unternehmensinterne Umstrukturierungen, S. 180, ein.

645 *Salamon*, RdA 2007, 153 (156).

646 *Otto*, Betriebsvereinbarungen bei Betriebsuntergang, S. 30, 36.

647 Vgl. Bachner/Köstler/Matthießen/Trittin-*Bachner*, S. 161.

648 So aber GK-*Kreutz*, § 77 BetrVG Rn. 377; *Berg*, Unternehmensinterne Umstrukturierungen, S. 127.

649 BT-Drs. 14/5741, S. 39.

lücken geschlossen werden. Eine Fortgeltung von Betriebsvereinbarungen geht jedoch darüber hinaus und steht folglich mit der transitorischen Wirkung von § 21a BetrVG nicht in Einklang.[650] Entscheidend für das Merkmal der Betriebsidentität spricht, dass Betriebsvereinbarungen die Gesetze des Betriebs sind.[651] Sie sind auf ein bestimmtes betriebliches Gebilde ausgerichtet und setzen die Existenz dieses Gebildes voraus. Betriebsvereinbarungen können daher nur so lange gelten, wie es den Betrieb gibt.[652] Mithin ist es überzeugender, die kollektivrechtliche Fortgeltung von Betriebsvereinbarungen bei betriebsinternen Umstrukturierungen an den Fortbestand der Betriebsidentität zu knüpfen.

Endet die kollektivrechtliche Wirkung dreiseitiger Vereinbarungen somit bei Verlust der Betriebsidentität, bleibt zu klären, ob sie ersatzlos wegfallen. Teilweise wird die abrupte Beendigung von Betriebsvereinbarungen nach internen Umstrukturierungen abgelehnt und eine Nachwirkung der Betriebsvereinbarungen vorgeschlagen.[653] Begründet wird dieser Ansatz jedoch nicht. Denkbar ist, auf § 77 Abs. 6 BetrVG oder § 4 Abs. 5 TVG analog abzustellen. § 77 Abs. 6 BetrVG ordnet die Nachwirkung ausschließlich für Betriebsvereinbarungen an, die Angelegenheiten regeln, in denen ein Spruch der Einigungsstelle die Einigung zwischen Arbeitgeber und Betriebsrat ersetzen kann. Nach allgemeiner Meinung sind dies Regelungen, die der erzwingbaren Mitbestimmung des Betriebsrats unterliegen.[654] Da es sich bei dreiseitigen Vereinbarungen um freiwillige Betriebsvereinbarungen handelt, findet § 77 Abs. 6 BetrVG keine Anwendung. Auch die Voraussetzungen einer Analogie sind nicht gegeben. Da die Weitergeltung in § 77 Abs. 6 BetrVG im Gegensatz zu § 4 Abs. 5 TVG eindeutig einschränkend formuliert ist, fehlt es an einer planwidrigen Regelungslücke. Ferner ist eine vergleichbare Interessenlage zu verneinen, da die geregelten Sachverhalte und die Ziele zu unterschiedlich sind.[655] Mithin ergibt sich aus § 77 Abs. 6 BetrVG keine Nachwirkung von Betriebsvereinbarungen bei betriebsinternen Umstrukturierungen.[656] Eine analoge Anwendung von § 4 Abs. 5 TVG auf alle Betriebsvereinbarungen scheitert eben-

---

650 So auch *Gaul*, Betriebs- und Unternehmensspaltung, S. 911; *Lerch*, Betriebsübergänge und unternehmensinterne Umstrukturierungen, S. 201 f.; *Thüsing*, DB 2004, 2474 (2477).

651 *Fitting*, § 77 BetrVG Rn. 12; GK-*Kreutz*, § 77 BetrVG Rn. 7.

652 *Haag*, Umstrukturierung, S. 37; *Thüsing*, DB 2004, 2474 (2477).

653 Richardi/*Richardi*, § 77 BetrVG Rn. 211, 215; verhalten *Rieble*, NZA 2002, 233 (241).

654 BAG v. 21.08.1990 – 1 ABR 73/89, AP Nr. 5 zu § 77 BetrVG 1972 Nachwirkung; v. 11.05.1999 – 3 AZR 21/98, AP Nr. 6 zu § 1 BetrAVG Betriebsvereinbarung; GK-*Kreutz*, § 77 BetrVG Rn. 400; *Fitting*, § 77 BetrVG Rn. 186; ErfK-*Kania*, § 77 BetrVG Rn. 109.

655 *Thüsing*, DB 2004, 2474 (2478).

656 *Lerch*, Betriebsübergänge und unternehmensinterne Umstrukturierungen, S. 186 f.; *Thüsing*, DB 2004, 2474 (2478).

falls. Mit § 77 Abs. 6 BetrVG hat der Gesetzgeber eine abschließende Regelung getroffen, so dass eine planwidrige Regelungslücke nicht vorliegt.[657] Des Weiteren würde die analoge Anwendung des § 4 Abs. 5 TVG zu einer umfassenden Nachwirkung der Betriebsvereinbarungen führen, so dass die Ansprüche der Arbeitnehmer auch bei fehlender Schutzbedürftigkeit durch Kündigung nicht beseitigt werden könnten, obwohl eine anspruchskürzende oder anspruchsausschließende Betriebsvereinbarung möglich wäre. Der geregelte und der zu regelnde Sachverhalt sind nicht vergleichbar.[658] Die für eine Analogie erforderliche vergleichbare Interessenlage ist daher ebenfalls nicht gegeben. Eine Nachwirkung von Betriebsvereinbarungen bei internen Umstrukturierungen scheidet aus. Weiterhin wird eine analoge Anwendung von § 613a Abs. 1 Satz 2 BGB vertreten.[659] Ohne diese komme es zu einem Wertungswiderspruch im Vergleich zur Konstellation des Betriebsübergangs. Denn bei einem Wechsel des Betriebsinhabers finde eine Transformation der Betriebsvereinbarungen in die Arbeitsverhältnisse nach § 613a Abs. 1 Satz 2 BGB statt. Sei dem neuen Inhaber nicht gestattet, die Regelungen vor Ablauf eines Jahres nach dem Zeitpunkt des Übergangs zum Nachteil des Arbeitnehmers zu ändern, müsse dies erst recht gelten, wenn es sich um interne Veränderungen handele. Außerdem könne § 613a BGB dadurch umgangen werden, dass die betriebsinterne Umstrukturierung zeitlich so vorgenommen wird, dass zur späteren Übertragung kein Zusammenhang mehr besteht. Allerdings hat es der Gesetzgeber der BetrVG-Novelle trotz Kenntnis des Problems unterlassen, die Frage des Bestandsschutzes bei unternehmensinternen Umstrukturierungen entsprechend zu regeln. Daher ist die Regelungslücke keinesfalls planwidrig.[660]

Betriebsvereinbarungen wirken bei internen Umstrukturierungen also weder gemäß § 77 Abs. 6 BetrVG (analog) oder § 4 Abs. 5 TVG analog nach noch werden sie gemäß § 613a Abs. 1 Satz 2 BGB analog Inhalt der Arbeitsverhältnisse. Bei identitätsverändernden betriebsinternen Umstrukturierungen entfallen die Regelungen von Betriebsvereinbarungen ersatzlos.[661]

---

657 GK-*Kreutz*, § 77 BetrVG Rn. 403; *Lerch*, Betriebsübergänge und unternehmensinterne Umstrukturierungen, S. 188 f.; a. A. *Blomeyer*, DB 1990, 173 (174 f.).

658 So *Lerch*, Betriebsübergänge und unternehmensinterne Umstrukturierungen, S. 189; gegen eine Analogie des § 4 Abs. 5 TVG auch *Thüsing*, DB 2004, 2474 (2478).

659 Erman/*Edenfeld*, § 613a BGB Rn. 76; *Gaul*, Betriebs- und Unternehmensspaltung, S. 983 ff.; *Hanau*, RdA 1989, 207 (211); Willemsen/Hohenstatt/Schweibert/Seibt/*Hohenstatt*, S. 517; *Mengel*, Umwandlungen, S. 188 (Fn. 799).

660 BAG v. 12.07.1990 – 2 AZR 39/90, AP Nr. 87 zu § 613a BGB; *Lerch*, Betriebsübergänge und unternehmensinterne Umstrukturierungen, S. 182 f.; *Rieble/Gutzeit*, NZA 2003, 233 (235); *Thüsing*, DB 2004, 2474 (2478).

661 H/S/W/G/N-*Worzalla*, § 77 BetrVG Rn. 234; *Gussen/Dauck*, Weitergeltung, Rn. 291 f; *Kreßel*, DB 1989, 1623 (1625); *Thüsing*, DB 2004, 2474 (2478).

3. Ergebnis

Die Beendigung einer dreiseitigen Vereinbarung in Form einer Betriebsvereinbarung durch unternehmensinterne Umstrukturierungen ist möglich.

III. Beendigung einer dreiseitigen Vereinbarung als Kombination aus Tarifvertrag und Betriebsvereinbarung

Wie oben aufgezeigt kann eine dreiseitige Vereinbarung auch eine Kombination aus Tarifvertrag und Betriebsvereinbarung darstellen. In Betracht kommt der Abschluss eines Tarifvertrags, der mit einer regelungsidentischen Betriebsvereinbarung in einer Urkunde zusammengefasst ist[662] sowie eine aus tarifvertraglichen und betriebsverfassungsrechtlichen Regelungskomplexen bestehende, gemischte Vereinbarung.[663] In beiden Konstellationen drängt sich die Frage auf, ob Tarifvertrag und Betriebsvereinbarung eine geschlossene Einheit bilden und ein gemeinsames Schicksal haben oder ob sie rechtlich voneinander unabhängig sind. Es ist zu klären, ob einzelne Teile einer dreigliedrigen Vereinbarung beendet werden können oder nur die gesamte Vereinbarung bzw. ob Gewerkschaft und Betriebsrat bei ihren Entscheidungen der Zustimmung der jeweils anderen Partei bedürfen. All dies atmet große Unsicherheit.

Ein Ansatzpunkt könnte die Möglichkeit der Teilkündigung sein. Da eine gemischte dreiseitige Vereinbarung aus tarifvertraglichen und betriebsverfassungsrechtlichen Teilen besteht, ist zunächst zu ermitteln, ob eine Teilkündigung dieser Regelungsinstrumente statthaft ist. Haben die Tarifvertragsparteien einen Beendigungsgrund nur für bestimmte Regelungen eines Tarifvertrags vorgesehen, ist dies als Ausfluss der Tarifautonomie anzuerkennen.[664] Fehlt allerdings eine entsprechende Vereinbarung, ist eine Teilkündigung unzulässig. Tarifverträge sind das Ergebnis eines von der wechselseitigen Verhandlungsstärke und Kampfkraft der Tarifvertragsparteien abhängigen Aushandelns von Leistung und Gegenleistung. Sie haben Kompromisscharakter und sind in ihrer Gesamtheit Ausdruck gegenseitigen Nachgebens. Um dieses Äquivalenzgefüge nicht zu

---

662 2.Teil.E.I.

663 2.Teil.E.II.

664 Allgemeine Meinung, siehe nur BAG v. 03.12.1985 – 4 ABR 60/85, AP Nr. 2 zu § 74 BAT; v. 16.08.1990 – 8 AZR 439/89, AP Nr. 19 zu § 4 TVG Nachwirkung; Wiedemann/*Wank*, § 4 TVG Rn. 26; Däubler/*Deinert*, § 4 TVG Rn. 172; *Löwisch/Rieble*, § 1 TVG Rn. 509; Kempen/Zachert/*Stein*, § 4 TVG Rn. 142; *Oetker*, RdA 1995, 82 (98 f.).

stören, können Tarifverträge nur als Ganzes gekündigt werden.[665] Ebenso wie die Tarifvertragsparteien sind die Betriebspartner befugt, Vereinbarungen über die Teilkündigung von Betriebsvereinbarungen zu treffen. Ist die Möglichkeit der Teilkündigung nicht vorgesehen, ist diese zulässig, wenn es sich um selbständige Fragenkomplexe handelt und Anhaltspunkte dafür vorliegen, dass die Parteien ein selbständiges Schicksal der verschiedenen Normengruppen vorgesehen oder für möglich gehalten haben.[666] Für die Zulässigkeit der Teilkündigung von Betriebsvereinbarungen ist somit maßgeblich, ob es sich bei dem zu kündigenden Teil inhaltlich um die selbständige Regelung einer Angelegenheit handelt, die ebenso gut Gegenstand einer eigenständigen und gesonderten Betriebsvereinbarung sein könnte. Überträgt man dies auf dreigliedrige Vereinbarungen wäre eine Teilkündigung zulässig. Denn bei einer dreiseitigen Vereinbarung, die sich als Kombination von Tarifvertrag und Betriebsvereinbarung darstellt, sind zwei unterschiedliche Regelungsinstrumente[667] in einer Vereinbarung zusammengefügt.[668] Jeder Regelungskomplex hätte auch selbständig entweder als Tarifvertrag oder Betriebsvereinbarung geregelt werden können. Je nachdem, ob nun betriebsverfassungsrechtliche oder tarifliche Grundsätze zum Tragen kämen, wäre die Teilkündigung einer dreiseitigen Vereinbarung somit zulässig oder unzulässig. Mit Rücksicht auf den Kompromisscharakter von Tarifverträgen, die ja einen Teil der kombinierten dreigliedrigen Vereinbarungen ausmachen, ist die Möglichkeit der Teilkündigung dreiseitiger Abreden zu verneinen. Zudem können auch Betriebsvereinbarungen, die nach der Konzeption des Betriebsverfassungsgesetzes nicht auf das kompromisshafte Aushandeln von Leistung und Gegenleistung gerichtet sind[669], Regelungskomplexe enthalten, die inhaltlich keinen Bezug zueinander haben, aber dadurch zusammenhängen, dass ein Betriebspartner in dem

---

665 BAG v. 06.11.2007 – 1 AZR 826/06, AP Nr. 35 zu § 77 BetrVG 1972 Betriebsvereinbarung; v. 15.04.2008 – 1 AZR 86/07, ZIP 2008, 1544; Wiedemann/*Wank*, § 4 TVG Rn. 26; Däubler/*Deinert*, § 4 TVG Rn. 173; ErfK-*Franzen*, § 1 TVG Rn. 32; *Gamillscheg*, Kollektives Arbeitsrecht I, S. 771; einschränkend *Löwisch/Rieble*, § 1 TVG Rn. 509; *Belling*, NZA 1996, 906 (911); *Kast/Freihube*, BB 2003, 956 (959).

666 BAG v. 29.05.1964 – 1 AZR 281/63, AP Nr. 24 zu § 59 BetrVG; v. 06.11.2007 – 1 AZR 826/06, AP Nr. 35 zu § 77 BetrVG 1972 Betriebsvereinbarung; v. 15.04.2008 – 1 AZR 86/07, ZIP 2008, 1544; GK-*Kreutz*, § 77 BetrVG Rn. 365; Richardi/*Richardi*, § 77 BetrVG Rn. 206; H/S/W/G/N-*Worzalla*, § 77 BetrVG Rn. 220.

667 Zu den Unterschieden zwischen Tarifvertrag und Betriebsvereinbarung vgl. BAG v. 15.04.2008 – 1 AZR 86/07, ZIP 2008, 1544.

668 Dieser Umstand steht bereits der Annahme des für die Gesamtnichtigkeit dreiseitiger Vereinbarungen erforderlichen unlösbaren Zusammenhangs zwischen tarifvertraglichen und betriebsverfassungsrechtlichen Regelungen entgegen, vgl. 3.Teil.A.II.

669 So BAG v. 06.11.2007 – 1 AZR 826/06, AP Nr. 35 zu § 77 BetrVG 1972 Betriebsvereinbarung.

einen Teil nachgegeben hat, um eine vorteilhaftere Regelung in einem anderen Teil zu erreichen.[670] Würde man eine Teilkündigung in diesem Fall zulassen, wäre das Gesamtgefüge gegenseitigen Nachgebens ebenfalls gestört. All dies spricht gegen die Beendigung einzelner Teile dreiseitiger Vereinbarungen.

Allerdings gilt die Unzulässigkeit der Teilkündigung von Tarifverträgen nicht für die Vollkündigung durch eine Partei in einem mehrgliedrigen Tarifvertrag.[671] Bei einem mehrgliedrigen Tarifvertrag treten auf mindestens einer Seite mehrere Tarifvertragsparteien auf oder eine Spitzenorganisation vertritt mehrere Mitgliedsverbände.[672] Hinsichtlich ihrer Wirkung sind mehrgliedrige Tarifverträge danach zu unterscheiden, ob es sich um mehrere rechtlich selbständige, parallele Tarifverträge handelt, die die Tarifvertragsparteien selbständig berechtigen und verpflichten, aber äußerlich in einer Urkunde zusammengefasst sind oder ob ein einheitliches Tarifwerk vorliegt, dessen Rechte und Pflichten den beteiligten Parteien nur gemeinsam zustehen und obliegen.[673] Ob und in welchem Umfang ein einheitliches Rechtsgeschäft vorliegt, richtet sich nach dem Willen der Tarifvertragsparteien, der durch Auslegung zu ermitteln ist. Lässt sich dieser nicht zweifelsfrei feststellen, ist von mehreren selbständigen Tarifverträgen auszugehen, die lediglich in einer Urkunde zusammengefasst sind. Denn es ist nicht ohne weiteres anzunehmen, dass sich die Tarifvertragsparteien in ihrer Hoheit über den Fortbestand des Tarifvertrags beschränken wollen.[674] Diesen Grundsätzen entsprechend wäre bei einer dreigliedrigen Vereinbarung mittels Auslegung festzustellen, ob die Kollektivvertragsparteien ein einheitliches Regelwerk wollten oder einen Tarifvertrag und eine Betriebsvereinbarung, die zwar in einer Urkunde zusammengefasst, aber rechtlich völlig selbständig sind. Doch können sich die Kollektivvertragsparteien in ihrer Autonomie derart beschränken, dass ihre Entscheidungen hinsichtlich der dreiseitigen Vereinbarung an die Zustimmung der jeweils anderen Partei geknüpft sind? Als privatrechtlicher kollektiver Normenvertrag kann das Inkrafttreten einer Betriebsvereinbarung von einer für die Betriebspartner klar erkennbaren Bedingung abhängig gemacht werden.[675]

670 H/L/S-*Korinth*, § 77 BetrVG Rn. 40.

671 Däubler/*Deinert*, § 4 TVG Rn. 117, 173.

672 Mehrgliedrige betriebsverfassungsrechtliche Vereinbarungen sind gleichfalls möglich, vgl. BAG v. 26.04.2007 – 8 AZR 695/05, AP Nr. 4 zu § 125 InsO; GK-*Kreutz*, § 77 BetrVG Rn. 39; H/S/W/G/N-*Worzalla*, § 77 BetrVG Rn. 9.

673 Wiedemann/*Thüsing*, § 1 TVG Rn. 71, 209 ff.; Däubler/*Reim*, § 1 TVG Rn. 73 ff.

674 Vgl. BAG v. 28.09.1977 – 4 AZR 446/76, AP Nr. 1 zu § 9 TVG 1969; v. 08.11.2006 – 4 AZR 590/05, AP Nr. 33 zu § 5 TVG; v. 07.05.2008 – 4 AZR 229/07, BB 2008, 2121; Wiedemann/*Thüsing*, § 1 TVG Rn. 213; Däubler/*Reim*, § 1 TVG Rn. 75; *Löwisch/Rieble*, § 1 TVG Rn. 473.

675 Vgl. BAG v. 22.07.2003 – 1 AZR 575/02, AP Nr. 160 zu § 112 BetrVG 1972; *Fitting*, § 77 BetrVG Rn. 40.

Gleiches gilt für den Tarifvertrag.[676] Ferner ist die Vereinbarung einer auflösenden Bedingung zulässig sowie die Bindung der Kündigung an das Vorliegen bestimmter Voraussetzungen.[677] Aus diesen Gründen ist eine Beschränkung ihrer Autonomie durch Gewerkschaft und Betriebsrat zulässig. Dafür spricht des Weiteren, dass bei Betriebsvereinbarungen und bei Tarifverträgen der Ausschluss der ordentlichen Kündigung möglich ist. Dann muss auch die Kündbarkeit unter besondere Voraussetzungen gestellt werden können. Im Rahmen dreiseitiger Vereinbarungen können sich Gewerkschaft und Betriebsrat folglich so in ihrer Autonomie beschränken, dass ihre Entscheidungen von der Zustimmung des jeweils Anderen abhängen.[678] Aufgrund der Vergleichbarkeit von mehrgliedrigen Tarifverträgen und dreiseitigen Vereinbarungen ist zur Ermittlung, ob eine dreiseitige Vereinbarung ein einheitliches Regelungswerk darstellt oder ob die einzelnen Regelungskomplexe rechtlich unabhängig voneinander sind, auf die Rechtsfigur des mehrgliedrigen Tarifvertrags zurückzugreifen.[679] Welche Art der dreiseitigen Vereinbarung vorliegt, richtet sich demzufolge nach dem Willen der Kollektivvertragsparteien, der durch Auslegung zu erforschen ist. Lässt sich dieser nicht eindeutig feststellen, liegen voneinander unabhängige Regelungskomplexe vor. Völlig unproblematisch ist es, wenn die Kollektivvertragsparteien in der dreiseitigen Vereinbarung ausdrücklich festgelegt haben, dass die Ablösung der Vereinbarung ausschließlich gemeinsam erfolgen kann. Fehlt eine solche Abrede, müssen sich Anhaltspunkte für den Willen der Parteien aus der dreigliedrigen Vereinbarung ergeben. Dabei ist die Einheitlichkeit der Urkunde ohne Bedeutung, denn gemischte Kollektivvereinbarungen werden gerade in nur einer Urkunde niedergelegt, um die Einigkeit der Kollektivvertragsparteien über das Verhandlungsergebnis zu dokumentieren.[680] Auch der Zusammenhang, der zwischen den tarifvertraglichen und betriebsverfassungsrechtlichen Regelungen bestehen mag, reicht für die Annahme eines einheitlichen Regelungswerks nicht aus. Das Zusammenwirken von Gewerkschaft und Betriebsrat kann ebenfalls nicht ohne weiteres dahin gehend gedeutet werden, dass sie auf die autonome Ausübung der ihnen zur Verfügung stehenden Gestaltungsmittel, wie z. B. die Kündigung, verzichten wollen. Finden sich keine Anhaltspunkte, die dafür sprechen, dass eine dreiseitige Vereinbarung ein einheitliches Regelungswerk darstellen soll, dessen

---

676 Siehe LAG Hessen v. 29.01.2007 – 19/17 Sa 2220/05, nv. (juris).

677 Für die Betriebsvereinbarung: *Fitting*, § 77 BetrVG Rn. 145; H/S/W/G/N-*Worzalla*, § 77 BetrVG Rn. 211; GK-*Kreutz*, § 77 BetrVG Rn. 363. Für den Tarifvertrag: Wiedemann/*Wank*, § 4 TVG Rn. 18, 23; Däubler/*Deinert*, § 4 TVG Rn. 75, 106; *Löwisch/Rieble*, § 1 TVG Rn. 507.

678 So bereits Wiedemann/*Thüsing*, § 1 TVG Rn. 305; *Thüsing*, NZA 2008, 201 (206).

679 *Thüsing*, NZA 2008, 201 (206).

680 *Braun*, ArbRB 2008, 303.

Beendigung Gewerkschaft und Betriebsrat nur gemeinsam herbeiführen können, ist im Zweifel von rechtlich selbständigen Komplexen auszugehen, die zwar in einer Urkunde zusammengefasst sind, aber kein gemeinsames Schicksal haben.

IV. Ergebnis

Die Verdrängung einer dreiseitigen Vereinbarung als Tarifvertrag durch den Abschluss eines anderen Tarifvertrags mit einer Konkurrenzgewerkschaft findet nicht statt, da die gewillkürte Tarifpluralität nicht nach dem Grundsatz der Tarifeinheit aufgelöst wird. Die Beendigung einer dreiseitigen Vereinbarung in Form einer Betriebsvereinbarung durch unternehmensinterne Umstrukturierungen ist möglich. Bei der Beendigung einer dreigliedrigen Vereinbarung als Kombination aus Tarifvertrag und Betriebsvereinbarung kommt es darauf an, ob die Kollektivvertragsparteien ein einheitliches Regelungswerk wollen oder ob beide Regelungsinstrumente rechtlich selbständig sein sollen. Dies ist entsprechend der Rechtsfigur des mehrgliedrigen Tarifvertrags durch Auslegung zu ermitteln. In Zweifelsfällen ist von der rechtlichen Selbständigkeit der Regelungen auszugehen.

C) Sanktionen bei Verstoß gegen eine dreiseitige Vereinbarung

Ist eine dreiseitige Vereinbarung wirksam zustande gekommen und nicht wieder abgelöst worden, ist der Arbeitgeber zur Einhaltung der vereinbarten Regelungen verpflichtet. Doch nicht immer hält sich der Arbeitgeber an diese Pflicht, so dass Sanktionsmöglichkeiten von Gewerkschaft und Betriebsrat bei Verstößen gegen dreiseitige Vereinbarungen zu erörtern sind. In diesem Zusammenhang ist zu diskutieren, ob die Gewerkschaft und/oder der Betriebsrat den Arbeitgeber gerichtlich zur Durchführung der abgeschlossenen dreiseitigen Vereinbarung zwingen können und ob die Kollektivvertragsparteien eigenständige Sanktionenregelungen vereinbaren können, die den Arbeitgeber im Falle eines Verstoßes gegen die dreiseitige Vereinbarung zur Zahlung einer Vertragsstrafe an die Gewerkschaft, den Betriebsrat oder Dritte verpflichtet.[681]

---

681 Die vorliegenden dreiseitigen Vereinbarungen enthalten weder Vertragsstrafenversprechen zu Gunsten der Gewerkschaft noch zu Gunsten des Betriebsrats. Da es in der jüngeren Vergangenheit aber zu Vereinbarungen zwischen Arbeitgeber und Betriebsrat gekommen ist, in denen sich der Arbeitgeber zur Zahlung von Vertragsstrafen verpflichtet hat und solche Abreden auch zwischen den Tarifvertragsparteien gebräuchlich sind, soll ihre Zulässigkeit im Rahmen dreiseitiger Vereinbarungen erläutert werden.

I. Sanktionen bei einer dreiseitigen Vereinbarung in Form eines Tarifvertrags

Zunächst ist die Konstellation einer dreigliedrigen Vereinbarung als Tarifvertrag zu beleuchten.

1. Rechte der Gewerkschaft

Für den tarifgebundenen und unter den Geltungsbereich des Tarifvertrags fallenden Arbeitnehmer begründen die Normen des Tarifvertrags gegenüber seinem tarifgebundenen Arbeitgeber einen unmittelbaren und zwingenden arbeitsvertraglichen Anspruch auf ihre Erfüllung. Verweigert der Arbeitgeber die Leistung, muss der Arbeitnehmer die ihm aus dem Tarifvertrag erwachsenden Rechte vor dem Arbeitsgericht im Wege der Leistungsklage geltend machen.[682] Die Gewerkschaften können dabei unterstützend beistehen, indem sie Rechtsberatung anbieten oder die Prozessvertretung übernehmen.[683] Möglich ist auch eine Abtretung der bestrittenen Rechte an die Gewerkschaft, die dann den Prozess selbst führt.[684]

Da der Arbeitgeber im Falle eines Firmentarifvertrags gegenüber der Gewerkschaft direkt verpflichtet ist, die Tarifnormen einzuhalten, kann diese vom Arbeitgeber unmittelbar die Beachtung der in der dreiseitigen Vereinbarung vereinbarten Regelungen verlangen und vor dem Arbeitsgericht klagen (vgl. § 2 Abs. 1 Nr. 1 ArbGG).[685]

2. Rechte des Betriebsrats

Diese Möglichkeiten hat der Betriebsrat nicht. Eine Vertretung des Arbeitnehmers im Prozess durch den Betriebsrat oder die selbständige Führung des Prozesses, wie es die Gewerkschaft kann, ist ausgeschlossen, da er in Bezug auf Rechte aus dem Tarifvertrag weder rechtsgeschäftsfähig noch prozessfähig ist.[686]

3. Eigenständiger Sanktionsmechanismus durch die Tarifvertragsparteien

Möglicherweise können Gewerkschaft und Arbeitgeber in einer dreiseitigen Vereinbarung ein eigenständiges Sanktionsregelungswerk festlegen, in dem sich der Arbeitgeber verpflichtet, im Falle eines Verstoßes gegen die dreiseitige Verein-

---

682 *Löwisch/Rieble*, § 4 TVG Rn. 30 f; Kempen/Zachert/*Stein*, § 4 TVG Rn. 190.

683 *Löwisch/Rieble*, § 4 TVG Rn. 33.

684 Kempen/Zachert/*Stein*, § 4 TVG Rn. 212 f.

685 Wiedemann/*Thüsing*, § 1 TVG Rn. 929; Däubler/*Reim*, § 1 TVG Rn. 973; *Löwisch/Rieble*, § 1 TVG Rn. 398, § 4 TVG Rn. 41; Kempen/Zachert/*Stein*, § 4 TVG Rn. 197.

686 *Löwisch/Rieble*, § 4 TVG Rn. 36.

barung eine Vertragsstrafe an die Gewerkschaft zu zahlen. In der Praxis belasten Vertragsstrafen durchweg einseitig die Arbeitnehmer. In nahezu jedem vierten Arbeitsvertrag gibt es Vertragsstrafenvereinbarungen, insbesondere für den Fall des Vertragsbruches, der Veranlassung einer außerordentlichen Kündigung oder des Verstoßes gegen ein Wettbewerbsverbot.[687] Doch auch in Tarifverträgen finden sich Vertragsstrafenversprechen zur Sicherung des Tarifvertrags.[688]

a) Zulässigkeit des Vertragsstrafenversprechens

Die Tarifvertragsparteien sind im Rahmen der allgemeinen Handlungsfreiheit des Art. 2 Abs. 1 GG befugt, die Rechtsfolgen einer Verletzung des Tarifvertrags selbst festzulegen. Daher ist ein Vertragsstrafenversprechen des Arbeitgebers zur Sicherung einer dreigliedrigen Vereinbarung zulässiger Inhalt des schuldrechtlichen Teils eines Tarifvertrags.[689]

b) Ausgestaltung des Vertragsstrafenversprechens

Die zu leistende Strafe und die sie auslösende Pflichtverletzung müssen hinreichend bestimmt sein, so dass der Versprechende sein Verhalten danach ausrichten kann. Anders als in einem gerichtlichen Verfahren nach § 253 Abs. 2 Nr. 2 ZPO reicht es bei einem Vertragsstrafenversprechen aber aus, wenn der Verwirkungstatbestand bestimmbar ist, d. h. im Wege der Auslegung nach §§ 133, 157 BGB ermittelt werden kann.[690]

Inhalt und Höhe einer Vertragsstrafe richten sich nach der von den Parteien getroffenen Abrede.[691] Grundsätzlich gibt es für Vertragsstrafen keine Höchstgrenze; die Parteien können die Höhe beliebig festsetzen. Im Arbeitsrecht ist allerdings anerkannt, dass Vertragsstrafenvereinbarungen zu Lasten der Arbeitnehmer auf einen Betrag von einem Bruttomonatsgehalt als generelle Höchstgrenze zu begrenzen sind.[692] Die Begrenzung – von der in Einzelfällen Abwei-

687 ErfK-*Müller-Glöge*, §§ 339-345 BGB Rn. 6; zur Zulässigkeit von Vertragsstrafenabreden in Formulararbeitsverträgen *Thüsing/Leder*, BB 2004, 42 (44 ff.).

688 Siehe z. B. § 17 der Schlichtungs- und Schiedsvereinbarung für die Metallindustrie v. 01.01.1980, abgedruckt in *Löwisch*, Arbeitskampf- und Schlichtungsrecht, Anhang 5.

689 Wiedemann/*Thüsing*, § 1 TVG Rn. 967, 977; *Löwisch/Rieble*, § 1 TVG Rn. 464; *Gamillscheg*, Kollektives Arbeitsrecht I, S. 629.

690 BAG v. 05.02.1986 – 5 AZR 564/84, AP Nr. 12 zu § 339 BGB; LAG Hamm v. 25.04.2008 – 13 TaBV 132/07, nv. (juris) [anh. BAG – 1 ABR 62/08]; ErfK-*Müller-Glöge*, §§ 339-345 BGB Rn. 12.

691 Palandt/*Grüneberg*, § 339 BGB Rn. 17.

692 BAG v. 27.04.2000 – 8 AZR 301/99, nv. (juris); LAG Schleswig-Holstein v. 02.02.2005 – 3 Sa 515/04, BB 2005, 896; LAG Berlin-Brandenburg v. 14.06.2007 –

chungen nach oben oder unten erforderlich sein können[693] – dient dem Schutz der Arbeitnehmer. Dagegen ist der Arbeitgeber nicht schutzwürdig, so dass für sein Vertragsstrafenversprechen keine Höchstgrenze erforderlich ist. Dies gilt auch im Rahmen dreiseitiger Vereinbarungen, da trotz des Zusammenwirkens von Gewerkschaft und Betriebsrat kein Ungleichgewicht zu Lasten des Arbeitgebers besteht.[694] Um unbillige Härten zu vermeiden, kann eine im Einzelfall unverhältnismäßig hohe Vertragsstrafe nach § 343 BGB auf Antrag des Schuldners auf einen angemessenen Betrag herabgesetzt werden. Für die Angemessenheit der Strafe sind insbesondere Schwere und Ausmaß der Zuwiderhandlung, der Verschuldensgrad sowie die wirtschaftliche Lage und die Einkommensverhältnisse des Schuldners entscheidend.[695] Allerdings ist eine Herabsetzung der Vertragsstrafe nach § 348 HGB ausgeschlossen, wenn der Schuldner zur Zeit des Vertragsstrafenversprechens Kaufmann war und das betreffende Geschäft zum Betrieb seines Handelsgewerbes gehörte. Denn das Handelsrecht erachtet Kaufleute als geschäftlich erfahren genug, um die Gefährlichkeit von Vertragsstrafenversprechen einschätzen zu können und verweigert ihnen daher den Schutz des § 343 BGB.[696] In der Regel ist ein Arbeitgeber Kaufmann (§§ 1 ff. HGB). Das Versprechen einer Vertragsstrafe kann als zum Betrieb eines Handelsgewerbes gehöriges Geschäft eingeordnet werden, da der Begriff der Betriebszugehörigkeit sehr weit zu fassen ist. Alle Geschäfte, die das Interesse des Handelsgewerbes fördern, also seinem Bestehen, seiner Erhaltung und der Gewinnerzielung dienen, gehören zum Betrieb des Handelsgewerbes, auch wenn sie in einem nur entfernten, lockeren Zusammenhang mit dem einheitlichen Betrieb des Handelsgewerbes stehen.[697] Folglich wird die Vertragsstrafe in der Regel aufgrund der Kaufmannseigenschaft des Arbeitgebers nicht nach § 343 BGB herabgesetzt werden können (§ 348 HGB). Dessen ungeachtet kann eine überhöhte Vertragsstrafe, die von einem Kaufmann versprochen wurde, gegen § 138 BGB verstoßen oder nach den Grundsätzen des Fehlens oder Wegfalls der Geschäftsgrundlage (§ 313 BGB) herabgesetzt werden.

---

18 Sa 506/07, nv. (juris); a. A. BAG v. 25.09.2008 – 8 AZR 717/07, NZA 2009, 370; zur zulässigen Höhe von vorformulierten Vertragsstrafen siehe *Thüsing/Leder*, Anmerkung zu BAG v. 04.03.2004 – 8 AZR 196/03, EzA § 309 BGB 2002 Nr. 1.

693 Siehe BAG v. 04.03.2004 – 8 AZR 328/03, AuA 2004, Nr. 4, 45; HWK-*Thüsing*, § 611 BGB Rn. 491; ErfK-*Müller-Glöge*, §§ 339-345 BGB Rn. 14.

694 Der Umstand, dass sich der Arbeitgeber bei dem Abschluss dreiseitiger Vereinbarungen sowohl mit der Gewerkschaft als auch dem Betriebsrat auseinandersetzen muss, führt auch nicht zu einen Verstoß gegen den Grundsatz der Kampfparität, siehe 3.Teil.D.II.2.b).

695 MünchKommBGB-*Gottwald*, § 343 BGB Rn. 17a; Palandt/*Grüneberg*, § 343 BGB Rn. 6.

696 jurisPK-BGB/*Beater*, § 343 BGB Rn. 10.

697 Ebenroth/Boujong/Joost/Strohn/*Kort*, § 343 HGB Rn. 25.

§ 348 HGB steht dem nicht entgegen.[698] Problematisch ist allerdings, ob sich der Arbeitgeber im Falle einer dreiseitigen Vereinbarung tatsächlich auf § 313 BGB berufen kann. Zwar ist § 313 BGB auf Betriebsvereinbarungen anwendbar[699], so dass eine Anpassung an die veränderten Verhältnisse – also die Herabsetzung der Vertragsstrafe – möglich ist. Doch ob die Kollektivvertragsparteien die wirtschaftlichen Verhältnisse des Unternehmens zur Grundlage des Vertrags, d. h. des Vertragsstrafenversprechens im Tarifvertrag, machen können, ist fraglich. Im Grundsatz hat jede Vertragspartei das Risiko der Verschlechterung ihrer wirtschaftlichen Verhältnisse selbst zu tragen. Lediglich in Extremfällen wirtschaftlicher Notlagen oder Existenzgefährdungen sind Ausnahmen möglich. So wurde eine Störung der Geschäftsgrundlage von Rechtsprechung und Literatur im Rahmen von Versorgungsleistungen bejaht, wenn sich die wirtschaftliche Lage des Unternehmens derart verschlechtert hatte, dass infolge der wirtschaftlichen Notlage die Erfüllung der vertraglichen Verpflichtungen nicht mehr zumutbar war.[700] Die wirtschaftliche Notlage war dem Sicherungsfall nach § 7 Abs. 1 Satz 3 Nr. 5 BetrAVG a. F. gleichzusetzen. Mit der Novellierung des BetrAVG zum 01.01.1999 ist der Insolvenzsicherungsgrund der wirtschaftlichen Notlage allerdings entfallen. Es gilt nun auch im Betriebsrentenrecht wieder der Rechtsgrundsatz, dass die fehlende wirtschaftliche Leistungsfähigkeit kein Grund dafür ist, sich von übernommenen Zahlungsverpflichtungen zu lösen.[701] Insgesamt sind die Fälle, in denen die Berufung auf eine wirtschaftliche Notlage bzw. eine Existenzgefährdung möglich ist, sehr restriktiv zu handhaben. Es bleibt bei dem Grundsatz, dass die Verschlechterung der wirtschaftlichen Lage einer Partei ihre Angelegenheit ist und nicht auf die Gegenpartei abgewälzt werden kann. Eine Herabsetzung der Vertragsstrafe nach § 313 BGB kommt mithin nicht in Betracht. Arbeitgeber und Gewerkschaft können die Vertragsstrafe zu Gunsten der Gewerkschaft innerhalb der Grenzen des § 138 BGB in beliebiger Höhe vereinbaren.

4. Ergebnis

Die Gewerkschaft kann die Einhaltung einer dreiseitigen Vereinbarung in Form eines Firmentarifvertrags gerichtlich erzwingen. Möglich ist auch eine Prozess-

---

698 BGH v. 24.03.1954 – II ZR 30/53, NJW 1954, 998; MünchKommBGB-*Gottwald*, § 343 BGB Rn. 4; Palandt/*Grüneberg*, § 343 BGB Rn. 8; Baumbach/Hopt/*Hopt*, § 348 HGB Rn. 7.

699 GK-*Kreutz*, § 77 BetrVG Rn. 384; H/S/W/G/N-*Worzalla*, § 77 BetrVG Rn. 229 f.; Richardi/*Richardi*, § 77 BetrVG Rn. 196.

700 Bamberger/Roth/*Unberath*, § 313 BGB Rn. 51; MünchKommBGB-*Roth*, § 313 BGB Rn. 206 f.

701 BAG v. 17.06.2003 – 3 AZR 396/02, AP Nr. 24 zu § 7 BetrAVG Widerruf.

vertretung der Arbeitnehmer oder ein Vorgehen im Wege der gewillkürten Prozessstandschaft. Ein Vertragsstrafenversprechen des Arbeitgebers zu Gunsten der Gewerkschaft ist zulässig.

II. Sanktionen bei einer dreiseitigen Vereinbarung in Form einer Betriebsvereinbarung

1. Rechte des Betriebsrats

a) Anspruch gemäß § 77 Abs. 1 BetrVG

Die zwischen Arbeitgeber und Betriebsrat getroffenen Vereinbarungen führt gemäß § 77 Abs. 1 Satz 1 BetrVG grundsätzlich der Arbeitgeber in eigenem Namen und eigenverantwortlich durch, denn die Leitung des Betriebs ist seine Angelegenheit (vgl. § 77 Abs. 1 Satz 2 BetrVG). Zu den Vereinbarungen im Sinne der Vorschrift zählen erzwingbare und freiwillige Betriebsvereinbarungen, Sprüche der Einigungsstelle sowie alle sonstigen Vereinbarungen zwischen den Betriebspartnern.[702] § 77 Abs. 1 Satz 1 BetrVG begründet nicht nur das Recht des Arbeitgebers auf Durchführung gemeinsamer Vereinbarungen, sondern verpflichtet ihn auch zur Durchführung der getroffenen Vereinbarungen. Mit dieser Durchführungspflicht des Arbeitgebers korrespondiert ein Anspruch des Betriebsrats gegen den Arbeitgeber auf Durchführung der Vereinbarungen und auf Unterlassung vereinbarungswidriger Maßnahmen.[703] Ob sich der Anspruch aus § 77 Abs. 1 BetrVG ergibt[704] oder als schuldrechtliche Verpflichtung aus der Betriebsvereinbarung selbst resultiert[705], kann hier dahinstehen.[706] Der Durchführungs- und Unterlassungsanspruch des Betriebsrats setzt lediglich voraus, dass die Vereinbarung wirksam ist.[707] Er kann im arbeitsgerichtlichen Beschlussverfahren durchgesetzt werden (§ 2a Abs. 1 Nr. 1 ArbGG). Der Betriebsrat ist jedoch nicht berechtigt, vom Arbeitgeber aus eigenem Recht die Erfüllung von An-

702 *Fitting*, § 77 BetrVG Rn. 4; Richardi/*Richardi*, § 77 BetrVG Rn. 4.

703 BAG v. 24.02.1987 – 1 ABR 18/85, AP Nr. 21 zu § 77 BetrVG 1972; v. 29.04.2004 – 1 ABR 30/02, AP Nr. 3 zu § 77 BetrVG 1972 Durchführung; Däubler/Kittner/Klebe-*Berg*, § 77 BetrVG Rn. 5; GK-*Kreutz*, § 77 BetrVG Rn. 24 f.; H/S/W/G/N-*Worzalla*, § 77 BetrVG Rn. 197 f.; *Fitting*, § 77 BetrVG Rn. 7, 227; Richardi/*Richardi*, § 77 BetrVG Rn. 219.

704 GK-*Kreutz*, § 77 BetrVG Rn. 24; *Fitting*, § 77 BetrVG Rn. 7.

705 H/S/W/G/N-*Worzalla*, § 77 BetrVG Rn. 197.

706 Offengelassen auch BAG v. 24.02.1987 – 1 ABR 18/85, AP Nr. 21 zu § 77 BetrVG 1972; v 10.11.1987 – 1 ABR 55/86, AP Nr. 24 zu § 77 BetrVG 1972.

707 BAG v. 29.04.2004 – 1 ABR 30/02, AP Nr. 3 zu § 77 BetrVG 1972 Durchführung.

sprüchen der einzelnen Arbeitnehmer aus der Betriebsvereinbarung zu verlangen. Der Anspruch ist vielmehr auf die Einhaltung der getroffenen Vereinbarung gegenüber dem Betriebsrat beschränkt.[708] Folgerichtig müsste dem Betriebsrat auch im Falle der Qualifizierung einer dreiseitigen Vereinbarung als Betriebsvereinbarung ein solcher Durchführungs- und Unterlassungsanspruch gegen den Arbeitgeber zustehen. Im Hinblick auf Zusagen des Arbeitgebers, die die sozialen Folgen einer Betriebsänderung betreffen (z. B. Abfindungsansprüche der Arbeitnehmer, die Finanzierung von Qualifizierungsmaßnahmen), gilt dies uneingeschränkt. Weicht der Arbeitgeber von den getroffenen Regelungen ab, kann der Betriebsrat die Einhaltung der Zusagen gerichtlich durchsetzen. Dagegen ist problematisch, ob Regelungen über Standortzusagen ebenfalls rechtsverbindlich sind. Kann der Betriebsrat den Arbeitgeber tatsächlich dazu zwingen, vereinbarte Investitionen zu machen und den Standort nicht oder für eine bestimmte Zeit nicht zu schließen bzw. zu verlagern oder stellt dies einen zu weitgehenden und damit unzulässigen Eingriff in die Unternehmensfreiheit dar? Regelungen über die Schließung oder Verlagerung eines Betriebs können wirksam in einer Betriebsvereinbarung vereinbart werden[709], doch die gesetzgeberische Konzeption des Betriebsverfassungsgesetzes sowie grundrechtliche Aspekte könnten gegen einen gerichtlich durchsetzbaren Anspruch des Betriebsrats sprechen. Sollte ein Interessenausgleich keine Bindungswirkung entfalten, könnte zur Vermeidung von Wertungswidersprüchen auch der für Betriebsvereinbarungen bestehende Durchführungs- und Unterlassungsanspruch des Betriebsrats im Falle der Vereinbarung von Standortgarantien ausnahmsweise ausgeschlossen sein. Denn ergibt sich aus dem Betriebsverfassungsgesetz, dass der Unternehmer in der Lage sein soll, seine Entscheidungen unabhängig vom Betriebsrat durchzuführen, könnte ein Durchführungs- und Unterlassungsanspruch des Betriebsrats bei Standortgarantien damit nicht vereinbar sein. Zur Frage der Verbindlichkeit eines Interessenausgleichs, der üblicherweise das Ob und Wie einer Betriebsänderung regelt, macht das Betriebsverfassungsgesetz keine ausdrückliche Aussage. Dementsprechend wird die Problematik kontrovers diskutiert.

Für einen Durchführungs- bzw. Unterlassungsanspruch des Betriebsrats bei einem Interessenausgleich spreche, dass der Interessenausgleich ein Vertrag sei und vertragliche Pflichten grundsätzlich erzwingbar sein müssten.[710] Ferner werden die neueren Vorschriften des Kündigungsschutz-, Insolvenz- und Umwandlungsrechts angeführt, nach denen der Interessenausgleich eine weitergehende

---

708 BAG v. 18.01.2005 – 3 ABR 21/04, AP Nr. 24 zu 77 BetrVG 1972 Betriebsvereinbarung.

709 2.Teil.C.

710 Däubler/Kittner/Klebe-*Däubler*, § 112a BetrVG Rn. 15; siehe auch LAG Schleswig-Holstein v. 20.07.2007 – 3 TaBVGa 1/07, NZA-RR 2008, 244.

Wirkung hat (vgl. § 1 Abs. 5 KSchG, § 125 InsO, § 323 Abs. 2 UmwG). Die dem Interessenausgleich darin zugedachte Rolle sei mit einer Unverbindlichkeit des Interessenausgleichs nicht vereinbar. Es spreche wenig dafür, diese gesetzlichen Bestimmungen als bloße Sonderfälle zu betrachten.[711] Freilich greift das Argument, Verträge seien einzuhalten, zu kurz. Der Gesetzgeber hat in § 113 BetrVG ausdrücklich Sanktionen für den Fall des Abweichens vom Interessenausgleich durch den Arbeitgeber vorgesehen. Daraus ergibt sich, dass der Gesetzgeber nicht von einem eigenständigen Anspruch des Betriebsrats auf Erfüllung eines Interessenausgleichs ausgegangen ist, sondern den betroffenen Arbeitnehmern individualrechtliche Ausgleichsansprüche eingeräumt wurden.[712] Auch die angeführten Vorschriften des Kündigungsschutz-, Insolvenz- und Umwandlungsrechts lassen es nicht zwingend erscheinen, dem Interessenausgleich eine andere Rechtsqualität zuzumessen, als dies von der Systematik der §§ 111 ff. BetrVG her geboten ist. Im Gegenteil: Gerade weil dem Interessenausgleich keine normative Wirkung zukommt, hat der Gesetzgeber hier Ausnahmen gesondert gesetzlich geregelt.[713] Demnach hat der Betriebsrat im Falle einer Zuwiderhandlung des Arbeitgebers gegen einen Interessenausgleich keinen gerichtlich durchsetzbaren Anspruch.[714] Diese bedeutet jedoch nicht, dass im Falle von dreiseitigen Vereinbarungen ein Durchführungs- und Unterlassungsanspruch des Betriebsrats ebenfalls ausgeschlossen ist. Überzeugender ist vielmehr, die Betriebsvereinbarung auch in Form einer dreigliedrigen Standortvereinbarung als verbindlich anzusehen. Zwar zeigt die Ausgestaltung des Interessenausgleichsverfahrens, dass der Gesetzgeber dem Betriebsrat nicht die Möglichkeit geben wollte, gegen den Willen des Unternehmers in unternehmerische Entscheidungen einzugreifen. Gleichwohl steht § 113 BetrVG lediglich einer automatischen Bindungswirkung des Interessenausgleichs entgegen, nicht aber einem Durchführungs- und Unterlassungsanspruch des Betriebsrats kraft Parteivereinbarung.[715] Allerdings kann ein dahin gehender Verpflichtungswille des Arbeitgebers nicht ohne weiteres angenommen werden.

---

711 Däubler/Kittner/Klebe-*Däubler*, § 112a BetrVG Rn. 16; *Zwanziger*, BB 1998, 477 (478).

712 BAG v. 28.08.1991 – 7 ABR 72/90, AP Nr. 2 zu § 85 ArbGG 1979; ErfK-*Kania*, § 112a BetrVG Rn. 9; GK-*Fabricius/Oetker*, §§ 112, 112a BetrVG Rn. 61; *Krause*, Standortsicherung, S. 44 f.

713 *Willemsen/Hohenstatt*, NZA 1997, 345 (349 ff.).

714 Ebenso LAG Düsseldorf v. 16.12.1996 – 18 TaBV 75/96, LAGE § 112 BetrVG 1972 Nr. 41; Richardi/*Annuß*, § 112 BetrVG Rn. 46; *Ehmann*, FS-Kissel, S. 175 (177 ff.); siehe auch H/S/W/G/N-*Hess*, § 112 BetrVG Rn. 14 m. w. N.

715 GK-*Fabricius/Oetker*, §§ 112, 112a BetrVG Rn. 62; *Fitting*, §§ 112, 112a BetrVG Rn. 45; *Krause*, Standortsicherung, S. 46 f.; siehe auch ErfK-*Kania*, § 112a BetrVG Rn. 9; Richardi/*Annuß*, § 112 BetrVG Rn. 45; dagegen *Willemsen/Hohenstatt*, NZA 1997, 345 (351); *Löwisch*, DB 2005, 554.

Erforderlich sind eindeutige Hinweise im Interessenausgleich dafür, dass die Parteien dem Betriebsrat einen eigenständigen Durchführungs- und Unterlassungsanspruch verschaffen wollten.[716] Ob der Wille zu einer verbindlichen Vereinbarung erst bei Vorliegen einer ausdrücklichen Klausel[717] oder bereits dann angenommen werden kann, wenn der Betriebsrat ebenfalls Zugeständnisse gemacht hat[718], bedarf hier keiner Entscheidung. Jedenfalls dann, wenn die Vertragsparteien den Interessenausgleich ausdrücklich als Regelungsabrede oder Betriebsvereinbarung vereinbaren, steht dem Betriebsrat auch der mit diesen Regelungsformen einhergehende Durchführungs- und Unterlassungsanspruch zu.[719] Steht es den Betriebspartnern daher frei, im Falle eines Interessenausgleichs, der nach der gesetzgeberischen Konzeption nicht verbindlich ist, einen Anspruch des Betriebsrats auf Durchführung der getroffenen Vereinbarungen oder auf Unterlassung abweichender Handlungen zu begründen, muss ein solcher Anspruch erst recht bestehen, wenn sich die Parteien bewusst dazu entschließen, unternehmerische Entscheidungen in einer Betriebsvereinbarung zu regeln. Zwar beeinträchtigen solche Vereinbarungen die unternehmerische Freiheit, die vom Grundgesetz geschützt wird (Art. 12 Abs. 1, 14 Abs. 1 und 2 Abs. 1 GG), jedoch liegt in diesem Fall ein wirksamer Grundrechtsverzicht des Unternehmers vor.[720] Dem Arbeitgeber bleibt das Recht zur außerordentlichen Kündigung der Vereinbarung unbenommen, d. h. wenn die Durchführung der Vereinbarung bis zum vereinbarten Ende oder zum Ablauf der ordentlichen Kündigungsfrist (falls diese nicht ausgeschlossen ist) ihm nicht zuzumuten ist, kann er sich auf diese Weise von der Vereinbarung lösen. Die Parteien greifen mit der Betriebsvereinbarung auf ein gesetzlich vorgesehenes und damit legitimes Mittel zurück. Sind seine Wirksamkeitsvoraussetzungen erfüllt, kann die Bindungswirkung des betriebsverfassungsrechtlichen Instruments nicht lediglich aufgrund seiner Regelungsmaterie (unternehmerische Entscheidungen) entfallen. Mithin kann der Betriebsrat im Falle von dreigliedrigen Standortvereinbarungen die darin gemachten Zusagen des Arbeitgebers gerichtlich erzwingen.

b) Anspruch gemäß § 23 Abs. 3 BetrVG

Denkbar ist außerdem ein Anspruch des Betriebsrats gemäß § 23 Abs. 3 BetrVG. Danach kann der Betriebsrat bei groben Verstößen des Arbeitgebers gegen seine

---

716 *Fitting*, §§ 112, 112a BetrVG Rn. 45; GK-*Fabricius/Oetker*, §§ 112, 112a BetrVG Rn. 62; *Krause*, Standortsicherung, S. 49.

717 *Göritz/Hase/Krehnke/Rupp*, Interessenausgleich und Sozialplan, S. 73.

718 So *Krause*, Standortsicherung, S. 49.

719 Ausdrücklich ErfK-*Kania*, § 112a BetrVG Rn. 9; Willemsen/Hohenstatt/Schweibert/Seibt/*Schweibert*, S. 201; siehe auch *Molkenbur/Schulte*, DB 1995, 270 f.

720 2.Teil.B.II.1.b)cc)(2).

Pflichten aus dem Betriebsverfassungsgesetz gegen diesen gerichtlich vorgehen. Zweck der Vorschrift ist, das gesetzmäßige Verhalten des Arbeitgebers im Rahmen der betriebsverfassungsrechtlichen Ordnung sicherzustellen. Der Arbeitgeber soll zur Erfüllung seiner betriebsverfassungsrechtlichen Pflichten angehalten werden.[721] Das Verfahren nach § 23 Abs. 3 BetrVG gliedert sich in zwei Stufen: Im Erkenntnisverfahren wird der Arbeitgeber nach § 23 Abs. 3 Satz 1 BetrVG zur Vornahme oder Unterlassung einer Handlung oder zur Duldung der Vornahme einer Handlung durch Dritte verurteilt. Wird ein entsprechender Antrag beim Arbeitsgericht gestellt, schließt sich an das Erkenntnisverfahren das Vollstreckungsverfahren zur Durchsetzung der Entscheidung des Arbeitsgerichts mit gerichtlichen Zwangsmaßnahmen nach § 23 Abs. 3 Satz 2 und 3 BetrVG an.

Obwohl der Wortlaut des § 23 Abs. 3 BetrVG missverständlich ist, beschränkt sich der Pflichtenkatalog des Arbeitgebers nicht auf Pflichten aus dem Betriebsverfassungsgesetz, sondern erfasst auch solche, die ihre Grundlage in anderen Gesetzen oder in Tarifverträgen haben. Gleiches gilt für Pflichten, die sich aus Betriebsvereinbarungen ergeben.[722]

Diese betriebsverfassungsrechtlichen Pflichten muss der Arbeitgeber in grober Weise verletzt haben. Eine Pflichtverletzung ist grob, wenn sie objektiv erheblich und offensichtlich schwerwiegend ist. Auf ein Verschulden des Arbeitgebers kommt es dabei nicht an. Bereits eine einmalige Pflichtverletzung kann einen groben Verstoß darstellen.[723] An einer groben Pflichtverletzung fehlt es, wenn der Arbeitgeber in einer schwierigen und ungeklärten Rechtsfrage eine bestimmte, sich später als unzutreffend herausstellende Rechtsansicht vertritt.[724] Das Unterlassen der Durchführung einer Betriebsvereinbarung ist als grober Pflichtverstoß anerkannt.[725] Weicht der Arbeitgeber folglich von den in einer dreiseitigen Vereinbarung gemachten Zusagen ab, stellt dies einen groben Verstoß im Sinne des § 23 Abs. 3 BetrVG dar. Allerdings ist das Verfahren des § 23 Abs. 3 BetrVG stets auf ein zukünftiges Verhalten des Arbeitgebers ausgerichtet. Bereits begangene grobe Verstöße des Arbeitgebers gegen seine betriebsverfassungsrechtlichen Pflichten sind zwar materielle Voraussetzungen für einen dem Antrag stattgebenden Beschluss

---

721 BAG v. 20.08.1991 – 1 ABR 85/90, AP Nr. 2 zu § 77 BetrVG 1972 Tarifvorbehalt; *Fitting*, § 23 BetrVG Rn. 51; GK-*Oetker*, § 23 BetrVG Rn. 121 ff.

722 Richardi/*Thüsing*, § 23 BetrVG Rn. 91; ErfK-*Koch*, § 23 BetrVG Rn. 17; *Fitting*, § 23 BetrVG Rn. 60 f.

723 BAG v. 26.07.2005 – 1 ABR 29/04, AP Nr. 43 zu § 95 BetrVG 1972; Däubler/Kittner/Klebe-*Trittin*, § 23 BetrVG Rn. 73 ff.; Richardi/*Thüsing*, § 23 BetrVG Rn. 93 f.

724 BAG v. 08.08.1989 – 1 ABR 63/88, AP Nr. 18 zu § 95 BetrVG 1972; GK-*Oetker*, § 23 BetrVG Rn. 172.

725 BAG v. 29.04.2004 – 1 ABR 30/02, AP Nr. 3 zu § 77 BetrVG 1972 Durchführung; *Fitting*, § 23 BetrVG Rn. 66; Däubler/Kittner/Klebe-*Trittin*, § 23 BetrVG Rn. 80; GK-*Oetker*, § 23 BetrVG Rn. 178.

des Arbeitsgerichts, können jedoch nicht selbst Gegenstand einer Verurteilung zu einem Ordnungs- oder Zwangsgeld gemäß § 23 Abs. 3 Satz 2 oder 3 BetrVG sein. Sie können allenfalls als Ordnungswidrigkeit nach § 121 BetrVG oder Straftat nach § 119 BetrVG geahndet werden.[726] Die Abweichung von Vereinbarungen zwischen Arbeitgeber und Betriebsrat hat demnach – abgesehen von §§ 119, 121 BetrVG – keine direkte Konsequenz, da es nicht um die Beseitigung einer gesetzeswidrigen Beeinträchtigung geht. Erst wenn der Arbeitgeber der ihm durch rechtskräftige rechtliche Entscheidung auferlegten Verpflichtung zuwider handelt, erfolgt auf Antrag eine Verurteilung zur Zahlung eines Ordnungs- oder Zwangsgeldes (§ 23 Abs. 3 Satz 2 und 3 BetrVG).[727] Hält sich der Arbeitgeber nicht an seine in der dreigliedrigen Vereinbarung gemachten Zusagen, kann das Arbeitsgericht ihm daher lediglich aufgeben, bestimmte Handlungen vorzunehmen oder zu unterlassen, z. B. die vereinbarten Qualifizierungsmaßnahmen zu finanzieren, Abfindungen zu zahlen oder Kündigungen zu unterlassen. Der Verstoß an sich kann nicht sanktioniert werden. Erst das Nichtbefolgen der gemäß § 23 Abs. 3 Satz 1 BetrVG vom Arbeitsgericht festgesetzten Verpflichtungen ist dann in einem zweiten Verfahren zu ahnden. Anders ist dies bei dem zuvor dargestellten Durchführungs- und Unterlassungsanspruch des Betriebsrats gemäß § 77 Abs. 1 Satz 1 BetrVG (bzw. aus der Betriebsvereinbarung selbst), so dass dieser Anspruch den Bedürfnissen des Betriebsrats eher entspricht. In der Regel wird dieser das Verfahren nach § 23 Abs. 3 BetrVG bereits aus diesem Grund nicht anstrengen. Darüber hinaus ist § 23 Abs. 3 BetrVG nur für Bestimmungen, die die sozialen Folgen einer Standortverlagerung/-schließung regeln, zweckmäßig. Nur hier ist ein Zuwiderhandeln des Arbeitgebers gegen vom Arbeitsgericht festgesetzte Verpflichtungen denkbar. Im Falle von Standortgarantien ist ein Anspruch auf Unterlassung gemäß § 23 Abs. 3 BetrVG dagegen sinnlos. Hat der Arbeitgeber entgegen seinen in der dreiseitigen Standortvereinbarung gemachten Zusagen den Betrieb verlagert oder stillgelegt, kann er einen solchen Verstoß nicht erneut begehen. In diesem Fall fehlt für das Verfahren nach § 23 Abs. 3 BetrVG das erforderliche Rechtsschutzbedürfnis des Betriebsrats und der Antrag wäre als unzulässig abzuweisen.[728] Denn die Arbeitsgerichte sollen im Beschlussverfahren lediglich über Streitfragen entscheiden, die für die Beteiligten wegen der Rechtskraftwirkung von praktischer Bedeutung sind. Andernfalls würden die Gerichte ein Rechtsgutachten für die Beteiligten erstellen, das für ihre zukünftigen Beziehungen ohne Belang wäre.[729]

726 ErfK-*Koch*, § 23 BetrVG Rn. 22; *Fitting*, § 23 BetrVG Rn. 75.
727 Richardi/*Thüsing*, § 23 BetrVG Rn. 88.
728 Etwas anderes mag für Teilstilllegungen/-verlagerungen gelten.
729 Düwell/Lipke-*Koch*, § 81 ArbGG Rn. 24. – Eine einstweilige Verfügung kann im Verfahren nach § 23 Abs. 3 BetrVG nicht erlassen werden, vgl. Richardi/*Thüsing*, § 23 BetrVG Rn. 103 m. w. N.

Ein Anspruch des Betriebsrats nach § 23 Abs. 3 BetrVG kann somit lediglich hinsichtlich solcher Regelungen geltend gemacht werden, die sich mit den sozialen Folgen einer Betriebsänderung beschäftigen. Der Durchführungs- und Unterlassungsanspruch des Betriebsrats nach § 77 Abs. 1 Satz 1 BetrVG (bzw. aus der Betriebsvereinbarung selbst) ist in diesem Fall jedoch zweckmäßiger. Bei Bestimmungen zur Standortsicherung ist ein Unterlassungsanspruch gemäß § 23 Abs. 3 BetrVG grundsätzlich mangels Rechtsschutzinteresses unzulässig.

c) Allgemeiner betriebsverfassungsrechtlicher Unterlassungsanspruch

Schließlich könnte der Betriebsrat den allgemeinen betriebsverfassungsrechtlichen Unterlassungsanspruch geltend machen. Zunächst hatte das Bundesarbeitsgericht einen allgemeinen gegen den Arbeitgeber gerichteten Anspruch des Betriebsrats auf Unterlassung mitbestimmungswidrigen Verhaltens verneint. § 23 Abs. 3 BetrVG sollte diesen Fall abschließend regeln.[730] Nach erheblichem Widerspruch im Schrifttum und in der instanzgerichtlichen Rechtsprechung korrigierte das Bundesarbeitsgericht seine Position. Für den Bereich der Mitbestimmung in sozialen Angelegenheiten nach § 87 BetrVG ist nunmehr anerkannt, dass dem Betriebsrat bei Verletzung seines Mitbestimmungsrechts ein eigenständiger Unterlassungsanspruch zusteht.[731] Ob dies auch bei Betriebsänderungen gilt, ist innerhalb der Literatur umstritten.[732] Doch bei diesem Streit geht es um die Frage, ob der Betriebsrat die Unterlassung der geplanten Betriebsänderung bis zum Abschluss der Interessenausgleichsverhandlungen verlangen kann.[733] Bei der hier zu erörternden Konstellation der dreigliedrigen Standortvereinbarungen ist dagegen fraglich, ob der Betriebsrat gerichtlich durchsetzen kann, dass der Arbeitgeber sich an seine in der Vereinbarung gemachten Zusagen hält und keine abweichenden Maßnahmen unternimmt. Unabhängig davon, ob dem Betriebsrat bei wirtschaftlichen Angelegenheiten der allgemeine betriebsverfassungsrechtliche Unterlassungsanspruch zusteht, ist ein solcher Anspruch bei dreiseitigen Vereinbarungen zu verneinen, da es sich um eine völlig anders gelagerte Fallgestaltung handelt.

---

730 BAG v. 22.02.1983 – 1 ABR 27/81, AP Nr. 2 zu § 23 BetrVG 1972.

731 BAG v. 03.05.1994 – 1 ABR 24/93, AP Nr. 23 zu § 23 BetrVG 1972; v. 23.07.1996 – 1 ABR 13/96, AP Nr. 68 zu § 87 BetrVG 1972 Arbeitszeit.

732 Strittig ist ferner, ob der Betriebsrat einen Unterlassungsanspruch bei personellen Maßnahmen hat, siehe dazu GK-*Oetker*, § 23 BetrVG Rn. 149 m. w. N.; Richardi/*Thüsing*, § 23 BetrVG Rn. 84.

733 Für einen Unterlassungsanspruch des Betriebsrats bei Betriebsänderungen Däubler/Kittner/Klebe-*Trittin*, § 23 BetrVG Rn. 131 m. w. N.; dagegen *Fitting*, § 111 BetrVG Rn. 131 ff. m. w. N.; Richardi/*Thüsing*, § 23 BetrVG Rn. 85; Richardi/*Annuß*, § 111 BetrVG Rn. 166 ff. m. w. N.; GK-*Oetker*, § 23 BetrVG Rn. 151 ff. m. w. N.

Die Geltendmachung des allgemeinen betriebsverfassungsrechtlichen Unterlassungsanspruchs kommt also für die Konstellation der dreiseitigen Vereinbarungen nicht in Betracht.

2. Rechte der Gewerkschaft

Anders als dem Betriebsrat steht der im Betrieb vertretenen Gewerkschaft aus § 77 Abs. 1 Satz 1 BetrVG (bzw. aus der Betriebsvereinbarung selbst) kein Durchführungs- und Unterlassungsanspruch gegen den Arbeitgeber auf Einhaltung einer Betriebsvereinbarung zu. Allerdings ist die zuständige Gewerkschaft im Verfahren des § 23 Abs. 3 BetrVG neben dem Betriebsrat antragsberechtigt. Sie kann daher bei groben Verstößen des Arbeitgebers gegen seine Pflichten aus dem Betriebsverfassungsgesetz gegen diesen gerichtlich vorgehen. Die Antragsberechtigung besteht unabhängig davon, ob der jeweilige Antragsteller materiellrechtlich Gläubiger der Verpflichtung ist, deren grobe Verletzung gerügt wird.[734] Dies bedeutet, dass die Gewerkschaft bei Weigerung des Arbeitgebers, die (dreiseitige) Betriebsvereinbarung durchzuführen, das gerichtliche Verfahren nach § 23 Abs. 3 BetrVG einleiten kann. Doch zum einen ist dies nur hinsichtlich Bestimmungen möglich, die die sozialen Folgen einer Standortverlagerung oder -schließung regeln. Bei Regelungen zur Standortsicherung ist ein Unterlassungsanspruch gemäß § 23 Abs. 3 BetrVG mangels Rechtsschutzinteresses regelmäßig unzulässig. Zum anderen wird bei dem Verfahren des § 23 Abs. 3 BetrVG lediglich der grobe Verstoß des Arbeitgebers festgestellt, ohne dass dieser geahndet wird. Erst bei einer erneuten Zuwiderhandlung kann ein Ordnungs- oder Zwangsgeld verhängt werden (§ 23 Abs. 3 Satz 2 und 3 BetrVG).[735] Demnach ist die Einleitung des Verfahrens nach § 23 Abs. 3 BetrVG durch die im Betrieb vertretene Gewerkschaft ebenso wenig sinnvoll wie durch den Betriebsrat.

Schließlich kommt ein eigenständiger Unterlassungsanspruch der Gewerkschaft aus §§ 1004, 823 BGB i. V. m. Art. 9 Abs. 3 GG in Betracht.[736] Mit diesem Rechtsbehelf kann die im Betrieb vertretene Gewerkschaft jedoch nur tarifwidrige betriebseinheitliche Regelungen angreifen.[737] Bei einem Verstoß des Arbeitgebers gegen eine abgeschlossene, wirksame Betriebsvereinbarung greift dieser Unterlassungsanspruch nicht.

734 GK-*Oetker*, § 23 BetrVG Rn. 187; Richardi/*Thüsing*, § 23 BetrVG Rn. 95; H/S/W/G/N-*Schlochauer*, § 23 BetrVG Rn. 60; ErfK-*Koch*, § 23 BetrVG Rn. 20.

735 Siehe dazu 3.Teil.C.II.1.b).

736 Dazu BAG v. 20.04.1999 – 1 ABR 72/98, AP Nr. 89 zu Art. 9 GG.

737 Dazu ausführlich Däubler/Kittner/Klebe-*Berg*, § 77 BetrVG Rn. 88 ff.; ErfK-*Kania*, § 77 BetrVG Rn. 156; *Fitting*, § 77 BetrVG Rn. 236 f.; Richardi/*Richardi*, § 77 BetrVG Rn. 315 f.

3. Eigenständiger Sanktionsmechanismus durch die Betriebspartner

Vertragsstrafenversprechen der Tarifvertragsparteien zur Sicherung von Tarifverträgen sind zulässig und nicht unüblich.[738] Fälle aus der jüngeren Vergangenheit zeigen die zunehmende Bereitschaft der Arbeitgeber, sich bei Zuwiderhandeln gegen mit dem Betriebsrat abgeschlossene Vereinbarungen einer Vertragsstrafe zu unterwerfen. In einer Entscheidung des Bundesarbeitsgerichts aus dem Jahr 2004 hatte der Betriebsrat im Beschlussverfahren mit der Arbeitgeberin einen Vergleich geschlossen, in dem sich diese für den erneuten Verstoß gegen Mitbestimmungsrechte zur Zahlung einer Vertragsstrafe verpflichtete. Als es erneut zu Zuwiderhandlungen der Arbeitgeberin kam, beantragte der Betriebsrat, die Arbeitgeberin zu verpflichten, einen Teilbetrag von 25.000,- € an ihn, hilfsweise auf ein Konto zur Bildung eines Dispositionsfonds des Betriebsrats, hilfsweise auf ein zu seinen Gunsten als betriebliches Sondervermögen zu errichtendes Konto oder hilfsweise an einen vom Gericht zu bestimmenden Dritten zu zahlen.[739] Das Arbeitsgericht Kiel hatte 2007 einen Fall zu entscheiden, in dem sich der Arbeitgeber in einer Betriebsvereinbarung dazu verpflichtete, bei Verstößen gegen die Vereinbarung für jeden einzelnen Fall einen bestimmten Betrag auf ein Sperrkonto einzuzahlen. Dieses Geld sollte am Jahresende nach näherer Vereinbarung mit dem Betriebsrat an die von Mehrarbeit betroffenen Mitarbeiter ausgezahlt oder zu anderen Zwecken, die den Mitarbeitern nützen, verwendet werden.[740] In der jüngsten Entscheidung von April 2008 hatte das Landesarbeitsgericht Hamm über eine Vertragsstrafenvereinbarung zwischen Arbeitgeber und Betriebsrat zu entscheiden, nach der der Arbeitgeber im Falle einer Verletzung der Beteiligungsrechte des Betriebsrats nach den §§ 99, 100 BetrVG eine Vertragsstrafe an das Deutsche Rote Kreuz zu zahlen hatte.[741] Die Zulässigkeit solcher Vertragsstrafenvereinbarungen zu Lasten des Arbeitgebers ist im Folgenden zu untersuchen.

a) Zulässigkeit des Vertragsstrafenversprechens

Ein Vertragsstrafenversprechen zu Gunsten des Betriebsrats ist problematisch. Zwar kann eine Betriebsvereinbarung auf schuldrechtlicher Ebene die Rechtsbeziehungen des Arbeitgebers zum Betriebsrat regeln[742], so dass eine Vertragsstra-

738 Siehe 3.Teil.C.I.3.

739 BAG v. 29.09.2004 – 1 ABR 30/03, AP Nr. 81 zu § 40 BetrVG 1972.

740 ArbG Kiel v. 13.12.2007 – 5 BV 62 a/07, nv. (juris); nachgehend LAG Schleswig-Holstein v. 07.05.2008 – 6 TaBV 7/08, nv. (juris).

741 LAG Hamm v. 25.04.2008 – 13 TaBV 132/07, nv. (juris) [anh. BAG – 1 ABR 62/08].

742 H/S/W/G/N-*Worzalla*, § 77 BetrVG Rn. 39; *Fitting*, § 77 BetrVG Rn. 48, 50; MünchArbR-*Matthes*, § 239 Rn. 2; Richardi/*Richardi*, § 77 BetrVG Rn. 59; a. A. GK-*Kreutz*, § 77 BetrVG Rn. 187 ff.

fe zulässiger Regelungsgegenstand einer Betriebsvereinbarung ist.[743] Allerdings kann das Vertragsstrafenversprechen des Arbeitgebers je nach seiner Ausgestaltung zu einer vermögensrechtlichen Position des Betriebsrats führen. Der Betriebsrat besitzt nach ständiger Rechtsprechung des Bundesarbeitsgerichts[744] und der allgemeinen Ansicht im Schrifttum[745] aber keine generelle Rechts- und Vermögensfähigkeit, sondern ist nur insoweit partiell vermögensfähig wie das Betriebsverfassungsgesetz vermögensrechtliche Ansprüche für ihn vorsieht (vgl. § 40 BetrVG). Eine darüber hinausgehende generelle Vermögensfähigkeit kann auch nicht durch Vereinbarung zwischen Arbeitgeber und Betriebsrat geschaffen werden. Denn soweit der Betriebsrat nicht vermögensfähig ist, besitzt er keine Rechtsfähigkeit zum Abschluss entsprechender Vereinbarungen. Ein Vertragsstrafenversprechen zu Gunsten des Betriebsrats ist daher unwirksam.[746]

Auch die Verpflichtung des Arbeitgebers zur Zahlung auf ein Konto zur Bildung eines Dispositionsfonds ist unzulässig, da es auf diese Weise ebenfalls zu einer vermögensrechtlichen Position des Betriebsrats kommt, die außerhalb seines rechtlichen Wirkungskreises liegt und zu deren Begründung ihm die Rechtsfähigkeit fehlt.[747] Die Einrichtung eines Fonds zur Bestreitung der Aufwendungen des Betriebsrats ist nur zulässig, wenn er der Geschäftsvereinfachung dient und in regelmäßigen Abständen abgerechnet wird.[748] Vertragsstrafen haben jedoch weder ihrem Zweck noch ihrer Höhe nach etwas mit den bevorschussten Kosten der Betriebsratstätigkeit zu tun. Zudem wäre es widersprüchlich, wenn die Vertragsstrafen anlässlich der regelmäßigen Abrechnungen über den Dispositionsfonds wieder an den Arbeitgeber zurückflössen.[749] Die fehlende generelle Rechts- und Vermögensfähigkeit des Betriebsrats steht ebenso der Bildung eines Sondervermögens, über das ausschließlich der Betriebsrat verfügungsbefugt ist, entgegen.[750]

Scheitert eine Verpflichtung des Arbeitgebers zur Zahlung einer Vertragsstrafe an den Betriebsrat bzw. die Einrichtung eines Dispositionsfonds oder die Bil-

---

743 BAG v. 06.08.1991 – 1 AZR 3/90, AP Nr. 52 zu § 77 BetrVG 1972; *Linsenmaier*, RdA 2008, 1 (12); a. A. *Waltermann*, RdA 2007, 257 (267).

744 BAG v. 24.04.1986 – 6 AZR 607/83, AP Nr. 7 zu § 87 BetrVG 1972 Sozialeinrichtung; v. 24.10.2001 – 7 ABR 20/00, AP Nr. 71 zu § 40 BetrVG 1972.

745 GK-*Kraft/Franzen*, § 1 BetrVG Rn. 71 ff.; Däubler/Kittner/Klebe-*Wedde*, BetrVG Einleitung Rn. 122 ff.; ErfK-*Koch*, § 1 BetrVG Rn. 18 f.; Richardi/*Richardi*, BetrVG Einleitung Rn. 111 ff.

746 BAG v. 29.09.2004 – 1 ABR 30/03, AP Nr. 81 zu § 40 BetrVG 1972; zustimmend *Bertzbach*, jurisPR-ArbR 6/2005 Anm. 1; *Reichold*, AP Nr. 81 zu § 40 BetrVG 1972; *Willemsen/Ballering*, EWiR 2005, 693.

747 BAG v. 29.09.2004 – 1 ABR 30/03, AP Nr. 81 zu § 40 BetrVG 1972.

748 GK-*Weber*, § 40 BetrVG Rn. 24; H/S/W/G/N-*Glock*, § 40 BetrVG Rn. 73a.

749 BAG v. 29.09.2004 – 1 ABR 30/03, AP Nr. 81 zu § 40 BetrVG 1972.

750 BAG v. 29.09.2004 – 1 ABR 30/03, AP Nr. 81 zu § 40 BetrVG 1972.

dung eines Sondervermögens an der fehlenden Rechts- und Vermögensfähigkeit des Betriebsrats, drängt sich die Frage auf, ob eine Vertragsstrafenvereinbarung zu Gunsten eines Dritten möglich ist. Zwar werden in den §§ 339 – 341 BGB Vertragsstrafen vom Schuldner dem Gläubiger versprochen, die Vorschriften stehen einer Ausgestaltung als Vertrag zu Gunsten Dritter (§ 328 BGB) aber nicht entgegen. Erforderlich ist lediglich, dass der Dritte in der Vereinbarung bezeichnet ist oder geregelt wird, wie bzw. durch wen er zu bestimmen ist.[751] Gleichwohl bestehen Zweifel an der Zulässigkeit eines solchen Versprechens. Denn die Verpflichtung des Arbeitgebers zur Zahlung einer Vertragsstrafe an einen Dritten kann die Unabhängigkeit des Betriebsrats und den Grundsatz der Unentgeltlichkeit des Ehrenamts gefährden. Ist der Dritte beispielsweise die zuständige Gewerkschaft, könnte der Betriebsrat – zu Gunsten der Gewerkschaft und zu Lasten der Beschäftigten – auf die Geltendmachung seines Durchführungs- und Unterlassungsanspruchs verzichten und stattdessen die Vertragsstrafe fällig werden lassen. Es besteht die Gefahr des „Abkaufens" von Beteiligungsrechten.[752] Das Begünstigungsverbot in § 78 Satz 2 BetrVG, das der inneren Unabhängigkeit und der unparteiischen Amtsführung des Betriebsrats dient, verbietet auch mittelbare Begünstigungen über Zuwendungen an Dritte.[753] Darüber hinaus könnten mit einem Vertragsstrafenversprechen zu Gunsten Dritter zwingende betriebsverfassungsrechtliche Grundsätze unterlaufen werden. Dies wäre zu bejahen, wenn die Sanktionsverfahren des Betriebsverfassungsgesetzes (z. B. §§ 23 Abs. 3, 98 Abs. 5 und 6, 101, 104 BetrVG sowie der allgemeine betriebsverfassungsrechtliche Unterlassungsanspruch) abschließend wären.[754] Die Annahme eines abschließenden Charakters der betriebsverfassungsrechtlichen Vorschriften ist jedoch wenig überzeugend. Vielmehr bringen sie die Befugnis des Betriebsrats, den Arbeitgeber letztlich durch Zwangsgeld zur Erfüllung seiner Verpflichtungen anzuhalten, zum Ausdruck. Denn da die eingehenden Gelder der Staatskasse verfallen[755], d. h. einem neutralen Dritten, sprechen die Vorschriften des Betriebsverfassungsgesetzes für die Befugnis des Betriebsrats als Gläubiger bewirken zu können, dass der Arbeitgeber ein Zwangsgeld zu Gunsten eines Dritten zu entrichten hat.[756] Um die Unabhängigkeit des Betriebsrats zu wahren bzw. einen mittelbaren Ver-

---

751 BAG v. 29.09.2004 – 1 ABR 30/03, AP Nr. 81 zu § 40 BetrVG 1972; ArbG Kiel v. 13.12.2007 – 5 BV 62 a/07, nv. (juris).

752 *Reichold*, AP Nr. 81 zu § 40 BetrVG 1972; *Willemsen/Ballering*, EWiR 2005, 693; dagegen LAG Hamm v. 25.04.2008 – 13 TaBV 132/07, nv. (juris) [anh. BAG – 1 ABR 62/08].

753 GK-*Kreutz*, § 78 BetrVG Rn. 43.

754 Vgl. ArbG Frankfurt v. 24.03.2004 – 2 BV 690/03, AuR 2004, 357; *Bertzbach*, jurisPR-ArbR 6/2005 Anm. 1; *Reichold*, AP Nr. 81 zu § 40 BetrVG 1972.

755 Richardi/*Thüsing*, § 23 BetrVG Rn. 120, § 101 BetrVG Rn. 29.

756 LAG Hamm v. 25.04.2008 – 13 TaBV 132/07, nv. (juris) [anh. BAG – 1 ABR 62/08].

stoß gegen das Begünstigungsverbot des § 78 Satz 2 BetrVG zu vermeiden, sind Vertragsstrafenvereinbarungen zu Gunsten Dritter allerdings nur dann zulässig, wenn an der Neutralität des Begünstigten keinerlei Zweifel bestehen. Als neutrale Dritte kommen insbesondere die Arbeitnehmer des Betriebs in Betracht. Die Vereinbarung einer Vertragsstrafe zu Gunsten der Belegschaft entspricht der gesetzlichen Wertung des § 113 BetrVG. Denn diese Vorschrift soll nicht nur den betroffenen Arbeitnehmern einen Anspruch auf Ausgleich ihrer wirtschaftlichen Nachteile verschaffen, wenn der Arbeitgeber ohne zwingenden Grund von einem Interessenausgleich abweicht oder eine Betriebsänderung durchführt, ohne einen Interessenausgleich versucht zu haben, sondern sieht auch eine finanzielle Sanktion zu Lasten des Unternehmers vor.[757] Neben den Arbeitnehmern kann das Vertragsstrafenversprechen zu Gunsten von Wohltätigkeitsorganisationen wie z. B. dem Deutschen Roten Kreuz vereinbart werden, da weder die Gefahr des „Abkaufens“ von Beteiligungsrechten besteht noch ein Verstoß gegen das Begünstigungsverbot des § 78 Satz 2 BetrVG droht.[758]

Die nur partielle Rechts- und Vermögensfähigkeit des Betriebsrats, seine Unabhängigkeit und die Grundsätze der Unentgeltlichkeit des Ehrenamtes stehen einer Vertragsstrafe zu Gunsten neutraler Dritter nicht entgegen, denn der Betriebsrat und seine Mitglieder profitieren von den Zahlungen nicht direkt oder indirekt.[759] Mithin ist ein Passus zulässig, in dem sich der Arbeitgeber dazu verpflichtet, im Fall der Zuwiderhandlung seinerseits eine Vertragsstrafe an einen Dritten zu zahlen, wenn es sich bei dem Begünstigten um eine neutrale Person handelt.

b) Ausgestaltung des Vertragsstrafenversprechens

Ob das Vertragsstrafenversprechen zu Gunsten eines neutralen Dritten einen echten oder unechten Vertrag zu Gunsten Dritter darstellt, kann dahinstehen. Die Ausgestaltung der bisherigen Vertragsstrafenvereinbarungen legt die Annahme nahe, dass der begünstigte Dritte nicht selbst forderungsberechtigt sein soll, der

---

757 *Fitting*, § 113 BetrVG Rn. 2; GK-*Fabricius/Oetker*, § 113 BetrVG Rn. 3.

758 Vgl. LAG Hamm v. 25.04.2008 – 13 TaBV 132/07, nv. (juris) [anh. BAG – 1 ABR 62/08].

759 So auch LAG Hamm v. 25.04.2008 – 13 TaBV 132/07, nv. (juris) [anh. BAG – 1 ABR 62/08]; ArbG Kiel v. 13.12.2007 – 5 BV 62 a/07, nv. (juris); Däubler/Kittner/Klebe-*Trittin*, § 23 BetrVG Rn. 134a; HaKo-BetrVG/*Düwell*, § 23 BetrVG Rn. 80; *Bepler*, jurisPR-ArbR 43/2004 Anm. 2; *Sasse*, ArbRB 2005, 78 (79); a. A. ArbG Frankfurt v. 24.03.2004 – 2 BV 690/03, AuR 2004, 357; *Reichold*, AP Nr. 81 zu § 40 BetrVG 1972; *Willemsen/Ballering*, EWiR 2005, 693; *Bertzbach*, jurisPR-ArbR 6/2005 Anm. 1; offengelassen BAG v. 29.09.2004 – 1 ABR 30/03, AP Nr. 81 zu § 40 BetrVG 1972.

Arbeitgeber aber ermächtigt ist, mit befreiender Wirkung an ihn zu leisten.[760] Dann wäre das Vertragsstrafenversprechen ein unechter Vertrag zu Gunsten Dritter.[761] Aber auch wenn es sich um einen echten Vertrag zu Gunsten Dritter[762] handeln würde, bei dem der Dritte einen eigenen Anspruch gegen den Schuldner erwirbt, ist der Betriebsrat als Versprechensempfänger im Zweifel berechtigt, neben dem Dritten die Leistung an den Dritten zu fordern (vgl. § 335 BGB).[763]

Wie bei anderen Vertragsstrafenvereinbarungen muss die zwischen den Betriebspartnern getroffene Abrede bestimmt genug sein, d. h. die Voraussetzungen für die Verwirkung der Vertragsstrafe müssen im Wege der Auslegung ermittelt werden können.[764]

Inhalt und Höhe des Vertragsstrafenversprechens richten sich nach der von den Parteien getroffenen Abrede.[765] In den von der Rechtsprechung bisher entschiedenen Fällen zeigt sich hinsichtlich der Höhe der vereinbarten Vertragsstrafen eine große Spanne: So hatten die Betriebspartner in dem dem Bundesarbeitsgericht vorliegenden Fall eine Vertragsstrafe in Höhe von 10.000,- DM (ca. 5.000,- €) für jedes Zuwiderhandeln des Arbeitgebers gegen die Vereinbarung festgelegt.[766] Im Fall des Landesarbeitsgerichts Hamm verpflichtete sich der Arbeitgeber zur Zahlung einer Vertragsstrafe in Höhe von 1000,- € für jeden Verstoß.[767] Dagegen betrug die Vertragsstrafe des Arbeitgebers in dem vom Arbeitsgericht Kiel zu entscheidenden Fall lediglich 500,- € pro Verstoß gegen die Vereinbarung.[768] Im Zusammenhang mit der Höhe der Vertragsstrafe ergeben sich zwei interessante Aspekte: Zum einen ist der Frage nachzugehen, ob der Betriebsrat neben der Vertragsstrafe die Androhung eines (höheren) Ordnungsgeldes nach § 890 ZPO beantragen kann, wenn die (niedrigere) Vertragsstrafe nicht ausreicht, um die Einhaltung der Betriebsvereinbarung zu gewährleisten. Zum anderen ist zu diskutieren, ob es für die Höhe der Vertragsstrafe ausnahmsweise eine Höchstgrenze gibt. Der Zulässigkeit einer Zwangsvollstreckung nach § 890 ZPO könnte die

---

760 LAG Hamm v. 25.04.2008 – 13 TaBV 132/07, nv. (juris) [anh. BAG – 1 ABR 62/08].

761 Zum unechten Vertrag zu Gunsten Dritter siehe Palandt/*Grüneberg*, Einführung vor § 328 BGB Rn. 1; Erman/*Westermann*, vor § 328 BGB Rn. 2; MünchKommBGB-*Gottwald*, § 328 BGB Rn. 9.

762 Zum echten Vertrag zu Gunsten Dritter siehe Palandt/*Grüneberg*, § 328 BGB Rn. 1 ff.; Erman/*Westermann*, vor § 328 BGB Rn. 1; MünchKommBGB-*Gottwald*, § 328 BGB Rn. 1 ff.

763 ArbG Frankfurt v. 24.03.2004 – 2 BV 690/03, AuR 2004, 357.

764 BAG v. 05.02.1986 – 5 AZR 564/84, AP Nr. 12 zu § 339 BGB; LAG Hamm v. 25.04.2008 – 13 TaBV 132/07, nv. (juris) [anh. BAG – 1 ABR 62/08]; ErfK-*Müller-Glöge*, §§ 339-345 BGB Rn. 12.

765 Palandt/*Grüneberg*, § 339 BGB Rn. 17.

766 BAG v. 29.09.2004 – 1 ABR 30/03, AP Nr. 81 zu § 40 BetrVG 1972.

767 LAG Hamm v. 25.04.2008 – 13 TaBV 132/07, nv. (juris) [anh. BAG – 1 ABR 62/08].

768 ArbG Kiel v. 13.12.2007 – 5 BV 62 a/07, nv. (juris).

Vereinbarung der Vertragsstrafe als abschließende Regelung entgegenstehen.[769] Allerdings haben die Vollstreckungsmaßnahme und die vertragliche Verpflichtung nichts gemeinsam. Während das Ordnungsgeld im Sinne von § 890 ZPO eine strafähnliche Sanktion für die Übertretung des gerichtlichen Verbotes darstellt, ist die Vertragsstrafe im Sinne von § 339 BGB eine schuldrechtlich vereinbarte Leistung zur Sicherung der Vertragserfüllung und zur Schadenspauschalierung.[770] Zudem ist das Gericht zur Sanktionierung des Verstoßes verpflichtet; es steht nicht in seinem Ermessen.[771] Der Gläubiger kann daher beide Möglichkeiten nebeneinander geltend machen.[772] Etwas anderes gilt lediglich dann, wenn die Vertragsstrafenvereinbarung einen ausdrücklichen Verzicht auf die Möglichkeit des Weges nach § 890 ZPO beinhaltet. Die Vereinbarung der Vertragsstrafe reicht für die Annahme eines solchen Verzichts jedoch nicht aus.[773] Durch ein bestehendes Vertragsstrafenversprechen des Arbeitgebers wird der Betriebsrat folglich an der Beantragung eines höheren Ordnungsgeldes nach § 890 ZPO nicht gehindert. Doch bevor der Betriebsrat diesen Weg einschlägt, wird er versuchen, bereits im Vorfeld eine möglichst hohe Vertragsstrafe zu vereinbaren, um den Arbeitgeber zur Einhaltung der abgeschlossenen Betriebsvereinbarung zu zwingen. Ob die Betriebspartner die Vertragsstrafe in jeder Höhe vereinbaren können oder ob sie in ihrer Vereinbarungsbefugnis beschränkt sind, ist fraglich. Innerhalb der sich aus § 138 BGB ergebenden Grenzen können Vertragsstrafen in beliebiger Höhe vereinbart werden. Die Herabsetzung einer unangemessen hohen Strafe ist grundsätzlich gemäß § 343 BGB möglich. Für den Arbeitgeber gilt dies aufgrund seiner Kaufmannseigenschaft in der Regel nicht (vgl. § 348 HGB).[774] Ein Vertragsstrafenversprechen zwischen den Betriebspartnern, das einen bestimmten Betrag übersteigt, könnte aber aufgrund betriebsverfassungsrechtlicher Vorschriften unzulässig sein. So entschied das Bundesarbeitsgericht, dass bei Anträgen gemäß § 890 ZPO und § 23 Abs. 3 BetrVG die Androhung eines Ordnungsgeldes von mehr als 10.000,- € nicht möglich ist, obwohl § 890 ZPO ein Ordnungsgeld bis zu einer Höhe von 250.000,- € vorsieht.[775] Bei Anwendung des § 890 ZPO sei die

769 So ArbG Kiel v. 13.12.2007 – 5 BV 62 a/07, nv. (juris).

770 BGH v. 05.02.1998 – III ZR 103/97, NJW 1998, 1138.

771 Musielak/*Lackmann*, § 890 ZPO Rn. 9.

772 BGH v. 05.02.1998 – III ZR 103/97, NJW 1998, 1138; OLG Köln v. 26.05.1986 – 6 W 36/86, NJW-RR 1986, 1191; LAG Schleswig-Holstein v. 07.05.2008 – 6 TaBV 7/08, nv. (juris); Musielak/*Lackmann*, § 890 ZPO Rn. 9; a. A. *Baumbach/Lauterbach/Albers/Hartmann*, § 890 ZPO Rn. 33.

773 OLG Saarbrücken v. 21.11.1978 – 1 W 26/78, NJW 1980, 461; LAG Schleswig-Holstein v. 07.05.2008 – 6 TaBV 7/08, nv. (juris); *Baumbach/Lauterbach/Albers/Hartmann*, § 890 ZPO Rn. 33.

774 Siehe zum Ganzen 3.Teil.C.I.3.b).

775 BAG v. 29.04.2004 – 1 ABR 30/02, AP Nr. 3 zu § 77 BetrVG 1972 Durchführung; siehe auch LAG Schleswig-Holstein v. 07.05.2008 – 6 TaBV 7/08, nv. (juris).

spezialgesetzliche Vorschrift des § 23 Abs. 3 BetrVG zu beachten, die die Höhe des Ordnungsgeldes auf 10.000,- € begrenze (vgl. § 23 Abs. 3 Satz 5 BetrVG). Die Entscheidung des Bundesarbeitsgerichts lässt sich jedoch nicht auf die vorliegende Problematik übertragen. Wird die Grenze des § 23 Abs. 3 Satz 5 BetrVG im Rahmen des § 890 ZPO nicht beachtet, kommt es zu Wertungswidersprüchen. Denn § 23 Abs. 3 BetrVG fordert einen groben Verstoß des Arbeitgebers gegen seine betriebsverfassungsrechtlichen Pflichten und stellt damit höhere Anforderungen an die Pflichtverletzung als der allgemeine betriebsverfassungsrechtliche Unterlassungsanspruch. Mithin kann das Ordnungsgeld bei Nichtbefolgung des allgemeinen Unterlassungsanspruchs nicht gravierender sein, als es das Betriebsverfassungsgesetz für eine grobe Pflichtverletzung vorsieht.[776] Ein Vertragsstrafenversprechen steht dagegen mit dem Verfahren des § 23 Abs. 3 BetrVG oder dem allgemeinen betriebsverfassungsrechtlichen Unterlassungsanspruch in keinerlei Zusammenhang. Es ist ein schuldrechtlich vereinbartes Instrument zur Sicherung der Vertragserfüllung und zur Schadenspauschalierung.[777] Gesteht man dem Betriebsrat die Befugnis zur Vereinbarung einer Vertragsstrafe zu Gunsten eines Dritten zu, muss dies unter Beachtung des § 138 BGB in jeglicher Höhe möglich sein. Eine Übertragung der Beschränkung des § 23 Abs. 3 Satz 5 BetrVG wie bei Anwendung des § 890 ZPO ist nicht vorzunehmen.

4. Ergebnis

Der Betriebsrat kann die Einhaltung der in einer dreigliedrigen Vereinbarung gemachten Zusagen aufgrund seines bei Betriebsvereinbarungen bestehenden Durchführungs- und Unterlassungsanspruchs aus § 77 Abs. 1 Satz 1 BetrVG (bzw. aus der Vereinbarung selbst) verlangen. Dagegen ist ein Antrag nach § 23 Abs. 3 BetrVG wenig sinnvoll und die Geltendmachung des allgemeinen betriebsverfassungsrechtlichen Unterlassungsanspruchs nicht möglich. Den Parteien steht es frei, in einer dreiseitigen Vereinbarung einen eigenständigen Sanktionsmechanismus in Form eines Vertragsstrafenversprechens des Arbeitgebers zu Gunsten eines neutralen Dritten zu vereinbaren.

---

776 BAG v. 29.04.2004 – 1 ABR 30/02, AP Nr. 3 zu § 77 BetrVG 1972 Durchführung; LAG Schleswig-Holstein v. 07.05.2008 – 6 TaBV 7/08, nv. (juris).

777 BGH v. 05.02.1998 – III ZR 103/97, NJW 1998, 1138.

III. Sanktionen bei einer dreiseitigen Vereinbarung als Kombination aus Tarifvertrag und Betriebsvereinbarung

Schließlich ist der Frage nachzugehen, welche Sanktionsmöglichkeiten Gewerkschaft und Betriebsrat bei einer dreigliedrigen Vereinbarung haben, die eine Kombination aus Tarifvertrag und Betriebsvereinbarung darstellt – sei es als Tarifvertrag kombiniert mit einer regelungsidentischen Betriebsvereinbarung oder als gemischte Vereinbarung, die sowohl tarifvertragliche als auch betriebsverfassungsrechtliche Elemente enthält.[778]

1. Getrennte Durchsetzung der tarifvertraglichen und betriebsverfassungsrechtlichen Regelungen

Hält der Arbeitgeber sich nicht an seine in der dreiseitigen Vereinbarung gemachten Zusagen, kann jede Partei den Teil der Vereinbarung gerichtlich durchsetzen, für den sie regelungsbefugt ist. Die Gewerkschaft kann Klage vor dem Arbeitsgericht auf Erfüllung des Tarifvertrags erheben (§2 Abs. 1 Nr. 1 ArbGG) und der Betriebsrat kann seinen Durchführungs- und Unterlassungsanspruch aus § 77 Abs. 1 Satz 1 BetrVG (bzw. aus der Vereinbarung selbst) geltend machen (§2a Abs. 1 Nr. 1 ArbGG).

2. Einheitliche Durchsetzung der dreiseitigen Vereinbarung

Da eine dreiseitige Vereinbarung gemeinsam von Arbeitgeber, Gewerkschaft und Betriebsrat abgeschlossen wird und aus Gründen der Prozessökonomie, soll untersucht werden, ob Gewerkschaft oder Betriebsrat nicht die gesamte Vereinbarung gerichtlich durchsetzen können, anstatt jeweils getrennte Verfahren anzustrengen.

a) Prozessverbindung, § 147 ZPO i. V. m. § 46 Abs. 2 ArbGG

In Betracht kommt zunächst eine Prozessverbindung gemäß § 147 ZPO i. V. m. §46 Abs. 2 ArbGG. Das Gericht kann mehrere bei ihm anhängige Prozesse derselben oder verschiedener Parteien miteinander verbinden, wenn die Ansprüche, die Gegenstand dieser Prozesse sind, in einem rechtlichen Zusammenhang stehen. Die Verbindung hat zur Folge, dass Verhandlung, Beweisaufnahme und Entscheidung der verbundenen Verfahren von nun an einheitlich erfolgen. Regelungszweck ist die Ersparnis von Arbeit und Kosten sowie die Gefahr unver-

---

778 Zur Kombination aus Tarifvertrag und Betriebsvereinbarung siehe 2.Teil.E.

einbarer Entscheidungen zu verringern.[779] Neben der Anhängigkeit mehrerer Prozesse sowie der Nämlichkeit des Gerichts und der Instanz setzt eine Prozessverbindung voraus, dass die zu verbindenden Prozesse in derselben Prozessart anhängig sind.[780] Daher ist eine Verbindung von Rechtsstreitigkeiten, die teils im Urteilsverfahren, teils im Beschlussverfahren zu entscheiden sind, unzulässig.[781] Da die betriebsverfassungsrechtlichen Ansprüche vom Betriebsrat im Beschlussverfahren (§ 2a Abs. 1 Nr. 1 ArbGG) und die tarifvertraglichen Ansprüche von der Gewerkschaft im Urteilsverfahren (§ 2 Abs. 1 Nr. 1 ArbGG) geltend gemacht werden müssen, ist eine Verbindung beider Prozesse nach § 147 ZPO i. V. m. § 46 Abs. 2 ArbGG unzulässig.

b) Zusammenhangsklage, § 2 Abs. 3 ArbGG

Eine andere Möglichkeit ist die so genannte Zusammenhangsklage. Nach § 2 Abs. 3 ArbGG wird die Zuständigkeit der Arbeitsgerichte für Rechtsstreitigkeiten erweitert, die nicht unter den Zuständigkeitskatalog der Abs. 1 und 2 fallen, mit diesen aber in einem rechtlichen oder unmittelbaren wirtschaftlichen Zusammenhang stehen.[782] Da betriebsverfassungsrechtliche Streitigkeiten nicht unter § 2 Abs. 1 oder 2 ArbGG fallen, sondern im Beschlussverfahren nach § 2a Abs. 1 Nr. 1 ArbGG geltend gemacht werden müssen, könnten sie im Wege der Zusammenhangsklage in das Urteilsverfahren eingebracht werden. Dazu ist ein rechtlicher oder wirtschaftlicher Zusammenhang zwischen beiden Streitigkeiten erforderlich. Im Interesse der Prozessökonomie und nach dem Sinn der Vorschrift, eine gemeinsame Verhandlung und Entscheidung zusammengehöriger Streitigkeiten vor dem Arbeitsgericht zu ermöglichen, ist der Begriff des rechtlichen und wirtschaftlichen Zusammenhangs weit auszulegen. So reicht es für einen wirtschaftlichen Zusammenhang aus, wenn die arbeitsgerichtliche Streitigkeit und die Streitigkeit der Zusammenhangsklage dem gleichen einheitlichen Lebenssachverhalt entspringen und nicht nur eine rein zufällige Verbindung besteht.[783]

779 *Baumbach/Lauterbach/Albers/Hartmann*, § 147 ZPO Rn. 2; Thomas/Putzo/*Reichold*, § 147 ZPO Rn. 9.

780 *Baumbach/Lauterbach/Albers/Hartmann*, § 147 ZPO Rn. 7 ff.; Zöller/*Greger*, § 147 ZPO Rn. 2 f.

781 ErfK-*Koch*, § 2a ArbGG Rn. 1; Germelmann/Matthes/Prütting/Müller-Glöge/*Matthes*, § 2a ArbGG Rn. 91; Hauck/Helml/*Hauck*, § 2a ArbGG Rn. 3; *Opolony*, Arbeitsgerichtsprozess, Rn. 736.

782 ErfK-*Koch*, § 2 ArbGG Rn. 34; Germelmann/Matthes/Prütting/Müller-Glöge/*Matthes*, § 2 ArbGG Rn. 112; Ostrowicz/Künzl/Schäfer-*Künzl*, Arbeitsgerichtsprozess, Rn. 37.

783 Germelmann/Matthes/Prütting/Müller-Glöge/*Matthes*, § 2 ArbGG Rn. 113; HWK-*Ziemann*, § 2 ArbGG Rn. 133.

Ein rechtlicher Zusammenhang wird angenommen, wenn beide Ansprüche aus demselben Tatbestand herrühren.[784] Im Falle einer dreigliedrigen Vereinbarung lässt sich ein wirtschaftlicher Zusammenhang zwischen der tariflichen und der betriebsverfassungsrechtlichen Streitigkeit bejahen, da beide in der dreiseitigen Vereinbarung, mithin einem einheitlichen Lebenssachverhalt, begründet sind und nicht nur zufällig eine Verbindung zueinander haben. Ein rechtlicher Zusammenhang besteht ebenfalls, da beide Ansprüche aus demselben Tatbestand – der dreiseitigen Vereinbarung – herrühren. Allerdings muss der Gegenstand der Zusammenhangsklage eine bürgerliche Rechtsstreitigkeit sein. Dies ergibt sich aus § 2 Abs. 5 ArbGG, wonach die Zusammenhangsklage im Urteilsverfahren zu verhandeln ist. Aus diesem Grund können betriebsverfassungsrechtliche Angelegenheiten nach § 2a Abs. 1 Nr. 1 ArbGG, über die im Beschlussverfahren zu entscheiden ist, nicht im Wege der Zusammenhangsklage in das Urteilsverfahren eingebracht werden.[785] Eine gerichtliche Durchsetzung der gesamten dreiseitigen Vereinbarung durch die Gewerkschaft unter Rückgriff auf die Zusammenhangsklage nach § 2 Abs. 3 ArbGG ist somit nicht möglich.

c) Objektive Klagehäufung, § 260 ZPO i. V. m. § 46 Abs. 2 ArbGG

Eine Geltendmachung der tarifvertraglichen und betriebsverfassungsrechtlichen Ansprüche durch eine Partei (Gewerkschaft oder Betriebsrat) im Wege einer objektiven Klagehäufung (§ 260 ZPO i. V. m. § 46 Abs. 2 ArbGG) scheitert ebenfalls. Es ist bereits fraglich, ob die für eine objektive Klagehäufung erforderliche Nämlichkeit der Parteien besteht. Diese wäre noch zu bejahen, wenn die Gewerkschaft oder der Betriebsrat im Wege der gewillkürten Prozessstandschaft klagen würde.[786] Ob die Voraussetzungen einer gewillkürten Prozessstandschaft tatsächlich vorliegen, ist jedoch nicht weiter zu erörtern, denn eine objektive Klagehäufung setzt neben der Identität der Parteien voraus, dass für die gehäuften Ansprüche dieselbe Prozessart zulässig ist.[787] Dies ist bei Urteils- und Beschlussverfahren nicht der Fall, so dass eine Anspruchshäufung bei einer dreigliedrigen Vereinbarung unzulässig ist.

---

784 BAG v. 11.09.2002 – 5 AZB 3/02, AP Nr. 82 zu § 2 ArbGG 1979; Ostrowicz/Künzl/Schäfer-*Künzl*, Arbeitsgerichtsprozess, Rn. 38.

785 ErfK-*Koch*, § 2 ArbGG Rn. 36; Germelmann/Matthes/Prütting/Müller-Glöge/*Matthes*, § 2 ArbGG Rn. 120.

786 *Baumbach/Lauterbach/Albers/Hartmann*, § 260 ZPO Rn. 5; Zöller/*Greger*, § 260 ZPO Rn. 2.

787 Thomas/Putzo/*Reichold*, § 260 ZPO Rn. 13.

d) Streitgenossenschaft, §§ 59ff. ZPO i. V. m. § 46 Abs. 2 ArbGG

Eine Vereinigung mehrerer Einzelprozesse zu einem einzigen Prozess ist ferner gegeben, wenn Gewerkschaft und Betriebsrat Streitgenossen (§§ 59 ff. ZPO i. V. m. § 46 Abs. 2 ArbGG) sind.[788] Allerdings muss auch bei einer Streitgenossenschaft für alle Streitgenossen dieselbe Prozessart zulässig sein und vorliegen.[789] Da dies bei Urteils- und Beschlussverfahren zu verneinen ist, können Gewerkschaft und Betriebsrat unabhängig von den sonstigen Voraussetzungen einer subjektiven Klagehäufung nicht als Streitgenossen auftreten.

e) Gewillkürte Prozessstandschaft

Ein weiterer Ansatz ist die Geltendmachung fremder Rechte im Wege der gewillkürten Prozessstandschaft. Die Prozessführungsbefugnis ist eine Voraussetzung der Zulässigkeit einer Klage. Sie ist das Recht, einen Prozess im eigenen Namen über ein eigenes oder fremdes Recht als Partei zu führen.[790] Grundsätzlich steht sie dem Träger des streitigen Rechtsverhältnisses zu, kann aber auch einem Rechtsfremden aufgrund privater Ermächtigung eingeräumt werden (so genannte gewillkürte Prozessstandschaft).[791] Die gewillkürte Prozessstandschaft führt zu einer Verschiebung der Prozessrechtsverhältnisse und damit der Parteirollen.[792] Die Gewerkschaft könnte nun die betriebsverfassungsrechtlichen Streitigkeiten im Wege der gewillkürten Prozessstandschaft vor Gericht bringen bzw. der Betriebsrat die tarifvertraglichen Streitigkeiten. Letzteres ist jedoch unabhängig vom Vorliegen der Voraussetzungen der gewillkürten Prozessstandschaft zu verneinen. Die Prozessführungsbefugnis ist die Fähigkeit, als Partei einen Prozess führen zu können. Der Betriebsrat ist nicht generell rechtsfähig, sondern nur innerhalb seines gesetzlichen Wirkungskreises.[793] Da die tarifvertraglichen Ansprüche nicht darunter fallen, fehlt ihm diesbezüglich die Rechtsfähigkeit und damit die Prozessführungsbefugnis. Etwas anderes ergibt sich auch nicht aus den §§ 2a Abs. 1 Nr. 1, 3 ArbGG. Die Vorschriften bestimmen in Verbindung mit § 2 ArbGG diejenigen Arbeitssachen, über die nach § 1 ArbGG die Gerichte für

788 Zur Streitgenossenschaft siehe *Rosenberg/Schwab/Gottwald*, §§ 48 f.; *Jauernig*, Zivilprozessrecht, S. 267 ff.; *Schilken*, Zivilprozessrecht, Rn. 660 ff.

789 *Baumbach/Lauterbach/Albers/Hartmann*, Übersicht § 59 ZPO Rn. 7; Zöller/*Vollkommer*, § 60 ZPO Rn. 11; Thomas/Putzo/*Hüßtege*, § 60 ZPO Rn. 6.

790 *Rosenberg/Schwab/Gottwald*, § 46 Rn. 1.

791 Zöller/*Vollkommer*, vor § 50 ZPO Rn. 42.

792 Zöller/*Vollkommer*, vor § 50 ZPO Rn. 53.

793 BAG v. 29.09.2004 – 1 ABR 30/03, AP Nr. 81 zu § 40 BetrVG 1972; GK-*Kraft/Franzen*, § 1 BetrVG Rn. 71 ff.; ErfK-*Koch*, § 1 BetrVG Rn. 18; Richardi/*Richardi*, BetrVG Einleitung Rn. 111 ff.

Arbeitssachen die Gerichtsbarkeit ausüben.[794] Lediglich im Verfahren des § 23 Abs. 3 BetrVG kann der Betriebsrat die grobe Verletzung von Rechten der Gewerkschaft geltend machen und umgekehrt.[795]

Im Gegensatz zum Betriebsrat ist die Gewerkschaft uneingeschränkt rechtsfähig, so dass eine gewillkürte Prozessstandschaft in Betracht kommt. Die Zulässigkeit der gewillkürten Prozessstandschaft ist überwiegend anerkannt.[796] Erforderlich ist neben einer Ermächtigung des materiell Berechtigten zur prozessualen Geltendmachung des Rechts ein schutzwürdiges rechtliches Interesse an der Prozessführung auch des Prozessstandschafters. Das eigene rechtliche Interesse ist zu bejahen, wenn die Entscheidung die Rechtslage des Prozessstandschafters beeinflusst.[797] Grundsätzlich führt die Teilnichtigkeit einer dreiseitigen Vereinbarung nicht zu ihrer Gesamtnichtigkeit[798], so dass die Rechte der Gewerkschaft nicht tangiert werden. Ein eigenes rechtliches Interesse der Gewerkschaft an der Prozessführung ist daher nicht gegeben. Unabhängig davon führt die gewillkürte Prozessstandschaft nur zu einer Verschiebung der Prozessrechtsverhältnisse und damit der Parteirollen. Die Verbindung der Prozesse, d. h. die einheitliche Geltendmachung einer dreigliedrigen Vereinbarung, auf diesem Wege ist nicht umsetzbar.

f) Stellvertretung

Schließlich bleibt die Möglichkeit der Erteilung einer Prozessvollmacht durch die Gewerkschaft bzw. den Betriebsrat, die den jeweils anderen zur Vertretung im Prozess befugt (vgl. § 11 ArbGG). Allerdings kann Vollmachtsträger im Prozess gemäß § 79 ZPO nur eine prozessfähige Person sein. Das Arbeitsgerichtsgesetz regelt die Prozessfähigkeit nicht ausdrücklich, so dass sowohl für das Urteilsverfahren (nach § 46 Abs. 2 ArbGG) als auch für das Beschlussverfahren (nach §§ 80 Abs. 2, 46 Abs. 2 ArbGG) die Vorschriften der Zivilprozessordnung (§§ 51 ff. ZPO) gelten. Gemäß § 52 ZPO ist prozessfähig, wer geschäftsfähig ist. Dem Betriebsrat fehlt die erforderliche Rechtsgeschäftsfähigkeit und Prozessfähigkeit

---

794 Germelmann/Matthes/Prütting/Müller-Glöge/*Matthes*, § 1 ArbGG Rn. 1.

795 Siehe dazu 3.Teil.C.II.1.b). – Ob dies ein Fall der gesetzlichen Prozessstandschaft ist, kann dahinstehen, ablehnend Richardi/*Thüsing*, § 23 BetrVG Rn. 75, bejahend ErfK-*Koch*, § 23 BetrVG Rn. 20.

796 BGH v. 10.11.1999 – VIII ZR 78/98, NJW 2000, 738; *Rosenberg/Schwab/Gottwald*, § 46 Rn. 33 ff.; Zöller/*Vollkommer*, vor § 50 ZPO Rn. 42; *Schilken*, Zivilprozessrecht, Rn. 275; abl. *Koch*, JZ 1984, 809 ff.; *Frank*, ZZP 92, 321 ff.

797 BGH v. 03.04.2003 – IX ZR 287/99, NJW 2003, 2231; *Baumbach/Lauterbach/Albers/Hartmann*, Grdz § 50 ZPO Rn. 30 f.; *Rosenberg/Schwab/Gottwald*, § 46 Rn. 34 f.; *Jauernig*, Zivilprozessrecht, S. 61.

798 Siehe dazu 3.Teil.A.

im Urteilsverfahren.[799] Er kann die Gewerkschaft somit nicht wirksam vertreten. Dagegen hat der Betriebsrat die Möglichkeit zu wählen, ob er seine Interessen gegen den Arbeitgeber selbst vertreten oder sich dazu eines Rechtsanwalts oder eines Vertreters einer Gewerkschaft bedienen will.[800] Eine Vertretung durch einen Verbandsvertreter ist jedoch nur möglich, wenn wenigstens ein Mitglied des Betriebsrats dem betreffenden Verband angehört.[801] Die Wirkungen des stellvertretenden Handels treten jedoch nicht in der Person des Vertreters, sondern des Vertretenen, ein (§ 164 Abs. 1 BGB). Mithin kann im Wege der Stellvertretung die einheitliche Geltendmachung einer dreigliedrigen Vereinbarung, d. h. in einem Prozess, nicht erreicht werden.

3. Eigenständiger Sanktionsmechanismus durch die Kollektivvertragspartner

Andernorts wurde bereits dargelegt, dass die Kollektivvertragsparteien im Rahmen einer dreiseitigen Vereinbarung, die entweder als Tarifvertrag oder als Betriebsvereinbarung zu qualifizieren ist, zur Regelung einer Vertragsstrafe zu Lasten des Arbeitgebers befugt sind.[802] Gleiches gilt für den Fall, dass eine dreigliedrige Vereinbarung eine Kombination aus Tarifvertrag und Betriebsvereinbarung darstellt. Ein Vertragsstrafenversprechen kann folglich zu Gunsten der Belegschaft des Betriebs oder zu Gunsten eines neutralen Dritten vereinbart werden. Die zuständige Gewerkschaft kann im Rahmen einer Vertragsstrafenvereinbarung lediglich im tarifvertraglichen Teil einer dreiseitigen Vereinbarung begünstigt werden.

4. Ergebnis

Eine Verbindung der Prozesse von Gewerkschaft und Betriebsrat gegen den Arbeitgeber zu einem Prozess ist nicht möglich. Es bleibt bei getrennten Verfahren. Allenfalls kann der Betriebsrat sich im Beschlussverfahren von einem Verbandsvertreter vertreten lassen. Ein eigenständiger Sanktionsmechanismus in Form eines Vertragsstrafenversprechens des Arbeitgebers ist unter Einschränkungen zulässig.

---

799 Vgl. MünchArbR- *v.Hoyningen-Huene*, § 212 Rn. 14.

800 BAG v. 03.10.1978 – 6 ABR 102/76, AP Nr. 14 zu § 40 BetrVG 1972; v. 04.12.1979 – 6 ABR 37/76, AP Nr. 18 zu § 40 BetrVG 1972; Germelmann/Matthes/Prütting/Müller-Glöge/*Germelmann*, § 11 ArbGG Rn. 90.

801 BAG v. 03.12.1954 – 1 AZR 381/54, AP Nr. 7 zu § 11 ArbGG; Germelmann/Matthes/Prütting/Müller-Glöge/*Germelmann*, § 11 ArbGG Rn. 91; Hauck/Helml/*Helml*, § 11 ArbGG Rn. 28; vgl. auch BAG v. 29.01.1992 – 7 ABR 29/91, AP Nr. 14 zu § 11 ArbGG 1979 Prozeßvertreter.

802 Ausführlich zur Vertragsstrafe 3.Teil.C.I.3., 3.Teil.C.II.3.

D) Arbeitskämpfe um dreiseitige Vereinbarungen

Abschließend soll sich mit der Rechtmäßigkeit von Arbeitskämpfen um dreiseitige Vereinbarungen auseinandergesetzt werden. Dabei ist insbesondere die Zulässigkeit von Streiks als primäre Kampfmittel der Gewerkschaften relevant. Auch bei diesem Punkt wird zwischen den möglichen Regelungsformen der dreigliedrigen Vereinbarung (Betriebsvereinbarung, Tarifvertrag und Kombination aus Tarifvertrag und Betriebsvereinbarung) differenziert.

I. Erstreikbarkeit einer dreiseitigen Vereinbarung in Form einer Betriebsvereinbarung

1. Arbeitskämpfe des Betriebsrats

§ 74 Abs. 2 Satz 1 BetrVG untersagt Arbeitgeber und Betriebsrat wirtschaftliche Kampfmaßnahmen wie Streik, Sitzstreik, Arbeitsverlangsamung, Betriebsbesetzung, Aussperrung oder Boykott zur Durchsetzung betriebsverfassungsrechtlicher Ziele.[803] Mit diesem Arbeitskampfverbot wird die betriebsverfassungsrechtliche Friedenspflicht konkretisiert und zugleich festgelegt, dass die Betriebsverfassung nicht von einem Konfrontationsmodell, sondern von einem Kooperationsmodell beherrscht wird.[804] Meinungsverschiedenheiten müssen auf friedlichem Wege, notfalls unter Inanspruchnahme der Einigungsstelle oder des Arbeitsgerichts, geklärt werden. Der Betriebsrat kann den Abschluss einer (dreigliedrigen) Betriebsvereinbarung somit wegen § 74 Abs. 2 Satz 1 BetrVG nicht mittels Arbeitskampfmaßnahmen erzwingen.

2. Arbeitskämpfe der Gewerkschaft

Arbeitskämpfe tariffähiger Parteien werden durch das betriebsverfassungsrechtliche Arbeitskampfverbot nicht berührt. Dies stellt § 74 Abs. 2 Satz 1 Halbsatz 2 ausdrücklich klar. Gleichwohl ist die Durchsetzung einer Betriebsvereinbarung auch dann nicht möglich, wenn sie von einer Gewerkschaft ohne Beteiligung des vom betriebsverfassungsrechtlichen Kampfverbot betroffenen Betriebsrats durchgeführt wird. Ein Teil der Literatur leitet dies aus § 74 Abs. 2 Satz 1 BetrVG ab. Betriebsvereinbarungen könnten ausschließlich vom Betriebsrat abgeschlossen werden und da diesem ein Arbeitskampf untersagt sei, würde das

---

803 ErfK-*Kania*, § 74 BetrVG Rn. 9; *Fitting*, § 74 BetrVG Rn. 12.
804 Richardi/*Richardi*, § 74 BetrVG Rn. 16.

Kampfverbot umgangen, wenn statt des Betriebsrats die Gewerkschaft als Partei des Arbeitskampfes auftrete.[805] Nach anderer Auffassung ist ein diesbezüglicher Arbeitskampf nicht nach § 74 Abs. 2 Satz 1 BetrVG rechtswidrig, sondern weil er nicht zur Erzwingung tariflicher Bestimmungen eingesetzt wird.[806] Im Ergebnis besteht jedoch Einigkeit, dass Betriebsvereinbarungen auch von Gewerkschaften nicht mittels Arbeitskampf durchgesetzt werden können.

Mithin ist der Abschluss einer dreigliedrigen Vereinbarung als Betriebsvereinbarung generell nicht mit Mitteln des Arbeitskampfes erzwingbar.

II. Erstreikbarkeit einer dreiseitigen Vereinbarung in Form eines Tarifvertrags

Die Frage der Erstreikbarkeit einer dreiseitigen Vereinbarung in Form eines Tarifvertrags lässt sich nicht so einfach beantworten. Es ist zwischen Arbeitskämpfen gegen die Verlagerung oder Schließung von Betrieben und Arbeitskämpfen um tarifliche Sozialpläne zu unterscheiden.

1. Arbeitskämpfe gegen die Verlagerung oder Schließung von Betrieben

Die Entscheidung des Arbeitgebers, die geplante Verlagerung oder Schließung des Betriebs zu verschieben oder gänzlich zu unterlassen, kann nicht im normativen Teil eines Tarifvertrags geregelt werden. Möglich ist lediglich eine schuldrechtliche Vereinbarung.[807] Ob diese erkämpft werden kann, ist näher zu untersuchen.

a) Erstreikbarkeit schuldrechtlicher Vereinbarungen

Teilweise wird der Arbeitskampf lediglich als Mittel tariflicher Normsetzung angesehen, nicht aber auch als Mittel zur Durchsetzung schuldrechtlicher Abreden. Arbeitskämpfe, mit denen schuldrechtliche Tarifbestimmungen gefordert werden, seien nicht sozialadäquat und daher unzulässig.[808] Diese Ansicht ist unzutreffend. Da die Tarifvertragsparteien anstatt einer normativen Regelung eine schuldrechtliche vereinbaren können, kann ein Arbeitskampf nicht allein deshalb rechtswidrig sein, weil er nicht mit einer Tarifnorm endet. Zudem kann es im Einzelfall Schwierigkeiten bereiten, zu beurteilen, ob einzelne Tarifbestimmun-

---

805 *Hueck/Nipperdey*, Arbeitsrecht II 1, S. 1013 f.; *Nikisch*, Arbeitsrecht II, S. 125 f.; *Biedenkopf*, Tarifautonomie, S. 312.

806 GK-*Kreutz*, § 74 BetrVG Rn. 44; Brox/Rüthers-*Brox*, Arbeitskampfrecht, Rn. 411; Däubler/*Schumann*, Arbeitskampfrecht, Rn. 181 f.

807 2.Teil.B.II.1.b).

808 *Mayer-Maly*, BB 1965, 829 (833); *Rieble*, ZfA 2004, 1 (22).

gen normative oder schuldrechtliche Wirkung haben. Daher wäre es verfehlt, die Rechtmäßigkeit eines Arbeitskampfes davon abhängig zu machen.[809] Außerdem deuten weder Art. 9 Abs. 3 GG noch § 1 Abs. 1 TVG darauf hin, dass ausschließlich normative Bestimmungen erstreikt werden können. Entscheidend ist vielmehr, dass die fragliche Regelungsmaterie zu den Arbeits- und Wirtschaftsbedingungen im Sinne von Art. 9 Abs. 3 GG zählt und damit der Regelungskompetenz der Tarifvertragsparteien unterfällt. Stünde ihnen die Möglichkeit des Arbeitskampfes hinsichtlich schuldrechtlicher Vereinbarungen nicht zur Verfügung, wäre die Tarifautonomie stark beeinträchtigt.[810] Folglich können schuldrechtliche Vereinbarungen ebenso erkämpft werden wie normative Regelungen.[811]

b) Unzulässigkeit des Arbeitskampfes aufgrund Verstoßes gegen die Unternehmerfreiheit

Arbeitskämpfe gegen die Verlagerung oder Schließung von Betrieben kommen also grundsätzlich in Betracht. Möglicherweise existieren aber Regelungsgegenstände, die einer tariflichen Regelung zugänglich sind, jedoch nur freiwillig, d. h. ohne Streikdruck, vereinbart werden können. Während für den normativen Teil eine Kongruenz von tariflicher Regelbarkeit und Erstreikbarkeit anerkannt ist[812], ist dies bezüglich schuldrechtlicher Regelungen streitig.

Ein Teil der Literatur spricht sich für ein generelles Streikrecht aus.[813] Schuldrechtlich wirkende Vereinbarungen müssten ebenfalls mittels Arbeitskampf erzwungen werden können. Ansonsten sei das Recht zur tariflichen Regelbarkeit wirkungslos. Ohne das Recht zur zwangsweisen Durchsetzung ihrer Interessen könnten die Gewerkschaften ihren Zweck – der strukturellen Unterlegenheit der Arbeitnehmer im Arbeitsverhältnis durch den Abschluss von Tarifverträgen entgegenzuwirken – nur eingeschränkt erfüllen. Die Funktionsfähigkeit der Tarif-

---

809 *Löwisch/Rieble*, § 1 TVG Rn. 422; *Seiter*, Streikrecht, S. 488 ff.; *Weyand*, Tarifvertragliche Mitbestimmung, S. 153 f.

810 Däubler/*Reim*, § 1 TVG Rn. 965.

811 LAG Bremen v. 05.05.1998 – 2 Sa 127/98, AiB 1998, 537; *Gamillscheg*, Kollektives Arbeitsrecht I, S. 1070; HWK-*Hergenröder*, Art. 9 GG Rn. 280; Brox/Rüthers-*Rüthers*, Arbeitskampfrecht, Rn. 260 ff.; *Löwisch*, Arbeitskampf- und Schlichtungsrecht, S. 68; *Otto*, Arbeitskampf- und Schlichtungsrecht, § 5 Rn. 19 ff.; *Krause*, Standortsicherung, S. 93 f.; *Reinartz*, Firmentarifvertrag, S. 183 ff.

812 BAG v. 12.09.1984 – 1 AZR 342/83, AP Nr. 81 zu Art. 9 GG Arbeitskampf; Brox/Rüthers-*Rüthers*, Arbeitskampfrecht, Rn. 269; *Otto*, Arbeitskampf- und Schlichtungsrecht, § 5 Rn. 4.

813 Däubler/*Reim*, § 1 TVG Rn. 965; Däubler/*Schumann*, Arbeitskampfrecht, Rn. 154; *Simitis*, AuR 1975, 321 (330); *Oberberg/Schoof*, AiB 2002, 169 (173 f.); *Kühling/Bertelsmann*, NZA 2005, 1017 (1026 f.).

autonomie werde durch den Ausschluss des Streikrechts nachhaltig beeinträchtigt.

Zuzugeben ist, dass den Gewerkschaften mit der Versagung des Arbeitskampfes ein wesentlicher Bestandteil der Koalitionsfreiheit genommen wird. Allerdings ist das Grundrecht der Koalitionsfreiheit nicht schrankenlos gewährleistet, so dass im Wege der praktischen Konkordanz zu ermitteln ist, ob es andere Güter von Verfassungsrang gibt, die die Koalitionsfreiheit überwiegen.[814] Auch wenn schuldrechtliche Abreden also im Grundsatz erstreikbar sind, kann von der tariflichen Regelbarkeit nicht zwangsläufig auf die Rechtmäßigkeit eines Arbeitskampfes geschlossen werden. Der Grundsatz „Was tariflich regelbar ist, ist auch erstreikbar" ist insoweit durchbrochen.[815] Es kann also schuldrechtliche Abreden geben, die nicht erstreikt werden können.

Der auf den Abschluss einer schuldrechtlichen Regelung gerichtete Arbeitskampf ist – ebenso wie die Regelung selbst – an die Grundrechte gebunden. Bei der Frage nach der Zulässigkeit eines Arbeitskampfes um Standortsicherungstarifverträge ist dementsprechend zu untersuchen, ob der Eingriff in die Unternehmerfreiheit durch kollidierendes Verfassungsrecht, d. h. Grundrechte der Gewerkschaft oder der Arbeitnehmer, gerechtfertigt ist.[816] Für die Arbeitnehmer hat die Schließung des Betriebs den Verlust ihrer Arbeitsplätze zur Folge. Auch bei einer Standortverlagerung haben meist nur wenige Arbeitnehmer die Möglichkeit am neuen Standort weiterbeschäftigt zu werden, so dass es regelmäßig zu betriebsbedingten Kündigungen kommt. Die Arbeitnehmer sind also in ihrer Berufsfreiheit, Art. 12 Abs. 1 GG, betroffen. Auf Arbeitgeberseite greift ein Arbeitskampf bei kleinen oder mittelständischen Unternehmen in die negative Berufswahlfreiheit des Unternehmers, Art. 12 Abs. 1 GG, bzw. bei Großunternehmen in die Berufsausübungsfreiheit des Unternehmens, Art. 12 Abs. 1, Art. 19 Abs. 3 GG, ein, da der Arbeitgeber daran gehindert wird, nach seinen Wünschen über die Verlagerung oder Stilllegung des Betriebs zu entscheiden. Eine Gewichtung der betroffenen Grundrechte fällt schwer.[817] Da es um die wirt-

814 So auch *Fischinger*, Arbeitskämpfe, S. 74 f.

815 Vgl. z. B. BAG v. 14.02.1978 – 1 AZR 76/76, AP Nr. 58 zu Art. 9 GG Arbeitskampf; *Gamillscheg*, Kollektives Arbeitsrecht I, S. 1070; *Lobinger*, Arbeitskämpfe, Rn. 16; *Otto*, Arbeitskampf- und Schlichtungsrecht, § 5 Rn. 19; *Hanau/Thüsing*, ZTR 2001, 1 (53); *Sutschet*, ZfA 2005, 581 (610 f.). – Ob der Verzicht des Unternehmers auf die geplante Betriebsänderung Gegenstand eines Arbeitskampfes sein kann, ließ das BAG in seiner Entscheidung v. 24.04.2007 – 1 AZR 252/06, DB 2007, 1924 offen.

816 *Fischinger*, Arbeitskämpfe, S. 78 ff.; *Löwisch*, Arbeitskampf- und Schlichtungsrecht, S. 73; *de Beauregard*, NZA-RR 2003, 617; *Hensche*, AuR 2004, 443 (448 ff.); *Walker*, ZfA 2004, 501 (532 ff.); *Schneider/Sittard*, ZTR 2007, 590 (593).

817 Ausführlich zur Grundrechtsabwägung *Fischinger*, Arbeitskämpfe, S. 78 ff.; siehe auch das von *Krause*, Standortsicherung, S. 93 ff. entwickelte Lösungskonzept; dazu *Schneider/Sittard*, ZTR 2007, 590 (593).

schaftliche Existenz der Arbeitnehmer geht, besteht ein besonderes Interesse am Erhalt der Arbeitsplätze und damit an der Möglichkeit eines Streiks um einen Standortsicherungstarifvertrag. Aber auch wenn das Bestandsschutzinteresse der Arbeitnehmer von zentraler Bedeutung ist, muss doch berücksichtigt werden, dass die betroffenen Arbeitnehmer der unternehmerischen Entscheidung nicht vollkommen schutzlos gegenüberstehen. Zum einen hat der Arbeitgeber die gesetzlichen Kündigungsfristen, die häufig durch Individualarbeitsvertrag oder Tarifvertrag verlängert sind, einzuhalten. Zum anderen können den Arbeitnehmern Abfindungsansprüche, z. B. aus Tarifvertrag, zustehen oder der Arbeitgeber ist zur Zahlung einer Abfindung bereit, wenn dafür im Gegenzug auf eine Kündigungsschutzklage verzichtet wird. Mithin greifen zu Gunsten der Arbeitnehmer gewisse Schutzmechanismen, die gegen einen Vorrang der Arbeitnehmerinteressen sprechen.[818] Hinzu kommt, dass dem Grundgesetz eine marktmäßige, wettbewerbsrechtliche Wirtschaftsordnung zugrunde liegt. Diese gibt keinen absoluten Schutz vor Verlust des Arbeitsplatzes aufgrund privater Verfügungen.[819] Eine Gegenüberstellung und Abwägung der widerstreitenden Interessen ergibt daher, dass die Berufsfreiheit des Arbeitgebers einen höheren Rang einnimmt als das Bestandsschutzinteresse der Arbeitnehmer. Arbeitskämpfe gegen Betriebsstilllegungen und -verlagerungen sind als nicht gerechtfertigte Eingriffe in die unternehmerische Entscheidungsfreiheit rechtswidrig.

c) Ergebnis

Der Arbeitgeber kann sich in einer schuldrechtlichen Vereinbarung dazu verpflichten, den Standort ganz oder für einen bestimmten Zeitraum zu erhalten. Grundsätzlich sind schuldrechtliche Abreden erstreikbar. Für Standortsicherungsvereinbarungen gilt dies aber nicht, da ein Arbeitskampf in unzulässiger Weise in die Unternehmerfreiheit eingreifen würde.

2. Arbeitskämpfe um tarifliche Sozialpläne

Regelungen, die die sozialen Folgen einer Betriebsänderung abmildern sollen, können im Gegensatz zu Standortgarantien im normativen Teil eines Tarifvertrags vereinbart werden.[820] Im Folgenden ist der Frage nachzugehen, ob diese Tarifsozialpläne erstreikt werden können. Obwohl für normative Regelungen die Deckungsgleichheit von tariflicher Regelbarkeit und Erstreikbarkeit bejaht

818 *Fischinger*, Arbeitskämpfe, S. 81.
819 Vgl. BVerfG v. 24.04.1991 – 1 BvR 1341/90, AP Nr. 70 zu Art. 12 GG.
820 2.Teil.B.II.2.

wird[821], können einem Arbeitskampf um Tarifsozialpläne Rechtmäßigkeitshindernisse entgegenstehen.

a) Verstoß gegen die Friedenspflicht

Möglicherweise verstößt ein auf den Abschluss eines Tarifsozialplans gerichteter Arbeitskampf gegen die tarifliche Friedenspflicht. Diese untersagt den Tarifvertragsparteien, während der Laufzeit eines Tarifvertrags einen Arbeitskampf anzudrohen oder durchzuführen. Die Friedenspflicht ist notwendiger Bestandteil jedes Tarifvertrags. Für einen befristeten Zeitraum garantiert sie den Arbeitnehmern gesicherte Arbeitsbedingungen und den Arbeitgebern die Kalkulierbarkeit ihrer Produktionskosten.[822] Zu unterscheiden ist zwischen absoluter und relativer Friedenspflicht. Bei Vereinbarung einer absoluten Friedenspflicht muss während der Laufzeit des Tarifvertrags jeder Arbeitskampf unterbleiben. Dagegen verbietet die relative Friedenspflicht nur Arbeitskämpfe hinsichtlich der Gegenstände, die bereits tarifvertraglich geregelt sind.[823] Sind die in einer dreiseitigen Vereinbarung geltend gemachten Forderungen also bereits tarifvertraglich geregelt, ist der Arbeitskampf wegen eines Verstoßes gegen die Friedenspflicht rechtswidrig.

Die Aufnahme von Sozialplanverhandlungen oder ein bestehender Sozialplan begründen indes keine Friedenspflicht für die Tarifvertragsparteien.[824] Dies ergibt sich aus betriebsverfassungsrechtlichen Vorschriften. Gemäß § 2 Abs. 3 BetrVG werden die Aufgaben der Gewerkschaften und der Vereinigungen der Arbeitgeber, insbesondere die Wahrnehmung der Interessen ihrer Mitglieder, durch das Betriebsverfassungsgesetz nicht berührt. § 74 Abs. 2 Satz 1 Halbsatz 2 BetrVG stellt klar, dass Arbeitskämpfe tariffähiger Parteien durch das Arbeitskampfverbot der Betriebspartner nicht tangiert werden. Somit unterliegen Arbeitskämpfe um Tarifsozialpläne nur der allgemeinen Friedenspflicht.

b) Verstoß gegen den Grundsatz der Kampfparität

Unverzichtbarer Bestandteil einer funktionsfähigen Tarifautonomie ist das Paritätsprinzip im Sinne eines Bestehens von Verhandlungsgleichgewicht und

---

821 BAG v. 12.09.1984 – 1 AZR 342/83, AP Nr. 81 zu Art. 9 GG Arbeitskampf; Brox/Rüthers-*Rüthers*, Arbeitskampfrecht, Rn. 269; *Otto*, Arbeitskampf- und Schlichtungsrecht, § 5 Rn. 4.

822 Wiedemann/*Thüsing*, § 1 TVG Rn. 866 f.; Däubler/*Reim*, § 1 TVG Rn. 985.

823 ErfK-*Franzen*, § 1 TVG Rn. 81; Wiedemann/*Thüsing*, § 1 TVG Rn. 884; Däubler/*Reim*, § 1 TVG Rn. 998; *Löwisch/Rieble*, § 1 TVG Rn. 376, 390.

824 *Fischinger*, Arbeitskämpfe, S. 149 ff.; abw. *Rolfs/Clemens*, NZA 2004, 410 (416); *Meyer*, DB 2005, 830 (832).

gleichwertigen Verhandlungschancen der Tarifpartner. Der Grundsatz fordert nicht das konkrete Gleichgewicht der Parteien im Einzelfall, sondern eine typische, abstrakt-generelle Parität, die das Gleichgewicht im Prinzip garantiert.[825] Die Verhandlungsparität soll sicherstellen, dass nicht eine Tarifvertragspartei der anderen von vornherein ihren Willen aufzwingen kann, sondern dass möglichst gleiche Verhandlungschancen gegeben sind.[826]

Das zwischen den Tarifvertragsparteien bestehende Gleichgewicht könnte zu Lasten der Arbeitgeberseite gestört sein. In Betrieben, die die Voraussetzungen der §§ 111 ff. BetrVG erfüllen, können Gewerkschaft und Betriebsrat ihre Vorgehensweise aufeinander abstimmen und dadurch größeren Druck auf den Arbeitgeber ausüben. Es besteht die Gefahr, dass dieser entweder dem Druck der Streikenden nachgibt und einen teuren Tarifsozialplan abschließt oder einem kostenintensiven betriebsverfassungsrechtlichen Sozialplan zustimmt. Denn wird der Arbeitgeber mit dem Streik fertig, muss er sich unter Umständen im Anschluss noch dem Einigungsstellenverfahren unterwerfen, mit dem dann das durchgesetzt werden kann, was sich mit arbeitskampfrechtlichen Mitteln nicht erreichen ließ. Der Arbeitgeber wird sozusagen von zwei Seiten „in die Zange genommen". Aus der Kombination von Arbeitskampf und erzwingbarem Einigungsstellenverfahren um einen Sozialplan könnte demnach eine Verhandlungs- und Kampfungleichheit zu Gunsten der Gewerkschaften resultieren, die die Rechtswidrigkeit des Arbeitskampfes zur Folge hätte.[827]

Diese Befürchtungen vermögen jedoch ein Ungleichgewicht der Vertragsparteien nicht hinreichend zu begründen. Die Einigungsstelle ist eine betriebsverfassungsrechtliche Institution eigener Art. Sie ist gegenüber Arbeitgeber, Betriebsrat und den im Betrieb vertretenen Gewerkschaften eine selbständige Schlichtungsstelle[828] und trifft ihre Entscheidungen unter angemessener Berücksichtigung der Belange des Betriebs und der Arbeitnehmer nach billigem Ermessen (vgl. § 76 Abs. 5 Satz 3 BetrVG). Überdies unterliegt der Spruch der Einigungsstelle der arbeitsgerichtlichen Rechtskontrolle, so dass es dem Arbeitgeber frei steht, diesen vom Arbeitsgericht überprüfen zu lassen (vgl. § 76 Abs. 5 Satz 4 BetrVG). Zu bedenken ist ferner, dass sich die Bedeutung und Anziehungskraft tariflicher Regelungen

---

825 BAG v. 22.12.1980 – 1 ABR 2/79, AP Nr. 70 zu Art. 9 GG Arbeitskampf; *Löwisch*, Arbeitskampf- und Schlichtungsrecht, S. 24; Brox/Rüthers-*Rüthers*, Arbeitskampfrecht, Rn. 166. – Zu den verschiedenen Paritätsbegriffen *Fischinger*, Arbeitskämpfe, S. 152 ff.

826 BAG v. 12.09.1984 – 1 AZR 342/83, AP Nr. 81 zu Art. 9 GG Arbeitskampf.

827 So *Rolfs/Clemens*, NZA 2004, 410 (415); *Bauer/Krieger*, NZA 2004, 1020 (1023); *Nicolai*, SAE 2004, 240 (250); *dies.* RdA 2006, 33 (38); *Schiefer/Worzalla*, DB 2006, 46 (49).

828 Richardi/*Richardi*, § 76 BetrVG Rn. 6.

durch das Vorhandensein des Einigungsstellenverfahrens verringern und damit das Interesse an gewerkschaftlichem Schutz sinken kann.[829] Ein gemeinsames Vorgehen von Betriebsrat und Gewerkschaft ist für letztere also nicht nur vorteilhaft. Die mögliche Kombination von Arbeitskampf und erzwingbarem Einigungsstellenverfahren stört mithin nicht das Kräfteverhältnis zwischen Arbeitgeber und Gewerkschaft. Der Grundsatz der Arbeitskampfparität ist nicht verletzt.

c) Verstoß gegen die Unternehmerfreiheit durch Höhe der Tarifsozialplanforderungen

Da das Volumen von Tarifsozialplanforderungen ausnahmsweise zu ihrer Unzulässigkeit führen kann[830], können exorbitant hohe Forderungen auch nicht mit einem Arbeitskampf erzwungen werden. Diesbezügliche Arbeitskampfmaßnahmen sind rechtswidrig.

d) Verknüpfung zulässiger und unzulässiger Arbeitskampfziele

Vielfach fordert die zuständige Gewerkschaft vom Arbeitgeber sowohl materielle Sozialplaninhalte als auch Standortgarantien, wobei letztere zwar schuldrechtlich tariflich regelbar, aber nicht erstreikbar sind.[831] Wie sich die Verknüpfung von zulässigen und unzulässigen Kampfzielen auf die Rechtmäßigkeit eines Arbeitskampfes auswirkt, ist im Folgenden zu untersuchen.[832] In Literatur und Rechtsprechung wird die Frage nach der Rechtmäßigkeit eines Streiks, mit dem neben zulässigen Zielen auch rechtswidrige durchgesetzt werden sollen, uneinheitlich beantwortet.

aa) Meinungsstand

Eine Meinung stellt darauf ab, welche Forderung das Kampfgeschehen im Rahmen einer Gesamtschau prägt. Hätte der Arbeitskampf auch ohne die rechtswidrige Forderung zu gleicher Zeit und in gleicher Weise stattgefunden, sei er insgesamt rechtmäßig.[833] Im Falle gewerkschaftlicher Forderungen nach mate-

829 *Fischinger*, Arbeitskämpfe, S. 159.

830 2.Teil.B.II.2.c).

831 Siehe 3.Teil.D.II.1.b).

832 Auf diese Frage ist auch noch unter dem Aspekt der Erstreikbarkeit dreiseitiger Vereinbarungen als Kombination aus Tarifvertrag und Betriebsvereinbarung einzugehen, siehe 3.Teil.D.III.2.

833 Brox/Rüthers-*Rüthers*, Arbeitskampfrecht, Rn. 159; Däubler/*Schumann*, Arbeitskampfrecht, Rn. 235 f.; *Wohlgemuth*, AuR 1980, 33 (40); ähnlich auch *Gaul*, RdA 2008, 13 (21).

riellen Sozialplaninhalten und einem Verzicht des Arbeitgebers auf die geplante Betriebsänderung lässt sich nicht pauschal feststellen, welches Ziel den Arbeitskampf dominiert. Da aber aus Sicht der Arbeitnehmer und der Gewerkschaft der Erhalt des Standortes im Vordergrund steht, ist eine diesbezügliche Forderung tendenziell kein untergeordneter Gesichtspunkt, der für den Ausbruch und den Verlauf des Streiks völlig unbeachtlich ist. Der gesamte Arbeitskampf wäre dann rechtswidrig.

Hält die angegriffene Partei – hier der Arbeitgeber – eine Forderung für rechtswidrig, muss sie dies nach einer anderen Auffassung zum Ausdruck bringen und sich lediglich hinsichtlich der rechtmäßigen Ziele verhandlungsbereit zeigen. Werde der Arbeitskampf dennoch fortgeführt, sei er rechtswidrig.[834] Fordert die Gewerkschaft materielle Sozialplaninhalte und Standortgarantien, muss der Arbeitgeber hiernach anzeigen, dass letztere Forderung ein rechtswidriges Kampfziel darstellt und bezüglich ersterer Ziele seine Verhandlungsbereitschaft anbieten. Führt die Gewerkschaft den Arbeitskampf unverändert fort, agiert sie rechtswidrig.

Nach der überwiegenden Ansicht ist ein Arbeitskampf bei gleichzeitiger Verfolgung von zulässigen und unzulässigen Kampfzielen insgesamt rechtswidrig.[835] Dementsprechend ist ein Arbeitskampf um einen Tarifsozialplan, der auch Standortsicherungsvereinbarungen enthalten soll, rechtswidrig.

bb) Stellungsnahme

Die Schwierigkeit, festzustellen, welches Ziel den Arbeitskampf dominiert, spricht gegen die Anwendung dieses Kriteriums. Zudem müssten die Kampffolgen nach diesem Lösungsansatz nach der Verursachung in zulässige und unzulässige Kampfforderungen aufgeteilt werden. Das ist wenig bis nicht praktikabel. Will der Arbeitgeber etwa einen Schadensersatzanspruch wegen des Streiks für ein unzulässiges Kampfziel geltend machen[836], trägt er nach den allgemeinen Regeln die Darlegungs- und Beweislast und muss u. a. dartun, dass der Arbeits-

834 *Gamillscheg*, Kollektives Arbeitsrecht I, S. 1066; *ders.*, FS-Gnade, S. 755 (766); *Mehrens*, Sozialtarifverträge, S. 188; siehe auch *Reuss*, AuR 1966, 33 (34).

835 *Löwisch*, Arbeitskampf- und Schlichtungsrecht, S. 71; *Otto*, Arbeitskampf- und Schlichtungsrecht, § 5 Rn. 25; *Kissel*, Arbeitskampfrecht, § 24 Rn. 11; Wiedemann/*Thüsing*, § 1 TVG Rn. 890; *Lieb*, ZfA 1982, 113 (129 f.); grundsätzlich auch BAG v. 04.05.1955 – 1 AZR 493/54, AP Nr. 2 zu Art. 9 GG Arbeitskampf, das aber offen lässt, ob dies bei unwichtigen Nebenpunkten ebenfalls gilt. – Dieser Lösungsansatz ist von *Reuss*, AuR 1966, 33 polemisch als „Rührei-Theorie" bezeichnet worden.

836 Zu den Folgen eines rechtswidrigen Streiks siehe ausführlich *Otto*, Arbeitskampf- und Schlichtungsrecht, § 15; *Kissel*, Arbeitskampfrecht, §§ 47 ff.

kampf rechtswidrig war.[837] Der Arbeitskampf ist aber als einheitliches Geschehen zu sehen, so dass auch das Kampfziel nur als einheitliches Ganzes betrachtet werden kann.[838] Daher ist beispielsweise eine Unterscheidung danach, ob der dem Schadensersatzverlangen ausgesetzte Arbeitnehmer für die rechtmäßige oder rechtswidrige Forderung am Arbeitskampf teilgenommen hat, nicht möglich.[839] Ebenfalls problematisch ist, dass nach den allgemeinen Grundsätzen des Schadensrechts (vgl. §§ 249 ff. BGB) nur der adäquat verursachte Schaden zu ersetzen ist. Ob ein bestimmter Schaden tatsächlich durch den rechtswidrigen Streik verursacht wurde, ist nicht feststellbar, denn der Schaden ergibt sich aus dem Kampfgeschehen als solches. Darüber hinaus steht es den Arbeitsgerichten nicht zu, darüber zu entscheiden, ob eine bestimmte Forderung auf den Arbeitskampf große Auswirkungen hat oder ob es sich um einen unwichtigen Nebenpunkt handelt. Dies würde einer Tarifzensur gleichkommen, die den Gerichten verwehrt ist.[840] Mithin ist die Meinung, die danach differenziert, ob das rechtswidrige Ziel den Arbeitskampf dominiert, abzulehnen.

Auf den ersten Blick scheint die vermittelnde Auffassung, nach der der Arbeitskampfgegner die Rechtswidrigkeit einer Forderung erklären und sich verhandlungsbereit zeigen muss, sachgerecht.[841] Doch auch hier ist wiederum einzuwenden, dass der Arbeitskampf ein einheitliches Geschehen darstellt, was eine Einordnung in einen rechtmäßigen und einen rechtswidrigen Teil nicht zulässt. Aus diesem Grund greift das Argument, bei einer Klage, mit der neben rechtmäßigen auch rechtswidrige Ansprüche geltend gemacht werden, würde der Beklagte nur zur Leistung hinsichtlich der rechtmäßigen Ansprüche verurteilt und die Klage bezüglich der rechtswidrigen Ansprüche abgewiesen, nicht.[842] Es handelt sich nicht um mehrere Arbeitskämpfe um einzelne Tarifziele, sondern um einen Arbeitskampf für ein einheitliches Tarifwerk, das aus mehreren Regelungsgegenständen besteht.[843] Der Arbeitskampf wird zur Erreichung aller gestellten Forderungen geführt. Der Arbeitskampfgegner kann sich aufgrund der ultimativen Natur der Streikdrohungen und des Streiks nicht dazu entscheiden, nur über das rechtmäßige Ziel zu verhandeln, sondern muss entweder auch auf das unzulässige Kampfziel eingehen oder den Verzicht der Gegenseite auf diese Forderung durch anderweitiges Nachgeben bei den rechtmäßigen Zielen erreichen. Dadurch wird die Konfliktlösungsfunktion jedoch für rechtmäßige Kampf-

837 Zutreffend Brox/Rüthers-*Rüthers*, Arbeitskampfrecht, Rn. 159.
838 *Kissel*, Arbeitskampfrecht, § 24 Rn. 11; *Wohlgemuth*, AuR 1980, 33 (39).
839 *Wohlgemuth*, AuR 1980, 33 (39).
840 BAG v. 27.06.1989 – 1 AZR 404/88, AP Nr. 113 zu Art. 9 GG Arbeitskampf.
841 So *Mehrens*, Sozialtarifverträge, S. 188.
842 Diese angebliche Parallele zieht aber *Reuss*, AuR 1966, 33 (34).
843 *Kissel*, Arbeitskampfrecht, § 24 Rn. 11.

ziele ebenfalls verfehlt und die aus ihr abgeleitete Legitimationswirkung scheidet insgesamt aus.[844] Wertet man einen Arbeitskampf, der zulässige und unzulässige Kampfziele verfolgt, nicht als rechtswidrig, könnte jedes verbotene Ziel in den Arbeitskampf einbezogen werden, wenn daneben nur ein erlaubtes Ziel verfolgt wird.[845] Darüber hinaus würde dem Arbeitgeber das Risiko der rechtlichen Bewertung der Tarifforderungen aufgebürdet. Es liegt aber im Risiko- bzw. Verantwortungsbereich der Gewerkschaften, dass sie Forderungen aufstellen, die rechtmäßig sind. Bestehen Zweifel an der Rechtmäßigkeit der angestrebten tariflichen Regelung, dürfen sie nur dann streiken, wenn für die Zulässigkeit der tariflichen Regelung sehr beachtliche Gründe sprechen und des Weiteren eine endgültige Klärung der Rechtslage anders nicht zu erreichen ist.[846]

Somit ist ein Arbeitskampf bei Verfolgung auch rechtswidriger Kampfziele insgesamt rechtswidrig.[847]

e) Ergebnis

Ein Arbeitskampf um Tarifsozialpläne ist grundsätzlich zulässig. Ein Verstoß gegen den Grundsatz der Arbeitskampfparität liegt nicht vor. Allerdings kann die tarifliche Friedenspflicht einem Streik entgegenstehen. Auch exorbitant hohe Tarifsozialplanforderungen können nicht mit einem Arbeitskampf erzwungen werden. Die Kumulierung von materiellen Sozialplanforderungen und Standortzusagen führt zu einem insgesamt rechtswidrigen Arbeitskampf.

3. Die Rolle des Betriebsrats

Da es sich um dreiseitige Vereinbarungen handelt, an denen neben dem Arbeitgeber und der zuständigen Gewerkschaft der Betriebsrat beteiligt werden soll, ist zu klären, wie dieser sich bei einem gewerkschaftlich organisierten Streik, der den Abschluss einer dreiseitigen Vereinbarung als Ziel hat, verhalten muss.

Während eines Arbeitskampfes zwischen tariffähigen Parteien muss der Betriebsrat als Organ das Arbeitskampfverbot des § 74 Abs. 2 Satz 1 BetrVG strikt einhalten. Insbesondere darf er weder den Streik unterstützen, noch die Belegschaft auffordern, sich daran nicht zu beteiligen.[848] Aus dem Neutralitätsgebot

---

844 *Löwisch*, Arbeitskampf- und Schlichtungsrecht, S. 71

845 BAG v. 04.05.1955 – 1 AZR 493/54, AP Nr. 2 zu Art. 9 GG Arbeitskampf.

846 Vgl. BAG v. 31.10.1958 – 1 AZR 632/57, AP Nr. 2 zu § 1 TVG Friedenspflicht; v. 21.03.1978 – 1 AZR 11/76, AP Nr. 62 zu Art. 9 GG Arbeitskampf; v. 10.12.2002 – 1 AZR 96/02, AP Nr. 162 zu Art. 9 GG Arbeitskampf.

847 Vgl. Galater 5, 9: „Ein wenig Sauerteig versäuert den ganzen Teig.“.

848 BAG v. 10.12.2002 – 1 ABR 7/02, AP Nr. 59 zu § 80 BetrVG 1972; Richardi/*Richardi*, § 74 BetrVG Rn. 26; *Fitting*, § 74 BetrVG Rn. 14.

des Betriebsrats ergibt sich jedoch nicht die Pflicht, gegen rechtswidrige Kampfmaßnahmen vorzugehen.[849]

Das einzelne Betriebsratsmitglied darf in seiner Stellung als Mitglied des Betriebsrats den Arbeitskampf ebenfalls nicht fördern oder verhindern. In seiner Eigenschaft als Gewerkschaftsmitglied kann das Betriebsratsmitglied dagegen an einem gewerkschaftlich organisierten Streik teilnehmen.[850] Es hat dabei aber alles zu unterlassen, was den Eindruck erweckt, es beteilige sich als Mitglied des Betriebsrats am Arbeitskampf. So ist es dem Betriebsratsmitglied beispielsweise untersagt, die Infrastruktur des Betriebsrats nach § 40 BetrVG zu Streikzwecken zu verwenden oder einen Streikaufruf als Betriebsratsmitglied zu unterzeichnen.[851] Die Abgrenzung, wann ein Betriebsratsmitglied als Gewerkschaftsmitglied von seiner Koalitionsfreiheit Gebrauch macht und wann es in seiner Rolle als Mitglied des Betriebsrats handelt, kann problematisch sein.[852]

4. Ergebnis

Standortsicherungstarifverträge können nicht mittels Arbeitskampf erzwungen werden. Zu Regelungen dieses Inhalts kann sich der Arbeitgeber aber freiwillig in einer schuldrechtlichen Abrede verpflichten. Dagegen sind Tarifsozialpläne unter Beachtung der tariflichen Friedenspflicht und der Einhaltung eines gewissen Gesamtvolumens erstreikbar. Der Betriebsrat und die einzelnen Betriebsratsmitglieder (in ihrer Stellung als Mitglieder des Betriebsrats) sind während eines solchen Arbeitskampfes zur Neutralität verpflichtet. Werden mit einem Arbeitskampf sowohl Standortgarantien als auch Tarifsozialplanregelungen verfolgt, hat dies die Rechtswidrigkeit des Arbeitskampfes zur Folge.

III. Erstreikbarkeit einer dreiseitigen Vereinbarung als Kombination aus Tarifvertrag und Betriebsvereinbarung

Vielfach sind dreiseitige Vereinbarungen aber weder reine Tarifverträge noch reine Betriebsvereinbarungen, sondern stellen eine Kombination aus beiden Regelungsformen dar. Denkbar ist eine Einordnung als Tarifvertrag mit einer regelungsgleichen Betriebsvereinbarung oder aber eine gemischte Vereinbarung, die sowohl tarifvertragliche als auch betriebsverfassungsrechtliche Regelungs-

---

849 ErfK-*Kania*, § 74 BetrVG Rn. 11; Richardi/*Richardi*, § 74 BetrVG Rn. 26.
850 HWK-*Reichold*, § 74 BetrVG Rn. 12; ErfK-*Kania*, § 74 BetrVG Rn. 12.
851 H/S/W/G/N-*Worzalla*, § 74 BetrVG Rn. 25; *Fitting*, § 74 BetrVG Rn. 15.
852 Siehe dazu GK-*Kreutz*, § 74 BetrVG Rn. 66.

komplexe aufweist.[853] Ob diese Konstellationen erstreikt werden können, soll im Folgenden untersucht werden.

1. Inhaltsgleichheit von Tarifvertrag und Betriebsvereinbarung

Zunächst ist zu erörtern, wie die Rechtmäßigkeit eines Arbeitskampfes zu beurteilen ist, wenn der Abschluss einer dreiseitigen Vereinbarung in Form einer Kombination aus Tarifvertrag und regelungsidentischer Betriebsvereinbarung beabsichtigt ist.

Die Erstreikbarkeit des in der dreigliedrigen Vereinbarung enthaltenen Tarifvertrags hängt von seinem Inhalt ab.[854] Materielle Sozialplaninhalte können mittels Arbeitskampfmaßnahmen durchgesetzt werden. Im Gegensatz dazu sind Standortzusagen nicht erkämpfbar. Handelt es sich um eine Verknüpfung beider Kampfziele, ist ein Arbeitskampf aufgrund der Einbeziehung der unzulässigen Kampfforderung insgesamt rechtswidrig. Für den Betriebsrat stellt § 74 Abs. 2 Satz 1 BetrVG ein absolutes Arbeitskampfverbot auf. Er darf sich daher in keiner Weise an dem Arbeitskampf der Gewerkschaft beteiligen.[855] Entschließen sich die Kollektivvertragsparteien im Anschluss an den Arbeitskampf, neben dem Tarifvertrag eine inhaltsgleiche Betriebsvereinbarung abzuschließen, ist dies nicht zu beanstanden. Eine Umgehung des betriebsverfassungsrechtlichen Kampfverbots liegt nicht vor, da der Arbeitskampf auf den Abschluss eines Tarifvertrags gerichtet war und nicht auf den einer Betriebsvereinbarung. Die Vereinbarung einer regelungsidentischen Betriebsvereinbarung neben dem Tarifvertrag erfordert aber die ausdrückliche Zulassung im Tarifvertrag im Sinne des § 77 Abs. 3 Satz 2 BetrVG.[856]

2. Gemischte Vereinbarung

Schließlich ist die Frage zu beantworten, ob eine dreiseitige Vereinbarung, die aus tarifvertraglichen und betriebsverfassungsrechtlichen Regelungen besteht (gemischte Vereinbarung), erstreikt werden kann. Wie bereits festgestellt, kann ein Tarifvertrag unter bestimmten Voraussetzungen mittels Arbeitskampf durchgesetzt werden, während das Regelungsinstrument der Betriebsvereinbarung generell unter dem Verbot kampfweiser Durchsetzung steht.[857] Folglich würde mit einem auf den Abschluss einer gemischten dreiseitigen Vereinbarung gerichteten

853 2.Teil.E.
854 3.Teil.D.II.
855 3.Teil.D.II.3.
856 2.Teil.E.I.
857 3.Teil.D.

Arbeitskampf gleichzeitig ein zulässiges und ein unzulässiges Kampfziel verfolgt. Zur Frage der Auswirkungen auf die Rechtmäßigkeit eines Arbeitskampfes, mit dem sowohl rechtmäßige als auch rechtswidrige Ziele verfolgt werden, kann auf die obigen Ausführungen zurückgegriffen werden.

Stellt man im Hinblick auf die Rechtmäßigkeit eines Arbeitskampfes wie eine Ansicht darauf ab, welche Forderung das Kampfgeschehen im Rahmen einer Gesamtschau dominiert, müsste im Falle der gemischten dreigliedrigen Vereinbarung durch eine Einzelfallbetrachtung ermittelt werden, ob die tarifvertraglichen oder die betriebsverfassungsrechtlichen Regelungen prägend sind.[858] Nur wenn die Betriebsvereinbarung den Arbeitskampf dominiert, wäre er als rechtswidrig einzustufen. Ist dagegen der Tarifvertrag prägend, stände einem Streik nichts entgegen, solange keine Standortgarantien gefordert werden.

Nach einem vermittelnden Lösungsansatz ist der Arbeitgeber verpflichtet, gegenüber der Streik führenden Gewerkschaft die Rechtswidrigkeit des Arbeitskampfes hinsichtlich der Betriebsvereinbarung zu erklären und lediglich über den Tarifvertrag als rechtmäßiges Ziel zu verhandeln.[859] Wird der Arbeitskampf dennoch fortgeführt, verhält sich die Gewerkschaft rechtswidrig.

Wie bereits dargestellt, vermögen die beiden Meinungen nicht zu überzeugen[860], so dass ein Arbeitskampf in Übereinstimmung mit der überwiegenden Ansicht[861] bei gleichzeitiger Verfolgung von zulässigen und unzulässigen Kampfzielen insgesamt rechtswidrig ist. Eine dreiseitige Vereinbarung, die aus tarifvertraglichen und betriebsverfassungsrechtlichen Regelungen besteht, kann somit nicht mittels Arbeitskampfmaßnahmen durchgesetzt werden.

3. Ergebnis

Die Rechtmäßigkeit eines Arbeitskampfes um dreiseitige Vereinbarungen als Kombination aus Tarifvertrag und Betriebsvereinbarung hängt von ihrer Ausgestaltung ab. Ein Tarifvertrag, der im Anschluss an den Arbeitskampf mit einer regelungsidentischen Betriebsvereinbarung kombiniert wird, kann grundsätzlich erstreikt werden. Dagegen ist ein Arbeitskampf um eine gemischte dreisei-

---

858 Brox/Rüthers-*Rüthers*, Arbeitskampfrecht, Rn. 159; Däubler/*Schumann*, Arbeitskampfrecht, Rn. 235 f.; *Wohlgemuth*, AuR 1980, 33 (40).

859 *Gamillscheg*, Kollektives Arbeitsrecht I, S. 1066; *ders.*, FS-Gnade, S. 755 (766); *Mehrens*, Sozialtarifverträge, S. 188; siehe auch *Reuss*, AuR 1966, 33 (34).

860 Zu den Argumenten siehe 3.Teil.D.II.2.d)bb).

861 *Löwisch*, Arbeitskampf- und Schlichtungsrecht, S. 71; *Otto*, Arbeitskampf- und Schlichtungsrecht, § 5 Rn. 25; *Kissel*, Arbeitskampfrecht, § 24 Rn. 11; Wiedemann/*Thüsing*, § 1 TVG Rn. 890; *Lieb*, ZfA 1982, 113 (129 f.); grundsätzlich auch BAG v. 04.05.1955 – 1 AZR 493/54, AP Nr. 2 zu Art. 9 GG Arbeitskampf, das aber offen lässt, ob dies bei unwichtigen Nebenpunkten ebenfalls gilt.

tige Vereinbarung aufgrund der Verknüpfung von zulässigen und unzulässigen Kampfzielen insgesamt rechtswidrig.

IV. Ergebnis

Die Zulässigkeit eines Arbeitskampfes um eine dreiseitige Vereinbarung richtet sich nach ihrer dogmatischen Einordnung als Tarifvertrag, Betriebsvereinbarung oder Kombination aus beiden Regelungsinstrumenten. Ist eine dreiseitige Vereinbarung als Tarifvertrag zu qualifizieren, kann sie bei Erfüllung der allgemeinen Rechtmäßigkeitsvoraussetzungen eines Arbeitskampfes mit Mitteln des Arbeitskampfes durchgesetzt werden. Für eine dreigliedrige Vereinbarung in Form einer Betriebsvereinbarung besteht diese Möglichkeit dagegen generell nicht. Besteht eine dreiseitige Vereinbarung aus Tarifvertrag und Betriebsvereinbarung kommt es auf ihre Ausgestaltung an. Wird ein mit Arbeitskampfmaßnahmen erzielter Tarifvertrag im Anschluss daran mit einer inhaltsgleichen Betriebsvereinbarung kombiniert, ergeben sich keine Bedenken. Im Gegensatz dazu kann eine gemischte Vereinbarung nicht erstreikt werden, denn die Verknüpfung von zulässigen und unzulässigen Kampfzielen macht den gesamten Arbeitskampf rechtswidrig.

4. Teil: Zusammenfassung

A) Die generelle Qualifizierung einer zwischen Arbeitgeber, Gewerkschaft und Betriebsrat geschlossenen Vereinbarung als Vereinbarung sui generis scheidet aus. Dies würde die Koalitionsfreiheit unangemessen einschränken.

B) Erfüllt eine dreiseitige Vereinbarung die jeweiligen Wirksamkeitsvoraussetzungen, kann sie sowohl einen Tarifvertrag als auch eine Betriebsvereinbarung darstellen. Sie ist nicht bereits deshalb nichtig, weil diese Konstellation weder im Tarifvertragsgesetz noch Betriebsverfassungsgesetz vorgesehen ist. Die Beteiligung der anderen, jeweils unzuständigen Partei steht einer dogmatischen Einordnung als Tarifvertrag bzw. als Betriebsvereinbarung nicht entgegen.

C) Standortgarantien können ausschließlich im schuldrechtlichen Teil eines freiwilligen Firmentarifvertrags geregelt werden. Dagegen können Regelungen der Beschäftigungssicherung wie z. B. die Verlängerung der Kündigungsfristen, Abfindungszahlungen und die Finanzierung von Qualifizierungsmaßnahmen mit normativer Wirkung vereinbart werden. Die §§ 111 ff. BetrVG entfalten gegenüber derartigen tariflichen Regelungen keine Sperrwirkung. Tarifsozialplanforderungen können aber nicht in jeglicher Höhe gestellt werden. Für Tarifsozialpläne, die nach Eröffnung des Insolvenzverfahrens bzw. in den letzten drei Monaten vor der Insolvenzeröffnung aufgestellt wurden, gelten die §§ 123, 124 InsO analog. Für Tarifsozialpläne, die aus einem früheren Zeitraum stammen, kommt eine entsprechende Anwendung gesetzlicher Vorschriften nicht in Betracht. Auch allgemeine Schranken wie das Verbot des existenzvernichtenden Arbeitskampfes und die Sittenwidrigkeit helfen nicht weiter. Dem Unternehmer muss ein angemessener Spielraum zur Entfaltung der Unternehmerinitiative belassen werden. Dies ist eine Frage des Einzelfalls. Jedenfalls wenn die Erfüllung exorbitanter Forderungen zur Insolvenz des Unternehmens führt, ist das zulässige Maß überschritten. Ansonsten müssen unternehmerische Dispositionen in dem notwendigen Umfang möglich sein. Eine Orientierungshilfe bietet die Rechtsprechung des Bundesgerichtshofs zur Zahlungsunfähigkeit nach § 17 InsO, nach der von Zahlungsunfähigkeit auszugehen ist, wenn eine innerhalb einer bestimmten

Frist nicht zu beseitigende Liquiditätslücke des Schuldners 10 % oder mehr seiner fälligen Gesamtverbindlichkeiten beträgt.

D) Fragen der Beschäftigungssicherung und die unternehmerische Entscheidung der Standortverlagerung/-schließung unterfallen der Regelungskompetenz des Betriebsrats, so dass Betriebsvereinbarungen dieses Inhalts zulässig sind. Dabei ist hinsichtlich der normativ regelbaren Materie die Regelungssperre des § 77 Abs. 3 BetrVG zu beachten. Eine Öffnungsklausel gemäß § 77 Abs. 3 Satz 2 BetrVG kann in einer dreigliedrigen Vereinbarung vereinbart werden. Vorbehaltlich des Gebots der Rechtsquellenklarheit kann eine dreiseitige Vereinbarung als „ergänzende“ Betriebsvereinbarung aufgefasst werden, die durch die Beteiligung der Gewerkschaft „ausdrücklich“ zugelassen wird.
Die Umdeutung einer unwirksamen Betriebsvereinbarung in einen (Firmen) Tarifvertrag entsprechend § 140 BGB ist im Einzelfall möglich. Auf eine Konversionsklausel, die die Voraussetzungen des § 140 BGB entbehrlich macht, kann bei Beachtung des Gebots der Rechtsquellenklarheit nicht bereits aus dem Umstand der Beteiligung der Gewerkschaft geschlossen werden.

E) Die Beurteilung der Rechtsnatur einer dreigliedrigen Vereinbarung erfolgt nach den Grundsätzen der Gesetzesauslegung, da es sich bei Tarifvertrag und Betriebsvereinbarung um normativ wirkende Regelungsinstrumente handelt. Der Wortlaut der dreiseitigen Vereinbarung wird vielfach aufgrund seiner Mehrdeutigkeit nicht weiterhelfen. Der konkrete Regelungszweck (Planungssicherheit und Kostenersparnisse für den Arbeitgeber sowie Beschäftigungssicherung für die Arbeitnehmer) lässt sich grundsätzlich sowohl mit einem Tarifvertrag als auch einer Betriebsvereinbarung verwirklichen, es sei denn, eine Betriebsvereinbarung wäre wegen § 77 Abs. 3 Satz 1 BetrVG unwirksam. Allgemeine Regelungszwecke wie Rechtssicherheit und Praktikabilität sprechen in der Regel (anders bei einem Verstoß gegen § 77 Abs. 3 Satz 1 BetrVG) für eine Qualifizierung als Betriebsvereinbarung, da die dreiseitige Vereinbarung auf diese Weise für alle Arbeitnehmer des Betriebs gilt. Dagegen ist eine dreigliedrige Vereinbarung nach dem Grundsatz, dass die Parteien im Zweifel wirksame Regelungen treffen wollen, als Tarifvertrag einzuordnen. Das Prinzip des Arbeitnehmerschutzes, nach dem im Zweifel diejenige Regelung wirksam ist, die für die Arbeitnehmer günstiger ist, findet keine Anwendung.

F) Neben der Einordnung als Tarifvertrag oder Betriebsvereinbarung kommt eine Kombination aus beiden Regelungsformen in Betracht. Eine Variante ist der Abschluss eines Tarifvertrags, der mit einer regelungsidentischen Betriebsvereinbarung in einer Urkunde kombiniert ist. Darüber hinaus ist eine gemischte Vereinbarung, die sowohl tarifvertragliche als auch betriebsverfassungsrechtliche Regelungskomplexe enthält, denkbar. In beiden Fällen ist das vom 1. Senat des Bundesarbeitsgerichts kreierte Gebot der Rechtsquellenklarheit zu beachten. Das Gebot der Rechtsquellenklarheit stellt eine Erweiterung des Gebots der Normenklarheit dar und liegt den Schriftformgeboten des § 1 Abs. 2 TVG und § 77 Abs. 2 BetrVG zugrunde. Nach ihm muss sich aus der gemischten Vereinbarung ohne weiteres und zweifelsfrei ergeben, wer Urheber der einzelnen Regelungskomplexe ist und um welche Rechtsquelle es sich folglich handelt.

Da das Bundesarbeitsgericht mit dem Gebot der Rechtsquellenklarheit den Weg des reinen Formalismus beschreitet, anstatt lebenspraktische Lösungen zu finden, ist die Entscheidung kritisch zu bewerten. Eine zweifelhafte Rechtslage sollte nicht zu Lasten der Kollektivvertragsparteien gehen, sondern abschließend durch das letztinstanzliche Gericht geklärt werden. Die Parteien versuchen mit einer dreiseitigen Vereinbarung gerade, allen Eventualitäten und Unsicherheiten durch die Einbeziehung sämtlicher Entscheidungsträger entgegenzutreten. Die Entscheidung des 1. Senats macht der Praxis in Zukunft das Leben schwerer.

Um dem Gebot Genüge zu tun, kommen unterschiedliche Wege in Betracht. Bestehen Zweifel über die Regelungskompetenz hinsichtlich einzelner Materien, müssen Arbeitgeber, Gewerkschaft und Betriebsrat separate, gleichlautende Urkunden erstellen und jeweils einzeln unterzeichnen. Die Entscheidung, ob die Gewerkschaft oder der Betriebsrat für den fraglichen Regelungskomplex zuständig ist, obliegt den Gerichten. Eine gemischte dreiseitige Vereinbarung in einer Urkunde ist zulässig, wenn zweifelsfrei feststeht, welche Regelungen jeweils der Gestaltungsmacht von Gewerkschaft und Betriebsrat zugeordnet sind. Dann muss die Vereinbarung klar erkennbar in einen tariflichen und einen betriebsverfassungsrechtlichen Teil gegliedert sein, die mit einer entsprechend klaren Unterschriftengestaltung versehen sind. Schließlich können die Tarifvertragsparteien eine Betriebsvereinbarung mit Genehmigungsvorbehalt abschließen. Eine (konkludente) Klausel, nach der die dreigliedrige Vereinbarung einen Tarifvertrag bzw. eine Betriebsvereinbarung darstellt, soweit dies jeweils rechtlich zulässig und erforderlich ist, steht mit dem Gebot der Rechtsquellenklarheit nicht in Einklang.

Erfüllt eine dreiseitige Vereinbarung, die vor der Entscheidung des Bundesarbeitsgerichts abgeschlossen wurde, die Anforderungen des Gebots der Rechtsquellenklarheit nicht, kann der Arbeitgeber sich auf die daraus resultierende Unwirksamkeit berufen und sich auf diesem Wege von einer unliebsamen Regelung befreien. Die Geltendmachung der Nichtigkeit ist nicht rechtsmissbräuchlich. Eine Umdeutung der in der dreigliedrigen Vereinbarung gemachten Zusagen des Arbeitgebers in vertragliche Einheitsregelungen (Gesamtzusage oder gebündelte Vertragsangebote) kommt nicht in Betracht.

G) § 139 BGB findet auf dreiseitige Vereinbarungen – unabhängig von ihrer Rechtsnatur – keine Anwendung. Sollte ein Regelungskomplex einer Vereinbarung unwirksam sein, führt dies grundsätzlich nicht zur Gesamtnichtigkeit der Vereinbarung. Lediglich wenn die restlichen Bestimmungen mit dem nichtigen Teil in einem unlösbaren Zusammenhang stehen, d. h. keine sinnvolle und in sich geschlossene Regelungen mehr enthalten, hat die Nichtigkeit einzelner Bestimmungen die der anderen zur Folge.

H) Die Möglichkeiten des Arbeitgebers zur vorzeitigen Beendigung einer dreiseitigen Vereinbarung richten sich nach ihrer rechtlichen Einordnung. Eine dreiseitige Vereinbarung in Form eines Tarifvertrags kann nicht durch den Abschluss eines anderen Tarifvertrags mit einer Konkurrenzgewerkschaft verdrängt werden. Denn die Bestimmungen zur Beschäftigungssicherung sind Beendigungs- bzw. Inhaltsnormen, so dass ein Fall der gewillkürten Tarifpluralität vorliegt. Diese wird nicht nach dem Grundsatz der Tarifeinheit aufgelöst, um eine Tarifflucht des Arbeitgebers zu verhindern.
Handelt es sich bei einer dreiseitigen Vereinbarung um eine Betriebsvereinbarung, kann der Arbeitgeber diese durch unternehmensinterne Umstrukturierungen beenden. Bei der Frage der Beendigung einer dreigliedrigen Vereinbarung als Kombination aus Tarifvertrag und Betriebsvereinbarung ist ähnlich wie bei einem mehrgliedrigen Tarifvertrag maßgebend, ob die Kollektivvertragsparteien ein einheitliches Regelungswerk wollen oder ob beide Regelungsinstrumente rechtlich selbständig sein sollen. Dies ist durch Auslegung zu ermitteln. Im Zweifel ist von der rechtlichen Selbständigkeit der Regelungen auszugehen.

I) Unterschiedlich sind auch die Sanktionsmöglichkeiten der Gewerkschaft und des Betriebsrats bei einem Verstoß des Arbeitgebers gegen eine dreigliedrige Vereinbarung. Bei einer Einordnung als Tarifvertrag kann die Gewerkschaft die Einhaltung der dreiseitigen Vereinbarung gerichtlich erzwingen. Möglich ist eine Prozessvertretung der Arbeitnehmer oder ein Vorgehen im Wege der gewillkürten Prozessstandschaft. Ein Vertragsstrafenversprechen des Arbeitgebers zu Gunsten der Gewerkschaft ist zulässig.
Handelt es sich bei einer dreigliedrigen Vereinbarung um eine Betriebsvereinbarung, kann der Betriebsrat die Einhaltung der vom Arbeitgeber gemachten Zusagen aufgrund seines bei Betriebsvereinbarungen bestehenden Durchfüh-

rungs- und Unterlassungsanspruchs aus § 77 Abs. 1 Satz 1 BetrVG (bzw. aus der Vereinbarung selbst) verlangen. Ein Antrag nach § 23 Abs. 3 BetrVG ist wenig sinnvoll. Die Geltendmachung des allgemeinen betriebsverfassungsrechtlichen Unterlassungsanspruchs kommt nicht in Betracht. Die Vereinbarung eines eigenständigen Sanktionsmechanismus in Form eines Vertragsstrafenversprechens des Arbeitgebers zu Gunsten eines neutralen Dritten ist zulässig. Handelt es sich bei der Abrede zwischen Arbeitgeber, Gewerkschaft und Betriebsrat um eine Kombination aus Tarifvertrag und Betriebsvereinbarung, scheidet eine einheitliche gerichtliche Vorgehensweise von Gewerkschaft und Betriebsrat aufgrund der unterschiedlichen Verfahrensarten aus. Eine Vertragsstrafenvereinbarung ist mit Einschränkungen zulässig.

J) Die Rechtmäßigkeit von Arbeitskämpfen um dreiseitige Vereinbarungen hängt ebenfalls von der dogmatischen Einordnung der Regelung ab. Arbeitskämpfe, die auf den Abschluss einer Betriebsvereinbarung gerichtet sind, sind generell rechtswidrig.
Bei einem Tarifvertrag kommt es auf die Kampfforderungen an. Die Beschäftigungssicherung stellt im Gegensatz zu Standortgarantien ein zulässiges Kampfziel dar. Die Verknüpfung von rechtmäßigen und rechtswidrigen Kampfforderungen führt zur Rechtswidrigkeit des gesamten Arbeitskampfes. Stellt eine dreiseitige Vereinbarung eine Kombination aus Tarifvertrag und Betriebsvereinbarung dar, kommt es auf die Ausgestaltung des Regelungswerks an. Ein Tarifvertrag zur Beschäftigungssicherung, der im Anschluss an den Arbeitskampf mit einer inhaltsgleichen Betriebsvereinbarung kombiniert wird, kann mit arbeitskampfrechtlichen Mitteln erzwungen werden. Anders verhält es sich bei einer gemischten dreiseitigen Vereinbarung. Die Unzulässigkeit eines Kampfziels – der Abschluss einer Betriebsvereinbarung – macht den gesamten Arbeitskampf um eine solch gemischte Vereinbarung rechtswidrig.

Literaturverzeichnis

Bachner, Michael, Auswirkungen unternehmensinterner Betriebsumstrukturierungen auf die Wirksamkeit von Betriebsvereinbarungen, in: Neue Zeitschrift für Arbeitsrecht 1997, S. 79–82 (zitiert: Bachner, NZA 1997)

–. Fortgeltung von Gesamt- und Einzelbetriebsvereinbarungen nach Betriebsübergang, in: Neue Juristische Wochenschrift 2003, S. 2861–2865 (zitiert: Bachner, NJW 2003)

Bachner, Michael/Köstler, Roland/Matthießen, Volker/Trittin, Wolfgang, Arbeitsrecht bei Unternehmensumwandlung und Betriebsübergang, 3. Auflage, Baden Baden 2008 (zitiert: Bachner/Köstler/Matthießen/Trittin-Bearbeiter)

Badura, Peter, Arbeitsgesetzbuch, Koalitionsfreiheit und Tarifautonomie, in: Recht der Arbeit 1974, S. 129–138 (zitiert: Badura, RdA 1974)

Bahnmüller, Reinhard, Tarifpolitik und Weiterbildung – neue Entwicklungen und alte Fragen, in: Monatszeitschrift des Wirtschafts- und Sozialwissenschaftlichen Instituts in der Hans-Böckler-Stiftung, 01/2002 (zitiert: Bahnmüller, WSI-Mitteilungen, 01/2002)

Bamberger, Heinz Georg/Roth, Herbert, Kommentar zum Bürgerlichen Gesetzbuch, Band 1: §§ 1–610, CISG, 2. Auflage, München 2007 (zitiert: Bamberger/Roth/Bearbeiter)

Band, Maren, Tarifkonkurrenz, Tarifpluralität und der Grundsatz der Tarifeinheit, Frankfurt am Main 2003 (zitiert: Band, Tarifkonkurrenz)

Bauer, Jobst-Hubertus, Arbeitsrechtlicher Wunschkatalog für mehr Beschäftigung, in: Neue Zeitschrift für Arbeitsrecht 2005, S. 1046–1051 (zitiert: Bauer, NZA 2005)

Bauer, Jobst-Hubertus/Krieger, Steffen, „Firmentarifsozialplan" als zulässiges Ziel eines Arbeitskampfes?, in: Neue Zeitschrift für Arbeitsrecht 2004, S. 1019–1025 (zitiert: Bauer/Krieger, NZA 2004)

Baumbach, Adolf/Lauterbach, Wolfgang/Albers, Jan/Hartmann, Peter, Zivilprozessordnung, 68. Auflage, München 2010 (zitiert: Baumbach/Lauterbach/Albers/Hartmann)

Baumbach, Adolf/Hopt, Klaus J., Handelsgesetzbuch, 33. Auflage, München 2008 (zitiert: Baumbach/Hopt/Bearbeiter)

Bayreuther, Frank, Der Arbeitskampf des Marburger Bundes – Ein Lehrstück zur Tarifeinheit im Betrieb, in: Neue Zeitschrift für Arbeitsrecht 2006, S. 642–646 (zitiert: Bayreuther, NZA 2006)

–. Tarifpluralitäten und -konkurrenzen im Betrieb – Zur Zukunft des Grundsatzes der Tarifeinheit, in: Neue Zeitschrift für Arbeitsrecht 2007, S. 187–191 (zitiert: Bayreuther, NZA 2007)

–. Der Streik um einen Tarifsozialplan, in: Neue Zeitschrift für Arbeitsrecht 2007, S. 1017–1023 (zitiert: Bayreuther, NZA 2007)

Beauregard, Paul Melot de, Das Arbeitskampfrecht im Spiegel der jüngeren Rechtsprechung, in: NZA-Rechtsprechungsreport Arbeitsrecht 2003, S. 617–621 (zitiert: de Beauregard, NZA-RR 2003)

Beisel, Wilhelm/Klumpp, Hans-Hermann, Der Unternehmenskauf, 5. Auflage, München 2006 (zitiert: Beisel/Klumpp-Bearbeiter, Unternehmenskauf)

Belling, Detlev W., Die außerordentliche Anpassung von Tarifverträgen an veränderte Umstände, in: Neue Zeitschrift für Arbeitsrecht 1996, S. 906–913 (zitiert: Belling, NZA 1996)

Belling, Detlef W./Hartmann, Christian, Die Rechtswirkungen einer gegen § 77 III BetrVG verstoßenden Betriebsvereinbarung, in: Neue Zeitschrift für Arbeitsrecht 1998, S. 673–680 (zitiert: Belling/Hartmann, NZA 1998)

Bepler, Klaus, Bestimmtheit eines Unterlassungstitels im Beschlussverfahren, in: juris PraxisReport Arbeitsrecht 43/2004 (zitiert: Bepler, jurisPR-ArbR)

Berg, Friedemann, Unternehmensinterne Umstrukturierungen und betriebsverfassungsrechtliche Auswirkungen, Aachen 2000 (zitiert: Berg, Unternehmensinterne Umstrukturierungen)

Berg, Peter/Wendeling-Schröder, Ulrike/Wolter, Henner, Die Zulässigkeit tarifvertraglicher Besetzungsregelungen, in: Recht der Arbeit 1980, S. 299–313 (zitiert: Berg/Wendeling-Schröder/Wolter, RdA 1980)

Bertzbach, Martin, Kein Vertragsstrafenversprechen zu Gunsten des Betriebsrats, in: juris PraxisReport Arbeitsrecht 6/2005 (zitiert: Bertzbach, jurisPR-ArbR)

Beuthien, Volker, Unternehmerische Mitbestimmung kraft Tarif- oder Betriebsautonomie?, in: Zeitschrift für Arbeitsrecht 1983, S. 141–168 (zitiert: Beuthien, ZfA 1983)

–. Mitbestimmung unternehmerischer Sachentscheidungen kraft Tarif- oder Betriebsautonomie?, in: Zeitschrift für Arbeitsrecht 1984, S. 1–30 (zitiert: Beuthien, ZfA 1984)

Biebeler, Hendrik/Lesch, Hagen, Mitgliederschwund der Gewerkschaften in Deutschland, in: IW-Trends – Vierteljahresschrift zur empirischen Wirtschaftsforschung aus dem Institut der deutschen Wirtschaft, Heft 4, 2006 (zitiert: Biebeler/Lesch, IW-Trends 2006)

Biedenkopf, Kurt H., Grenzen der Tarifautonomie, Karlsruhe 1964 (zitiert: Biedenkopf, Tarifautonomie)

–. Sinn und Grenzen der Vereinbarungsbefugnis der Tarifvertragsparteien, Gutachten für den 46. Deutschen Juristentag, Band I, Teil 1, München Berlin 1966 (zitiert: Biedenkopf, DJT I/1)

Bispinck, Reinhard, WSI-Tarifhandbuch 2007, Aktuelle Tarifpolitik, Tarifregelungen für 50 Wirtschaftszweige, Ausschlussfristen, Tarif-Rechtsprechung (zitiert: Bispinck, WSI-Tarifhandbuch 2007)

Blomeyer, Wolfgang, Nachwirkung und Weitergeltung abgelaufener Betriebsvereinbarungen über „freiwillige" Sozialleistungen, in: Der Betrieb 1990, S. 173–177 (zitiert: Blomeyer, DB 1990)

Boeck, Myriam, Tarifverträge und andere Koalitionsverträge, Frankfurt am Main 2007 (zitiert: Boeck, Tarifverträge)

Braun, Axel, Formale Nichtigkeit gemischter Kollektivvereinbarungen, in: Der Arbeits-Rechts-Berater 2008, S. 303–304 (zitiert: Braun, ArbRB 2008)

Braun, Axel/Schreiner, Paul, Erstreikbarkeit von tariflichen Sozialplänen, in: Der Arbeits-Rechts-Berater 2006, S. 243–246 (zitiert: Braun/Schreiner, ArbRB 2006)

Brox, Hans/Rüthers, Bernd, Arbeitskampfrecht, 2. Auflage, Stuttgart 1982 (zitiert: Brox/Rüthers-Bearbeiter, Arbeitskampfrecht)

Buchner, Herbert, Der Umfang tariflicher Abschlussnormen, insbesondere ihre Abgrenzung zu den Normen über betriebliche Fragen, in: Recht der Arbeit 1966, S. 208–210 (zitiert: Buchner, RdA 1966)

–. Unternehmensbezogene Tarifverträge – tarif-, verbands- und arbeitskampfrechtlicher Spielraum, in: Der Betrieb 2001, Beilage Nr. 9, S. 1–15 (zitiert: Buchner, DB 2001, Beilage Nr. 9)

–. Tarifpluralität und Tarifeinheit – einige Überlegungen zur Rechtsprechung des Bundesarbeitsgerichts, in: Festschrift 50 Jahre Bundesarbeitsgericht, S. 631–644, München 2004 (zitiert: Buchner, FS-50 Jahre BAG)

–. Tarifverträge im Wettbewerb? – Tarifpluralität, Tarifeinheit, Allgemeinverbindlichkeit, in: Zeitschrift für Arbeitsrecht 2004, S. 229–253 (zitiert: Buchner, ZfA 2004)

Bunge, Thomas, Tarifinhalt und Arbeitskampf, Königstein/Ts. 1980 (zitiert: Bunge, Tarifinhalt)

Bydlinski, Franz, Juristische Methodenlehre und Rechtsbegriff, 2. Auflage, Wien New York 1991 (zitiert: Bydlinski, Methodenlehre und Rechtsbegriff)

Bürger, Felix, Das Kollisionsverhältnis von Fachtarifvertrag und Branchentarifvertrag, Berlin 2005 (zitiert: Bürger, Kollisionsverhältnis)

Canaris, Claus, Das Verhältnis der §§ 994 ff. BGB zur Aufwendungskondiktion nach § 812 BGB, in: Juristenzeitung 1996, S. 344–349 (zitiert: Canaris, JZ 1996)

Clausen, Uwe, Der schuldrechtliche Teil des Tarifvertrags, Regensburg 1971 (zitiert: Clausen, Der schuldrechtliche Teil des Tarifvertrags)

Däubler, Wolfgang, Arbeitskampfrecht, 2. Auflage, Baden Baden 1987 (zitiert: Däubler/Bearbeiter, Arbeitskampfrecht)
–. Tarifvertragsrecht, 3. Auflage, Baden Baden 1993 (zitiert: Däubler, Tarifvertragsrecht)
–. Diskussionsbeitrag zum Thema „Betriebsverfassung und Tarifvertrag" bei einem Gespräch der Otto Brenner Stiftung am 10. Dezember 1993, in: Recht der Arbeit 1994, S. 169 (zitiert: Däubler, RdA 1994)
–. Gewerkschaftsrechte im Betrieb, 10. Auflage, Baden Baden 2000 (zitiert: Däubler, Gewerkschaftsrechte im Betrieb)
–. Anmerkung zu LAG Rheinland-Pfalz v. 22.06.2004 – 11 Sa 2096/03, in: Arbeitsrechtliche Praxis Nr. 169 zu Art. 9 GG Arbeitskampf (zitiert: Däubler, AP)
–. Tarifvertragsgesetz, 2. Auflage, Baden Baden 2006 (zitiert: Däubler/Bearbeiter)
Däubler, Wolfgang/Hege, Hans, Tarifvertragsrecht, 2. Auflage, Baden Baden 1981 (zitiert: Däubler/Hege, Tarifvertragsrecht, 2. Auflage)
Däubler, Wolfgang/Hjort, Jens Peter/Hummel, Dieter/Wolmerath, Martin, Arbeitsrecht Handkommentar, Baden Baden 2008 (zitiert: HK-Arbeitsrecht/Bearbeiter)
Däubler, Wolfgang/Kittner, Michael/Klebe, Thomas, Betriebsverfassungsgesetz mit Wahlordnung und EBR-Gesetz, 11. Auflage, Frankfurt am Main 2008 (zitiert: Däubler/Kittner/Klebe-Bearbeiter)
Dieterich, Thomas, Tarif- und Betriebsautonomie – ein Spannungsverhältnis, in: Festschrift für Reinhard Richardi zum 70. Geburtstag, S. 117–125, München 2007 (zitiert: Dieterich, FS-Richardi)
Dieterich, Thomas/Hanau, Peter/Schaub, Günter, Erfurter Kommentar zum Arbeitsrecht, 10. Auflage, München 2010 (zitiert: ErfK-Bearbeiter)
Drukarczyk, Jochen, Zum Problem der „wirtschaftlichen Vertretbarkeit" von Sozialplänen, in: Recht der Arbeit 1986, S. 115–119 (zitiert: Drukarczyk, RdA 1986)
Dütz, Wilhelm, Arbeitsrecht, 14. Auflage, München 2009 (zitiert: Dütz, Arbeitsrecht)
Düwell, Franz Josef, Betriebsverfassungsgesetz, Handkommentar, 2. Auflage, Baden Baden 2006 (zitiert: HaKo-BetrVG/Bearbeiter)
Düwell, Franz Josef/Lipke, Gert-Albert, Arbeitsgerichtsgesetz, Kommentar für die Praxis, 2. Auflage, Frankfurt am Main 2005 (zitiert: Düwell/Lipke-Bearbeiter)
Ebenroth, Carsten Thomas/Boujong, Karlheinz/Joost, Detlev/Strohn, Lutz, Handelsgesetzbuch, Band 2, §§ 343-475h, München 2001 (zitiert: Ebenroth/Boujong/Joost/Strohn/Bearbeiter)

Ehmann, Horst, Zur Rechtsverbindlichkeit von Betriebsvereinbarungen über den Fortbestand eines Betriebs, in: Arbeitsrecht in der Bewährung – Festschrift für Otto Rudolf Kissel zum 65. Geburtstag, S. 175–191, München 1994 (zitiert: Ehmann, FS-Kissel)

Ehmann, Horst/Lambrich, Thomas, Anmerkung zu BAG v. 17.11.2000 – 1 AZR 175/00, in: Arbeitsrechtliche Praxis Nr. 14 zu § 77 BetrVG 1972 Tarifvorbehalt (zitiert: Ehmann/Lambrich, AP)

Ehmann, Horst/Schmidt, Benedikt Thomas, Betriebsvereinbarungen und Tarifverträge, in: Neue Zeitschrift für Arbeitsrecht 1995, S. 193–203 (zitiert: Ehmann/Schmidt, NZA 1995)

Eich, Rolf-Achim, Rechtsmissbräuchliche Nutzung von Mitbestimmungsrechten durch den Betriebsrat (Koppelungsgeschäfte), in: Zeitschrift für Arbeitsrecht 1988, S. 93–98 (zitiert: Eich, ZfA 1988)

–. Tarifverträge und Sozialpartnerbeziehungen am Beispiel der chemischen Industrie, in: Neue Zeitschrift für Arbeitsrecht 1995, S. 149–155 (zitiert: Eich, NZA 1995)

Endebrock, Manfred, Vereinbarung zur Umsetzung der Mehraufwandsentschädigung gemäß § 16 Abs. 3 SGB II bei der Stadt Nürnberg, in: Der Personalrat 2005, S. 305 (zitiert: Endebrock, PersR 2005)

Erman, Walter, Bürgerliches Gesetzbuch, Band 1, 12. Auflage, Köln 2008 (zitiert: Erman/Bearbeiter)

Feudner, Bernd W., Tarifverträge für ‚Funktionseliten'?, in: Betriebs-Berater 2007, S. 2459–2462 (zitiert: Feudner, BB 2007)

Fischer, Ulrich, Die Schriftform des Betriebsverfassungsgesetzes in Zeiten papierloser Kommunikation, in: Arbeitsrecht im Betrieb 1999, S. 390– 393 (zitiert: Fischer, AiB 1999)

Fischinger, Philipp S., Arbeitskämpfe bei Standortverlagerung und -schließung, Berlin 2006 (zitiert: Fischinger, Arbeitskämpfe)

–. Streik um Tarifsozialpläne, in: Neue Zeitschrift für Arbeitsrecht 2007, S. 310–313 (zitiert: Fischinger, NZA 2007)

Fitting, Karl, Betriebsverfassungsgesetz, Handkommentar, 24. Auflage, München 2008 (zitiert: Fitting)

Flatow, Georg, Betriebsvereinbarung und Arbeitsordnung, Mannheim 1921 (zitiert: Flatow, Betriebsvereinbarung und Arbeitsordnung, 1921)

Fleischer, Holger, „Gegriffene Größen" in der aktienrechtlichen Spruchpraxis, in: Festschrift für Claus-Wilhelm Canaris zum 70. Geburtstag, S. 70–89, München 2007 (zitiert: Fleischer, FS-Canaris)

Flume, Werner, Allgemeiner Teil des Bürgerlichen Rechts, Band 2: Das Rechtsgeschäft, 4. Auflage, Berlin Heidelberg 1992 (zitiert: Flume, AT II)

Forsthoff, Ernst, Der Entwurf eines Vermögensbildungsgesetzes, in: Betriebs-Berater 1965, S. 381–392 (zitiert: Forsthoff, BB 1965)

Frank, Richard, Die Verschiebung von Prozeßrechtsverhältnissen mit Hilfe der gewillkürten Prozeßstandschaft, in: Zeitschrift für Zivilprozeß 92, S. 321–351 (1979) (zitiert: Frank, ZZP 92)

Franzen, Martin, Tarifrechtssystem und Gewerkschaftswettbewerb, in: Recht der Arbeit 2001, S. 1–10 (zitiert: Franzen, RdA 2001)

–. Standortverlagerung und Arbeitskampf, in: Zeitschrift für Arbeitsrecht 2005, S. 315–351 (zitiert: Franzen, ZfA 2005)

–. Das Ende der Tarifeinheit und die Folgen, in: Recht der Arbeit 2008, S. 193–205 (zitiert: Franzen, RdA 2008)

Friedemann, Hartmut, Das Verfahren der Einigungsstelle für Interessenausgleich und Sozialplan, Köln 1997 (zitiert: Friedemann, Verfahren der Einigungsstelle)

Gamillscheg, Franz, Die Differenzierung nach der Gewerkschaftszugehörigkeit, Berlin 1966 (zitiert: Gamillscheg, Differenzierung)

–. Dimskal Shipping Co. S. A. v. International Transport Workers Federation, in: Arbeit und Recht – Festschrift für Albert Gnade zum 65. Geburtstag, S. 755–767, Köln 1992 (zitiert: Gamillscheg, FS-Gnade)

–. Kollektives Arbeitsrecht, Band I: Grundlagen/Koalitionsfreiheit/Tarifvertrag/Arbeitskampf und Schlichtung, München 2001 (zitiert: Gamillscheg, Kollektives Arbeitsrecht I)

–. Kollektives Arbeitsrecht, Band II: Betriebsverfassung, München 2008 (zitiert: Gamillscheg, Kollektives Arbeitsrecht II)

Gaul, Björn, Das Arbeitsrecht der Betriebs- und Unternehmensspaltung, Köln 2002 (zitiert: Gaul, Betriebs- und Unternehmensspaltung)

–. Wirtschaftliche Vertretbarkeit eines Sozialplans, in: Der Betrieb 2004, S. 1498–1504 (zitiert: Gaul, DB 2004)

–. Neue Felder des Arbeitskampfs: Streikmaßnahmen zur Erzwingung eines Tarifsozialplans, in: Recht der Arbeit 2008, S. 13–24 (zitiert: Gaul, RdA 2008)

Germelmann, Claas-Hinrich, Die Hilfsfunktion der Verbände im Betriebsverfassungsrecht, in: Das Arbeitsrecht der Gegenwart, Band 14, Berlin 1976 (zitiert: Germelmann, Hilfsfunktion der Verbände)

Germelmann, Class-Hinrich/Matthes, Hans-Christoph/Prütting, Hanns/Müller-Glöge, Rudi, Arbeitsgerichtsgesetz, Kommentar, 6. Auflage, München 2008 (zitiert: Germelmann/Matthes/Prütting/Müller-Glöge/Bearbeiter)

Göritz, Berthold/Hase, Detlef/Krehnke, Anna/Rupp, Rudi, Interessenausgleich und Sozialplan, Analyse und Handlungsempfehlungen, Frankfurt am Main 2005 (zitiert: Göritz/Hase/Krehnke/Rupp, Interessenausgleich und Sozialplan)

Grau, Timon, Anmerkung zu BAG v. 24.04.2007 – 1 AZR 252/06, in: Neue Juristische Wochenschrift 2007, S. 3660–3661 (zitiert: Grau, NJW 2007)

Grau, Timon/Döring, Rene, Unwirksamkeit dreigliedriger Standortsicherungsvereinbarungen bei unklarem Normcharakter als Tarifvertrag oder Betriebsvereinbarung, in: Neue Zeitschrift für Arbeitsrecht 2008, S. 1335–1338 (zitiert: Grau/Döring, NZA 2008)

Gravenhorst, Wulf, „Gebot der Rechtsquellenklarheit" – Quelle der Unklarheit?, in: Fachanwalt Arbeitsrecht 2008, S. 330–331 (zitiert: Gravenhorst, FA 2008)

Greiner, Stefan, „Tarifsozialplan" bei Betriebsübergang?, in: Neue Zeitschrift für Arbeitsrecht 2008, S. 1274–1281 (zitiert: Greiner, NZA 2008)

Gussen, Heinz/Dauck, Andreas, Die Weitergeltung von Betriebsvereinbarungen und Tarifverträgen bei Betriebsübergang und Umwandlung, 2. Auflage, Berlin 1997 (zitiert: Gussen/Dauck, Weitergeltung)

Haag, Oliver, Umstrukturierung und Betriebsverfassung, Die Auswirkungen von Um- und Ausgliederung auf die Organisation des Betriebsrats und den Fortbestand von Betriebsvereinbarungen, Konstanz 1996 (zitiert: Haag, Umstrukturierung)

Hammacher, Peter, Aus der Praxis eines Arbeitsdirektors, in: Recht der Arbeit 1993, S. 163–169 (zitiert: Hammacher, RdA 1993)

Hanau, Peter, Gemeingebrauch am Tarifvertrag? – BAG (GS), AP Art. 9 GG Nr. 13, in: Juristische Schulung 1969, S. 213–220 (zitiert: Hanau, JuS 1969)

–. Rechtswirkungen der Betriebsvereinbarung, in: Recht der Arbeit 1989, S. 207–211 (zitiert: Hanau, RdA 1989)

Hanau, Peter/Adomeit, Klaus, Arbeitsrecht, 14. Auflage, Neuwied 2007 (zitiert: Hanau/Adomeit, Arbeitsrecht)

Hanau, Peter/Thüsing, Gregor, Tarifverträge zur Beschäftigungssicherung – Grenzen und Perspektiven, in: Zeitschrift für Tarifrecht 2001, S. 1–6 und S. 49–53 (zitiert: Hanau/Thüsing, ZTR 2001)

Hannich, Rolf, Karlsruher Kommentar zur Strafprozessordnung, 6. Auflage, München 2008 (zitiert: KK-Bearbeiter)

Haubrock, Wilhelm, Kündigungskonversion im Arbeitsverhältnis: Probleme der Anwendung des § 140 BGB auf Erklärungen im Zusammenhang mit der Beendigung von Arbeitsverhältnissen, Frankfurt am Main 1993 (zitiert: Haubrock, Kündigungskonversion)

Hauck, Friedrich/Helml, Ewald, Arbeitsgerichtsgesetz, Kommentar, 3. Auflage, München 2006 (zitiert: Hauck/Helml/Bearbeiter)

Haueisen, Fritz, Zahlenmäßige Konkretisierung („Quantifizierung") unbestimmter Rechtsbegriffe, in: Neue Juristische Wochenschrift 1973, S. 641–645 (zitiert: Haueisen, NJW 1973)

Heinze, Meinhard, Kollektive Arbeitsbedingungen im Spannungsfeld zwischen Tarif- und Betriebsautonomie, in: Neue Zeitschrift für Arbeitsrecht 1995, S. 5–8 (zitiert: Heinze, NZA 1995)

Heinze, Meinhard/Ricken, Oliver, Verbandsaustritt und Verbandsauflösung im Spannungsfeld von Tarifeinheit und Tarifpluralität, in: Zeitschrift für Arbeitsrecht 2001, S. 159–182 (zitiert: Heinze/Ricken, ZfA 2001)

Heise, Dietmar/Lembke, Mark/v. Steinau-Steinrück, Robert, Betriebsverfassungsgesetz, Kommentar zum BetrVG, Freiburg 2008 (zitiert: H/L/S-Bearbeiter)

Hensche, Detlef, Tarifvertrag und Unternehmenspolitik, Von der Unantastbarkeit der Unternehmerfreiheit, in: Arbeit und Recht 2004, S. 443–450 (zitiert: Hensche, AuR 2004)

Henssler, Martin, Der „Arbeitgeber in der Zange" – Rechtsfragen der Firmentarifsozialpläne, in: Festschrift für Reinhard Richardi zum 70. Geburtstag, S. 553–572, München 2007 (zitiert: Henssler, FS-Richardi)

Henssler, Martin/Willemsen, Heinz Josef/Kalb, Heinz-Jürgen, Arbeitsrecht, Kommentar, 3. Auflage, Köln 2008 (zitiert: HWK-Bearbeiter)

Herberger, Maximilian/Martinek, Michael/Rüßmann, Helmut/Weth, Stephan, juris-Praxiskommentar BGB, Buch 1: Allgemeiner Teil, Buch 2: Schuldrecht, 4. Auflage, Saarbrücken 2008 (zitiert: jurisPK-BGB/Bearbeiter)

Hess, Harald/Schlochauer, Ursula/Worzalla, Michael/Glock, Dirk/Nicolai, Andrea, Kommentar zum Betriebsverfassungsrecht, 7. Auflage, München 2008 (zitiert: H/S/W/G/N-Bearbeiter)

Hesse, Konrad, Verfassungsrecht und Privatrecht, Heidelberg 1988 (zitiert: Hesse, Verfassungsrecht und Privatrecht)

Hölters, Wolfgang, Harmonie normativer und schuldrechtlicher Abreden in Tarifverträgen, Berlin 1973 (zitiert: Hölters, Harmonie normativer und schuldrechtlicher Abreden)

Hoffmann, Reinhard, Gewerkschaftliche Betätigung im Betrieb, in: Arbeit und Recht 1969, S. 73–80 (zitiert: Hoffmann, AuR 1969)

Hohenstatt, Klaus-Stefan, Problematische Ordnungsvorstellungen des BAG im Tarifrecht, in: Der Betrieb 1992, S. 1678–1683 (zitiert: Hohenstatt, DB 1992)

Hohenstatt, Klaus-Stefan/Stamer, Katrin, Die Dotierung von Sozialplänen: „Alle Macht den Einigungsstellen"?, in: Der Betrieb 2005, S. 2410–1414 (zitiert: Hohenstatt/Stamer, DB 2005)

Hoyningen-Huene, Gerrick von, Die wirtschaftliche Vertretbarkeit von Sozialplänen, in: Recht der Arbeit 1986, S. 102–115 (zitiert: v.Hoyningen-Huene, RdA 1986)

–. Betriebsverfassungsrecht, 6. Auflage, München 2007 (zitiert: v.Hoyningen-Huene, Betriebsverfassungsrecht)

Hromadka, Wolfgang, Tarifeinheit bei Tarifpluralität, in: Gedächtnisschrift für Meinhard Heinze, S. 383–394, München 2005 (zitiert: Hromadka, GS-Heinze)

Hromadka, Wolfgang/Maschmann, Frank, Arbeitsrecht, Band 2: Kollektivarbeitsrecht und Arbeitsstreitigkeiten, 4. Auflage, Berlin Heidelberg 2008 (zitiert: Hromadka/Maschmann, Arbeitsrecht II)

Hueck, Alfred/Nipperdey, Hans Carl, Lehrbuch des Arbeitsrechts, Band II 1: Kollektives Arbeitsrecht, 7. Auflage, Berlin 1963 (zitiert: Hueck/Nipperdey, Arbeitsrecht II 1)

–. Lehrbuch des Arbeitsrechts, Band II 2: Kollektives Arbeitsrecht, 7. Auflage, Berlin 1970 (zitiert: Hueck/Nipperdey, Arbeitsrecht II 2)

Hueck, Götz, Die Betriebsvereinbarung, Münster Köln 1952 (zitiert: Hueck, Betriebsvereinbarung)

Jacobs, Matthias, Tarifeinheit und Tarifkonkurrenz, Berlin 1999 (zitiert: Jacobs, Tarifeinheit)

Jacobs, Matthias/Krause, Rüdiger/Oetker, Hartmut, Tarifvertragsrecht, München 2007 (zitiert: Jacobs/Krause/Oetker-Bearbeiter)

Jarass, Hans D./Pieroth, Bodo, Grundgesetz für die Bundesrepublik Deutschland, Kommentar, 7. Auflage, München 2009 (zitiert: Jarass/Pieroth)

Jauernig, Othmar, Zivilprozessrecht, 29. Auflage, München 2007 (zitiert: Jauernig, Zivilprozessrecht)

Junker, Abbo, Grundkurs Arbeitsrecht, 8. Auflage, München 2009 (zitiert: Junker, Arbeitsrecht)

Kamanabrou, Sudabeh, Die Auslegung tarifvertraglicher Entgeltfortzahlungsklauseln, in: Recht der Arbeit 1997, S. 22–34 (zitiert: Kamanabrou, RdA 1997)

Karsten, Timo, Schuldrechtliche Tarifverträge und außertarifliche Sozialpartnervereinbarungen, Frankfurt am Main 2004 (zitiert: Karsten, Schuldrechtliche Tarifverträge und außertarifliche Sozialpartnervereinbarungen)

Kast, Matthias/Freihube, Dirk, Die fristlose Kündigung von (Haus-)Tarifverträgen, in: Betriebs-Berater 2003, S. 956–961 (zitiert: Kast/Freihube, BB 2003)

Kempen, Otto Ernst/Zachert, Ulrich, Tarifvertragsgesetz, 4. Auflage, Frankfurt am Main 2006 (zitiert: Kempen/Zachert/Bearbeiter)

Kissel, Otto Rudolf, Arbeitskampfrecht, München 2002 (zitiert: Kissel, Arbeitskampfrecht)

Koch, Harald, Über die Entbehrlichkeit der „gewillkürten Prozeßstandschaft", in: Juristenzeitung 1984, S. 809–815 (zitiert: Koch, JZ 1984)

Kock, Martin, Anmerkung zu BAG v. 24.04.2007 – 1 AZR 252/06, in: Zeitschrift für Wirtschaftsrecht und Insolvenzpraxis 2007, S. 1775–1778 (zitiert: Kock, ZIP 2007)

Konertz, Wolfram, Tarifrechtliche Regelungsmöglichkeiten der Rationalisierung, Frankfurt am Main 1983 (zitiert: Konertz, Tarifrechtliche Regelungsmöglichkeiten)

Kraft, Alfons/Konzen, Horst, Die Arbeiterselbstverwaltung im Spannungsverhältnis von Gesellschafts- und Arbeitsrecht, Köln 1978 (zitiert: Kraft/Konzen, Arbeiterselbstverwaltung)

Kraft, Alfons/Wiese, Günther/Kreutz, Peter/Oetker, Hartmut/Raab, Thomas/ Weber, Christoph/Franzen, Martin, Gemeinschaftskommentar zum Betriebsverfassungsgesetz, Band 1 und Band 2, 8. Auflage, München Neuwied 2005 (zitiert: GK-Bearbeiter)

Kramer, Ernst A., Juristische Methodenlehre, Bern 1998 (zitiert: Kramer, Methodenlehre)

Krause, Rüdiger, Standortsicherung und Arbeitsrecht, Baden Baden 2007 (zitiert: Krause, Standortsicherung)

Kreft, Burghard, Normative Fortgeltung von Betriebsvereinbarungen nach einem Betriebsübergang, in: Arbeitsrecht im sozialen Dialog – Festschrift für Hellmut Wissmann zum 65. Geburtstag, S. 347–363, München 2005 (zitiert: Kreft, FS-Wissmann)

Kreßel, Eckhard, Betriebsverfassungsrechtliche Auswirkungen des Zusammenschlusses zweier Betriebe, in: Der Betrieb 1989, S. 1623–1625 (zitiert: Kreßel, DB 1989)

Kreutz, Peter, Grenzen der Betriebsautonomie, München 1979 (zitiert: Kreutz, Grenzen der Betriebsautonomie)

–. Betriebsverfassungsrechtliche Auswirkungen unternehmensinterner Betriebsumstrukturierungen, in: Festschrift für Günther Wiese zum 70. Geburtstag, S. 235–248, Neuwied 1998 (zitiert: Kreutz, FS-Wiese)

Krüger, Herbert, Sinn und Grenzen der Vereinbarungsbefugnis der Tarifvertragsparteien, Gutachten für den 46. Deutschen Juristentag, Band I Teil 1, München Berlin 1966 (zitiert: Krüger, DJT I/1)

Kühling, Jürgen/Bertelsmann, Klaus, Tarifautonomie und Unternehmerfreiheit – Arbeitskampf aus Anlass von Standortentscheidungen, in: Neue Zeitschrift für Arbeitsrecht 2005, S. 1017–1027 (zitiert: Kühling/Bertelsmann, NZA 2005)

Kulka, Michael, Kartellrechtliche Zulässigkeit von Tarifverträgen über das Ende der täglichen Arbeitszeit im Einzelhandel, in: Recht der Arbeit 1988, S. 336–346 (zitiert: Kulka, RdA 1988)

Larenz, Karl, Der Richter als Gesetzgeber?, in: Grundfragen der gesamten Strafrechtswissenschaft: Festschrift für Heinrich Henkel zum 70. Geburtstag am 12. September 1973, S. 31–45, Berlin 1974 (zitiert: Larenz, FS-Henkel)

Larenz, Karl/Wolf, Manfred, Allgemeiner Teil des Bürgerlichen Rechts, 9. Auflage, München 2004 (zitiert: Larenz/Wolf, AT)

Larenz, Karl/Canaris, Claus-Wilhelm, Methodenlehre der Rechtswissenschaft, 3. Auflage, Berlin Heidelberg 1995 (zitiert: Larenz/Canaris, Methodenlehre)

Leisner, Walter, Der Gleichheitsstaat, Macht durch Nivellierung, Berlin 1980 (zitiert: Leisner, Gleichheitsstaat)

Lelley, Jan Tibor, Kurzkommentar zu LAG Schleswig-Holstein v. 27.07.2003 – 5 Sa 137/03, in: Entscheidungen zum Wirtschaftsrecht 2003, S. 1035–1036 (zitiert: Lelley, EWiR 2003)

Lelley, Jan Tibor/Sabin, Jan Vincent, Streik gegen Betriebsverlagerung – Untergang der autonomen unternehmerischen Entscheidung bei Standortwechsel ins Ausland?, in: Beilage zu Fachanwalt Arbeitsrecht 2004, S. 357–360 (zitiert: Lelley/Sabin, FA 2004)

Leminsky, Gerhard, Die Zukunft der Gewerkschaften in der Wohlstandsgesellschaft, in: Aufgabe Zukunft – Qualität des Lebens, Band 9: Zukunft der Gewerkschaften, S. 11–44, Frankfurt am Main Köln 1974 (zitiert: Leminsky, Zukunft der Gewerkschaften)

Lerch, Sascha, Auswirkungen von Betriebsübergängen und unternehmensinternen Umstrukturierungen auf Betriebsvereinbarungen, Frankfurt am Main 2006 (zitiert: Lerch, Betriebsübergänge und unternehmensinterne Umstrukturierungen)

Lieb, Manfred, Die Zulässigkeit von Demonstrations- und Sympathiearbeitskämpfen – zugleich ein Beitrag zur Rechtslage bei unklarem Kampfziel, in: Zeitschrift für Arbeitsrecht 1982, S. 113–173 (zitiert: Lieb, ZfA 1982)

–. Erkämpfbarkeit von Firmentarifverträgen mit verbandsangehörigen Arbeitgebern – insbesondere zum Zweck der Regelung von Betriebsänderungen, in: Der Betrieb 1999, S. 2058–2067 (zitiert: Lieb, DB 1999)

Limmer, Hans, Die deutsche Gewerkschaftsbewegung, 13. Auflage, München 1996 (zitiert: Limmer, Gewerkschaftsbewegung)

Lindemann, Achim/Simon, Oliver, Tarifpluralität – Abschied vom Grundsatz der Tarifeinheit?, in: Betriebs-Berater 2006, S. 1852–1857 (zitiert: Lindemann/Simon, BB 2006)

Linsenmaier, Wolfgang, Normsetzung der Betriebsparteien und Individualrechte der Arbeitnehmer, in: Recht der Arbeit 2008, S. 1–13 (zitiert: Linsenmaier, RdA 2008)

Lipinski, Wolfgang/Ferme, Marco, Erstreikbarkeit von Tarifsozialplänen zulässig – Erste Gedanken zu Gegenmaßnahmen der Arbeitgeberseite, in: Der Betrieb 2007, S. 1250–1252 (zitiert: Lipinski/Ferme, DB 2007)

Lobinger, Thomas, Arbeitskämpfe bei Standortschließungen und -verlagerungen?, in: Zukunft des Arbeitskampfes, S. 55–85, ZAAR Schriftenreihe, Band 2, München 2005 (zitiert: Lobinger, Arbeitskämpfe)

Löwisch, Manfred, Arbeitskampf- und Schlichtungsrecht, Heidelberg 1997 (zitiert: Löwisch, Arbeitskampf- und Schlichtungsrecht)

–. Beschäftigungssicherung als Gegenstand betrieblicher und tariflicher Regelungen und von Arbeitskämpfen, in: Der Betrieb 2005, S. 554–559 (zitiert: Löwisch, DB 2005)

Löwisch, Manfred/Rieble, Volker, Tarifvertragsgesetz, 2. Auflage, München 2004 (zitiert: Löwisch/Rieble)

Mangoldt, Hermann von/Klein, Friedrich/Starck, Christian, Kommentar zum Grundgesetz, Band 1: Präambel, Art. 1–19, 5. Auflage, München 2005 (zitiert: v.Mangoldt/Klein/Starck/Bearbeiter)

Matthes, Hans Christoph, Rechtsfragen zum Interessenausgleich, in: Entwicklung im Arbeitsrecht und Arbeitsschutzrecht – Festschrift für Otfried Wlotzke zum 70. Geburtstag, S. 393–406, München 1996 (zitiert: Matthes, FS-Wlotzke)

–. Unwirksamkeit von Bestimmungen in gemischten Vereinbarungen bei unklarer Normurheberschaft, in: juris PraxisReport Arbeitsrecht 35/2008 Anmerkung 1 (zitiert: Matthes, jurisPR-ArbR)

Mayer-Maly, Theo, Gemeinsame Einrichtungen im Spannungsfeld von Tarifmacht und Organisationspolitik, in: Betriebs-Berater 1965, S. 829–834 (zitiert: Mayer-Maly, BB 1965)

–. Leistungsdifferenzierung und Tarifmachtbegrenzung, in: Betriebs-Berater 1966, S. 1067–1070 (zitiert: Mayer-Maly, BB 1966)

–. Anmerkung zu BAG v. 25.03.1981 – 4 AZR 1012/78, in: Arbeitsrechtliche Praxis Nr. 42 zu §§ 22, 23 BAT 1975 (zitiert: Mayer-Maly, AP)

Medicus, Dieter, Allgemeiner Teil des BGB, 9. Auflage, Heidelberg 2006 (zitiert: Medicus, AT)

Mehrens, Christian, Sozialtarifverträge, Hamburg 2007 (zitiert: Mehrens, Sozialtarifverträge)

Meik, Frank Andreas, Der Kernbereich der Tarifautonomie, Berlin 1987 (zitiert: Meik, Tarifautonomie)

Mengel, Anja, Umwandlungen im Arbeitsrecht, Heidelberg 1997 (zitiert: Mengel, Umwandlungen)

Menssen, Tjark, Die Entgeltfortzahlung im Krankheitsfall bei tarifvertraglicher Verweisung auf das Entgeltfortzahlungsgesetz, in: Arbeit und Recht 1998, S. 234–236 (zitiert: Menssen, AuR 1998)

Meyer, Cord, Zum Verhältnis von Tarif- und Betriebsautonomie im Recht der Betriebsänderung der §§ 111, 112 BetrVG unter Berücksichtigung von Erfahrungen aus der Restrukturierung der Treuhandunternehmen, in: Recht der Arbeit 1996, S. 181–186 (zitiert: Meyer, RdA 1996)

–. Der Firmentarif-Sozialplan als Kombinationsvertrag, in: Der Betrieb 2005, S. 830–833 (zitiert: Meyer, DB 2005)

–. Rechtliche wie praktische Unzuträglichkeiten einer Tarifpluralität, in: Neue Zeitschrift für Arbeitsrecht 2006, S. 1387–1392 (zitiert: Meyer, NZA 2006)

Misera, Karlheinz, Anmerkung zu BAG v. 24.01.1996 – 1 AZR 597/95, in: Sammlung Arbeitsrechtlicher Entscheidungen 1997, S. 45–50 (zitiert: Misera, SAE 1997)

Molitor, Erich, Kommentar zur Tarifvertragsverordnung vom 23. Dezember 1918, Berlin 1930 (zitiert: Molitor, Tarifvertragsverordnung)

Molitor, Karl, Außertarifliche Sozialpartnervereinbarungen, in: Arbeitsgesetzgebung und Arbeitsrechtsprechung – Festschrift zum 70. Geburtstag von Eugen Stahlhacke, S. 339–347, Neuwied 1995 (zitiert: Molitor, FS-Stahlhacke)

Molkenbur, Josef/Krasshöfer-Pidde, Horst-Dieter, Zur Umdeutung im Arbeitsrecht, in: Recht der Arbeit 1989, S. 337–348 (zitiert: Molkenbur/Krasshöfer-Pidde, RdA 1989)

Molkenbur, Josef/Schulte, Wienhold, Rechtscharakter und -wirkungen des Interessenausgleichs, in: Der Betrieb 1995, S. 269–271 (zitiert: Molkenbur/Schulte, DB 1995)

Moll, Wilhelm/Kreitner, Jochen, Anmerkung zu BAG v. 23.08.1989 – 5 AZR 391/88, in: Entscheidungssammlung zum Arbeitsrecht § 140 BGB Nr. 16 (zitiert: Moll/Kreitner, EzA)

Müller, Bernd, Tarifkonkurrenz und Tarifpluralität, in: Neue Zeitschrift für Arbeitsrecht 1989, S. 449–453 (zitiert: Müller, NZA 1989)

Müller, Gerhard, Zum Verhältnis zwischen Betriebsautonomie und Tarifautonomie, in: Arbeit und Recht 1992, S. 257–262 (zitiert: Müller, AuR 1992)

Münch, Ingo von/Kunig, Philip, Grundgesetz-Kommentar, Band 1: Präambel bis Art. 19, 5. Auflage, München 2000 (zitiert: v.Münch/Kunig-Bearbeiter)

Münchener Handbuch zum Arbeitsrecht, Kollektives Arbeitsrecht, Band 2, 3. Auflage, München 2009 (zitiert: MünchArbR-Bearbeiter)

Münchener Kommentar zum Bürgerlichen Gesetzbuch, Band 1, Allgemeiner Teil, 1. Halbband: §§ 1–240, ProstG, 5. Auflage, München 2006 (zitiert: MünchKommBGB-Bearbeiter)

–. Band 2, Schuldrecht Allgemeiner Teil: §§ 241–432, 5. Auflage, München 2007 (zitiert: MünchKommBGB-Bearbeiter)

Münchener Kommentar zur Insolvenzordnung, Band 1, §§ 1-102, 2. Auflage, München 2007 (zitiert: MünchKommInsO-Bearbeiter)

Musielak, Hans-Joachim, Kommentar zur Zivilprozessordnung mit Gerichtsverfassungsgesetz, 7. Auflage, München 2009 (zitiert: Musielak/Bearbeiter)

Nauditt, Barbara, Tarifrechtliche Entwicklung unter besonderer Berücksichtigung der neuen Bundesländer, in: Arbeit und Recht 2002, S. 288–291 (zitiert: Nauditt, AuR 2002)

Nicolai, Andrea, Anmerkung zu LAG Schleswig-Holstein v. 27.03.2003 – 5 Sa 137/03 und LAG Niedersachsen v. 02.06.2004 – 7 Sa 819/04, in: Sammlung Arbeitsrechtlicher Entscheidungen 2004, S. 240–251 (zitiert: Nicolai, SAE 2004)

–. Zur Zulässigkeit tariflicher Sozialpläne – zugleich ein Beitrag zu den Grenzen der Tarifmacht, in: Recht der Arbeit 2006, S. 33–39 (zitiert: Nicolai, RdA 2006)

Niebler, Michael/Schmiedl, Wolfgang, Sind Abweichungen vom Tarifvertrag zur Beschäftigungssicherung zulässig?, in: Betriebs-Berater 2001, S. 1631–1636 (zitiert: Niebler/Schmiedl, BB 2001)

Nikisch, Arthur, Arbeitsrecht, Band 2: Koalitionsrecht, Arbeitskampfrecht und Tarifvertragsrecht, 2. Auflage, Tübingen 1959 (zitiert: Nikisch, Arbeitsrecht II)

–. Arbeitsrecht, Band 3: Betriebsverfassungsrecht, 2. Auflage, Tübingen 1966 (zitiert: Nikisch, Arbeitsrecht III)

–. Zur Tarifausschlussklausel, in: Recht der Arbeit 1967, S. 87–90 (zitiert: Nikisch, RdA 1967)

Nipperdey, Hans Carl, Die Grundrechte und Grundpflichten der Reichsverfassung, Kommentar zum 2. Teil der Reichsverfassung, Band 3, Berlin 1930 (zitiert: Nipperdey, Grundrechte und Grundpflichten, Bd. 3)

–. Die Frage der tariflichen Regelung der Einziehung von Gewerkschaftsbeiträgen durch die Betriebe, Rechtsgutachten, Köln 1963 (zitiert: Nipperdey, Gutachten)

Oberberg, Max/Schoof, Christian, Erstreikbarkeit eines Ergänzungstarifvertrags für den Betrieb eines verbandsangehörigen Arbeitgebers, in: Arbeitsrecht im Betrieb 2002, S. 169–186 (zitiert: Oberberg/Schoof, AiB 2002)

Oetker, Hartmut, Die Kündigung von Tarifverträgen, in: Recht der Arbeit 1995, S. 82–103 (zitiert: Oetker, RdA 1995)

–. Zur Wirksamkeit gemischter Kollektivverträge, in: Entscheidungen zum Wirtschaftsrecht 2009, S. 5–6 (zitiert: Oetker, EWiR 2009)

Ohl, Heinrich, Der Sozialplan, Karlsruhe 1977 (zitiert: Ohl, Sozialplan)

Opolony, Bernhard, Der Arbeitsgerichtsprozess, München 2005 (zitiert: Opolony, Arbeitsgerichtsprozess)

Ostrowicz, Alexander/Künzl, Reinhard/Schäfer, Horst, Handbuch des arbeitsgerichtlichen Verfahrens, 3. Auflage, Berlin 2006 (zitiert: Ostrowicz/Künzl/Schäfer-Bearbeiter, Arbeitsgerichtsprozess)

Otto, Gyde Katharina, Das Schicksal von Betriebsvereinbarungen bei Betriebsuntergang, Hamburg 2000 (zitiert: Otto, Betriebsvereinbarungen bei Betriebsuntergang)

Otto, Hansjörg, Arbeitskampf- und Schlichtungsrecht, München 2006 (zitiert: Otto, Arbeitskampf- und Schlichtungsrecht)

–. Tarifzensur und Arbeitskampf, in: Festschrift für Horst Konzen zum siebzigsten Geburtstag, S. 663–686, Tübingen 2006 (zitiert: Otto, FS-Konzen)

Palandt, Otto, Bürgerliches Gesetzbuch, 68. Auflage, München 2009 (zitiert: Palandt/Bearbeiter)

Paschke, Christian/Ritschel, Andrea, Erstreikbarkeit von Tarifverträgen aus Anlass von Standortentscheidungen, in: Arbeit und Recht 2007, S. 110–114 (zitiert: Paschke/Ritschel, AuR 2007)

Plander, Harro, Flucht aus dem Normalarbeitsverhältnis: An den Betriebs- und Personalräten vorbei?, Rechtsgutachten für die Hans-Böckler-Stiftung, Baden Baden 1990 (zitiert: Plander, Flucht aus dem Normalarbeitsverhältnis)

–. Nichttarifliche Übereinkünfte zwischen Gewerkschaften und Trägern öffentlicher Gewalt, in: Arbeitsrecht in der Bewährung: Festschrift für Karl Kehrmann zum 65. Geburtstag, S. 295–320, Köln 1997 (zitiert: Plander, FS-Kehrmann)

–. Was sind Tarifverträge?, in: Zeitschrift für Tarifrecht 1997, S. 145–152 (zitiert: Plander, ZTR 1997)

Preis, Ulrich, Arbeitsrecht, Praxis-Lehrbuch zum Kollektivarbeitsrecht, 2. Auflage, Köln 2009 (zitiert: Preis, Arbeitsrecht II)

Raab, Thomas, Die Schriftform in der Betriebsverfassung, in: Festschrift für Horst Konzen zum siebzigsten Geburtstag, S. 719–761, Tübingen 2006 (zitiert: Raab, FS-Konzen)

Ramm, Thilo, Die Arbeitsverfassung der Bundesrepublik Deutschland, in: Juristenzeitung 1977, S. 1–6 (zitiert: Ramm, JZ 1977)

Reichold, Hermann, Zulässigkeitsgrenzen eines Arbeitskampfs zur Standortsicherung, in: Betriebs-Berater 2004, S. 2814–2818 (zitiert: Reichold, BB 2004)

–. Anmerkung zu BAG v. 29.04.2004 – 1 AZR 30/03, in: Arbeitsrechtliche Praxis Nr. 81 zu § 40 BetrVG 1972 (zitiert: Reichold, AP)

Reinartz, Oliver, Der Firmentarifvertrag als Flexibilisierungsinstrument, Frankfurt am Main 2008 (zitiert: Reinartz, Firmentarifvertrag)

Reuss, Wilhelm, Das Problem der Rechtswidrigkeit von Arbeitskämpfen beim Zusammentreffen von rechtmäßigen mit rechtswidrigen Arbeitskampfzielen, in: Arbeit und Recht 1966, S. 33–34 (zitiert: Reuss, AuR 1966)

Reuter, Dieter, Betriebsverfassung und Tarifvertrag, in: Recht der Arbeit 1994, S. 152–168 (zitiert: Reuter, RdA 1994)

Richardi, Reinhard, Kollektivgewalt und Individualwille bei der Gestaltung des Arbeitsverhältnisses, München 1968 (zitiert: Richardi, Kollektivgewalt)

–. Betriebsverfassungsgesetz mit Wahlordnung, Kommentar, 11. Auflage, München 2008 (zitiert: Richardi/Bearbeiter)

Rieble, Volker, Das Übergangsmandat nach § 21a BetrVG, in: Neue Zeitschrift für Arbeitsrecht 2002, S. 233–241 (zitiert: Rieble, NZA 2002)

–. Zulässigkeit des Lokführer-"Funktionseliten"-Streiks, in: Betriebs-Berater 2003, S. 1227– 1229 (zitiert: Rieble, BB 2003)

–. Tarifvertrag und Beschäftigung, in: Zeitschrift für Arbeitsrecht 2004, S. 1–65 (zitiert: Rieble, ZfA 2004)

–. Die Akteure im kollektiven Arbeitsrecht, in: Recht der Arbeit 2004, S. 78–86 (zitiert: Rieble, RdA 2004)

Rieble, Volker/Gutzeit, Martin, Betriebsvereinbarungen nach Unternehmensumstrukturierung, in: Neue Zeitschrift für Arbeitsrecht 2003, S. 233–238 (zitiert: Rieble/Gutzeit, NZA 2003)

Ritscher, Wolfgang, Koalitionen und Koalitionsrecht in Deutschland bis zur Reichsgewerbeordnung, Stuttgart 1917 (Ritscher, Koalitionen und Koalitionsrecht)

Robbers, Gerhard, Der Grundrechtsverzicht, in: Juristische Schulung 1985, S. 925–931 (zitiert: Robbers, JuS 1985)

Rolfs, Christian/Clemens, Fabian, Erstreikbarkeit firmenbezogener Verbandstarifverträge?, in: Der Betrieb 2003, S. 1678–1681 (zitiert: Rolfs/Clemens, DB 2003)

–. Entwicklungen und Fehlentwicklungen im Arbeitskampfrecht, in: Neue Zeitschrift für Arbeitsrecht 2004, S. 410–417 (zitiert: Rolfs/Clemens, NZA 2004)

Rosenberg, Leo/Schwab, Karl Heinz/Gottwald, Peter, Zivilprozessrecht, 16. Auflage, München 2004 (zitiert: Rosenberg/Schwab/Gottwald)

Röthel, Anne, Normkonkretisierung im Privatrecht, Tübingen 2004 (zitiert: Röthel, Normkonkretisierung)

Rüthers, Bernd, Das Recht der Gewerkschaften auf Information und Mitgliederwerbung im Betrieb, München 1968 (zitiert: Rüthers, Information und Mitgliederwerbung)

Sachs, Michael, Grundgesetz, Kommentar, 5. Auflage, München 2009 (zitiert: Sachs/Bearbeiter)

Säcker, Franz Jürgen/Oetker, Hartmut, Grundlagen und Grenzen der Tarifautonomie, München 1992 (zitiert: Säcker/Oetker, Tarifautonomie)

–. Tarifeinheit im Betrieb – ein Akt unzulässiger richterlicher Rechtsfortbildung?, in: Zeitschrift für Arbeitsrecht 1993, S. 1–21 (zitiert: Säcker/Oetker, ZfA 1993)

Salamon, Erwin, Die kollektivrechtliche Geltung von Betriebsvereinbarungen beim Betriebsübergang unter Berücksichtigung der neueren BAG-Rechtsprechung, in: Recht der Arbeit 2007, S. 153–159 (zitiert: Salamon, RdA 2007)

–. Dreiseitige Standortsicherungsverträge, in: ArbRAktuell 2009, S.199 (zitiert: Salamon, ArbRAktuell 2009)

Sasse, Stefan, Vertragsstrafeversprechen zu Gunsten des Betriebsrates, in: Der Arbeitsrechtsberater 2005, S. 78–79 (zitiert: Sasse, ArbRB 2005)

Schaub, Günter, Auslegung und Regelungsmacht von Tarifverträgen, in: Neue Zeitschrift für Arbeitsrecht 1994, S. 597–602 (zitiert: Schaub, NZA 1994)

–. Kurzkommentar zu BAG v. 07.11.2000 – 1 AZR 175/00, in: Entscheidungen zum Wirtschaftsrecht 2001, S. 639–640 (zitiert: Schaub, EWiR 2001)

–. Anmerkung zu BAG v. 04.12.2002 – 10 AZR 113/02, in: Recht der Arbeit 2003, S. 378–380 (zitiert: Schaub, RdA 2003)

–. Arbeitsrechts-Handbuch, 13. Auflage, München 2009 (zitiert: Schaub/Bearbeiter, ArbR-Hdb.)

Schiefer, Bernd/Worzalla, Michael, Unzulässige Streiks um Tarifsozialpläne, in: Der Betrieb 2006, S. 46–49 (zitiert: Schiefer/Worzalla, DB 2006)

Schilken, Eberhard, Zivilprozessrecht, 5. Auflage, Köln Berlin München 2006 (zitiert: Schilken, Zivilprozessrecht)

Schliemann, Harald, Tarifkollision – Ansätze zur Vermeidung und Auflösung, in: Neue Zeitschrift für Arbeitsrecht 2000, Sonderbeilage zu Heft 24, S. 24–32 (zitiert: Schliemann, NZA 2000, Sonderbeilage zu Heft 24)

Schmidt-Bleibtreu, Bruno/Klein, Franz, Kommentar zum Grundgesetz, 11. Auflage, München 2008 (zitiert: Schmidt-Bleibtreu/Klein/Bearbeiter)

Schneider, David/Sittard, Ulrich, Streik um Firmentarifsozialpläne, in: Zeitschrift für Tarifrecht 2007, S. 590–596 (zitiert: Schneider/Sittard, ZTR 2007)

Scholz, Rupert, Die Berufsfreiheit als Grundlage und Grenze arbeitsrechtlicher Regelungssysteme, in: Zeitschrift für Arbeitsrecht 1981, S. 265–302 (zitiert: Scholz, ZfA 1981)

–. Verfassungsrechtliche Grundlagen des Arbeitskampfrechts, in: Zeitschrift für Arbeitsrecht 1990, S. 377–406 (zitiert: Scholz, ZfA 1990)

Schweibert, Ulrike, Die Verkürzung der Wochenarbeitszeit, Baden Baden 1994 (zitiert: Schweibert, Wochenarbeitszeit)

Seebacher, Krikor R., Der Sozialtarifvertrag – Chancen und Probleme, in: Arbeitsrecht im Betrieb, S. 70–73 (zitiert: Seebacher, AiB 2006)

Seiter, Hugo, Streikrecht und Aussperrungsrecht, Tübingen 1975 (zitiert: Seiter, Streikrecht)

–. Arbeitskampfparität und Übermaßverbot, Düsseldorf 1979 (zitiert: Seiter, Arbeitskampfparität und Übermaßverbot)

Siemes, Christiane, Die Selbstbindung der Betriebspartner an den Interessenausgleich gemäß § 112 Abs. 1 Satz 1 BetrVG, in: Zeitschrift für Arbeitsrecht 1998, S. 183–208 (zitiert: Siemes, ZfA 1998)

Simon, Stefan/Zerres, Thomas, Unternehmensspaltung und Arbeitsrecht, in: Bewegtes Arbeitsrecht – Festschrift für Wolfgang Leinemann zum 70. Geburtstag, S. 255–272, Neuwied 2006 (zitiert: Simon/Zerres, FS-Leinemann)

Singer, Reinhard, Tarifvertragliche Normenkontrolle am Maßstab der Grundrechte?, in: Zeitschrift für Arbeitsrecht 1995, S. 611–638 (zitiert: Singer, ZfA 1995)

Sittard, Ulrich, Die Bedeutung der Daseinsfürsorge und des Grundsatzes der Tarifeinheit, in: Zeitschrift für Tarifrecht 2008, S. 178–184 (zitiert: Sittard, ZTR 2008)

Söllner, Alfred, Das Begriffpaar der Arbeits- und Wirtschaftsbedingungen in Art. 9 Abs. 3 GG, in: Das Arbeitsrecht der Gegenwart 1978, S. 19–28 (zitiert: Söllner, Arbeits- und Wirtschaftsbedingungen)

Söllner, Alfred/Waltermann, Raimund, Arbeitsrecht, 15. Auflage, München 2009 (zitiert: Söllner/Waltermann, Arbeitsrecht)

Staudinger, Julius von, Kommentar zum Bürgerlichen Gesetzbuch, Buch 1: Allgemeiner Teil (§§ 134–163), 14. Auflage, Berlin 2003 (zitiert: Staudinger/Bearbeiter)

–. Kommentar zum Bürgerlichen Gesetzbuch, Buch 2: Recht der Schuldverhältnisse (§§ 311, 311a, 312, 312a-f), Neubearbeitung, Berlin 2005 (zitiert: Staudinger/Bearbeiter)

Stern, Klaus, Das Staatsrecht der Bundesrepublik Deutschland, Band III/2: Allgemeine Lehren der Grundrechte, München 1994 (zitiert: Stern, Staatsrecht, Bd. III/2)

Stollreither, Konrad, Mitbestimmung, Ideologie oder Partnerschaft?, München 1975 (zitiert: Stollreither, Mitbestimmung)

Sutschet, Holger, Firmenstreik und Abwehrmaßnahmen, in: Zeitschrift für Arbeitsrecht 2005, S. 581–645 (zitiert: Sutschet, ZfA 2005)

Targan, Norbert, Wirtschaftliche Vertretbarkeit von Sozialplänen, in: Arbeit und Arbeitsrecht 1993, S. 42–44 (zitiert: Targan, AuA 1993)

Teuteberg, Hans Jürgen, Geschichte der industriellen Mitbestimmung in Deutschland, Tübingen 1961 (zitiert: Teuteberg, Mitbestimmung)

Thomas, Heinz/Putzo, Hans, Zivilprozessordnung, Kommentar, 30. Auflage, München 2009 (zitiert: Thomas/Putzo/Bearbeiter)

Thüsing, Gregor, Grenzen der Sperrwirkung des § 77 Abs. 3 BetrVG, in: Zeitschrift für Tarifrecht 1996, S. 146–150 (zitiert: Thüsing, ZTR 1996)

–. Folgen einer Umstrukturierung für Betriebsrat und Betriebsvereinbarung, in: Der Betrieb 2004, S. 2474–2480 (zitiert: Thüsing, DB 2004)

–. Dreigliedrige Standortvereinbarungen, in: Neue Zeitschrift für Arbeitsrecht 2008, S. 201–207 (zitiert: Thüsing, NZA 2008)

Thüsing, Gregor/Stelljes, Volker, Anmerkung zu BAG v. 21.02.2001 – 4 AZR 18/00, in: Entscheidungssammlung zum Arbeitsrecht § 613a BGB Nr. 195 (zitiert: Thüsing/Stelljes, EzA)

Thüsing, Gregor/Leder, Tobias, Neues zur Inhaltskontrolle von Formulararbeitsverträgen, in: Betriebs-Berater 2004, S. 42–45 (zitiert: Thüsing/Leder, BB 2004)

–. Anmerkung zu BAG v. 04.03.2004 – 8 AZR 196/03, in: Entscheidungssammlung zum Arbeitsrecht § 309 BGB 2002 Nr. 1 (zitiert: Thüsing/Leder, EzA)

Thüsing, Gregor/Ricken, Oliver, Anmerkung zu LAG Niedersachsen v. 02.06.2004 – 7 Sa 819/04, in: Entscheidungen der Landesarbeitsgerichte Art. 9 GG Arbeitskampf Nr. 74 (zitiert: Thüsing/Ricken, LAGE)

–. Zweimal Otis – Tarifliche Sozialpläne und die Grenzen zulässiger Streikziele, in: Jahrbuch des Arbeitsrechts, Band 42 (2005), S. 113–131 (zitiert: Thüsing/Ricken, JbArbR, Bd. 42)

Thüsing, Gregor/von Medem, Andreas, Tarifeinheit und Koalitionspluralismus: Zur Zulässigkeit konkurrierender Tarifverträge im Betrieb, in: Zeitschrift für Wirtschaftsrecht und Insolvenzpraxis 2007, S. 510–517 (zitiert: Thüsing/von Medem, ZIP 2007)

Trittin, Wolfgang, Diskussionsbeitrag zum Thema „Betriebsverfassung und Tarifvertrag" bei einem Gespräch der Otto Brenner Stiftung am 10. Dezember 1993, in: Recht der Arbeit 1994, S. 177–178 (zitiert: Trittin, RdA 1994)

–. Der Betriebsübergang, Köln 1996 (zitiert: Trittin, Betriebsübergang)

Unterhinninghofen, Hermann, Tarifausstieg durch Wechsel der Tarifpartei?, in: Arbeit und Recht 2006, S. 7–11 (zitiert: Unterhinninghofen, AuR 2006)

Veit, Barbara/Waas, Bernd, Die Umdeutung einer kompetenzwidrigen Betriebsvereinbarung, in: Betriebs-Berater 1991, S. 1329–1337 (zitiert: Veit/Waas, BB 1991)

Vollmer, Lothar, Einflußnahme auf unternehmerische Sachentscheidungen durch Mitbestimmung und/oder Tarifvertrag?, in: Juristische Arbeitsblätter 1978, S. 53–57 (zitiert: Vollmer, JA 1978)

–. Aufgaben- und Zuständigkeitsverteilung zwischen mitbestimmungsrechtlicher und tarifvertraglicher Interessenvertretung, in: Der Betrieb 1979, S. 308–358 (zitiert: Vollmer, DB 1979)

Waas, Bernd, Tarifkonkurrenz und Tarifpluralität, Baden Baden 1999 (zitiert: Waas, Tarifkonkurrenz)

Walker, Wolf-Dietrich, Die freie Unternehmerentscheidung im Arbeitsrecht, in: Zeitschrift für Arbeitsrecht 2004, S. 501–535 (zitiert: Walker, ZfA 2004)

Waltermann, Raimund, Rechtsetzung durch Betriebsvereinbarung zwischen Privatautonomie und Tarifautonomie, Tübingen 1996 (zitiert: Waltermann, Rechtsetzung durch Betriebsvereinbarung)

–. Zuständigkeiten und Regelungsbefugnisse im Spannungsfeld von Tarifautonomie und Betriebsautonomie, in: Recht der Arbeit 1996, S. 129–139 (zitiert: Waltermann, RdA 1996)

–. Zur Grundrechtsbindung der tarifvertraglichen Rechtsetzung, in: Festschrift 50 Jahre Bundesarbeitsgericht, S. 909–923, München 2004 (zitiert: Waltermann, FS-50 Jahre BAG)

–. „Umfassende Regelungskompetenz" der Betriebsparteien zur Gestaltung durch Betriebsvereinbarung?, in: Recht der Arbeit 2007, S. 257–267 (zitiert: Waltermann, RdA 2007)

Wank, Rudolf, Die juristische Begriffsbildung, München 1985 (zitiert: Wank, Begriffsbildung)

–. Die Auslegung von Gesetzen, 4. Auflage, Köln 2008 (zitiert: Wank, Auslegung)

Weber, Werner, Unzulässige Einschränkungen der Tariffreiheit, in: Betriebs-Berater 1964, S. 764–767 (zitiert: Weber, BB 1964)

Weiss, Manfred/Weyand, Joachim, Die tarifvertragliche Regelung der Ausbildung der Redaktionsvolontäre an Tageszeitungen, in: Betriebs-Berater 1990, S. 2109–2118 (zitiert: Weiss/Weyand, BB 1990)

Weller, Bernd, Zur Erstreikbarkeit eines Tarifsozialplanes, in: Entscheidungen zum Wirtschaftsrecht 2007, S. 657–658 (zitiert: Weller, EWiR 2007)

**Weller, Bernhard,* Zur Frage der Diffenzierungsklausel, in: Arbeit und Recht 1970, S. 161–166 (zitiert: Weller, AuR 1970)

Wendeling-Schröder, Ulrike, Ein oder mehrere Tarifverträge im Betrieb?, in: Arbeit und Recht 2000, S. 339–342 (zitiert: Wendeling-Schröder, AuR 2000)

Weyand, Joachim, Die tarifvertragliche Mitbestimmung unternehmerischer Personal- und Sachentscheidungen, Baden Baden 1989 (zitiert: Weyand, Tarifvertragliche Mitbestimmung)

–. Die tarifvertragliche Mitbestimmung im Bereich der Arbeitsorganisation, in: Arbeit und Recht 1991, S. 65–76 (zitiert: Weyand, AuR 1991)

Wiedemann, Herbert, Rationalisierungsschutz, Tarifmacht und Gemeinsame Einrichtungen, in: Recht der Arbeit 1968, S. 420–424 (zitiert: Wiedemann, RdA 1968)

–. Die deutschen Gewerkschaften – Mitgliederverband oder Berufsorgan?, in: Recht der Arbeit 1969, S. 321–336 (zitiert: Wiedemann, RdA 1969)

–. Anmerkung zu BAG v. 14.11.1973 – 4 AZR 78/7, in: Arbeitsrechtliche Praxis Nr. 16 und 17 zu § 1 TVG Tarifverträge: Bau (zitiert: Wiedemann, AP)

–. Unternehmensautonomie und Tarifvertrag, in: Recht der Arbeit 1986, S. 231–241 (zitiert: Wiedemann, RdA 1986)

–. Tarifvertragsgesetz, 7. Auflage, München 2007 (zitiert: Wiedemann/Bearbeiter)

Wiedemann, Herbert/Arnold, Markus, Tarifkonkurrenz und Tarifpluralität in der Rechtsprechung des Bundesarbeitsgerichts, in: Zeitschrift für Tarifrecht 1994, S. 399–410 (zitiert: Wiedemann/Arnold, ZTR 1994)

Willemsen, Heinz Josef/Ballering, Philipp, Zur partiellen Vermögensfähigkeit und Rechtsfähigkeit des Betriebsrats, in: Entscheidungen zum Wirtschaftsrecht 2005, S. 693–694 (zitiert: Willemsen/Ballering, EWiR 2005)

Willemsen, Heinz Josef/Hohenstatt, Klaus-Stefan, Zur umstrittenen Bindungs- und Normwirkung des Interessenausgleichs, in: Neue Zeitschrift für Arbeitsrecht 1997, S. 345–352 (zitiert: Willemsen/Hohenstatt, NZA 1997)

Willemsen, Heinz Josef/Hohenstatt, Klaus-Stefan/Schweibert, Ulrike/Seibt, Christoph H., Umstrukturierung und Übertragung von Unternehmen, 3. Auflage, München 2008 (zitiert: Willemsen/Hohenstatt/Schweibert/Seibt/Bearbeiter)

Witt, Alexander, Der Firmentarifvertrag: verfassungs-, tarif- und arbeitskampfrechtliche Grundprobleme, Berlin 2004 (zitiert: Witt, Firmentarifvertrag)

Witzig, Andreas, Der Grundsatz der Tarifeinheit und die Lösung von Tarifkonkurrenzen, Kiel 1992 (zitiert: Witzig, Tarifeinheit)

Wlotzke, Otfried/Preis, Ulrich/Kreft, Burghard, Betriebsverfassungsgesetz, Kommentar, 4. Auflage, München 2009 (zitiert: Wlotzke/Preis-Bearbeiter)

Wohlgemuth, Hermann, Rechtsfragen des Solidaritätsstreiks, in: Arbeit und Recht 1980, S. 33–43 (zitiert: Wohlgemuth, AuR 1980)

Wolter, Henner, Standortsicherung, Beschäftigungssicherung, Unternehmensautonomie, Tarifautonomie, in: Recht der Arbeit 2002, S. 218–226 (zitiert: Wolter, RdA 2002)

Zachert, Ulrich, Krise des Flächentarifvertrags?, in: Recht der Arbeit 1996, S. 140–151 (zitiert: Zachert, RdA 1996)

–. Sozialpartnervereinbarungen – ein Modell für die Zukunft?, in: Arbeitsrecht und Sozialpartnerschaft – Festschrift für Peter Hanau, S. 137–148, Köln 1999 (zitiert: Zachert, FS-Hanau)

–. „Jenseits des Tarifvertrags"? – Sonstige Kollektivvereinbarungen der Koalitionen, in: Neue Zeitschrift für Arbeitsrecht 2006, S. 10–14 (zitiert: Zachert, NZA 2006)

Zöller, Richard, Zivilprozessordnung, 28. Auflage, Köln 2010 (zitiert: Zöller/Bearbeiter)

Zöllner, Wolfgang, Der Begriff der gemeinsamen Einrichtungen der Tarifvertragsparteien, in: Betriebs-Berater 1968, S. 597–601 (zitiert: Zöllner, BB 1968)

–. Privatautonomie und Arbeitsverhältnis, in: Archiv für die civilistische Praxis 1976, S. 21–288 (zitiert: Zöllner, AcP 1976)

–. Regelungsspielräume im Schuldvertragsrecht, in: Archiv für die civilistische Praxis 1996, S. 1–36 (zitiert: Zöllner, AcP 1996)

Zwanziger, Bertram, Der Interessenausgleich – betriebliches Regelungsinstrument oder Muster ohne kollektiven Wert?, in: Betriebs-Berater 1998, S. 477–482 (zitiert: Zwanziger, BB 1998)

Bonner Schriften zum deutschen und europäischen Recht der Arbeit und der Sozialen Sicherheit

Herausgegeben von Gregor Thüsing und Raimund Waltermann

Band 1 Sven Kürvers: Betriebliche Altersversorgung in Deutschland und den USA im Rechtsvergleich. Unverfallbarkeit, Portabilität und Unisex-Tarife. 2008.

Band 2 Alexandra Geißler: Der Lohnanspruch des Arbeitnehmers bei Nichterbringung der Arbeit. Ein Vergleich des deutschen und polnischen Arbeitsrechts. 2008.

Band 3 Daniela Fink-Jamann: Das Antidiskriminierungsrecht und seine Folgen für die kirchliche Dienstgemeinschaft. Eine Bestandsaufnahme nach Erlass der Richtlinie 2000/78/EG und ihrer Umsetzung durch das deutsche Allgemeine Gleichbehandlungsgesetz (AGG) unter besonderer Berücksichtigung der Loyalitätsobliegenheiten im kirchlichen Dienst. 2009.

Band 4 Jens Sebastian Groh: Einstellungs- und Kündigungskriterien kirchlicher Arbeitgeber vor dem Hintergrund des § 9 AGG. 2009.

Band 5 Thomas Gerdom: Gemeinschaftsrechtliche Unterrichtungs- und Anhörungspflichten und ihre Auswirkungen auf das Betriebsverfassungs-, Personalvertretungs- und Mitarbeitervertretungsrecht. Zum Umsetzungsbedarf der Richtlinie 2002/14/EG. 2009.

Band 6 Daniel Stolz: Der beurlaubte Beamte im Angestelltenverhältnis. Eine Darstellung der Doppelrechtsstellung am Beispiel der Postnachfolgeunternehmen. 2010.

Band 7 Kristina Ruch: Dreiseitige Vereinbarungen. Vereinbarungen zwischen Arbeitgeber, Gewerkschaft und Betriebsrat. 2010.

www.peterlang.de